유럽학연구총서 2

유럽의
사회통합과
사회정책

유럽학연구총서 2

유럽의 사회통합과 사회정책

한국유럽학회 편

KSi 한국학술정보㈜

유럽학연구총서를 발간하면서

　2011년 7월 1일 한-EU FTA가 잠정발효됨으로써 한국과 유럽의 관계는 그 어느 때보다 긴밀한 관계로 발전하는 계기가 되었습니다. 유럽연합(European Union: EU)은 27개 회원국의 인구를 모두 합하면 약 5억 명이며, 세계 전체 GDP의 약 30%를 차지하는 세계 최대의 경제권입니다. 세계 전체 상품교역규모면에서 EU는 세계 1위이며, 한국과의 상품교역규모도 중국 다음으로 2위의 위치에 있습니다. 한-EU FTA는 상품교역과 투자와 같은 경제·통상 분야가 주된 관심사이지만 이를 계기로 한국과 EU는 전략적 동반자 관계로 격상되면서 정치·사회·문화 전반에서 교류가 활발해질 것입니다.

　하지만 아직 한국사회에서 유럽의 위상은 앞에 언급한 세계경제에서 EU의 경제규모나 현재 진행되고 있는 한국과 유럽의 관계 발전만큼 자리매김 못하고 있는 것 같습니다. 언론보도에서도 유럽에 관한 뉴스가 1면에 게재되는 경우는 타 지역에 비해 적은 편이고, 한국의 학계에서도 유럽 전공자들의 비중이나 영향력이 제대로 드러나지 않고 있습니다. 여기에는 지리적, 심리적, 구조적 이유 이외에도, 유럽 전공자들이 긴밀한 네트워크를 가지고 한국 내의 현안들과 한국을 둘러싼 국제환경변화에 대해 적극적인 방향을 제시하지 못한 원인도 있다고 생각합니다. 7월 1일 잠정발효일을 전후하여 언론매체들에서 한–EU FTA의 의미와 영향에 대해 집중적으로 보도하였지만 대개 경제·통상 분야에 대한 내용을 주로 다루었습니다. 유럽 27개국과 자유로운 경제교류는 상품교역과 상호 투자에만 머물지 않고 한국의 정치·사회·문화 모든 분야에도 영향을 미치게 될 것입니다.

한국유럽학회는 이런 점을 심층적으로 논의하기 위해 7월 1일 제5회 한국유럽학연합학술대회의 주제를 '한–EU FTA 잠정발효와 한–EU 전략적 동반자관계 발전전망'으로 정했습니다. 이 대회에는 유럽학 관련 10개 학회와 연구기관들이 참여하여, 한–EU FTA를 계기로 한국과 유럽에 미치는 영향을 정치·경제·법·사회·문화 분야의 전공자들이 다양한 측면에서 분석하였습니다. 또 참석자들은 한–EU 기본협력협정과 전략적 동반자 관계 발전을 위해 양측이 어떤 노력을 기울일 것인가 그리고 앞으로의 협력 방안은 무엇인가에 대해 심도 있는 논의를 하였습니다.

최근 한국의 정치권에서 쟁점이 되고 있는 복지 문제에 대해서도 지난 5월 20일 춘계 학술대회에서 '복지와 성장의 갈림길에 선 한국사회: 복지논쟁을 위한 유럽의 사례와 정책적 제안'으로 주제를 선정하여, 각 분야별 최고의 전문가들을 발표자와 토론자로 모시고 복지정책에 대해 다양한 학술적 논의의 자리를 마련하였습니다. 우리보다 먼저 복지의 거의 모든 사례를 경험한 유럽 복지정책의 성공과 실패를 면밀히 살펴보면서, 특히 신자유주의 체제하에서의 유럽복지정책과 최근 세계경제위기 이후의 유럽복지정책의 변화들을 분석한 후, 한국에 적용할 수 있는 복지정책에 대한 학자들의 혜안들을 모아 보았습니다. 한국의 복지정책이 여야의 정쟁에 그치거나, 선거에서 지지표를 확보하기 위한 수단으로만 활용되지 말고, 국민 삶의 질 향상을 실현할 수 있기를 바라는 염원을 함께 담은 학술대회였습니다. 앞으로 한국사회의 발전과 한국과 유럽의 관계 증진을 위한 시의적절한 주제를 선택하여 학술대회를 개최할 것입니다.

그리고 EU는 대북한 관계에서도 중요한 역할을 하고 있습니다. EU는 한반도의 긴장해결이 국제안보질서 형성의 핵심과제로 인식하고 있으며, 인도적 차원에서 북한을 경제적으로 지원하며, 개혁개방을 통해 국제시장에 통합시키려는 대북한정책을 유지하고 있습니다. 또한 북한 대량살상무기의 확산과 민감한 군사기술의 수출을 방지하고 남북 간 직접 대화를 지지하는 것이 일관된 기조입니다. 2001년 북한과의 수교 이후에는 북한의 핵개발포기와 테러리즘을 예방하고 북한이 국제사회에 책임 있는 일원이 되기를 강조하였습니다.

한국과의 최근 관계증진의 중요한 사례들을 살펴보면, 2010년 10월 벨기에 브뤼셀에서 개최된 제8차 ASEM 정상회의에서 한국과 유럽의 정상들은 세계경제위기 극복방안을 논의하였고, 금융안전망 구축과 국제금융기구 개혁 그리고 G20과의 협력 등에 대해 활발한 의견을 교환하였습니다. 아울러 2010년 서울에서 개최된 G20 정상회담의 성공적인 개최를 위해 협력을 다짐했고 G20 정상회의 이후 한국의 국제적인 위상이 한층 격상되었습니다. 또한 한국이 주도하는 ASEM 협력사업들을 인준하여, 아시아-유럽 정보통신망 협력센터가 설치되었고, ASEM DUO 장학사업이 연장되었으며, 아시아-유럽 중소기업혁신센터도 구축하게 되었습니다.

이처럼 한국과 EU의 관계가 유사 이래 그 어느 때보다도 긴밀해지고 있는 시점에 한국유럽학회는 한국사회의 지도자들과 일반시민들의 유럽에 대한 이해를 증진시키는 방안을 모색하였습니다. 그 일환으로 유럽대상을 신설하여 유럽과의 관계 증진에 노력한 분들을 찾아 그 공적을 치하하기로 하였습니다. 그리고 학자들 간의 학술적 논의들을 학회지나 논문의 형태로만 발표하였는데, 이 내용들을 주제별로 분류하여 단행본 형태로 발간하기로 하였습니다. 우선 2005년부터 2010년까지 『유럽연구』에 발표한 논문들 중에서 필자들이 단행본 발행에 동의한 원고들을 분야별로 편집하였습니다. 첫 권은 유럽연합의 법, 정치와 대외관계로 주제를 분류하였고, 둘째 권은 유럽의 사회통합과 사회정책, 셋째 권은 유럽 각국의 정치, 넷째 권은 유럽연합의 통상 및 산업정책으로 분류하여 유럽학연구총서 1권부터 4권으로 발간하게 되었습니다. 이번에 출판되는 유럽학연구총서 4권은 일반시민들과 유럽에 대한 지식을 공유하고 소통하는 데 도움이 될 것입니다.

이를 시작으로 유럽에 관한 다양한 주제들에 대한 원고를 모집하여 지속적으로 유럽관련 주제의 단행본을 출간할 계획입니다. 한국유럽학회 회원들뿐만 아니라 유럽에 관한 좋은 원고를 작성하신 분들께서 학회사무국으로 원고를 보내주시면 유럽학연구총서 발간위원회의 소정의 절차를 거쳐 단행본으로 출판할 예정입니다. 이런 노력들이 한국사회의 유럽에 대한 이해를 증진시키고 한국과 유럽의 관계 발전에 기여하게 될 것이라 믿습니다.

이번 총서시리즈 4권 출간을 위해 연구와 교육에 몰두하시는 중에 귀한 시간을 할애하여 편집과 기획을 해주신 유럽학연구총서 발간위원회 이승근 위원장님과 구문모, 김민서, 박선희, 박채복, 배정생, 송병준, 신두철, 윤성욱, 이병문 위원님들께 깊이 감사드립니다. 요즘 어려운 출판업계의 현황에서도 학술전문서적 출판을 흔쾌히 수락해주신 한국학술정보(주)의 채종준 대표이사님 그리고 출판사업부 김영권 이사님과 강태우 차장님, 전체적인 총서 편집을 맡아 수고해주신 편집부 여러분께 진심으로 고마운 마음을 전합니다.

한국유럽학회 회장
정해조

목 차

제1부 유럽의 사회통합

제1장 현대 유럽의 제노포비아(Xenophobia) 현상 비교연구: 영국,

　　　프랑스, 독일의 사례 비교　　　　　　　　　　　　15

제2장 유럽연합 양성평등정책의 제도적 발전과정　　　　59

제3장 유럽사회모델과 유럽연합의 사회적 차원　　　　　95

제4장 다문화의 도전과 사회통합: 영국, 프랑스, 미국 비교연구　118

제2부 유럽연합과 회원국의 이민, 교육 및 문화정책

제5장 외국인노동력 국제이주정책의 수렴경향과

　　　원인에 관한 연구: 영국과 독일 사례 연구　　　　　179

제6장 여성이민자는 이민의 수혜자인가?: 프랑스 내의

　　　북아프리카 출신 여성이민자의 경우　　　　　211

제7장 유럽의 이주인력 고용분석: 독일과 프랑스의 비교　　　258

제8장 EU집행위원회의 볼로냐 프로세스 참여:

　　　유럽고등교육정책의 유럽화　　　　　295

제9장 유럽연합 다언어주의 정책의 성과와 한계:

　　　공용어 운용을 중심으로　　　　　321

제3부 유럽연합의 지역 및 환경정책

제10장 유럽연합 지역정책의 추진체계와 효과:

　　잉글랜드 목적1 지역 사례　　　　　　　　　355

제11장 EU 지역정책 패러다임의 변화:

　　구조기금 개혁과정을 중심으로　　　　　　389

제12장 신생 동유럽회원국가의 유럽화: 지역정책을 중심으로　　433

제13장 EU의 기후변화협약 대응정책 평가 및 시사점　　　461

제14장 유럽연합과 교토의정서: 교토의정서의 비준과 이행 과정

　　속에서 보여 준 유럽연합의 역할과 위상변화 중심으로　　498

■■■ 제1부

유럽의 사회통합

제1장 현대 유럽의 제노포비아(Xenophobia) 현상
　　　비교연구 – 송태수
제2장 유럽연합양성평등정책의 제도적 발전과정
　　　– 최진우 · 박영란
제3장 유럽사회모델과 유럽연합의 사회적 차원 – 김시홍
제4장 다문화의 도전과 사회통합 – 김남국

제1장 현대 유럽의 제노포비아(Xenophobia) 현상 비교연구:

영국, 프랑스, 독일의 사례 비교

송태수

한국노동교육원 교수

Ⅰ. 들어가는 말

자본주의의 세계화 과정에서 노동력의 이동은 상품과 자본의 이동에 뒤이어 가장 마지막 단계에서 서서히 진행되고 있다. 그럼에도 불구하고 경제공동체의 일국적 국경성은 노동력의 이동성을 제약하고 있다. 동시에 이에는 다양한 사회적 요인들이 개입되어 교착되어 있다. 16세기 자본주의의 성립 이후 18~19 세기 유럽에서 산업혁명과 인구폭증은 노동력의 국제이동의 양상을 바꾸어 놓았다. 1880년대부터 남부·동부 유럽인의 이민이 미국으로 쇄도하면서 미국은 외국인의 유입을 규제하기 시작하였고, 제1차대전 종전 후 이러한 추세는 전 세계로 확산되었다.

제2차대전 이후 국제노동력이동은 다시 활성화되었다. 그러나 그 양상은 크게 변화하였다. 18~19세기에는 현지에서 영구히 정착하려는 '이민자'가 주류였다면, 20세기에는 단기간 현지에 체류한 후 귀국할 것을 요구받는 '이주노동자'가 주종을 이루었다. 그러다가 1970년대 초부터 유럽 각국은 해외직접투자를 강화하면서 해외인력수입을 중단하였다. 그러나 산업구조의 지속적인 변화와 국제노동 분업관계의 재편은 새로운 노동력 이동을 촉발하였고, 이러한현상은 전세계화하고 있다.

본 연구의 목적은 세계화 속에서 전세계화하고 있는 국제노동력이동과 그에 따라 점점 전지구적 현상으로 되고 있는 외국인에 대한 혐오증, 즉 제노포비아(Xenophobia) 현상의 발생 원인과 심화 요인을 비교분석하는 것이다. 제노포비아 관련 본 연구가 주목하고있는 것은 자본주의적 세계화가 급속히 확산되고 있는 오늘날, 기존의 서유럽 중심적 현상인 인종주의와는 다르게 전지구적인 수준에서 '이방인'에 대한 '배제' 현상이 일반화하고 있다는 점이고, 이러한 현상의 이해를 위한 연구방법이 새롭게 논의될 필요가 있다는 점이다. 이를 위해 본고는 서유럽의 이민국이랄 수 있는 영국,프랑스, 독일 3국의 제노포비아 현상과 원인을 비교적인 방법으로연구한다.

우선 II절에서는 제노포비아와 인종주의의 개념적 구분, 본 연구의 연구방법론 및 연구 대상국의 문제를 논한 뒤, III절 외국인노동력 이주사의 차이에 따른 제노포비아 현상, IV절 사회·경제적요인의 영향, V절 법·제도적 요인의 영향, VI절 정당체제(party system), 특히 극우정당의 영향과 정치·사회문화적 요인 등에 대한 비교 연구 후, 마지막 VII절에서 논의를 정리한다.

Ⅱ. 개념화와 연구방법 및 대상

1. 제노포비아와 인종주의

　제노포비아(xenophobia) 현상은 얼핏 보면 인종주의(racism)와 밀접한 연관성이 있는 개념으로서 기존의 연구들은 대체적으로 인종주의와 구별하지 않고 동일한 의미로 사용하고 있다.[1] 그러나 본 연구에서 필자는 제노포비아와 인종주의가 다음과 같은 측면에서 본질적인 차별성을 드러내고 있다는 점을 명확히 하고자 한다.

　첫째, '인종' 개념은 동일한 신체적 특성들과 특징적인 문화적·사회적 유사성을 가진 사람들의 집단을 의미한다. 이러한 인종 개념으로부터 인종주의는 다양한 인종집단에 대해 선입견이나 편견을 가진 혹은 편협한(prejudice, bias & intolerance) 태도로 정의될 수 있다.[2] 이에 비해 제노포비아는 "뭔가 모호한 심리학적 개념(concept) 이다. 즉 제노포비아는 외부인(outsider)으로 인지되는 개인이나 집

---

1) 민족주의, 인종주의 및 제노포비아 등의 극우주의에 대한 일반적인 논의는 다음 문헌 참조:
　 Anderson(1991), Balibar / Wallerstein(1990), Eurobarometer 47.1, Westin(2003), Eatwell
　 (2003). 좌파와 우파 구분에 따르면 제노포비아를 "인종주의와/또는 민족주의의 '약한 버전'"('mild
　 version' of racism and/or nationalism) 혹은 "불만의 표현"(expression of grievances)으로 이해
　 하기도 한다.

2) 인종주의의 현대적 어법을 이해하기 위해서는 Marger의 설명이 중요하다. 그에 따르면 인종주의는 다
　 음 세 가지 기본적인 생각으로 구성된 체계 혹은 이데올로기이다:
　 － 인간은 자연적으로 상이한 신체형으로 구분되며;
　 － 이렇게 각자 드러나는 신체적 특성은 본질적으로 그들의 문화, 개성 및 지적능력(intelligence)과 연
　 　관되어 있고;
　 － 이들의 유전학적 형질에 기초해서 몇몇 집단들은 천부적으로 다른 집단에 비해서 월등하다.
　 즉 인종주의는 인간이 유전적 집단으로 나눠지고, 사회적 행동이나 능력에 있어 생득적으로 다르며, 따
　 라서 "우등" 혹은 "열등" 집단으로 충위화(層位化) 될 수 있다는 신념이다. 따라서 이런 인종주의 이데
　 올로기는 사회적 자원 ― 특히 다양한 부, 신망 및 권력의 형태 ― 의 불평등한 분배를 정당화하는 입
　 장으로 귀결된다(Marger, 1994: 27).

단을 두려워하거나 혐오하는 성향을 서술하는 개념이다"(Cashmore, 1994: 346).[3]

둘째, 유럽에서 국민국가의 형성과 함께 등장한 인종주의는 전통적인 타인종 배척주의로서, 이는 특히 강압에 의한 노동인력 동원에 의존했던 식민지경영에 그 토대를 둔 제국주의시대의 유산이다. 반면에 제노포비아는 인력공급과 노동력이동이 대체적으로 자발적으로 이루어지고 있는 현대세계의 현상이라는 데서 인종주의와는 그 발생 배경을 달리하고 있다.[4] 그리고 개념적으로도 인종주의는 유색인종에 대한 백인종 우월주의라는 단순한 편견에 토대를 두고 등장한 것으로, 지역적으로도 서구 백인사회 또는 국가에 한정되어 있는 현상이라고 할 수 있다. 반면에 제노포비아는 상대적으로 발전된 국가에 이주한 외국인노동력이 있는 곳은 어디든지, 즉 그 국가가 굳이 백인국가가 아니더라도 발생할 수 있다는 점에서 인종주의와는 구별되고 있는 현상이다.

셋째, 제노포비아 현상에서는 인종주의에서 핵심 요인인 인종중심성이 국가중심성으로 변형되어 가는 측면이 있다. 즉 국가의 단일시장으로서의 경계성이 부와 자원의 핵심적 단일 유통·분배 메커니즘으로 되면서 국가의 중요성이 커지고 있는 것이다.[5] 제노포비아의 경우 내용적 측면에서의 중심이 인종으로부터 경제단위의 공간적 경계로서의 국가로 옮겨가고 있다. 2차대전이 끝나면서 이

---

3) 이러한 맥락에서 제노포비아는 완전히 이론화된 개념이라기보다는 '조작적 개념(operational concept)' 으로 이해되기도 한다(Baumgartl / Favell, 1995).

4) 이주의 원인에 대한 연구로는 Isbister(1996)와 Massey(1999) 참조.

5) 국가는 단일한 시장단위의 의미 이외에 사회국가나 복지국가로서 부와 자원의 분배(메커니즘) 단위로서의 의미도 지니고 있다.

전의 인종주의는 더 이상 대중적인 이데올로기로 정립되기 어려운 상태에 처한다. 그러나 이렇게 인종중심성이 약화되었다고 하여 제노포비아 현상에 배태되어 있는 우월성 이데올로기가 완전 탈각되었다고 볼 수는 없다. 오히려 사회경제적 차원에서 전세계적 경쟁 시장에서의 국가간 비대칭성 논리에 의해 우월성 이데올로기는 보강된다. 따라서 그 내용에 있어 제노포비아는 인종차별주의보다 더욱 포괄적인 개념으로 이해돼야 하는데, 이는 인종주의나 제노포비아 개념의 내용이 역사적으로 규정되기 때문이기도 하다.

본고의 연구 대상은 제노포비아 현상이다. 본 연구의 내용과 관련하여, 첫째, 인종주의와 제노포비아를 개념적으로 구분하지 않고 사용할 경우, 현재의 제노포비아 현상에 대한 정확한 설명이 불가능하다는 점과,[6] 둘째, 제노포비아 현상에 대한 연구는 기존의 인종주의 현상에 대한 사회심리적 접근법이나 사회경제적 관점처럼 부분적 접근법으로는 충분하지 않다는 점이 언급될 필요가 있다. 많은 유사점에도 불구하고 제노포비아 현상을 인종주의와 구분하는 이유와 배경에 대해 체계적으로 살펴본다.

2. 연구 방법

체재국 내지 이민국 사회의 이민자 및 이주노동자 문제에 대한 지금까지의 연구 성과에 따르면 — 노동력 유입국이 외국인이주(노동)

---

6) 제2차 세계대전 이후 서유럽에서 증가해 온 노동력의 이동과 난민 유입에 따라 점차적으로 증가되고 있는 자국민들과의 갈등은 이의 내면적 축적과정에 의해 종국적으로는 인종주의라기보다는 제노포비아의 확산으로 설명하는 것이 현재의 유럽 상황에 대해 좀더 정확한 설명을 가능케 해줄 수 있다.

자들을 받아들이고 사회적으로 통합하는 유형에 따라 ― 차별배제모형, 동화모형, 그리고 다문화주의모형의 세 가지로 구분할 수 있다 (Castles / Miller, 1998).[7] 일반적으로 이러한 세 유형의 외국인 통합방법은 국적부여원칙에 따른 유형적 분류와 밀접한 관련을 갖고 있는데, 대체로 차별배제모형은 혈통주의, 동화모형은 거주지주의, 그리고 다문화주의모형은 출생지주의와 친화력을 갖고 있는 것으로 나타난다(설동훈, 2000). 통합방법과 국적부여원칙을 두 축으로 하여 교차시킨 평면 위에 영국, 프랑스, 독일을 나타내면 <그림 1>과 같다.

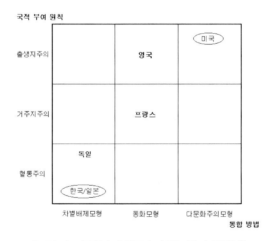

〈그림 1〉 외국인력 유입국의 이주(노동)자 통합유형

각국별 통합의 정도와 관련하여 우리는 이주(노동)자 통합방법 유형화에 따른 분류로부터 영국, 프랑스, 그리고 독일의 순으로 통합의 정도를 유추할 수 있다. 즉 통합모형의 명칭에서도 암시하듯

---

7) 이는 인종모델(ethnic model), 공화주의모델(republican model), 다문화모델(multicultural model)로 분류되기도 한다(Brochmann, 2002).

횡축의 오른쪽, 종축의 위쪽으로 갈수록 통합의 강도가 강한 것으로 유추ㆍ해석될 수 있다. 그러나 제노포비아가 심하던 1990년대 후반 유로바로미터(Eurobarometer 1997)에 따르면 영국과 독일 국민의 34%가 잠재ㆍ현재적인 제노포비아적 의식성향을 보이는데 비해, 프랑스 국민의 48%가 이러한 성향을 드러내는 것으로 나타나, 위 유추와는 반대의 결론에 도달하게 된다. 즉, 우리는 제노포비아 현상이 이주(노동)자 통합모형이나 국적부여원칙의 보수성 내지 진보성과는 무관하게 나타나고 있는 것을 확인하게 된다. 위의 사실로부터 기존의 연구 성과에 따른 유형화가 그 용어에서 표현해주는 사회적 통합의 내용과 방법에 대한 설명에 있어 커다란 문제ㆍ한계를 드러내고 있다고 판단, 본고는 제노포비아 현상 이해를 위한 새로운 연구전략의 필요성을 제기하고자 한다.

가) 사회ㆍ경제적 요인

제노포비아 현상을 유발하는 요인은 우선 시간적인 측면에서 볼 때, 지속적으로 유입되는 인력과 이들의 정주, 그리고 이러한 인력이 특정 도시나 지역에 편중해 집단적으로 거주하는 공간적인 측면과 밀접한 연관이 있다. 즉 유입인력의 시ㆍ공간적 응집의 과정은 소수인 유입인력의 이질성, 즉 종교를 포함한 문화적ㆍ인종적 차이에 대한 자국민의 인지를 점차 강화시키게 된다. 이러한 유입인력의 이질성에 대한 자국민의 의식은 점차 '우리'(동질성)와 '그들'(이질성)이라는 이분법적 구별을 통해 차별성을 강조함으로써 이방인에 대한 배타성을 강화하고 제노포비아를 유발시키게 된다.

각국별 경제발전의 상태와 경기의 부침에 따른 노동시장 상태의 변화, 그리고 사회적 안전망인 복지제도 각각은 제노포비아 현상의 발전과 관계가 있다. 예를 들어 경기침체 시에는 노동시장의 위축 및 실업률의 확대 등에 의해 사회적으로 다수인 자국민의 위기의식이 확산됨과 동시에 제노포비아가 심화된다.

나) 법·제도적 요인

이주(노동)자 유입국 사회는 이들을 통합해야하는 과제를 떠안게 된다.[8] 기존 연구에 따르면 이주자 유입국 사회가 이들 이주(노동)자를 받아들이고 사회에 통합하는 방식에 따라 차별배제모형, 동화모형, 다문화주의모형의 세 가지로 구분할 수 있다. 먼저 차별배제모형은 이주(노동)자 유입국 사회가 외국인 노동자나 이민자를 3D 업종의 노동시장과 같은 특정 경제영역에만 받아들이고, 복지혜택, 국적 또는 시민권, 피·선거권 부여와 같은 사회·정치영역에는 받아들이지 않는 경우로서 독일이 여기에 속한다. 동화모형은 외국인 노동자나 이민자가 출신국의 언어·문화·사회적 고유성 유지를 포기하고 자국민들과 동화되는 것을 이상으로 삼는다. 연구대상 국가 중에서 영국과 프랑스가 이에 속한다. 끝으로 다문화주의모형은 이민자가 자신의 문화를 지켜가는 것을 인정하고 장려하며, 정책목표를 소수민족의 주류사회로의 동화가 아닌 공존(symbiosis)에 둔다.

---

8) 유럽 내 국가별 이주정책 및 배제와 포섭의 정치에 대한 개괄적 이해를 위해서는 Baldwin-Edwards / Schain(1994), Hammar(1985), Balke(1993), 시민권 정책에 대해서는 Aleinikoff / Klusmeyer (2002) 참조.

국제노동력이동의 역사적 유형과 관계 지어 살펴보면, 차별배제모형은 외국인력 정책의 핵심이 '이주노동자'에 있는 사회에서, 그리고 동화모형과 다문화주의모형은 그 주안점이 '이민자'에 있는 사회에서 발견된다. 이러한 외국인 통합방법은 국적부여의 원칙과 밀접한 관련을 갖고 있는데, 대체로 차별배제모형은 부모가 그 나라 국민인 사람에게 국적을 부여하는 혈통주의(jus sanguiness), 동화모형은 일정 기간 이상 거주한 지역을 국적부여의 기준으로 삼는 거주지주의(jus domicili), 그리고 다문화주의모형은 태어난 곳을 국적부여의 기준으로 삼는 출생지주의(jus soli)와 각각 친화력을 갖고 있는 것으로 나타난다. 하지만 앞서 살펴본 대로 제도적 측면에서의 사회통합의 방식은 주민들의 주관적 의식 혹은 태도로 표현되는 제노포비아와 단선형적 관계를 갖지 않음을 알 수 있다.

다) 정치 · 사회문화적 요인

정당체제의 상이성에 따른 극우정당의 정치적 입장 및 활동의 정도가 제노포비아 현상에 커다란 영향을 미치고 있음이 분명하다. 이러한 정당체제를 포함한 정치과정의 특성과 그에 따른 정치행위에서의 특정 행태적 정향성, 즉 정치문화와 아울러 각국의 역사적 경험 또한 중요한 변수로 고려되어야 한다. 특히 독일의 경우 국가사회주의(Nazis)의 역사적 경험에 대한 반성적인 의식이 전 사회적으로 커다란 영향력을 가지고 있다는 점은 독일 내에서 발생하고 있는 제노포비아 현상을 설명하기 위한 중요한 요인의 하나이다.[9]

---

9) 정치적인 관점에서 볼 때, 대중매체의 일반적 기능은 공공성을 창출한다는 데 있다. 동시에 복잡성을 특

제노포비아에 대한 요인별 영향관계를 중심으로 한 앞의 논의를 다음과 같이 도식화할 수 있다.

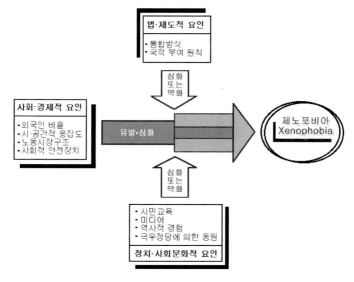

〈그림 2〉제노포비아에 대한 요인별 영향관계

징으로 하는 현대사회에서 바로 이 복잡성을 줄여주는(N. Luhmann) 기능을 하는 대중매체는(Merten, 1994), 한 사회의 특정 담론을 창출하고 그 방향을 제시함으로써 대중적인 교육을 수행하는 것을 가장 중요한 과제로 삼고 있다. 이러한 대중매체를 통한 교육 외에도 대중적으로 민주적인 정치교육을 수행하는 기관을 독자적으로 갖고 있거나, 자발적 단체 등에 의한 민주주의 교육을 수행하고 있다. 이러한 민주주의 교육, 즉 타자의 존재를 인정하고 존중하는 것에 대한 교육이 어느 정도 작동하고, 그 구체적 내용은 각기 어떻게 다른지에 대해서도 깊이 있는 분석이 있어야 할 것이다.

3. 왜 영국, 프랑스, 독일 비교인가?

본고에서 비교하는 영국, 프랑스, 독일 3국은 지역적으로 유럽에 위치하고 있는 인접국들로 영토적인 측면에서 대동소이하고, 인구 수의 측면에서는 통일 독일이 8천여 만 명에 달하고, 프랑스와 영국은 약 5~6천만 명으로 엇비슷하다. 경제적으로는 선진공업국들로서 삶의 수준 또한 크게 차이가 나지 않는다. 정치적으로는 민주정치제도가 정착되어 있고, 유럽연합 내에서의 영향력도 크게 차이가 나지 않는다고 할 수 있다. 그중에서도 무엇보다도 중요하게는 이들 3국이 유럽에서 가장 큰 이민국들이라는 점에서 공통적이다. 따라서 영국, 독일 그리고 프랑스 3국의 제노포비아 현상 비교 연구는 매우 적절하다고 하겠다.[10]

아래에서는 무엇보다 영국, 프랑스, 독일 3국의 초기 자본주의제도의 발전에 있어서 시간적 차이와 그에 따른 식민지적 경험과 외국인이주의 배의 차이, 극우세력의 정치화 과정, 사회복지체제, 법제도적 측면에서 외국인정책 등에서 차별성 등을 중심으로 분석을 구체화한다.

---

10) 비교연구 방법론에 대해서는 김웅진 외(1997) 참조.

Ⅲ. 외국인노동력 이주사(移住史)의 차이와 제노포비아

1. 영국

영국의 경우 18세기 동안 산업혁명을 거치면서 세계의 공장으로서 세계를 경제적으로 정복했던 역사를 가지고 있는 만큼 대규모의 외국인이 이주해온 역사도 매우 길고,[11] 그에 따라 일찍이 1905년 이민규제법이 제정되기 시작했다.[12] 조기의 산업화와 그에 따른 경기부침은 노동시장에 직접적인 영향을 미쳤다. 이에 따라 노동조합회의(TUC)는 유입이주민들(immigrants)이 일자리를 빼앗아가며 임금수준을 저하시킨다는 이유로 이민을 통제할 것을 일찍이 1892년부터, 1894년, 1895년 계속해서 결의하기도 했다. 뿐만 아니라 일반국민들도 유입이주민들이 주택과 위락시설에 대한 경쟁적 수요자라는 불평이 나왔다. 특히 흑인사회에 대한 배타성이 강력해서 항구도시에서는 정기적으로 폭력사건이 터져 나왔고, 사회적 비행(非行)의 온상이라는 지적과 함께 흑인이민을 통제하고 기존의 정

---

11) 18세기 말과 19세기 초에는 영국의 산업자본가들이 공장에 필요한 노동인력을 구하기 위해 아일랜드인(the Irish)을 대규모로 이주시켰다. 이리하여 1861년의 인구조사에서는 아일랜드인이 잉글랜드와 웨일스에 601,634명이나 살고 있었다. 그 뒤 1870-1914년에 12만 명의 유태인이 동유럽으로부터 이주해서 정착했다. 그들은 상점을 열거나 노동자가 되었고 기업을 설립하는 자본가도 있었다. 다른 한편으로 흑인선원들(seamen)이 19세기 말에는 항구도시인 리버풀(Liverpool), 카디프(Cardiff), 런던, 브리스틀(Bristol)에 정착하면서 소규모의 흑인사회를 세웠다.

12) 20세기 초 이민규제법은 다음과 같다: 1905 Aliens Act; 1914 Aliens Restriction Act; 1919 Aliens Restriction (Amendment) Act; 1925 Special Restrictions (Coloured Alien Seamen) Act; 1920 Aliens Order.

착자들을 본국에 송환하라는 요구가 있었다.

유색이주노동자의 유입은 원칙적으로 유럽계 백인노동자의 유입이 불가능해진 상황에 뒤따른 것이다. 제2차 세계대전 중에는 폴란드의 정부관리, 군인 및 그 가족을 받아들였고, 전쟁이 끝난 뒤에는 대규모의 노동인력 부족[13]을 메우기 위해 1945~51년 사이에 7~10만 명의 아일랜드인을 받아들였고, 7만5천 명의 전쟁난민들(Displaced Persons)을 유럽자원노동자(European Volunteer Workers: EVWs)란 이름으로 수용소에 보호하면서 노동을 시켰다.[14] 그 뒤 전쟁난민 수용소의 노동자들이 거의 없어지자 새로운 영연방(인도, 파키스탄, 케냐, 자메이카 등 카리브지역, 홍콩 등)으로부터 영국국적을 가진 유색이주노동자를 받기 시작했다.[15] 1948년 5월 화물선 Empire Windrush를 타고 온 417명의 자메이카인 이래 1951~58년 약 12만 5천 명, 1959년 2만 명, 1960년 5만6천 명의 흑인이 카리브지역으로부터 이주해왔다. 특히 1961년에는 영국에서 이민 통제에 대한 요구가 정치권과 시민운동권에서 나오게 되자, 이 통제를 미리 피하기 위해 11만5천 명이라는 대규모의 아프리카-카리브인이 들어오기도 했다. 이들 유색이주노동자들은 노동인력의 부족을 크게 경험하던 분야, 예컨대 중부지방의 용광로사업, 대도시의 철도와 버스 등 운수산업, 북부지방의 섬유산업에서 일했고, 병원 간

---

13) 1946년 말 134만 6천 명이 부족하다고 추산되었음(Liza Schuster / John Solomos, 1999; 김수행(2004) 재인용).

14) EVW는 오늘날의 '손님노동자(guest worker)'와 같은데, 그 직업에 적합한 영국노동자가 없다는 조건 아래에서 영국에 취업하는데, 인원 감축이 필요한 경우 가장 먼저 해직되며 노동조합에 가입하고 영국노동자와 동일한 임금과 노동조건을 얻었다. 이들의 대부분은 에스토니아, 라트비아, 리투아니아, 폴란드, 유고슬라비아로부터 왔다.

15) '1948년 영국국적법(British Nationality Act)'에 의하면, 영연방의 대부분의 시민은 영국시민으로서 영국에 들어와 정착할 법적인 권리를 가지고 있었다.

호사와 기타 보조원, 그리고 대도시의 환경미화원으로 일했다. 이들은 대개 3D업종에 종사하고 있었던 바, 대체로 급여가 낮고 비위생적이고 위험한 환경에서 일했다.

2. 프랑스

프랑스에서 이민정책은 일찍부터 인구정책 및 강병정책과 강한 연관성을 가지고 있었다.[16] 유럽의 다른 나라들은 해외이민을 적극 권장하던 18세기 하반기에도 프랑스는 나폴레옹 전쟁 이후 약해진 국력을 인구증가를 통해 보강하려는 정책을 펴, 이태리·벨기에·알제리·스페인으로부터 이민을 받아들였다. 그 결과 프랑스에서 총인구 중 외국인 비중은 1851년 1%, 1872년 2%, 1881년 2.9%(110만 명)로 꾸준히 상승하였다(Zolberg, 1978: 262ff; 설동훈, 2000: 95). 이른바 '신'이민이 시작된 1880년대에는 주로 동부·남부 유럽인이 프랑스로 몰려들었는데, 동부유럽인과 유태인은 동화되기 어려운 귀찮은 존재로 여겨졌다. 프랑스의 엘리트와 대중에게도 외국인혐오적인(xenophobic) 편견은 만연해있었고, 1883~1914년 사이에 외국인의 유입을 규제하는 50개의 법률이 제정되기에 이르렀다(설동훈, 2000: 103f). 그러나 고용주와 국가의 강력한 반대에 직면해 결국 실현되지 못했다. 1905년경부터 폴란드인들이 농업노동자와 광산노동자로 유입되었고, 1차대전이 발발하자 이들은 알제리 출신 이슬람교도들로 대체되었다. 프랑스 정부는 전시에 군복무에 대한

---

16) 프랑스의 2차대전 이전까지의 이민정책은 설동훈(2000), pp.73-105 참조.

대가로 아프리카 출신 흑인들에게 시민권을 부여했다. 프랑스인들 사이에서 탈민족화에 대한 두려움이 강화되기 시작했음에도 불구하고 프랑스 정부는 전쟁 후에도 외국인을 지속적으로 받아들였다. 외국인에게 입국문호를 개방하였고 국적취득절차를 대폭 간소화하였다. 그러나 정부의 이러한 조처가 무분별한 것은 아니었다. 프랑스는 외국인의 입국에 대해서는 관대하였지만, 노동자로서의 체류에 대해서는 까다로웠다. 정부는 노동부가 발급하는 '노동허가'를 통해 1차대전 후 영주를 전제로 한 '이민자'보다는 일정기간 취업 후 모국으로 귀환할 '이주노동자'의 활용으로 외국인력 정책을 변모시켰던 것이다.[17)]

영국과 마찬가지로 제2차대전 이후 프랑스는 외국인의 이민을 확대하는 정책을 유지했다. 우선 무엇보다도 노동력 확보를 통한 전후 복구를 조속히 실행에 옮기기 위해서, 그리고 감소한 프랑스 인구를 증가시키기 위한 정책의 일환으로 이민을 받아들였다. 이외에도 공화국 전통의 영향으로 외국인들의 유입과 통합에 적극적인 입장을 유지하고 있던 문화 또한 이민 확대정책에 영향을 미쳤다. 1970년대 초반까지 개방적인 이민정책은 유지되었다. 그러나 마그레브로부터 이슬람인들이 대거 이주해오자 프랑스의 동화능력의 문제가 제기되기 시작했다. 따라서 정부는 유입이민정지(stopping immigration)정책을 실행하게 되었다. 이 정책은 프랑스의 전통과 상반될 뿐 아니라 아프리카 식민지들과의 관계 때문에 실행에 어려움을 겪었지만, 정치적인 정책의 시행에 따라 1974년을 기점으

---

17) 이러한 기조는 계속해서 유지되었고, 그 결과 프랑스의 경우 지속적인 업무에서 일하는 외국인 노동자의 유입은 다른 OECD국가에 비해 적은 편이다(김용찬).

로 외국인의 이민은 급격하게 줄어들었다. 특히 노동자들의 이주가 급감했다. 1968~1973년 사이 외국인 노동자의 입국은 80만 명 정도였는데 반해, 1974~1980년 사이에는 19만 명 정도로 감소한 것에서 알 수 있다. 외국인 노동자의 감소는 당시 프랑스의 경제성장 둔화와 실업률 상승에 영향을 받은 것이다.[18]

대중적 수준에서 프랑스 사회를 침투하는 담론은 두 가지 다른 기획을 담고 있는데, 한편으로 이 담론은 직접적으로 외국인혐오적(xenophobic)이다. 즉 터키, 하이티 그리고 아프리카 흑인과 같은 외국인에 대해 적대적이라는 것을 의미한다. 그런가하면 인종주의는 인도-지나에서 온 이주자들에게 해당되는 것이다. 카리브인이나 집시들 중 프랑스 시민권을 획득, 체류하는 사람들이 해당된다. 즉 이들은 다른 문화권에 속해 있으며 절대로 프랑스 문화에 동화되지 않을 것이라고 생각한다.

3. 독일

19세기 중반 이후부터 본격적으로 공업 및 산업화가 진행된 독일의 경우, 노동력 이동의 역사는 특히 계절적인 노동력 이동이 요

---

18) 외국인은 전체 인구의 7% 미만을 차지하고 있으며, 숫자는 1990년부터 1994년까지는 감소추세에 있었으나 이후 다시 증가하기 시작했다. 증가의 원인은 1997년 시행된 합법화조치(regularization program)에 의해 1만9천 명이 추가적으로 거주권을 확보한 것과 방문자의 급격한 증가에 기인한다. 외국인 노동자는 전체 노동인구의 6.2%를 차지하고 있다. 비율은 과거 20년 동안 지속적으로 감소하고 있다. 1995년 이후 외국인 노동자의 고용비율은 소폭의 상승과 하락을 반복하고 있으며, 1998년을 기준으로 14만2천 명 정도의 외국인이 자영업에 종사하고 있으며, 1995년 이후 점차적으로 증가해 왔다. 임금생활자의 주요 고용부문은 서비스부문이지만 상당수는 농업과 제조업에 종사하고 있다. 노동시장에서는 임시체류 노동자의 수요가 증대하고 있지만 일시적인 이민은 감소하고 있는 추세이다. 노동자의 상당수는 미주지역 출신들로 구성되어 있으며 알제리 국민들도 많은 수를 차지하고 있다.

구되는 농업부문에서의 인력부족을 메우려는 목적으로 시작되었다. 이후 제1차대전과 나치 시대에는 외국인노동력을 강제 징용하여 군수산업 등에 투입하였다. 본격적인 산업노동력의 유입은 1950년대에 시작되었고, '라인강의 기적'을 이룰 정도의 지속적이고 안정적인 경제성장에 따라 노동시장에서의 경쟁이 본격화하는 것은 90년대부터이다. 특히 통일과 그 후유증으로 인해 구동독지역에서의 평균 20%에 달하는 고실업 현상과 이들 구동독인의 일상적 접촉 경험의 부족은 극우파의 선동 등에 의해 폭력적인 방식으로 분출되기 시작했다. 이후 지속되는 구동구권 갈등·분쟁지역으로부터의 '난민' 유입은 제노포비아 현상 강화의 요인으로 작용하고 있다.

전쟁에 패한 독일은 전후 50년대부터 고도의 급속하고 지속적인 경제성장과 함께 산업부문의 노동력 부족을 메우기 위한 외국인노동력의 유입을 대규모로 허용했다. 각 산업부문의 자본은 이들 외국인노동자들의 숙련도를 선호하였고, 이주노동자 또한 단기간 내 기대했던 만큼의 목돈 마련이 쉽지 않은 조건에서 체류를 연장하는 경우가 다반사였다. 이에 따라 원래 2년마다 새로운 노동인력을 불러들인다는 순환(rotation)원칙은 실효성을 잃고 곧 폐기되었다. 70년대 초반의 오일쇼크와 실업자 증가 때문에 외국인노동자의 유입을 공식적으로 금지했음에도 불구하고 80년대 후반까지 독일경제의 지속적인 성장으로 매해 약 30만의 외국인노동자 유입은 지속되어 1999년 현재 독일에는 전체 인구의 약 9%를 차지하는 734만여 명의 외국인이 체류하고 있다. 이들 외국인노동자의 다수는 남부유럽 국가에서 유입되었고, 이후 터키로부터 유입된 사람들이 종교·문화적으로 크게 이질성을 갖는 상황이다. 식민지로부터의 유입이 거의 없는 독일의 경우, 영국이나 프랑스에서와 달리, 유색 이주노동자의 문제는 두드러지지 않는다.

4. 소결: 영국, 프랑스, 독일의 비교사적 고찰

위에서 살펴본 바대로 식민지역사 경험, 외국인 이주노동자 유입 과정과 배경, 산업화 시기, 산업부문 노동력 시장에서의 경쟁상황, 유입이주자 출신국 및 이주정책 등에 따라 본고의 비교대상국인 영국, 프랑스, 독일은 나라별로 차이를 갖고 있으며, 이는 현재 나라별로 상이하게 표출되는 제노포비아 현상을 이해하는데 중요한 요인이다.

〈표 1〉 3개국 외국인 현황과 외국인관련법 변천사 비교

현황과 정책 \ 국가	영국	프랑스	독일
외국인 비	5.5%	7%	9%
국적부여원칙	출생지주의	거주지주의	거주지주의 (2000년까지 혈통주의)
2차대전 후 외국인 이민 확대의 배경	· 영연방과 미국으로의 이민으로 생긴 노동력 결원 보충 · 유럽의 백인 이민자 공급이 고갈되고 노동인구의 부족이 심해지면서 영연방 유색인종의 유입 인정	· 노동력 확보를 통한 조속한 전후 복구 · 감소한 프랑스 인구 증가정책의 일환 · 공화국 전통의 영향	· 전쟁 결과, 유럽에서 노동력이 가장 많이 수요됨 · 50년대 고도의 경제성장과 함께 산업부문 노동력 부족; 1955년부터 인접국들로부터 '손님노동자' 유입
외국인법 개정 및 정책의 변경 1960년대	· 1962년 이민자들에 대한 노동허가제(work permit)를 도입함으로써 이민 규제	· 북아프리카 이슬람인들의 대거 유입	· 독일에 장기 체류하는 외국인 노동자 숫자의 급증은 60년대부터의 현상

1970년대	· 1971년 이민법에서는 영연방에서 오는 이민이나 여타 다른 나라로부터 오는 이민이나 특례를 인정하지 않음	· 1970년대 초반 '이민중단' 정책의 실행으로 1968-73년 외국인 노동자 입국 80만 명에서 1974-80년 19만 명으로 급감	· 오일 쇼크와 국내경기 침체로 인한 실업자 증가 때문에 1973년 공식적으로 외국인 노동자 유입 금지 · 공식적 유입금지에도 불구하고 매년 약 30만 명의 취업자가 꾸준히 유입됨
1980년대	· 1981년 국적법에서 대영제국의 국민들도 더 이상 영국국민으로 인정되지 않음	· 1980년 Bonnet 법안은 불법이민에 대한 대책과 외국인 입국 및 거주에 관한 권리를 규정 · 1980년대 사회당 정부 하 외국인들의 노동시장 진출을 억제하는 조치 시행	· 이전에 유입된 외국인 노동자의 가족동반 사유에 따른 유입이 지속됨 · 독일에서 새로 출생한 외국인 2,3세로 인해 전형적인 이민국가의 모습을 보임
극우정치세력 현황	· 극우정당은 존재하나 그 영향력은 미미함	· 극우정당의 정치적 영향력 강화 추세	· 극우정당 금지

우선 영국과 프랑스는 — 네덜란드나 벨기에 등과 마찬가지로 — 아주 강한 식민지 역사를 갖고 있다. 이런 나라의 경우 이주는 단순히 산업적 요구에 따른 경제적 수요라는 직접 기능으로서만이 아니라, 식민지 과거사에서 기인하는 역사적 관계(긴박성)에도 책임이 있는 것이다. 이들 국가의 경우 유입이주자들은 일찍이 노동시장에서 본국인들과 경쟁관계에 돌입했다.[19] 특히 산업화가 조기에 진행된 영국에서 이러한 현상은 심했다. 그에 따라 노동조합회의(TUC)가 1892년부터 실업과 저임금 유발요인으로 선언하고 이

---

19) 이들 나라의 경우 해외로부터의 유입이주자에 비해 해외로 유출되는 자국민 이주자는 훨씬 적었다. 이에 반해 스페인이나 이태리, 포르투갈도 식민지 역사를 가지고 있으나, 식민지국으로부터 유입 이주하는 숫자보다 유출이주자들이 더 많은 나라들이다. 이들 국가에서는 인종주의가 그렇게 극심하지 않고 또 다양한 표현양태를 갖는다. 예를 들어 이태리의 경우 최근까지의 주요 현상은 남부에 대한 북부의 경멸 내지 차별이라 하겠다. 때로 정치·행정문화는 고전적인 인종주의와 간극이 있는데, 이들은 유입이주자들을 열등한 집단으로 취급한다. 이로써 이들은 신인종주의로 분류될 수 있으며, 이 신인종주의는 이들 유입이주자들을 아주 극단적으로 차별적으로 대한다.

민통제를 요구하고 나섰다. 일반국민들도 주택이나 위락시설에 대한 경쟁적 수요자라는 이유로 이들에 대해 배타적이었다. 영국은 영연방과 미국으로의 이민으로 생긴 노동력 결원을 보충하기 위하여 영연방국으로부터의 유입을 필요에 의해 용인할 수밖에 없었고 유입대상을 영연방국으로 제한하는 '출입국관리' 규제를 하였다. 이러한 측면에서 영국과 달리 프랑스는 이민정책을 인구·강병정책으로 이해하여 이민자들을 쉽게 받아들이면서도 이들의 노동시장에의 편입에 대해서는 '노동허가'제도를 통해 규제하고 있었다. 일정 기간 취업 후 모국으로 귀환할 '이주노동자'를 적극 활용하였던 것이다.

그럼에도 불구하고 영국과 프랑스 두 국가는 식민지사의 측면에서 차별성보다는 동질성이 강하여 독일에 비해서 유색이주자의 유입 요인이 강하게 작용했었다. 이에 따라 독일에서보다 유색인 이주자의 문제는 일상생활에서의 문화적 차이 등으로 인한 갈등상황이 일찍이 강하게 표출되고 있다. 따라서 이들 나라에서 더 이상 경제적 요구에 부응하지 않을 때 유입이주자들을 제도적으로만 처리하는 것은 그들의 상황을 단순하고 간편하게 전도(顚倒)시켜버린다. 즉 사회적으로 낙오하고 배제되는 '불쌍한 백인들'의 정황에서 이들 이주자들에 대한 분노나 두려움은 유입이주자들을 속죄양으로 만들어 공격의 대상으로 만들었던 것이다(Wieviorka, 1993: 64). 영국의 경우, 프랑스의 경우에서와 달리, 최근에서야 '다문화주의'라는 개념에 따른 동화정책을 추구하고 있는 상황에서 알 수 있듯이, 1979~97년까지의 보수당에 의한 정치공학적 차원에서의 제도적 개입은 1980/90년대의 폭력적 행위유발을 방조했던 것으로 평가된다. 즉 영국의 경우 극우정당의 지지가 낮아지는 추세이면서도, 다른 한편 유색이주자 집단에 대한 직접적 폭력이 빈발하는 현상의 원인을 여기에서 찾을 수 있을 것이다.

위의 영국이나 프랑스와 달리 독일의 경우에는 상당히 심각한 정도로 터키인들에 대한 제노포비아가 고조되어 있다. 그러나 이들 터키인을 포함한 외국인들은 애초에 노동자들로 규정되어 있고, 이들은 비록 경제적으로는 포용되고 있지만, 정치적으로는 배제되어 있었다. 이로 인해 이들 이주자 자신들이나 2세가 독일시민권을 취득하는 것은 거의 불가능했었다.[20] 이런 상황에서 터키인들은 독일인들에게 ― 비록 다른 사람들, 즉 이방인으로 받아들여지긴 해도 ― 위협 혹은 잠재적 침략 등으로 여겨지지는 않았다. 그에 따라 인종주의는 다른 나라에서보다 덜 새롭고(less 'new')(Barker), 덜 문화적이며 덜 차별적이었다. 이러한 배경으로 인해 독일에서는, 영국에서의 백인과 유색이주자들 사이의 직접적인 인종충돌과 달리, 외국인에 대한 극우파의 일방적인 테러가 특징적이라 할 수 있다. 아래에서는 이러한 역사·정치문화적 구분에 따른 차이를 좀 더 구체적으로 비교하면서 살펴보기로 한다.

Ⅳ. 사회·경제적 요인

각국별 경제발전의 상태와 경기의 부침에 따른 노동시장 상태의

---

20) 물론 최근의 법 개정에 의해 이는 상당히 완화되었다. 이에 대해서 상세한 것은 장명학(2004) 참조.

변화, 그리고 사회적 안전망인 복지제도 각각은 제노포비아 현상의 발전과 관계가 있다. 예를 들어 경기침체 시에는 노동시장의 위축 및 실업률의 확대 등에 의해 사회적으로 다수인 자국민의 위기의식을 확산시킴과 동시에 제노포비아를 심화시키게 된다. 그러나 이러한 경기침체 상황에 의해 유발되는 제노포비아 현상은 사회보장제도를 통한 흡수효과에 의해 완충되거나, 사회보장 수혜를 둘러싼 갈등이 오히려 제노포비아를 심화시키는 요인이 되기도 한다.

1945년 이후 대규모 인구이동은 대개 두 국면으로 나누어 설명할 수 있는 바, 먼저 1945~70년대 초반까지와, 다음으로 1970년대 중반에 시작되어 1980년대 말부터 1990년대 초에 추진력을 얻었던 인구이동을 지적할 수 있다. 1945~1970년대 초까지의 이동에는 크게 세 가지 이주의 유형이 있다: 첫째, 주로 '손님노동자' 체계를 통해 유럽의 주변부 국가들로부터 서유럽으로 이주한 경우와, 둘째, '식민지노동자'의 이전 식민지 본국으로의 이주, 셋째, 북아메리카와 호주 등으로의 영구 이주이다. 이러한 흐름으로부터 유추하여 구분할 때, 영국과 프랑스는 독일과 크게 차별성을 보이고 있다.[21] 이러한 조건들의 차이로 인해 분석 대상국에서 인구이동의 타이밍에서 차이가 나는데, 영국의 경우에는 대량이주가 빨리 끝난 반면, 독일에서는 늦게 시작되었다. 이전 식민지로부터의 이민은 영국과 프랑스의 경우에 중요했다. 다른 한편 이 시기 인구이동에는 공통점이 있는 바, 이동이 주로 '경제적인 동기'에 의해 발생했

---

21) 식민지노동자와 손님노동자 사이에는 차이가 있을 수밖에 없었다. 식민지노동자는 과거 식민본국의 시민으로서 몇 가지 특권을 누렸는데, 즉 시민적·정치적 권리를 누렸으며, 대부분 영구적으로 정착해서 살기를 원했다. 반면 손님노동자는 시민이 아니라 일시적으로 고용된 상태일 뿐이었고, 어떤 권리도 가지고 있지 못했다.

다는 것이다. 그 결과 나라별 경제성장률에 따라 차이가 발생했고, 세 국가 중에서 높은 경제성장률을 보였던 서독과 프랑스의 경우에는 이민수용률이 높았던 반면, 영국에서는 낮은 경제성장률에 따라 이민자 수용도 낮았다.

1970년대 초 석유파동 이후 세계경제의 재구조화와 함께 노동이주의 양상도 크게 변화를 겪었는데, 가장 커다란 이민국이던 영·불·독으로의 노동이민이 전반적으로 감소하였고, 외국인 노동자나 식민지노동자들이 가족과 재결합하게 되었고, 이에 따라 새로운 소수민족이 형성되기 시작했으며, 끝으로 고급인력의 이동이 점차 증가하기 시작했다(Castles / Miller, 1998: 4장). 1970년대 중반 이후 새로운 이민·이주의 유형은 선진국의 경제 및 노동시장의 재구조화와 상응한다(Castles, 1993). 1973년 이후 시기에는 서유럽 이주자수가 공고화되기 시작해 인구가 정상화되었다. 마침내 서독도 1973년 노동력 충원을 중단하였다. 이제 이들 '원치 않는 손님'이 된 외국인노동인력이 돌아가 주기를 원했다. 그러나 실제로 이들 중 일부는 돌아갔지만, 대다수는 그대로 남았다. 또 이들은 가족과 재결합하였고, 이를 막을 수 없었다.[22]

사회경제적인 차원에서 영국은 전후 30여년의 호황 속에서 비교대상국 중 가장 일찍이 성장 동력을 상실하였다. 유럽연합을 적극 추동함으로써 시장점유의 보장 및 확대를 추구하던 프랑스나 독일과 달리, 영국에서는 유럽연합으로의 통합이 일찍이 '우리'의 동질성을 위협하는 '그들'이라는 이분법적 구별을 확산시킬 배경을 제

---

22) 일례로 서독에서 1974~81년 사이 외국인노동자 수는 약간 감소하였으나, 외국인 여성의 수는 오히려 12% 정도 늘었으며, 15세까지의 아이들 수는 52% 정도 증가하였다.

공하였다. 이러한 조건 속에서 70년대 말에 집권한 대처 정권의 보수적 이민정책은 역설적으로 극우적 담론이 주류화되는 것을 방지하는 효과를 가져왔다.

실업 · 질병 · 무지 · 노령화로 말미암은 사회적 불평등을 감축하기 위해 '모든 시민'에게 일정한 수준의 복지를 국가가 보장한다는 비버리지의 보편주의 원칙에 입각해 있는 영국의 사회보장제도는, 다른 한편 자유주의적 모델에 기원을 두고 있어 자원의 분배에 있어서 국가보다는 기본적으로 시장을 특권화시킨다. 영국에서 복지국가는 잔여적인 의미를 갖는다 할 수 있다. 그 결과 이주(노동)자의 복지공급의 수혜란 매우 제한적이며, 따라서 이들 외국인집단이 사회의 부정적 존재나 기생자로 적대시 될 명분은 약했다.

영국에 뒤이어 프랑스에서도 고실업이 장기화되던 1980년대에 이르자 이주자 문제가 사회적 담론의 주요 주제로 등장하였다. 70년대 후반을 지나면서 사회통합적인 힘을 유지하던 근대성의 힘, 즉 고전적 정교분리의 원칙과 복지국가, 공화주의는 유지되기 어려워졌다. 생산자동화와 포스트 테일러 체제로 급속히 전환되면서 산업사회는 해체되기 시작했고, 중추적 역할을 수행했던 노동운동은 사회진보의 방향타를 설정하는 능력을 상실하게 되었다. 노동운동의 쇠퇴로 국가수준은 물론 다양한 지적 · 사회적 영역에서 동원역량의 소진이라는 결과를 초래했다. 산업사회의 해체는 제노포비아의 핵심 표적이 되는 사람들, 즉 이주자들에게 직접적인 영향을 미치게 된다. 경제위기가 심화되고 이주자들이 사회의 통합적 틀을 벗어나 '차이의 권리'를 주장하기 시작한 순간부터 정치선전의 표적이 되었다. 이주자들은 점점 사회불안의 원천, 즉 사회문제로 인식되었다. 실업위기가 심화되는 속에서 유권자들의 분노는 정치적 응징으로 이어졌다. 그러나 전통정당들은 인종차별적 제노포비아를 동원하는 극우정당 민족전선(FN)의 르팽(Le Pen)을 무시하거나 단순히 '악마화'하는 소극적 대응으로 일관했고, 마침내 FN은 10~15%의 안정적 지지를 확보하기에 이르렀다.

프랑스는 독일과 유사하게 조합을 통한 보험체계의 확립이라는 의미에서 비스마르크식 모델을 수용했지만, 이 모델에서 소홀한 '공화주의적 구호(Assistance républicaine)'의 요소가 강화된 것이다. 독일의 비스마르크식 요인과 영국적인 비버리지의 보편주의 원칙의 중간 형태를 취하는 프랑스 복지국가 모델의 기본적 입법논리는 '사회적 연대'이다. 즉 '사회적 연대'의 이름으로 사회보험 체계의 그물을 빠져나가는 집단들에 대한 구호 체계를 마련하는 것이다. 이러한 '구호'의 원칙은 구호가 직업적 소속을 갖는 것과 무관하게 시민권의 원칙 하에서 실현되어야 함을 강조한 것이다. 이주(노동)자가 프랑스 자국민들과 이러한 사회보장의 수혜자로써 대등한 지위를 향유하는 것에 대한 반감은 제노포비아의 토양을 강화하는 요인으로 작용하였다.

노동시장 분화현상 속에서 저임금 외국인노동자들의 불만은 더욱 고조되는데, 상대적으로 높은 급료를 받는 본국노동자들과의 작업장에서의 차별은 나라별로 차이를 보이기도 한다. 프랑스의 경우 이러한 불만은 파업과 같은 형태로 분출되기도 했다(Castles / Miller, 1998: 182 이하). 1970/80년대 프랑스의 자동차회사 Talbot-Poissy와 Citroën-Aulnay에서 외국인노동자들이 주도한 파업이 대표적이고, 이후 여러 자동차회사에서 뒤따라 발생했다. 이들 파업은 대부분 노동조합의 지지 없이 각 작업장(shop) 수준에서 자발적으로 이루어졌다. 더구나 파업노동자들과 비파업노동자들 간에 다툼이 일어나기도 했다. 외국인노동자들의 폭력적 파업과 엄청난 생산손실, 이에 맞선 경영진과 노조의 폐쇄 등은 프랑스 정계에서의 반격을 초래했다. 즉 기업은 저임금에 기초한 조립라인을 로봇이 대신하는 조립방식으로 재구조화하였고, 엄청난 수의 외국인노동자들의 해고를 초래했다.[23]

독일의 경우 제노포비아 현상은 프랑스보다 약 10년 지체되어 나타났다. 독일은 분단이라는 제약 속에서 여전히 민족주의나 인종주의 담론에 대한 사회적 억압 분위기가 지속되고 있었으며, 다른 한편 경제성장도 80년대 후반까지 일정 정도의 동력을 유지해갔다. 통일 이후 경제적 불안정과 침체는 구동독 지역에서 극심하였다. 동독의 경우 제노포비아가 극우주의적 태도의 지속적 확산에 가장 큰 비중을 차지하고 있다. 이는 다분히 경제적인 측면에서의 경쟁상태를 드러내준다. 예를 들어 1998년 동독지역 성인의 48% 그리고 청소년의 50%가 "노동력의 배치에 있어서 기본적으로 독일인들에게 우선권을 주어야 한다"고 생각하는 반면, 서독의 성인 중 28% 그리고 청소년의 21%만이 이에 동의하고 있다(Falter / Arzheimer, 1998).

비스마르크 전통에 기원을 두는 독일의 보수적-조합주의적 모델은 불평등의 감소보다 수입의 일정한 보장을 통한 지위의 안정성 확보를 목표로 한다. 이 체제에서 각각의 수혜자에게 제공되는 사

---

23) 자동차회사들에서의 모로코 노동자들의 파업과 그로 인한 재구조화 결과 엄청난 수의 이주노동자들이 1980년대 실업상태에 있었다.

회보장의 수준을 결정하는 것은 노동시장의 성취도와 고용상태이다. 따라서 개인과 가족의 복지증진보다는 노동력의 보호를 통한 산업입국과 국가 산업정책의 추진에 정향된 것으로서, 일정 소득수준 미만의 노동자와 가족들을 질병, 산업재해, 노령 등의 사회적 위험으로부터 보호하는 것을 구체적 목적으로 하고 있다. 사회보장제도가 기본적으로 노동시장의 지위와 연계되어 결정되는 만큼, 이주(노동자)가 ― 프랑스에서와 같은 ― 사회복지 급여의 '경쟁적' 향유자로써 자신들의 몫을 잠식하는 집단으로 자리매김 되지는 않았다.

독일의 노동시장 내 지위를 중심으로 수혜의 조건이 규정되는 사회복지제도는 1970년대 말 이후에도 전후의 전통을 계속해서 사회적 보호(social protection)에 비중을 두어 노동시장에서의 유연성을 희생시켰다. 독일 내 외국인들에 대한 관리에서도 각 부처 간 협력에 주안점을 두고, 최근까지 유입이주자들은 정주자(settlers)가 아니라 체류자(sojourners)로 대우하고 있고, 시민권과 정치적 권리의 부여를 거부하고 있다(Jordan / Strath / Triandafyllidou, 2003).

V. 법 · 제도적 요인

각국별 정부의 이민정책은 크게 세 범주로 분류하는 것이 가능한데, 그 중 대상국인 영국과 프랑스는 전통적 이민국 유형과[24] 엄격

---

24) 전통적 이민국에는 미국, 캐나다, 호주 및 스웨덴 등이 포함되는데, 이들 국가들은 영구적인 이민을 장려하고, 대부분의 합법적 이민자들을 미래의 시민들로 대우하며, 가족의 재결합과 안전한 주거를 허용한다.

한 통제형의 중간적 위치에 속한다. 중간적 형태·위치(intermediate position)의 이민정책은 이전 식민지로부터 온 이민자들을 우대조치 하며, 시민권을 부여하기도 하였다. 일반적으로 영구적인 이주와 가족의 재결합도 허용되었다. 다른 유럽국가에서 온 이주자들은 식 민지 이민자들보다 더 적은 권한을 부여받았다. 다른 한 극단으로 엄격한 '손님노동자' 정책에 따른 독일, 스위스와 벨기에 등 국가 가 분류되는데, 이들 국가는 가족의 재결합을 인정하지 않고, 안정 된 주거환경의 부여를 꺼리며, 매우 제한적으로 귀화를 허용하였다.

그러나 이러한 정형화는 절대적이지 않고, 고정되어 있는 것도 아니다. 영국과 프랑스의 경우 모든 식민지국으로부터의 이민자들 에 대해서 동일하게 우대한 것이 아니라, 우대조치를 차별 적용하 는가 하면, 이들 식민지로부터 이주해 온 이민자들에 대한 노동수 요가 감소하자 영구이주의 특권적 지위를 제거하였다. 그런가 하면 독일은 스위스와 더불어 가족재결합과 주거 개선에 노력하였다. 최 근 유럽국가들 간 이민정책에는 '수렴'이 이루어지고 있다.[25] 즉 이전에 식민지본국들의 경우 더 제약적인 정책을 취하기 시작했으 며, 역으로 '손님노동자' 체계를 유지했던 나라들은 덜 제약적인 방향으로 이민정책을 변화해갔다. 즉 이러한 변화는 EC내에서 새 로 등장하는 요인들과 보조를 맞춰 진행되었다.

이민 수용국들의 이민자에 대한 사회정책은 크게 세 가지로 분 류되는데, 영국과 프랑스는 시민권 개념과 정부 역할의 상호연관성 원칙 위에서 이민자들에 대한 특별한 사회정책을 거부한 유형으로

---

25) 이에 대해서는 임종헌(2004) 참조.

분류할 수 있으며, 독일의 경우, '손님노동자' 체계에 근거해 이들 노동력을 수입하는데 있어 특별한 사회적 서비스의 공급을 교회와 같은 기관들에 위탁하고 일과 관련된 건강이나 연금혜택 등에서만 제한적으로 사회복지 권리를 부여하고 있다.[26] 프랑스 정부는 이민자들이 시민이 되어야 한다는 원칙 아래 특별한 정책을 실시하지 않았으나, 실제로는 많은 사회정책들이 있었다. 영국은 보수당 지도부의 반대에도 불구하고 일련의 사회정책들이 개발되어 왔다.

VI. 정당체제의 영향과 정치 · 사회문화적 요인

1. 영국

영국, 프랑스, 독일은 인종갈등 혹은 외국인혐오 현상이 표출되는 방식에서 차이점을 보인다. 우선 영국의 경우, 인종갈등 현상이 지배적이며 외국인혐오현상(xenophobia)은 오히려 부차적이라는 결론에 이르고, 그 갈등 표출 방식에서 1958년 폭동을 시발로 해서 1976~79년까지의 인종폭동, 1980년 이후에 이러한 인종폭동은 더욱 대규모로 그리고 자주 일어났다. 1981년4월의 브릭스톤 폭동에서는 300명 이상이 부상하고 83채의 주택과 23대의 자동차가 피해를 입었다. 영국에는 크게 세 개의 제노포비아와 인종주의를 내세

---

26) 위 두 모델 외에 다문화주의와 연계된 적극적인 사회정책들을 통해 통합의 노력을 경주한 유형이 있다. 이에는 호주, 캐나다, 스웨덴 및 네덜란드가 속한다. 이러한 정책에는 기본적으로 특별한 사회정책을 통해서만 이들 외국인들을 사회적으로 통합할 수 있다는 가정이 전제되어 있다.

우는 네오파시스트 집단과 극우인종주의 집단이 있다. 1967년 설립된 민족전선(National Front: NF), NF로부터 분리해 1982년 창립된 영국민족당(British National Party: BNP), 그리고 BNP의 한 분파인 '18전투단(Combat 18)'이 바로 그것이다. BNP의 초대 당수였던 틴달(John Tyndall)은 제노포비아를 부추긴 혐의로 유죄판결을 받았고 세 번이나 감옥에 갔다 왔다. 현재의 당수 그리핀(Nick Griffin)은 케임브리지 법학과 출신으로 제노포비아를 부추긴 혐의로 유죄판결을 받은 바 있다. Combat 18은 BNP의 엄호부대로서 1992년 설립되었는데, 인종주의적 테러활동에 종사하면서 유색인 거주지에서 자동차 폭탄을 폭발, 사람을 부상시킨 바 있다.

그러나 이들 극우정치집단에 대한 대중적 지지는 크지 않을 뿐 아니라 점점 더 약해지고 있다. <표-2>에서도 확인하듯이 NR의 총선 득표율은 점점 줄어들어 1%도 되지 않는다. 이렇게 지지율이 계속 떨어지는 이유는 다수대표제를 채택하고 있어 군소정당의 진출이 억압당하는 이유도 있겠으나, 보다 중요한 이유는 1979년 집권한 보수당 정부가 18년 동안이나 강력한 이민억제 정책과 인종차별 정책으로 NF의 정책과 요구를 상당히 흡수했기 때문이다. 특히 보수당 정부는 외국인 일반보다는 유색인의 이민을 억제하고 유색인의 범죄와 사회보장제도의 유색인에 의한 악용 등의 문제를 부각시켰다.

〈표 2〉 총선에서 **NF**의 득표율

	입후보자 수(명)	득표율(%)
1974	90	3.1
1979	303	4.1
1983	60	1.0
1992	14	0.9

자료: Favell / Tambini (1995) (김수행(2004) 재인용)

　　1979~97년의 보수당 정부의 이민통제 강화는 '좋은 인종관계 (good race relations)'에 필요하다는 주장에 근거하고 있다. 즉, 이민 이 적어지면 사회보장제도의 공급을 위한 자원과 서비스가 부족하 지 않을 것이고, 그에 따라 인종갈등도 감소하리라는 주장이다. 다 른 한편으로 보수당 정부는 유색인의 사회적 경제적 박탈감을 제거 하기 위한 적극적인 고용 · 주택 · 교육훈련 정책을 취하면서 1976 년의 인종관계법의 강화를 거부했다. 그리고 인종 사이의 긴장과 충 돌의 책임을 흑인사회와 소수인종사회 전체 또는 그 사회의 청년층 등에게 떠넘겼다. 이에 따라 흑인은 '내부의 적(enemy within)'이고 사회 안정에의 위협이라는 생각이 강하게 뿌리내리게 됐다. 특히 1980년대 이후 경기악화에 따라 보수당 정부는 고용 · 주택 · 병원 · 법과 질서 등의 문제들을 '인종화(racialize)'하기 시작했다.[27) 보수 당 정부에 의한 실업과 사회보장제도 감축 등 사회적 불만 요인들 의 '인종화'는 극우인종주의 집단 내지 행동대원들로 하여금 이들 유색인종에 대한 공격적 테러를 합리화시켜주는 사회적 분위기로 작용하였지만, 수혜자는 이들 극우정당이 아닌 보수당이었던 것이다.

---

27) 예를 들어 1981년 스카먼 보고서가 인종적 불이익을 감소시키기 위해 정부 주도의 종합적인 정책을 요구했지만, 정부는 이에 전혀 귀 기울이지 않았다.

2. 프랑스

프랑스의 경우, 이주노동자에 대한 제노포비아 현상과 극단화된 외국인 배척운동을 주도한 극우정당 민족전선(FN)의 예는 매우 시사적이다. 1972년 창당 당시 단순한 하나의 소수 정파에 지나지 않았던 FN은 1980년대의 공격적인 배타적 이민정책을 기반으로 1990년대에는 확고히 자리잡은 제3당으로 급부상하였다. 2002년 대통령 선거에서는 FN의 르펭(Le Pen)이 17%를 획득하여 사회당의 조스팽(Jospin) 후보(16%)를 따돌리고 2위를 차지해 결선투표에 진출하기까지 했다. 인종주의는 더 이상 제한적이거나 일시적인 사회국부적 현상이 아니라, 정권장악을 목전에 둔 거대 제도정당의 등장을 가능케 한 것이다. 그리고 프랑스인의 외국인에 대한 태도는 더 이상 과거의 인종주의로서 극우주의에 국한된 현상이 아니라, 외국인에 대한 일반적 혐오주의, 즉 제노포비아 현상인 것이다. 이는 차별이라는 주요 이슈를 고려해보면 분명해진다.[28]

FN은 자신들이 주장하는 이데올로기가 인종간의 우열을 지적하는 인종주의가 아니라 단지 문화의 차이를 지적할 뿐이라고 설명하며 오히려 자신들을 공격하고 이민을 옹호하는 자들이야말로 '반(反)프랑스 인종주의자들'이라고 강변했다. 그러나 FN의 정당강령 및 선거 전략이 인종갈등과 제노포비아에 그 토대를 두고 있음은 누구도 부인할 수 없다. 이들은 프랑스의 정체성을 보호하기 위해서는 프랑스의 역사와 다른 길을 걸어온 마그레브와 아프리카 출

---

28) 인종주의는 자아의 우월성에 근거한 배타성을 의미하는데 반해, 제노포비아는 심리적 위협에 대한 방어적 배타성을 의미한다는 점에서 구분되어진다 할 수 있다.

신의 흑인 이민자들을 프랑스 사회에서 추방하는 길밖에 없다고 주장한다. 또한 민족전선은 이민과 실업을 일치시키는 선전활동을 통하여 이민통제 정책의 정당성을 강조한다. "200만의 이민 = 200만의 실업"이라는 1980년대 FN의 슬로건이 그 대표적 예이다. 2002년 대선에서 제2당의 위치를 차지한 FN으로 대변되는 프랑스의 제노포비아 현상은 최근에는 '신인종주의'라는 또 다른 이름으로 명명되고 있다.

1980년대 이후 프랑스에서 FN의 실질적 정치세력으로서의 확고한 지위확보의 배경을 우리는 여러 가지 요인에서 찾을 수 있다. 73/4년 오일쇼크를 계기로 프랑스 경제는 기존의 발전 동력을 상실한 채 10수년 여 동안 고실업 상태로 지속되면서 이에 따른 국민적 불만과 불안심리가 사회에 팽배해졌다. 유럽 각국 발전에 비해 상대적으로 뒤쳐졌던 상황 속에서 프랑스 극우정당은 1980년대 인종주의를 담론지형에 부각시키고 대중적으로 확산시켰다. 특히 1968년 이후 프랑스 사회는 커다란 사회변화를 경험하였는데, 그 중 인종주의의 확산을 가능하게 했던 중요한 요인의 하나로 고전적 산업사회의 쇠퇴와 그에 따른 중심적 행위자의 고갈, 즉 노동운동의 영향력 축소를 꼽을 수 있다. 노동계급운동의 종식은 노동조합운동의 종식을 의미하는 것이 아니라, 사회적 갈등상황에 응해 보편적 가치를 제공할 능력이 사라졌다는 것을 의미했다. 과거 일자리와 생산으로부터 시작된 투쟁은 조합주의의 제한적 이해관계를 초월해서 다양한 투쟁 상황에 개입된 다양한 행위자들을 통합하고 있었던 것이다. 다음 요인으로 프랑스혁명과 제3공화국에 뿌리를 두고 있는 공화주의적 가치의 명멸과 문화적 변화를 들 수 있다. 이

는 80년대 급격히 진행된 신자유주의적 가치의 보편화에 따른 것
으로, 자유, 연대 및 평등의 정신을 기반으로 하고 있던 프랑스 공
화주의 정신은 개인주의에 입각한 '경제인'에 의해서 대체되었다.
그리고 셋째로는 프랑스 민족의식의 복구를 지적할 수 있는데, 이
는 2차대전 후 드골주의의 지속적인 영향이라 하겠다.

3. 독일

3국간 비교적 관점에서 볼 때 독일에서 두드러지는 점은 외국인
에 대한 폭력·테러행위가 통일 이전까지는 노골화되지 않았으
나, 통일 이후 점차 확산되었다는 점이다. 구동독지역에서 주민들
의 통일로 인한 기대와 그 미충족에 따른 불만은 급기야 묄른, 로
스토크, 호이에스베르다, 졸링엔, 뤼벡 등지에서의 외국인에 대한
테러로 표출되었다.[29] 그러나 독일의 제노포비아 현상을 통일 후
구동독 지역에만 나타나는 지역적 국부현상으로 규정하는 것은 잘
못이다. 극우파의 폭력행위는 1982년 80건, 1990년 309건, 2000년
998건으로, 지난 20년간 꾸준히 증가한 것이다. 이 배경에는 우선
독일이 통일과정을 거치면서 민족적 자주성에 대한 자각 혹은 민
족적 자의식이 크게 강화되었다는 점이다. 기존의 나치 역사에 대
한 책임감이 독일의 정치인과 국민 일반대중에게 지배적인 정서였

---

29) 영국이나 프랑스와 비교해서 1991/92 독일에서 제노포비아 현상 발전의 특징은 '정부'가 난민들과
이들의 상황에 대해서 광범하고 공격적인 캠페인을 주도했다는 점이다(Thränhardt, 1995). 정부의 캠
페인은 반대세력과는 비교할 수 없을 정도의 매우 강한 정도로 사회적 분위기 전환에 영향력을 행사하
게 된다. 아무리 자유주의적인 민주주의 체제라 하더라도 정부는 의제설정(agenda setting)에서 훨씬
많은 수단과 자원을 확보하고 있기 때문이다.

다면, 통일과정을 거치면서 독일 정치엘리트와 국민은 민족적 중심성을 자각해갔던 것이다. 이에는 물론 신자유주의의 만연 속에서 진행된 세계화 담론이 다른 한 요인으로 작용했다. 나치시대의 부정적인 역사적 경험 때문에 겉으로 드러나지 못하고 잠복된 채로 있던 독일에서의 반외국인 정서는 통일 이후 실업률 증가와 노동시장의 불안정 등 사회·경제적인 요인과 상승작용을 일으켜 외국인에 대한 극단적인 테러의 양상으로 그 모습을 드러내었다.

이러한 테러의 배경에는 물론 제노포비아를 조장하는 신나치 세력과 극우정당들, 특히 공화주의자(Die Republikaner), 독일민족연맹(DVU) 그리고 독일민족당(NPD) 등이 존재하고 있다. 영국이나 프랑스에서와 달리 나치 역사를 가진 독일에서 이들 극우정당은 직접적으로 인종주의 슬로건을 내세울 수 없었고, 또한 보수정당은 영국의 보수당처럼 인종주의적 요구를 흡수할 수도 없었다.[30] 오히려 독일의 보수당인 기민/기사련(CDU/CSU)은 공화주의자들을 비롯한 극우정당의 인종주의적 주장에서 불법적인 요소나 혹은 민주주의의 기반을 위협하지 않는가에 유의하여 대응해야했다.[31] 다른 행위자로서 외국인은 독일사회의 '다문화(multi-culture)' 가치 지향 속에서도 독일적 가치를 존중하고 이를 중심으로 통합될 것을 요청받고 있다. 이런 조건 속에서, 영국에서의 백인과 유색 이민자들 사이의 직접적인 인종충돌과 달리, 독일의 경우는 외국인에 대한

---

30) 그러나 최근 선거 때가 되면 기민/기사련 보수당 내에서는 실업 및 사회보장제도 잠식 등의 원인을 외국인에게 돌리는 사회문제의 '인종화(racialization)' 전략을 시도하는 정치인들이 서서히 출현하고 있다.

31) 구동독의 극우파가 독일 민주주의의 구조를 위협할 수 있을 정도라는 경고에 응하여 독일 정부는 신나치들이 구나치 추종자들과 조직적인 연계관계를 만들기 시작하면서부터 경각심을 갖기 시작했다. 이에 따라 2000년 말 극우 정당인 독일민족당(NPD)을 금지시키자는 내무부장관의 제안이 국회에서 통과되었고, 2002년 1월에 연방헌법재판소에 금지신청을 하였다.

극우파의 일방적인 테러가 그 특징으로 나타난다. 즉 제도권 정치기제를 통해서 자신들의 요구가 표출되지 못한다고 느끼는 극우주의자들은 외국인에게 직접적인 테러를 가하는 방식으로 자신들의 입장을 표출하고 있는 것이다. 특히 구동독지역 경기침체의 결과 소외감과 절망감을 느끼는 청년들을 중심으로 이런 행동들이 분출되고 있으며, 극우주의 정당이나 정치인들은 이들을 뒤에서 부추기고 있는 것이다. 이에 대한 독일 정부의 대응은 우선 신나치 세력과 극우정당의 활동금지 정책으로 구체화되고 있으며, 동시에 외국인 노동이민에 대해서 보다 엄격한 기준을 적용하고 있다. 또한 2000년의 국적취득법 개정을 통해 기존의 혈통주의를 거주지주의로 대체해 노동이민자와 그 후손들에 대한 통합정책을 추진하고 있다.[32]

VII. 결론

영국과 프랑스의 경우, 식민지로부터의 유색이주자 유입요인이 강하게 작용했고 유입이주자들은 일찍이 노동시장에서 본국인들과 경쟁관계에 돌입했으며, 그에 따른 이민통제 요구들이 시민사회에 의해 조직되었다. 이에 따라 영국과 프랑스에서 유색인 이주자 문제, 일상생활에서의 문화적 차이 등으로 인한 갈등상황은 독일에서

---

32) 그럼에도 불구하고 독일은 지속적인 인구감소로 인한 부족노동력을 외부로부터 충원할 수밖에 없는 상황 속에서 제노포비아의 지속화와 이에 대한 다양한 대응책의 수립이 요구되고 있다.

보다 강하게 표출되었다. 복지국가는 공동체의 구성원들을 위해서 닫힌 체계인 동시에 외국과의 무역, 자본이동 등 경제적 관점에서는 개방적이어야 했다. 이러한 양면성은 이동이라는 맥락에서 한편으로 복지사회의 재화를 보호하는 것이 필수적이게 하고, 다른 한편으로 그 외부로부터는 진입하도록 하는 매력을 제공한다(Brochmann, 2002).

독일의 경우, 상당히 짧은 기간에 공간적으로도 밀집하여 자국민의 생활권에 '침식'해 들어온 터키인들에 대한 제노포비아가 심각한 정도로 고조되어 있으나, 이들 터키인을 포함한 외국인들은 애초부터 독일의 필요에 의해, 궂은일을 하는 노동자로 제한되었다. 사회보장제도가 기본적으로 노동시장의 지위와 연계되어 결정되는 만큼, 이주(노동자)가 — 프랑스에서와 같은 — 사회복지 급여의 '경쟁적' 향유자로써 자신들의 몫을 잠식하는 집단으로 자리매김 되지는 않았다. 이들 이주(노동)자들의 복지수혜는 노동에 대한 보상 수준에서 경제적 복지수혜를 받는, 비교적 정당성을 인정받는 집단인 것이다. 독일의 보수적-조합주의적 모델에서 이주노동자는 — 프랑스에서와 대비되어 — 정치적으로 배제된 채 사회보장을 통해 수입이 일정한 수준에서 보장되며 경제적 지위가 안정적으로 보장되는 상태에서 사회적으로 통합되고 있었던 것이다. 영국의 복지서비스는 그 대상에 따른 특수적 접근법을 채택하고 있어, 가장 절실히 필요한 사람들만을 지원하며, 저임금 고용 확대와 이들이 노동시장에 남아있도록 하는 정책에 주력하고 있으며, 기업의 '유연' 노동력 사용에 주안점을 두고 있다. 영국 사회보장제도의 경우, 외국인 이주자들에게 시민으로서의 동등한 권리를 부여하고 있어

'모든 시민'에게 일정한 수준의 복지를 국가가 보장한다는 비버리지의 보편주의 원칙이 한편으로 관철되지만, 다른 한편으로 자유주의적 모델에 기원을 두고 있어 자원의 분배에서 국가보다는 기본적으로 시장을 특권화하고 있으며, 영국에서 복지국가는 잔여적인 의미를 갖는다 할 수 있다. 이에 비해 프랑스의 경우, 공화주의 이념에 근거한 복지제도는 그 수급권을 시민권적 권리로 인정하고 있다. 장기간의 경기불황과 세계화와 함께 복지제도의 전반적 재구조화 논의가 진행되던 시기 동안 이들 '이방인' 복지수혜자에 대한 배타성은 지속적으로 증대하였고, 제노포비아적 집단은 광범한 지지를 얻을 수 있었다. 영국의 경우, 경기침체 국면에서 사회경제적 불만의 확산은 다수 자국인의 이방인에 대한 위기감을 확산시키고 제노포비아를 심화시켰다.

경쟁적인 정당체제와 정치문화의 제노포비아 현상에의 영향력은 매우 크다. 영국, 프랑스 및 독일 3국에서 제노포비아가 정치적으로 어떻게 이용되어왔는지에 대한 연구에서 트랜하르트는, 정당들이 제노포비아를 활성화시키거나 정치 의제화(agenda setting)하는 데 매우 중요한 역할을 하며, 경쟁적 정당체제에서 *사회민주주의 정당과 경쟁하는 보수정당에게* — 특히 외부로부터의 도전적인 상황이 있지 않은 평온기간에는 — *"최후의 보루로 신뢰할 만한 무기"* 로 여겨질 정도라고 결론 내리고 있다(Thränhardt, 1995; 저자 강조).[33] 그러나 제노포비아를 '정치적 무기'로 사용하는 것은 위험도

---

33) 원문: *"a reliable weapon of last resort for conservative parties competing with social democrats"*. Thränhardt는 보수정당의 제노포비아의 정치적 이용을 1970년대 말부터 80년대 초반까지의 시기(제1기), 이후 1980년대 중반(제2기), 그리고 1990년대 이후(제3기)로 나누어 비교하고 있다.

수반한다. 즉 1990년대 프랑스에서처럼 통제할 수 있는 범위를 넘어서 상황이 발전할 수도 있고, 1990년대 초반의 독일에서처럼 상황이 폭발적으로 발전할 수 있는 것이다.[34]

영국의 민족전선(NF)은, 프랑스 FN의 득표수준을 도저히 근접하지 못한 채, 정치적으로 특정 지역에서 득표를 하는 지역주의 정당에 머물고 있다. 영국의 경우 거대 보수당 대처가 장기간 집권하면서 극우세력의 정치공간을 잠식했던 반면, 프랑스의 경우 고전적 의미에서 우파의 해체가 반대효과를 미쳐 정치공간을 제공하였던 것이라고 할 수 있다.[35] 대처 수상은 '비록 수세에 몰리거나 책임을 져야할 상황에서도 '공격적이고 대항적인 정치인(protest politician)'이었다'. 그리고 정치(politics)를 일종의 '전투(battles)'로 단순화시키는 능력의 소유자(Ryan, 1993: 11) 대처는 전투에서의 전리품을 획득할 수 있었다. 독일의 경우는 나치 역사로 인해 각 정당이 자기통제 기능을 가질 수밖에 없었던 점이 특이점으로 지적될 수 있다.[36] 그러나 통일 후 독일 우파정당에게 이러한 자정기능에서 적신호가 나타나기 시작한 것은 21세기 독일 정당사의 특징으로 꼽

---

34) 보수정당에 의한 이주(노동)자 이슈의 선거 쟁점화로 인해 제노포비아적 극우정당에 대한 유권자들의 태도가 완화된다는 점에 유의해야할 것이다. 1994년 선거에서의 유럽 각국의 극우정당에 대한 선호도 조사에 따르면 대부분 유권자들이 이들 정당의 보통의 정당과 동일하게 간주하고 있으며, 이들 정당에 대한 지지가 일시적으로 '반항표(protest vote)'의 성격을 가진 것이 아닌 것으로 나타난다(Brug / Fennema / Tillie, 2000).

35) Minkenberg에 따르면 극우세력은 세 가지 이데올로기적 유형으로 분류되는데, 전체주의–파시스트 유형, 인종주의 유형 및 종교적–근본주의자 유형이다. 극우파가 등장하고 동원될 수 있는 요인, 즉 기회구조로는 제도·문화적 측면과 경쟁적 정당구조 측면이 검토돼야 한다(Minkenberg, 2003). 참고로 이태리의 극우 지역주의 정당 출현과 세력 확장은 중앙정부, 즉 국가의 구조적 허약성과 관련되어 있다고 할 수 있다. 이러한 세분된 연구는 본 연구의 내용을 벗어나는 것으로, 다음 과제로 넘겨둬야 할 것이다.

36) 기사련(CSU) 소속 정치인 슈트라우스(Franz Josef Strauss)의 경우, 자신을 '독일의 대처'라고 자칭할 정도였다. 그러나 이런 정치인의 제노포비아의 정치적 무기로서의 활용도 독일 정당의 자정장치에 의해 차단되고, 바이에른 주에서만 제한적으로 성공을 거둘 수 있었다.

힐 수 있다.

제노포비아 현상은 21세기 최대의 화두인 세계화의 진행과정 속에서 서구 이외의 산업국에서도 이에 대한 대응을 둘러싸고 얼마든지 국내의 정치·사회적 갈등과 불안정을 유발시킬 수 있고, 동시에 외교적 마찰을 불러일으킬 수 있는 핵심적 요소의 하나라는 데서 제노포비아에 대한 본격적인 연구의 필요성은 충분하다고 하겠다. 최근의 한 연구는 '제노포비아 문제를 인지하는데 실패하는 것은 유럽연합의 정치적 변화를 위협할 수 있다'고 지적하기까지 한다(De Master / Le Roy, 2000). 유럽에서 제노포비아 문제의 심각성에 대한 이해와 우리의 이해 정도 사이의 간극은 너무 넓다.

본 연구를 계기로 국내에서의 제노포비아 연구의 활성화를 기대한다. 본 연구는 많은 것을 연구 과제로 남겨두고 있다. 각국의 정치문화, '통합'정책[37] 및 사회심리적 차별성에 따른 영향 등에 대해서는, 연구 서두의 문제제기에도 불구하고, 충분히 답하지 못하고 있다. 세계화가 심화의 단계에 접어든 현재, 세계경제와 이주, 소수계의 형성 및 사회적 변화 등이 서로 연관되어 있는 점을 고려할 때, 제노포비아에 대한 연구는 더 이상 단일학문이나 일국 차원에 초점을 맞춰 이뤄질 수 없다. 더 많은 학제적이고 국제적인 연구가 요청된다 하겠다.

---

37) 정부의 '이주'정책은 내부로의 이주, 즉 유입정책과 통합정책으로 나누어질 수 있다. 유입정책은 "누구에게, 어떤 목적으로, 어느 정도의 시간 동안" 국가영역에의 유입을 허용하는가를 정하는 것이다. 이런 상황이 더욱 복잡해지는 이유는 유입된 사람들이 한 국가에 오래 동안 체류한 상태이고, 따라서 어느 정도는 정주자에 속하고 실질적인 체류연장으로 인하여 지속적인 체류가 가능할 수 있는 사람에 대해서도 법적으로 정해질 필요가 있기 때문이다. 그에 따라 '통합'정책은 국경을 넘어 들어오고 체류연장을 한 유입자의 상황을 조율하는 것이다..

참고문헌

김수행. 2004. "유럽의 제노포비아 현상에 대한 연구: 영국의 제노포
　　비아", 서울대학교 한국정치연구소 학술발표회(2004년 5월)

김용찬, "프랑스 외국인 정책"(민족연구 제6호; http://www.cncho.pe.kr/
　　kric/kric/%C7%C1%B6%FB%BD%BA%C0%C7%20%BF%DC
　　%B1%B9%C0%CE%C1%A4%C3%A5.htm; 검색일: 2003. 5. 17)

김웅진 외. 1997. 『비교정치론강의 1』, 서울: 한울

임종헌. 2004. "유럽의 제노포비아 현상에 대한 연구: 유럽연합(EU)
　　차원의 초국가적 대응", 서울대학교 한국정치연구소 학술발표
　　회(2004년 5월)

장명학. 2004. "독일의 제노포비아 현상에 대한 연구", 서울대학교 한
　　국정치연구소 학술발표회(2004년 5월)

설동훈. 2000. 『노동력의 국제이동』, 서울: 서울대출판부

Aleinikoff, T. A. / D. Klusmeyer. 2002. *Citizenship Policies for an Age of
　　Migration*. Washington, DC: Carnegie Endowment for International
　　Peace

Anderson, B. 1983. *Imagined Communities. Reflections on the Origin and
　　Spread of Nationalism*. London/New York: Verso

Baldwin-Edwards, M. / M. Schain (eds.). 1994. *The Politics of
　　Immigration in Western Europe*. London: Frank Cass

Balibar, E. / Wallerstein, I. 1990. *Race, Class, Nation. Ambivalent*

Identities. London: Verso

Balke, F. ed. 1993. *Schwierige Fremdheit: Über Integration und Ausgrenzung in Einwanderungsländern*. Frankfurt/M: Fischer

Barker, M. 1981. *The new racism*. London: Junction Books.

Baumgartl, B. / A. Favell. 1995. Europe: National Visions, International Perspectives and Comparative Analysis, in: Baumgartl / Favell (eds.). *New Xenophobia in Europe. Comparative study of 27 countries* (with an introduction by Ernest Gellner). Dordrecht/ London: Kluwers Academic Publishers

Brochmann, G. 2002 Citizenship and inclusion in European welfare states: The EU dimension, in: Lavenex, S. / E. M. Uçarer (eds.). *Migration and the Externalities of European Integration*. Lanham: Lexington Books

Brug, W. / M. van der Fennema / J. Tillie. 2000. Anti-immigrant Parties in Europe: Ideological or Protest Vote, in: *European Journal of Political Research* 37

Cashmore, E. 1994. "Xenophobia", in: E. Cashmore, et al. *Dictionary of Race and Ethnic Relations*, London: Routledge

Castles, S. 1993. Migrations and Minorities in Europe. Perspectives for the 1990: Eleven Hypotheses, in: Wrench, J. / J. Solomos (eds.). *Racism and Migration in Western Europe*, Oxford: Berg.

Castles, S. / M. J. Miller. 1998. *The Age of Migration: International Population Movements in the Modern World*, second Edition. New York: Guilford Press.

De Master, S. and M. K. Le Roy. 2000. Xenophobia and the European Union. in: *Comparative Politics* Vol.32, No.4

Eatwell, R. 2003. Ten Theories of the Extreme Right, in: Merkl / Weinberg (eds.) *Right-wing Extremism in the Twenty-First Century*. London

Eurobarometer. 1997. *Racism and xenophobia in Europe*, Eurobarometer

Opinion Poll no. 47.1, (http://europa.eu.int/comm/public_opinion/ archives/eb/ebs_113_en.pdf)

Falter, J. W. / K. Arzheimer. 1998. *Rechtsextremismus unter Jugendlichen in Deutschland 1998 im Vergleich zum Jahre 1994. Gutachten im Auftrag des Bundesministeriums für Familie, Senioren, Frauen und Jugend*, Mainz

Favell, A. / D. Tambini. 1995. Great Britain: Clear blue water between "Us" and "Europe"?, in: Baumgartl / Favell (eds.). *New Xenophobia in Europe. Comparative study of 27 countries* (with an introduction by Ernest Gellner). Dordrecht/ London: Kluwers Academic Publishers

Hammar, T. (ed.). 1985. *European Immigration Policy*. Cambridge: Cambridge University Press,

Isbister, J. 1996. *The Immigration Debate. Remaking America*, Kumarian Press

Jordan, B. / B. Strath / A. Triandafyllidou. 2003. Contextualising Immigration Policy Implementation in Europe, in: *Journal of Ethnic and Migration Studies*, Vol. 29

Marger, M. N. 1994. *Race and Ethnic Relations: American and Global Perspectives*, Belmont: Wordsworth

Massey, D. S. 1999. "Why Does Immigration Occur? A Theoretical Synthesis", in: Hirschman, C. / P. Kasinitz / J. De wind (eds.). *The Handbook of International Migration*. Russell Sage Foundation Press,

Merkl P. H. / L. Weinberg (eds.) 2003. *Right-Wing Extremism in the Twenty-First Century*. London

Merten, K. et al. 1994. *Die Wirklichkeit der Medien*. Opladen, Westdeutscher Verlag

Minkenberg, M. 2003. The West European Radical Right as a Collective Actor: Modeling the Impact of Cultural and Structural

Variables on Party Formation and Movement Mobilization, in: *Comparative European Politics*, July 2003, Volume 1, Number 2

Ryan, A. 1993. Yes, Minister, in: *The New York Review of Books*, 2. December

Schuster, L. / S. John 1999. The Politics of Refugee and Asylum Policies in Britain: Historical Patterns and Contemporary Realities, in: Bloch, A. / C. Levy (eds.). *Refugees, Citizenship and Social Policy in Europe*, Basingstoke: Macmillan

Thränhardt D. 1995. The Political Uses of Xenophobia in England, France, and Germany, in: *Party Politics*, 1. Jg.

Wallerstein, I. 1974. *The modern world-system*. New York: Academic Press.

Westin, C. 2003. Racism and the Political Right, in: Merkl / Weinberg (eds.). *Right-wing Extremism in the Twenty-First Century*. London

Wieviorka, M. 1993. Does France Represent a Unique Case?, in: Wrench, J. / J. Solomos (eds.). *Racism and Migration in Western Europe*, Oxford: Berg.

제2장 유럽연합 양성평등정책의 제도적 발전과정

최진우

한양대학교 정치외교학과 교수

박영란

강남대학교 사회복지학부 조교수

I. 서론

국가들의 자발적 의사에 따른 지역통합의 가장 성공적인 역사적 사례인 유럽연합(EU: European Union)은, 한편으로는 또한 양성평등(兩性平等, gender equality)의 이상을 구현하는 노력에 있어서도 다른 국제기구나 국가들에 비해 가장 앞서가는 성과를 내고 있는 것으로 평가되고 있다.[1] 이는 EU가 1957년 유럽경제공동체의 설립을 위해 체결된 로마조약 제119조에서 '동일 노동에 대한 동등 보수(equal pay for equal work)'의 원칙을 천명한 이래, 다양한 법적

---

[1] Mark A. Pollack and Emilie Hafner—Burton, "Mainstreaming Gender in the European Union", *Journal of European Public Policy*, Vol.7, No.3(2000), p.452; European Commission, *Equality between Women and Men in the European Union*(2005), p.10.

기제를 활용하여 남녀 간의 불평등을 해소하고 양성 간의 평등을 실현하기 위한 노력을 꾸준히 경주해 온 결과이다.

한편 EU의 양성평등정책의 발전성과는 EU가 사회정책의 다른 분야에서는 별다른 진전을 이루어 내지 못하고 있다는 점과 크게 대조가 된다. 물론 논쟁의 여지가 있긴 하지만, EU는 사회정책 분야에 있어서 발전의 속도가 매우 더딘 것으로 평가되고 있다.[2] 그렇지만 EU는 최근 정책 수립의 기존 패러다임에 가히 '혁명적' 변화에 해당하는 파급효과를 수반하는 '성 주류화'의 전략을 적극 도입하기도 하는 등, 양성평등정책 분야의 진전에 지속적인 관심을 기울임으로써 EU의 양성평등정책은 EU의 제반 사회정책 가운데 예외적인 성공 사례의 하나로 손꼽히고 있다.[3]

본 연구는 EU의 양성평등정책이 국제적인 모범사례일 뿐만 아니라 EU 내에서도 여러 사회정책 중 가장 성공적인 발전을 보이고 있다는 점에 주목하여, EU의 양성평등정책이 어떠한 제도적 기반 위에서 어떠한 법적 장치를 통해 추진되고 있는지를 살펴보기로

---

2) EU 사회정책에 대한 평가는 관점에 따라 많이 달라진다. 일반적으로 사회정책의 핵심 분야를 구성하는 사회보장 등 분야에서 제도적 및 재정적 이유로 인해 EU 수준의 정책 수립이 어렵다는 점에서 EU 사회정책의 발전 수준은 아직 낮은 것으로 간주되고 있다. 이와 같이 EU의 사회정책이 발전하지 못한 이유로는 유럽통합이 기본적으로 시장 자유화를 지향하는 프로젝트이기 때문에, 시장 자유화의 실현을 위한 도구적 가치가 인정되는 범위 내로 발전의 가능성이 한계 지어졌던 것과 아울러, 신자유주의적 경제 이데올로기와 국가 주권의 수호의 논리로 무장한 일부 회원국이 EU 수준의 사회정책 발전을 강력히 반대한 것 등이 거론된다. 하지만 재정지출을 요하지 않는 규제정책의 범주에 해당되는 일부 사회정책 분야에서는 EU도 상당한 진전을 이루어 온 것으로 평가될 수도 있다. 그러한 견해를 피력하는 연구로는 Gerda Falkner, *EU Social Policy in the 1990s: Towards a Corporatist Policy Community* (London: Routledge, 1998); Marcus Carson, "From Common Market to Social Europe?: Paradigm Shift and Institutional Change in European Union Policy on Food, Abestos and Chemicals, and Gender Equality", Ph. D Dissertation, Department of Sociology, Stockholm University, 2004 참조.

3) Robert R. Geyer, *Exploring European Social Policy*(Cambridge: Polity Press, 2000), p.104. EU 사회정책 중에서 상당한 진전을 보이고 있는 또 다른 분야로는 노동자의 이동권(freedom of movement), 근로자의 '보건과 안전(health and safety)', 사회적 대화(social dialogue) 등에 관련된 정책이라고 할 수 있다. *Ibid.*, pp.203~207; Marcus Carson, *op.cit.*, p.4.

한다. 이하에서는 우선 EU 양성평등정책의 발전과정을 체계적으로 서술하기 위한 개념틀로서 양성평등정책의 세 가지 접근 방법이라고 할 수 있는 '동등 대우 확보(equal treatment)', '적극적 시정 조치(positive action)', '성 주류화(性 主流化, gender mainstreaming)'의 의미를 먼저 소개한다.[4] 다음으로는 EU의 양성평등정책의 발전이 EU의 제도적 개혁 과정에 힘입은 바가 크다는 인식에서 EU 양성평등정책의 발전을 가능하게 한 제도적 환경의 변화 과정을 서술한다. 다음으로는 이러한 제도적 변화를 기반으로 하여, EU설립조약, EU의 입법 활동, 그리고 유럽사법재판소의 판례를 구성 요소로 하는 EU의 법체계 속에서 EU 양성평등정책이 어떠한 양상으로 발전하고 있는지를 살펴본다.

Ⅱ. 양성평등정책 발전의 서술을 위한 개념틀

양성평등의 실현을 위한 실천 전략은 크게 세 가지 범주로 구분된다. 동등대우의 확보, 적극적 시정조치, 성 주류화가 그것이다.[5] 이들 세 가지 접근 방법은 성차별 현상의 원인과 현실적 양상을 이해하는 관점의 철학적 기반, 그리고 실천 목표로서의 양성평등이 의미하는 바의 이념적 지향성에 있어서 서로 차이를 보이고 있다.

---

4) Teresa Rees, *Mainstreaming Equality in the European Union: Education, Training and Labour Market Policies*(London: Routledge, 1998) 참조.

5) 이러한 구분은 리스(Teresa Rees)의 분류에 따른 것이다. 아래의 내용은 Teresa Rees, *op.cit.*, pp.26 ~42의 내용을 정리한 것이다.

첫째, 동등대우 확보 접근 방법은 '법 앞에서의 평등'을 강조하면서 정치, 경제, 사회적으로 남녀 간 동등대우를 주된 목표로 하는 접근 방법이다. 동등대우라고 함은 '인간은 누구나 타인과 동등한 수준의 인권과 기회를 향유하여야 한다.'는 것을 전제로 한다. 따라서 남성과 여성도 다 같은 인격체이므로 법적으로 동등한 대우를 받아야 한다는 것이다. EU에서는 로마조약 119조에 동일 근로에 대한 동등 보수 원칙을 명시한 이후, 그 후속 조치로 근로현장에서의 동등 보수와 동등대우를 확립하기 위해 일련의 지침(directive)들을 채택한 것이 EU가 이 접근방법을 수용하고 있음을 반영한다. 이러한 접근 방법은 양성평등정책 추진을 위한 필수적 요소이긴 하지만, 그 자체만으로는 한계가 있다는 지적을 받고 있다. 이에 대한 비판론은 이 접근방법이 여성 근로자들의 공식적 권리에만 관심을 국한시키고 있어, 남녀불평등의 근본적 원인이 되고 있는 비공식적 영역 속에 은연중 뿌리내리고 있는 성별 지위 격차의 재생산 구조는 간과하고 있다는 것이다.

둘째, 적극적 시정조치는 법에서 보장하는 '기회의 평등'에서 더 나아가 '결과의 평등'을 추구하는 전략으로서, 이는 과거로부터의 차별적 구조가 갖는 관성적 효과의 해소에 초점을 맞추고 있는 차별 철폐 전략이다. 이 전략은 기존의 사회 자체가 오랜 기간 가부장적 관념 위에서 형성되고 유지된 결과 남녀 간의 불평등이 내재적으로 구조화되어 있기 때문에 때로는 '여성할당제'의 도입과 같이 남성에 대한 역차별이라고까지 간주될 수 있는 적극적인 조치를 통해 여성들의 권익 향상과 사회 진출을 독려해야 한다는 입장에서 비롯된다. 리스에 의하면 이러한 접근방법은 1980년대 들어와 EU의 양성평등 전략의 일환으로 서서히 활용되기 시작하여 1990년대 들어서서는 구체적 프로그램과 판례에 본격적으로 수용되고 있다고 한다.

셋째, 성 주류화의 전략은 모든 공공정책의 결정과 집행의 전 과정에 있어 남녀 불평등 심화의 방지와 양성평등의 실현을 우선 사항으로 고려할 것을 제도화하는 전략으로서, 각 정책이 사회적 집단으로서의 남성과 여성에게 각각 어떠한 영향을 미치는지를 고려하는 가운데 정책의 수립과 집행 및 평가가 이루어지도록 하는 것을 일컫는다. 성 주류화 전략은 양성평등의 실현은 특정 분야에서의 불평등 현상의 시정을 겨냥한 대증요법적(對症療法的) 정책의 수립으로 해결될 수 있는 문제가 아니며, 정책의 수립과 집행을 담당하는 정부조직 자체가 오랜 기간에 걸쳐 남성 중심적 논리에 의해 구축되어 작동하고 있기 때문에 조직 작동원리 자체의 변화를 추구하여야 한다는 발상에서 출발한다. EU에서는 1990년대 초반부터 정책 관련 문건에서 성 주류화란 용어가 사용된 이래, 1995년 베이징 여성 회의를 기폭제로 하여 이후 10여 년간에 이르는 기간 동안 성 주류화의 전략은 EU의 다양한 정책분야에 활발하게 적용되고 있다. EU는 성 주류화의 도입 이전에도 남녀 간의 불평등 문제에 특히 많은 관심을 기울여 매우 진보적인 조치를 취해 온 것으로 이미 평가받고 있던 터에, 1990년대 이르러서는 기존의 공공정책 패러다임에 '혁명적' 변화를 수반할 것으로 간주되고 있는 성 주류화 전략을 적극적으로 도입함으로써[6] 양성평등 분야에서의

---

6) 성 주류화 전략이 정책 과정의 근본적 변화를 수반한다는 진단으로는 Alison Woodward, "European Gender Mainstreaming: Promises and Pitfalls of Transformative Policy", *Review of Policy*

EU의 선구자적 위상을 더욱 강화시키게 되어 많은 국제기구는 물론이요, 많은 국가들 또한 EU를 하나의 모델로 삼아 성 주류화 전략의 도입을 추진하고 있기도 하다.

여기에서 한 가지 유의할 것은 이상에서 소개한 세 가지 양성평등 전략이 비록 철학적 기반과 현실 인식, 그리고 지향하는 목표에 있어 서로 차이를 보이고 있긴 하지만, 이들이 상호 배타적인 것으로 간주되어서는 안 된다는 점이다. 오히려 이 세 가지 전략이 상호 보완적으로 구사될 때 성차별의 해소와 양성평등 실현의 노력이 더욱 효과적으로 이루어질 수 있다. 예컨대 성 주류화 전략을 실행하는 가운데 이루어지는 정책의 성별 영향 평가(gender impact assessment)에서 특정 정책의 성차별적 요소가 발견되면, 이를 시정하기 위한 방편으로 동등대우 또는 적극적 시정 조치에 해당하는 구체적 방안을 수립하여, 실천에 옮길 수 있게 되는 것이다. 따라서 EU의 양성평등정책이 발전해 나오는 과정에서 이 세 가지 전략이 순차적으로 등장하고 있는 양상을 보이고 있긴 하지만, 새로운 전략이 기존의 전략을 대체하는 역할을 하는 것이 아니라, 양성평등 실현을 위한 효과적인 방안을 모색하는 과정에서 성차별을 야기하는 근본적인 원인을 찾아 이를 치유하려는 노력의 결과로 보다 총체적인 접근을 시도하는 새로운 전략이 태동하게 된 것이다.[7]

Research, Vol.20, No.1(2003) 참조.

7) 물론 때로는 이러한 세 가지 전략을 대안적 선택의 대상으로 간주하는 인식도 있다. 그러나 특히 성 주류화가 다른 전략의 대안으로 취급될 경우, 자칫 성 주류화 도입 이전에 이루어진 양성평등 관련 성과들이 무력화될 수 있는 가능성이 있다는 위험성과 아울러, 현재 차별적 상황에 처해 있는 여성의 지위 향상을 위한 현실적 노력들의 초점이 크게 희석되어 궁극적으로 양성평등 실현에 오히려 부정적인 파급효과를 가지고 올 수 있다는 지적이 제기되고 있다. 성 주류화와 다른 전략을 대안적 선택의 대상으로 간주하는 시각의 위험성에 대한 자세한 논의는 Maria Stratigaki, "Gender Mainstreaming vs. Positive Action: An Ongoing Conflict in EU Gender Equality Policy", *European Journal of Women's*

Ⅲ. EU의 의사결정제도, EU의 법체계, 그리고 양성평등정책

EU 양성평등정책의 발전은 유럽통합의 심화과정에 상응한다. 말하자면 EU 양성평등정책의 발전은 유럽통합의 심화 과정의 산물인 동시에, 그 심화과정 자체의 일부를 구성하기도 한다. 유럽통합의 심화란 두 가지를 의미한다. 정책적 심화와 제도적 심화가 그것이다.

우선 정책적 심화는 기존 정책의 완성도를 높임과 아울러 EU의 관할 정책 분야를 새로이 넓혀 나가는 것을 일컫는다. 구체적인 예를 들어 살펴보자면, 우선 단일시장정책의 경우만 하더라도 엄격한 의미에서 아직 완성된 것이 아니라고 볼 수 있다. 아직 노동 이동의 자유가 완전히 실현된 것도 아니며, 각종 세제 등의 차이로 인하여 자본의 이동 또한 완전히 자유롭지 않은 상태이다.[8] 그 외 경쟁정책, 환경정책 등에서도 통합의 완성은 이루어지지 않고 있다. 이러한 미완의 통합과 더불어 아직도 EU의 관할권이 제대로 미치지 못하고 있는 정책분야가 있다. 예컨대 사회정책, 외교안보정책 등 분야에서는 아직도 EU의 초국가적 기구가 효과적으로 주도권을 행사하지 못하고 있으며, 문화정책, 교육정책 등에서도 EU의 활동이 아직 미미한 형편이다. 따라서 정책적 심화란 이미 상당 수준 통합이 진행된 분야에서의 통합의 진전, 그리고 상황 변화에 따른

Studies, Vol.12, No.2(2005), pp.165~186 참조.

8) 1980년대 중반 유럽통합에 박차를 가하는 계기가 된 1992 계획은 상품과 용역, 그리고 자본과 노동의 이동이 자유로운 단일시장의 구축을 목표로 하고 있었다.

규칙의 정비 등은 물론이요, 새로운 분야로 EU의 관할권을 확대해 나가는 것 또한 포함된다고 하겠다.

다음으로 제도적 심화는 의사결정과정과 관련된 제도의 정비를 말한다. EU의 맥락에서는 초국가적 기구의 권한 강화, 정책과정의 효율성 제고를 위한 새로운 의사결정 방식의 도입 및 적용 등을 뜻한다. 예컨대 단일유럽법안에서 각료이사회의 표결방식으로 가중다수결제가 도입된 것, 마스트리히트조약에서 공동결정절차가 도입되어 유럽의회의 의사결정권한이 대폭 확대된 것, 암스테르담조약에서 가중다수결의 적용범위가 크게 넓어진 것, 니스조약에서 집행위원회의 원활한 작동을 위해 집행위원의 수를 제한한 것 등이 이에 해당된다고 할 수 있다.

EU 양성평등정책의 발전은 바로 이러한 유럽통합의 제도적 심화과정에 힘입은 정책적 심화과정이라고 할 수 있다. 아래에서 소개하게 될 제도적 개혁이 양성평등정책의 발전을 가능하게 하는 환경을 조성하여 주었다면, 양성평등정책의 발전은 EU의 관할권이 초창기의 시장통합에서 사회정책 분야로 확대되고 있음을 보여 주는 것이기 때문이다.

EU에서의 정책 수립을 위한 의사결정과정은 일단 일반 국가의 행정부에 해당하는 집행위원회에서 법안을 상정하게 되면 입법기능을 담당하는 각료이사회와 유럽의회가 이를 심의하여 통과 여부를 결정하는 방식으로 진행된다. 그 가운데 각료이사회는 의사결정을 위한 표결의 방식으로 만장일치제와 가중다수결제를 사용하고 있다. 1992년에 체결된 마스트리히트조약에서는 이러한 제도에 두 가지 큰 변화를 가져오게 되는데, 이 변화는 EU가 양성평등정책을 추진하는 데 있어 매우 중요한 촉진제로 작용하게 된다.

첫 번째 변화는 가중다수결의 적용범위가 사회정책의 여러 분야로 확대된 것을 들 수 있다. 앞서 언급한 바와 같이 가중다수결이란 EU의 가장 중요한 의사결정기구인 각료이사회의 의사결정 방식 중의 하나를 일컫는 것으로서, EU 개별 회원국의 인구 규모를 고려하여 회원국별로 투표권을 차등적으로 부여하고 총 투표권의 약 3분의 2에 해당하는 찬성표가 나왔을 때 의안이 가결된 것으로 하는 제도이다.[9] 이 제도는 과거 각료이사회가 만장일치에 의한 의사결정방식에 전적으로 의존했을 때 사실상 모든 회원국이 거부권을 행사할 수 있게 됨으로 인해 의사결정에 있어 많은 어려움에 봉착했었기 때문에, 의사결정과정을 원활하게 진행시켜 보다 용이하게 합의에 도달하게 하기 위한 방안으로 도입된 것이다.

가중다수결제도의 본격적인 사용은 1986년 단일유럽법안의 채택과 함께 이루어지게 되는데, 이때만 하더라도 이 제도는 시장 자유화를 위한 조치에 대해서만 적용되었다. 그러나 마스트리히트조약에서는 그 적용범위가 크게 넓어져 근로조건(working conditions), 보건 및 안전(health and safety) 등 사회정책 분야의 적지 않은 부분이 이에 포함되게 되는데,[10] 새로이 가중다수결의 적용범위에 들어간

---

9) 예컨대 EU가 15개국이었을 때에는 총 87표 가운데 62표, 25개국으로 확대된 이후에는 124표 가운데 88표의 찬성이 있을 때 법안이 통과되는 제도이다. 이 제도는 유럽헌법조약이 발효되면 상당 부분 변화된 형태로 진화하게 되어, 전체 투표의 55% 이상의 찬성표, 찬성에 참여한 회원국 수는 15개국 이상, 찬성국 인구의 합이 EU 전체 인구의 65% 이상이라는 요건을 충족시켰을 때 법안이 통과되게 된다. Walter van Gerven, *The European Union: A Polity of States and Peoples*(Stanford: Stanford University Press, 2005), p.281 ; p.379.

10) 엄밀히 말하자면 가중다수결제도의 적용을 사회정책 분야로 확대하기로 한 결정은 마스트리히트조약 자체에 포함되어 있지 않다. 영국의 강력한 반대에 부딪혀 사회정책 관련 조항은 마스트리히트조약과는 별개인 부속문서 형태로 분리되어 '사회의정서(social protocol)'로 남게 되었으며, 영국을 제외한 나머지 회원국에만 적용되는 것으로 타협되었기 때문이다. 그러나 영국은 1998년 노동당이 집권하면

많은 정책 분야들이 성차별의 시정과 양성평등의 실현을 위한 노력과 밀접한 관련이 있음으로 인해 가중다수결제도의 확대적용은 양성평등정책의 추진에 있어 매우 긍정적인 작용을 하게 된다. 나아가 1997년의 암스테르담조약 137조에서는 사회정책 가운데 다섯 개 분야에서 각료이사회가 가중다수결에 의거하여 의사결정을 할 수 있도록 정하고 있는데, 그중 하나가 바로 '노동시장 접근 기회와 직장 내 대우에 있어서의 남녀평등'으로서, 양성평등정책의 더욱 빠른 발전을 모색할 수 있는 제도적 기반이 마련되기도 하였다.

두 번째 변화는 유럽의회의 위상이 과거에 비해 현저히 강화되었다는 점이다.[11] 유럽의회의 위상 강화는 특히 두 가지 제도적 개혁에 힘입은 바 크다. 하나는 공동결정절차의 도입이며, 또 하나는 유럽의회의 견제와 감독 기능의 강화이다. 공동결정절차의 도입으로 유럽의회는 EU 법안의 형성과정에 자신의 입장을 적극적으로 투영시킬 수 있는 기회를 가지게 되었으며, 이와 아울러 설령 각료이사회가 지지하는 법안이라 할지라도 이에 대한 거부권을 행사하는 권한을 갖게 됨으로써, 유럽의회는 각료이사회와 어깨를 나란히 하는 명실상부한 정책결정의 파트너로서의 위상을 확보하게 된 것이다. 유럽의회의 위상 제고를 가능하게 한 또 하나의 제도적 개혁은 유럽의회의 견제와 감독 기능의 현저한 강화이다. 마스트리히트조약은 유럽의회에 한시적 조사위원회를 구성할 수 있는 권한을 부여하여 유럽의회로 하여금 집행위원회의 활동을 감독할 수 있게

서 사회의정서를 수용할 것에 동의하여 그해부터 사회의정서의 내용이 유럽연합조약에 포함되게 된다.

[11] 유럽의회의 위상이 점차 강화되고 있는 추세에 대한 보다 자세한 서술과 분석은 최진우, "유럽의회의 발전과 유럽통합: 유럽연합의 민주성과 정통성", 『국제정치논총』, 39권, 2호(1999) 참조.

하는 동시에, 신임 집행위원회에 대한 인준권과 집행위원회 전체에 대한 불신임권의 행사를 가능하게 함으로써 집행위원회에 대한 견제기능을 수행할 수 있도록 하였다.

이와 같은 유럽의회의 권한 강화가 EU 양성평등정책의 추진에 있어 중요한 의미를 갖는 이유는 유럽의회가 전통적으로 여성 관련 쟁점과 관련해 EU의 보다 적극적인 역할을 옹호하는 입장을 취해 왔기 때문이다. 강화된 제도적 위상을 기반으로 유럽의회는 특히 집행위원회에 대하여 양성평등을 구현하기 위한 노력에 보다 많은 관심을 기울이도록 유도함으로써 EU 양성평등정책의 발전에 큰 기여를 하고 있는 것이다.[12]

물론 이러한 제도적 심화가 EU 양성평등정책의 발전을 자동적으로 가져다주는 것은 아니다. 유럽 내의 여성운동단체, EU 내의 여성관료(femocrats), 양성평등 문제에 많은 관심과 열정을 가진 정치지도자 및 고위급 행정가, 국제연합이나 유럽평의회(Council of Europe)와 같은 국제기구 등의 지대한 역할이 있었기에 오늘날의 EU 양성평등정책이 있게 된 것이다. 다만 본 연구에서는 이러한 '행위자(actor)'의 역할이 중요하였음을 인정하면서도, 이들의 노력의 결실이 제도화의 형태로 맺어진 것이라고 할 수 있는 EU 법체계에서 나타나고 있는 양성평등정책의 발전 양상에 논의의 초점을 맞추기로 한다.

EU의 법체계는 크게 세 가지 요소로 구성된다. 첫째, EU 설립의 법적 기반이 되는 '조약'이 있다. 유럽통합의 과정은 초창기 세 개

---

12) Mark A. Pollack and Emilie Hafner-Burton, op.cit., p.436.

의 조약을 기반으로 시작된다. 유럽석탄철강공동체(ECSC: European Coal and Steel Community)의 설립을 위한 1951년의 파리조약, 유럽경제공동체(EEC: European Economic Community)와 유럽원자력공동체(Euratom: European Atomic Energy Community)의 설립을 위해 1957년 체결된 두 개의 로마조약(Treaties of Rome)이 그것이다. 이후 단일유럽법안(SEA: Single European Act)(1986), 마스트리히트조약(1992), 암스테르담조약(1997), 니스조약(2000),13) 그리고 2004년 체결되었으나 비준과정에서 2005년 프랑스와 네덜란드의 국민투표에서 부결되어 현재 효력 발생이 유보 상태에 있는 유럽헌법조약 등은 모두 초창기의 세 개 조약을 개정 또는 대체해 나온 과정이라고 볼 수 있다.

초창기에 설립된 세 개의 공동체(ECSC, EEC, Euratom)는 집행부를 통합하기로 한 '유럽공동체의 단일 이사회와 단일 위원회를 설립하는 조약(Treaty Establishing a Single Council and a Single Commission of the European Communities)'이 발효되면서 1967년 유럽공동체(EC: European Community)로 거듭나게 된다.14) 이후 마스트리히트조약에서는 세 기둥을 뜻하는 이른바 '삼주체제(三柱體制, three-pillar system)'가 설립되어 기존의 세 개 공동체를 합친 EC가 첫째 기둥

---

13) 여기에 표기된 연도는 조약 체결 일자를 기준으로 하고 있으며 조약 발효연도는 이와 다르다. 발효연도는 단일유럽법안 1987년, 마스트리히트조약 1993년, 암스테르담조약 1999년, 니스조약 2002년 등이다.

14) 이 조약은 일반적으로 '통합조약(Merger Treaty)'으로 불린다. 유럽공동체의 주요 기구 중 의회와 재판소는 이미 1957년 두 개의 로마조약과 함께 체결된 '유럽공동체에 공통되는 일정기관에 관한 협약(Convention on Certain Institutions Common to the European Communities)'에 의해 단일화된 바 있다. 김대순, "유럽공동체인가 유럽연합인가?: 파리에서 암스테르담까지", 『유럽연구』, 제10호(1999), pp.229~230. 이 세 개의 공동체 중 유럽통합의 과정에서 가장 중요한 역할을 수행한 것이 유럽경제공동체(EEC)였는데, 여기에서 '경제'가 빠진 유럽공동체(EC)라는 명칭을 사용하게 된 것은 유럽통합이 더 이상 경제 분야에만 국한된 것이 아니라는 점을 시사한다고 볼 수 있다.

에 속하게 되고,[15] 신설된 공동외교안보정책(CFSP: Common Foreign and Security Policy)과 사법내무협력(Justice and Home Affairs)[16]이 각각 둘째 및 셋째 기둥이 되어 전체가 함께 유럽연합(EU: European Union)을 구성하게 된다.[17] 마스트리히트조약의 원래 명칭이 유럽연합조약(Treaty on European Union)인 것은 바로 이러한 이유에서이다. 다음 암스테르담조약에서는 조약상 새로운 내용이 추가됨과 아울러 조약문의 정비가 이루어지게 되어, 조약의 조(article), 장(title), 절(section)의 번호가 새롭게 매겨지게 된다. 예컨대 로마조약에서는 '동일 근로, 동등 보수의 원칙'이 제119조에서 명기되고 있지만, 암스테르담조약에서는 이에 해당하는 내용이 141조에 수록되어 있다. 이와 같은 변천과정을 겪어 온 EU설립조약은 조약의 당사자인 회원국들이 반드시 준수하여야 할 '조약법'으로서 EU 법체계의 일부를 구성한다.

EU의 법체계를 구성하는 두 번째 요소로는 유럽연합의 제도화된 의사결정과정을 통해 수립된 입법안이 있다. 유럽연합집행위원회가 제안한 안건을 각료이사회와 유럽의회의 의사결정과정을 거쳐 확정된 규제(regulation), 지침(directive), 결정(decision) 등의 구속력 있는 이른바 경성 법안(hard law)과, 권고(recommendation), 의견

---

15) 세 개의 공동체 가운데 ECSC는 2002년 조약 만료에 따라 해체되었다.

16) 이 기둥은 이후 형사 분야 경찰사법협력(PJCC: Policy and Judicial Cooperation in Criminal Matters)으로 명칭이 바뀌게 된다.

17) 본 연구에서는 독자들의 편의를 위해 'EU법'이라는 표현을 사용하고 있지만, 사실상 유럽사법재판소의 관할권이 미치는 범위는 마스트리히트조약에서 정한 첫 번째 기둥으로 한정된다. 즉 유럽사법재판소는 '유럽공동체'에 관련된 사안에 대해서만 판결을 내리지, CFSP나 PJCC에 해당하는 사안에 대해서는 아무런 발언권을 갖지 않는다. 이러한 이유로 영어로 작성된 문서나 논문 등에서는 EU의 법체계나 유럽사법재판소에 관련되는 언급을 할 때 '공동체법(Community law)'이라는 표현을 사용한다. Tom Kennedy, "The European Court of Justice", John Peterson and Michael Shackleton(ed.), *The Institutions of the European Union*, 2nd ed.(Oxford: Oxford University Press, 2006), p.126.

(opinion) 등 구속력을 결여한 연성 법안(soft law)이 이에 해당한다. 이들은 EU설립조약에 근거해 구체적인 정책을 추진하기 위해 입법된 법안인 관계로 '2차 입법안(secondary legislation)'으로 불리기도 한다. '규제'와 '지침' 그리고 '결정'은 모두 EU 수준에서 일단 입법이 되면 회원국들이 반드시 따라야 하는 의무사항이 된다는 점에서는 동일하지만, 적용의 방식과 범위에 있어 차이가 있다. '규제' 경우에는 입법안 자체가 그대로 회원국 전체에 적용되는 반면, '지침'의 경우에는 회원국들이 입법안에서 명시하는 목표는 반드시 달성해야 하지만 목표 달성에 이르는 실행의 방법에 있어서는 회원국들이 재량권을 가지고 별도의 입법과정을 거쳐 주어진 기간 내에 선택하게 된다. 한편 '결정'은 입법안 자체가 별도의 전환 입법 과정 없이 그대로 적용된다는 점에서는 '규제'와 같지만, 다만 적용범위가 전체 회원국이 아닌 특정 개인, 법인 또는 국가 등으로 한정된다는 점에서 다르다. 나아가 여러 가지 형태의 연성법안은 비록 법적 구속력은 없다 하더라도 그 상징적인 의미까지 무시할 수는 없기 때문에 일단 마련되면 집행위원회의 주도로 이를 기반으로 한 다양한 프로그램의 개발이 가능해지며, 나아가서는 향후 구속력을 가진 경성법안으로 발전될 가능성도 있다고 할 수 있다. 따라서 연성법안 또한 당장 구속력을 결여한다고 해서 EU의 법체계상 중요성이 전혀 없다고 할 수는 없을 것이다.

마지막으로 유럽사법재판소의 판례 또한 유럽연합 법체계의 일부를 구성한다. 개별 국가 수준에서의 헌법과 법률 등이 그러하듯이 EU에서도 조약과 법안의 내용에는 모호한 부분이 많이 포함되어 있어 실행의 과정에서 법 전문가의 권위적 해석과 판단을 요구하는 경우가 많이 발생한다. 따라서 조약과 법안의 해석을 둘러싸고 발생하는 분쟁의 해결을 위해 유럽사법재판소가 판결을 내리게 되는데, 유럽사법재판소는 전반적으로 EU 법의 적용에 있어 매우 적극적인 입장을 취해 온 것으로 평가받고 있다.[18] 법의 적용에 있어 적극적이라고 하는 것은 법안의 문안 자체에 크게 권위를 부여하여 확대 적용을 꺼리는 보수적 입장에서 벗어나, 법안의 취지를 중요시하는 가운데, 법집행의 환경이 변화할 시에는 법안의 적용범위 또한 유연하게 달라질 수 있다는 믿음에 입각하여 법 적용의 범위를 확대하는 경향을 보인다는 것을 의미한다. 이와 같이 적극적인 법해석에 근거해 내려진 판결은 법의 제정 당시에는 미처 예견하지 못했던 새로운 관할권을 만들어 내는 효과를 수반하면서, 실질적으로는 새로운 법과 정책을 수립하는 것과 같은 효력을 갖게 되는 것이다.

EU의 양성평등정책의 법적 기반 또한 이와 같은 EU 법체계에 있어서의 세 가지 구성요소에 상응한다. 첫째, EU설립조약의 양성평등 관련 조항, 둘째, EU 정책결정과정을 거쳐 수립된 양성평등 관련 법안, 셋째, 유럽사법재판소의 양성평등 관련 판례가 그것이다. EU는 이러한 법적 근거를 기반으로 하여 다양한 실행 프로그램을 수행함으로써 양성평등을 실현하고자 노력하고 있다. 아래에서는 이상에서 소개한 세 가지 구성요소로 구성된 EU의 법체계 속에서 EU의 양성평등정책이 어떻게 발전해 왔는지를 살펴보기로 한다.

---

18) Tom Kennedy, *op.cit.*

Ⅳ. EU 양성평등정책의 법적 기반

1. EU의 조약법과 양성평등정책

암스테르담조약을 기준으로 했을 때, 양성평등에 관련된 언급은 조약문 전체에서 다섯 개 조항(2조, 3조, 13조, 137조, 141조)에서 찾아볼 수 있다.

제2조에서는 '남녀평등의 실현은 공동체가 수행해야 할 과업' 중의 하나임이 명시되어 있으며,[19] 제3조 2항에서는 "공동체가 시행하는 모든 활동에 있어 평등의 구현과 불평등의 제거가 주요 목적이 되어야 함"을 밝힘으로써 EU가 '성 주류화' 전략을 채택하고 있음을 반영하고 있다. 나아가 조약 제13조에서는 각료이사회가 유럽의회와의 의견교환을 거쳐 집행위원회의 상정안을 통과시키는 방식으로 성차별 철폐를 위한 적절한 조치를 취할 수 있음을 명기하고 있다. 또한 조약 137조에 의하면 공동체는 노동시장 접근 기회(labor market opportunities)와 직업현장에서의 대우(treatment at workplace)에 있어 남녀평등을 지향하는 EU 회원국의 조치를 지지하고 보완하여야 할 것임을 밝히고 있다.

이상 네 개 조항은 암스테르담조약에 새로이 추가된 내용이며, 마지막으로 조약 141조는 앞서 밝힌 바와 같이 로마조약 119조의 내용이 확대 발전된 것으로서 로마조약 119조에서는 '동일 근로에

---

19) 여기에서 조약 이행의 주체를 '공동체'로 표기하는 것은 양성평등정책을 포함한 사회정책 일반이 마스트리히트조약에서의 첫 번째 기둥인 유럽공동체의 영역에 해당하는 정책이기 때문이다.

대한 동등 보수'의 원칙을 수립하였으나, 암스테르담조약 141조에서는 이를 '동일 근로 및 동일 가치의 근로에 대한 동등 보수'의 원칙으로 확대하고 있는 한편, 채용과 직장에서의 대우에 있어 '동등 보수의 원칙'을 포함한 '동등 기회와 동등대우의 원칙'을 준수할 것을 회원국들에 요구하고 있다. 나아가 암스테르담조약 141조 4항은 "직장생활에서의 실질적 평등을 구현하기 위해, 동등대우의 원칙은 회원국 정부가 과소대표된 성(性)이 직업 활동을 추구하거나 직업생활에서의 불이익을 방지 및 보전하는 것을 보다 용이하게 할 수 있도록 하기 위해 구체적인 이익을 제공하는 조치를 채택 및 유지하는 것을 금지하지 않는다."라고 규정함으로써 양성평등 실현과 성차별 철폐를 위해 회원국 정부가 적극적 시정 조치를 시행하는 것을 허용하고 있다.

2. EU의 양성평등정책 관련 법안과 그 외 문건

1) 양성평등정책 관련 법안

양성평등정책의 추진을 위한 입법안으로 EU가 가장 빈번하게 사용하고 있는 것은 '지침'이다. EU는 위에서 소개한 조약법의 내용을 근거로 1975년 첫 번째 '지침'을 입법한 이래, 2006년까지 총 13개에 달하는 '지침'을 통과시켜 양성평등정책을 추진하고 있다. 위에서 설명한 바와 같이 '지침'은 EU가 정해진 의사결정과정을 통해 회원국이 달성해야 할 목표와 시한을 지정하면, 각 회원국은

적절한 입법조치를 통해 주어진 시한 내에 목표 달성을 위한 입법
조치를 취해야 하는 의무를 갖게 된다. 만일 회원국이 기한 내에
입법조치를 취하지 않으면, EU 집행위원회는 유럽사법재판소에 해
당 회원국을 제소하는 방식으로 각 회원국에게 '지침'을 이행할 것
을 강제할 수 있다. 아울러 각 회원국의 시민들은 EU의 '지침'에
의거해 제정된 국내법을 근거로 자국의 법원에서 권리를 주장할
수 있게 된다. EU는 '지침' 이외에도 결정(decision), 결의(resolution),
권고(recommendation)의 형태로 행동을 취하기도 하지만, 양성평등
정책과 관련한 EU의 입법행위로 가장 중요한 것은 '지침'이라고
할 수 있다. 지금까지 EU에 의해 입법된 양성평등 관련 주요 '지
침'은 다음과 같다.[20]

- 동등 보수 지침(Equal Pay Directive): 근로에 대한 보수의 모든
  형태에 있어 성차별을 해소할 것을 정함(1975).
- 근로조건에 있어서의 동등대우 지침(Equal Treatment in Working
  Conditions Directive): 채용, 연수, 근로조건, 승진 및 해고 등에
  있어 결혼 여부나 가족 관계 등을 이유로 한 어떠한 직간접적
  형태의 성차별도 있어서는 안 됨을 명시함(1976).
- 사회보장에 있어서의 동등대우 지침(Equal Treatment in Social
  Security Directive): 질병, 장애, 노령, 직업상 장해, 실업 등의
  경우에 대한 사회보장에 있어 남녀가 평등한 대우를 받아야

---

20) 양성평등과 관련된 EU의 '지침' 및 '연성 법안'에 대한 내용 소개는 EU의 고용, 사회, 균등 기회 담당 총
국(DG: Directorate General)의 양성평등과(Gender Equality Unit)의 홈페이지와 Commission(2005),
p.11의 내용을 종합 정리한 것임.
http://ec.europa.eu/employment_social/gender_equality/legislation(2006년 12월 12일 검색)

함을 밝힘(1979).

- 직업별 사회보장제도에 있어서의 동등대우 지침(Directive on Equal Treatment in Occupational Social Security Schemes): 공적 사회보장제도 이외에 직능별 또는 직장별로 설립한 사회보장 제도의 운용에 있어 남녀평등 원칙을 준수하여야 함을 정함 (1986). 1996년 이 '지침'의 내용을 일부 개정하기 위한 별도의 '지침'이 입법화됨.

- 자영업자에 대한 동등대우 지침(Directive on Equal Treatment of the Self-employed): 농업을 포함한 자영업에 종사하는 남성 과 여성에 대해서도 동등대우의 원칙을 적용하고 아울러 자영 업에 종사하는 여성들에 대해 임신, 출산, 육아 기간 동안 지 원을 제공할 것을 밝힘. 1979년 사회보장 지침의 미비점을 보 완하고 있음(1986).

- 출산예정 근로자 지침(Pregnant Workers Directive): 임산부와 산모, 그리고 수유 중인 여성 근로자들의 건강과 안전을 위한 최소한의 조치를 취할 것을 요구하고 있으며, 여기에는 최소 14주의 출산휴가를 허용할 것을 포함하고 있음(1992).

- 육아휴직 지침(Parental Leave Directive): 회원국이 정한 연령에 이르기까지의 아동을 가진 부모들에게 최소 3개월의 육아 휴 직을 허용하고, 피부양자가 심각한 질병과 상해를 입었을 때 부양자가 휴가를 낼 수 있도록 허용하고 있음(1996).

- 거증책임부담 지침(Burden of Proof Directive): 피고용인이 직 장 내 성차별의 피해자일 경우 거증 책임을 고용주 측과 피해 자 측이 공평하게 부담하도록 정함(1997). 1998년에는 별도의

'지침'이 마련되어 적용범위가 영국과 아일랜드로 확대됨.

- 비정규 근로자 지침(Atypical Workers Directive): 시간제 근로자의 권리와 근로조건의 개선을 목표로 하는 지침으로서, 이는 시간제 근로에 종사하고 있는 모든 근로자에게 해당하는 법안이기 때문에 양성평등 자체를 목적으로 하고 있는 것은 아니지만, 절대다수의 여성이 시간제 근로에 종사하고 있는 관계로 여성 근로자의 권익 향상에 큰 영향을 미침(1997).

- 고용에 있어서의 동등대우 지침(Equal Treatment in Employment Directive): 1976년 동등대우 지침을 대폭 수정한 것으로, 간접적 차별과 성희롱의 의미에 대한 정의를 추가하였으며 동등대우 원칙의 실천을 독려 · 분석 · 감독 · 지원하기 위한 양성평등 관련 기구를 설치할 것을 회원국에 요구함(2002).

- 상품과 용역 접근성 지침(Goods and Services Directive): 일반대중에게 제공되는 상품과 용역에 대한 접근성에 있어 동등대우의 원칙을 적용할 것을 정함으로써, 최초로 고용정책의 범위 바깥에서 동등대우 관련 입법안이 제정되는 계기가 됨(2004).

EU는 이상에서 소개한 것과 같은 지침을 비롯해 1984년 '여성을 위한 적극적 시정 조치의 시행 독려를 위한 각료이사회 권고안'과 '여성 실업률 저하 대책 수립을 위한 각료이사회 권고안', 1987년 '여성의 직업연수에 관한 집행위원회의 권고안', 1990년 각료이사회가 채택한 '직장 내 품위 보호에 관한 결의안', 1991년 집행위원회의 제안으로 각료이사회가 채택한 '성희롱 방지 대책 수립을 촉구하는 선언문', 1992년 부양가족이 있는 직장인이 가족부양의무와 직업 활동을 병행할 수 있도록 하는 방안의 마련을 촉구하기 위해 각료이사회가 채택한 '아동보육 관련 권고안', 1995년 집행위원회의 제안으로 1996년 각료이사회가 채택한 '의사결정에의 균등 참여에 관한 권고안' 등 연성 법안을 통해 양성평등의 이상을 구현하기 위한 정책 환경을 조성하는 데 앞장서고 있다.

이와 같은 권고안 등 문서는 EU조약 249조에서 구속력이 없음을 분명히 하고 있기 때문에 엄밀한 의미에서 EU법에 해당하지 않는다. 그럼에도 불구하고 유럽사법재판소는 때때로 판결의 근거를 이들 문서에서 찾고 있는 경우가 있기 때문에 이들 문서의 법적 지위는 사실 명확하지 않은 형편이며,[21] 따라서 EU 수준에서의 정책 결정과정에서의 의미를 과소평가할 수 없는 노릇이다.

2) 법안 외 EU 공식 문건

EU 집행위원회는 이상과 같은 입법 활동 외에도 양성평등사회의 실현을 앞당기기 위한 전략적 목표와 그 달성을 위한 방법론에 대한 아이디어를 종합적으로 제시하는가 하면, 양성평등정책의 이행 실태에 대한 보고서와 성과에 대한 평가서를 꾸준히 출판하여 양성평등 이슈에 관련된 정보를 꾸준히 제공함으로써 양성평등정책의 모멘텀을 지속적으로 유지해 나가고 있다.[22] 그러한 노력 가운데 특히 EU 양성평등정책의 비전과 방법론을 총체적으로 제시

---

21) Neil Nugent, *The Government and Politics of the European Union*, 6th Ed.(Durham: Duke University Press, 2006), p.287.

22) 양성평등정책의 이행 보고와 성과 평가의 예로는 Commission, "Gender Scoreboard 2001: Framework Strategy on Gender Equality, Progress in 2001"과 2000년대 들어 매년 나오고 있는 "Annual Report on Equal Opportunities for Women and Men in the European Union" 참조.

함으로써 양성평등정책의 발전을 견인하고 있는 것이 바로 행동계획(Action Programme)과 기본전략(Framework Strategy)이다.

EU 집행위원회는 1981년 '평등기회 실현을 위한 1차 행동계획(The First Equal Opportunities Action Programme, 1982~1985)'을 수립한 것을 포함하여, 2000년도까지 약 5년 단위로 총 4차에 걸친 행동계획을 개발하였으며, 2000년도에는 2001년부터 2005년까지를 적용기간으로 하는 '양성평등 기본전략(Towards a Community Framework Strategy on Gender Equality)'을 제안하여,[23] EU 수준 및 회원국 수준에서의 양성평등정책의 심화 발전을 도모하고 있기도 하다.

집행위원회는 제1차 행동계획에서 직업별 사회보장제도에 있어서의 동등대우, 자영업과 농업에 종사하는 여성들의 고용문제, 육아 휴직, 출산예정 근로자의 권리 등에 관련된 입법안을 제안하고 있으며, 아울러 여성 네트워크의 구축을 촉구하고 있기도 하다. 그러나 제1차 행동계획의 기간은 이른바 '유럽경화증'의 절정기에 달해 있던 상태인 관계로 중요한 입법안이 통과되기가 지극히 어려운 정책 환경에 처해 있어, 이 기간 동안에는 위에서 소개한 '연성법안' 중 적극적 시정조치와 여성 실업률에 관한 두 개의 권고안만이 1984년 채택되었을 따름이다.[24] 그러나 1차 행동계획의 기간 동안은 아니었지만, 1986년도에 채택된 직업별 사회보장제도와 자영업 종사자에 대한 '지침'은 전적으로 1차 행동계획에 포함된 제안을 반영하고 있다.

---

23) '양성평등 기본전략'의 적용기간은 이후 2006년까지로 연장되었다. Commission(2005), p.12; http://www.bmsg.gv.at/cms/siteEN/liste.html?channel=CH0525(2006년 12월 12일 검색)

24) Robert R. Geyer, op.cit., p.115.

제2차 행동계획(1986～1990)은 1차에 비해 새로운 입법안을 제안한 것은 없지만, 법적 불평등은 물론이요, 실질적 불평등까지 시정하기 위해서는 양성평등을 구현하기 위한 전략이 법적 조치에만 머물러서는 안 될 것임을 지적하면서, 성차별적 태도와 규범을 변화시키는 데 역점이 두어져야 함을 주장하고 있다. 이를 위한 구체적 방안으로 2차 행동계획에서는 기업에서의 적극적 시정조치 도입, 방송과 교육 분야에서의 균등 기회 보장, 직장 내 성희롱과 여성에 대한 폭력 방지 대책 수립, 이주 여성의 특수욕구 충족 대책 마련 등을 촉구하고 있다. 2차 행동계획의 이러한 내용들은 비록 당시에 양성평등정책의 틀 속에서 '지침'의 형태로 입법화되진 않았지만, 사회정책 일반을 다루고 있는 EU 문건인 1988년 사회헌장(Social Charter)과 1989년 사회정책 행동계획(Social Action Programme)에 대거 반영됨으로써 양성평등정책이 EU 사회정책의 핵심 분야로 자리 잡게 되는 계기가 된다.[25]

　3차(1991～1995)와 4차 행동계획(1996～2000)에서 특히 주목할 점은 EU의 양성평등정책의 전략으로 '성 주류화'에 대한 논의가 본격적으로 시작된다는 점이다. '성 주류화'란 공공기관이 수행하는 모든 정책 분야에 있어 각 정책이 사회적 집단으로서의 남성과 여성에게 각각 어떠한 영향을 미치는지를 고려하는 가운데 정책의 수립과 집행 및 평가가 이루어지도록 하는 것을 일컫는다. 이는 곧 양성평등의 관점을 정책수행과정에 적극적으로 도입하는 전략으로써 '성 주류화'는 궁극적으로는 양성평등의 구현을 위한 하나의 방

---

25) *Ibid.*, pp.116～117.

법론을 구성한다. 집행위원회의 3차 행동계획은 양성평등 실현을 위한 구체적 정책(substantial policy)의 개발이라는 측면에서 보면 과거의 제안을 반복하고 있는 데 그치고 있어 별다른 진전을 보이고 있지 못한 것으로 간주될 수도 있다. 그러나 이 행동계획에서는 양성평등정책은 별도의 정책 분야로 따로 존재하는 것이 아니며, 양성평등의 시각이 모든 분야에 있어서 EU 정책 수립 및 집행 과정에 반영되어야 함을 촉구함으로써 모든 분야의 정책이 양성평등 실현을 위한 도구로 활용되어야 함을 천명하고 있다. 이와 함께 3차 행동계획은 여성들의 정치 및 경제 활동 참여를 증대시킴으로써 양성평등을 위한 저변을 확대할 것을 강력히 촉구하고 있기도 하다. 3차 행동계획의 기간 동안에는 '출산예정 근로자 지침'이 입법화되었으며, 앞서 소개한 여러 개의 연성 법안이 채택되기도 하였다. 아울러 3차 행동계획에서는 여성 네트워크의 구축이 강조되어 집행위원회는 '의사결정 지위의 여성 네트워크(Women in Decision-Making Network)', '여성을 위한 새로운 기회(NOW: New Opportunities for Women)', 유럽여성로비(EWL: European Women's Lobby)[26] 등 조직과 운동을 선도하거나 지원하고 있기도 하다.

4차 행동계획에서는 '남녀 간 동등 기회의 원칙을 공동체의 모든 정책과 행동에 통합시킬 것'을 천명함으로써[27] '성 주류화'가 양성평등 실현을 위한 EU의 전략임을 공식화하고 있다. 이 행동계획에

---

26) 특히 유럽여성로비(EWL)는 집행위원회로부터 직접 재정지원을 받고 있는데, 그 액수가 EWL의 전체 경비에서 85%에 달한다고 한다. *Ibid.,* p.124; Sylvia Walby, "The European Union and Gender Equality: Emergent Varieties of Gender Regime", *Social Politics,* Vol.11, No.1(2004), p.15 참조.

27) Commission, "Incorporating Equal Opportunities for Women and Men into All Community Policies and Activities", COM(96)67 final, 1996.

서는 '성 주류화'의 전략의 성공적 추진을 위해 여섯 가지 방안을 제시한다. 첫째, 균등기회의 시각을 모든 정책 및 행동에 통합시킬 것, 둘째, 균등기회를 지지하는 집단을 동원할 것, 셋째, 전환 경제 (changing economy)에서 균등기회 시각을 고양할 것, 넷째, 가족부양의무와 직장생활을 병행할 수 있는 방안을 모색할 것, 다섯째, 의사결정 권한을 가진 지위에 남성과 여성이 균형적으로 포함되도록 할 것, 여섯째, 개인들이 자신의 균등기회 권리를 적극 행사할 수 있도록 할 것 등이다. 4차 행동계획에서는 이러한 방안을 실현시키기 위한 방법으로 이른바 '모범사례(good practice)'의 발굴, 지속적인 정책 평가, 새로운 정보와 정책 수행 전략의 확산 등을 강조함으로써,[28] 후일 리스본 정상회담에서 사회정책의 수행도구로 채택되는 공개형 조정 방식(OMC: Open Method of Coordination)의 도입을 예고하고 있는 것으로 보이기도 한다.[29] 한편 4차 행동계획의 기간 동안에는 육아휴직 지침과 거증책임부담 지침 등 중요한 입법안이 채택되어 양성평등정책에 있어 많은 진척을 이루게 된다.

4차 행동계획 기간의 종료와 함께 집행위원회는 양성평등 기본전략(2001~2005)을 제시하여,[30] 양성평등의 실현을 위해 성 주류화의 전략을 더욱 심도 있게 추진하는 한편 이와 함께 여성의 지위를 향상시키기 위한 구체적 조치(specific actions)[31] 또한 병행시켜

---

28) 성 주류화의 모범 사례를 소개함으로써 성 주류화에 대한 정보의 확산과 성 주류화 전략의 추진동력을 확보하고자 하는 노력의 예로는 Commission, "Gender Equality in the European Union: Examples of Good Practices(1996-2000)", 2000a 참조.

29) 개방형 조정 방식(OMC)의 구체적 내용에 대해서는 Kenneth A. Armstrong, "The 'Europeanisation' of Social Exclusion: British Adaptation to EU Co-ordination", *British Journal of Politics and International Relations*, Vol.8(2006), p.80 참조.

30) Commission, "Towards a Community Framework Strategy on Gender Equality(2001-2005)", COM(2000) 335 final.

나가는 '포괄적(comprehensive)' 전략을 구사할 것임을 밝히고 있다. 이 문서에서 집행위원회는 다섯 개 우선 개입대상 분야를 선정해 각 분야별로 2~3개의 세부목표와 그 실현을 위한 행동 방침을 제시하고 있다. 양성평등 실현을 위한 우선 개입대상 분야로는 ① 경제 활동에 있어서의 양성평등(gender equality in economic life),32) ② 의사결정 지위로의 진출에 있어서의 양성평등(equal participation and representation),33) ③ 사회적 권리의 향유에 있어서의 양성평등(equal access and full enjoyment of social rights for women and men),34) ④ 시민 생활에 있어서의 양성평등(gender equality in civil life),35) ⑤ 고착화된 성역할과 성차별적 고정관념의 타파(change of gender roles and stereotypes)가36) 그것이다. 이러한 목표의 수행을 위해 집행위원

---

31) '구체적 조치'란 적극적 시정조치와 동등대우 범주에 해당하는 정책 도구의 사용을 통한 개입을 의미한다.

32) 여기에서는 주로 고용 관련 정책을 겨냥하여 여성의 취업률 제고, 직업의 성별 분리 현상 해소, 직장생활과 가족부양 책임의 조화 방안 모색(예컨대 양질의 아동보육 서비스의 제공 등)이 필요함을 강조하는 가운데, 여성의 노동시장 참여 가능성을 확대하기 위한 제반 조치의 이행, EU의 구조기금(structural funds) 집행에 있어서의 성 주류화 가속화, 여성의 경제적 지위에 영향을 미치는 재정정책, 금융정책, 경제정책, 교육정책, 교통정책, 과학기술정책, 사회정책 등 성 주류화 전략 개발을 세부 목표로 하는 행동 방침을 밝히고 있다.

33) 여기에서는 4차 행동계획에서 의사결정 지위 진출에 있어서의 양성평등을 추진한 결과 상당한 성과는 있었으나 아직은 여성의 진출이 현저히 저조한 실정임을 지적하면서, 징계, 기업, 사회단체 고위직의 차별적 성별 분포를 시정하기 위한 제반 조치를 수행할 것과 EU 집행위원회 고위급 직책의 여성 비중 확대를 추진할 것임을 밝히고 있다.

34) 여기에서는 기존의 복지국가 시스템이 기본적으로 '남성부양자(male breadwinner)' 모델에 기반하고 있어 사회보장정책이 빈곤의 여성화(feminization of poverty)를 초래하고 있음을 환기시키면서, 사회보장, 육아휴직, 모성보호, 근로시간 등의 쟁점과 관련해 EU 수준에서 이미 입법화된 사회적 권리에 대한 정보를 전파하고 접근기회를 확대시킬 것을 촉구하고 있다.

35) 여기에서는 인권과 자유의 향유가 누구에게나 차별 없이 적용되어야 하는 권리임을 상기시키면서, 동등대우 관련 법안이 보다 효과적으로 실행될 수 있는 방안을 모색할 것과, 필요할 경우 새로운 입법안을 수립할 것임을 밝히고 있으며, 차별받고 있는 여성의 인권을 보호하기 위한 제반 조치의 수립과 여성에 대한 폭력과 성 착취를 목적으로 하는 인신매매의 근절 방안의 마련을 세부 목표로 설정하고 있다.

36) 여기에서는 양성평등의 실현을 위해서는 성역할에 대한 고정관념과 편견을 제거하는 것이 급선무임을 밝히면서, 표현의 자유를 침해하지 않는 방식을 통해 언론매체와 문화산업이 앞장서서 양성평등에 대한 인식을 전파할 것을 촉구하는 한편, 성차별적 고정관념의 타파를 위해 동원할 수 있는 EU의 정책 도구를 적극 활용할 것임을 밝히고 있다.

회는 회원국의 양성평등 관련 정부 기관과의 협조체제 구축, 집행위원회의 역할 강화, EU 기구 간의 협력 제고, NGO와 사회적 파트너, 국제기구와의 파트너십 강화, 지표와 목표(indicators and benchmarks)의 개발, 정보의 수집과 보고 및 평가 시스템의 확립을 추구할 것임을 밝히고 있다.

3. 유럽사법재판소와 EU 양성평등정책

앞서 언급한 바와 같이 유럽사법재판소는 EU 양성평등정책의 발전에 상당한 기여를 해오고 있는 것으로 평가되고 있다. 유럽사법재판소가 EU 양성평등정책의 발전에 기여할 수 있게 된 것은 무엇보다도 EU법이 갖고 있는 직접효력성(direct effect)과 국내법에 대한 EU법의 우월성(supremacy of community laws) 때문이다. 직접효력성이란 EU법이 EU 시민들 개인에게 직접 권리를 부여하고 의무를 부과할 수 있음을 천명한 원칙을 의미한다.[37] 반 겐트 엔 루스(Van Gend en Loos) 사건에 대한 1963년 판결에서 유럽사법재판소가 원칙을 제시한 이래, 최근에 이르러서는 조약법의 많은 조항과 거의 모든 입법안이 직접효력성을 발휘하는 것으로 인정하는 법관행이 확립되고 있다. EU법의 우월성이란 헌법을 포함한 회원국의 국내법과 EU법이 서로 모순되는 경우가 발생했을 때 국내법에 대하여 EU법의 효력이 우위를 차지한다는 원칙으로, 1964년 코스타 대(對) 에넬(Costa v. ENEL) 판결에서 최초로 언급된다. 이 원

---

37) 이 원칙은 직접적용성(direct applicability)으로 불리기도 한다.

칙에 따르면, EU법과 국내법의 충돌 시 국내법을 EU법과 일관성 있게 개정하는 절차를 밟을 것이 요구된다.[38] 여기에서 특기할 만한 사실은 EU 법체계의 독립성을 가능하게 하는 이 두 원칙은 EU 설립조약 어디에서도 언급되고 있는 바가 없다는 사실이다. 이 두 원칙은 오랜 기간에 걸쳐 유럽사법재판소가 적극적인 EU법 적용의 당위성을 꾸준히 주창함과 아울러 회원국의 법원들이 유럽사법재판소의 논리를 기꺼이 수용하고 이를 실천함으로써 오늘날의 지위를 획득하게 된 것이다.

유럽사법재판소가 사법적 판단을 내리는 경우는 크게 세 가지로 구분할 수 있다. 분쟁 발생 시 유럽사법재판소에 제소된 분쟁 당사자의 EU법 위반 여부를 가리는 경우(infringement proceedings), EU 기구에 의해 입법된 정책이 기존의 EU 법체계에 저촉이 되는지를 판단하는 일종의 위헌 심사와 같은 기능을 수행하는 경우(annulment proceedings), 회원국 사법부가 국내 법원에 계류된 사안에 대한 판결을 내리기 전 그 사안에 관련되는 회원국의 법적용이 EU법과의 양립 가능성에 대해 문의를 해 오는 경우(preliminary rulings)이다. 유럽사법재판소는 이 세 가지 종류의 경우에 있어서의 법적 판단 중에서도 특히 세 번째의 예비심판의 형식을 통해 EU의 양성평등정책의 발전에 기여해 오고 있다.

유럽사법재판소는 1971년 양성평등정책에 관련한 첫 판결을 내린 이래 2006년 10월 현재까지 총 185차례의 판결을 내리고 있다. 물론 유럽사법재판소의 판결이 항상 여성주의적 어젠다에 부합하

---

38) Tom Kennedy, *op.cit.*, p.138.

는 방향으로 내려진 것은 아니지만, 유럽사법재판소는 수차례의 기념비적 판결을 통해 EU 양성평등정책 발전의 중요한 제도적 기반을 지속적으로 창출해 내고 있다.[39] EU 양성평등정책의 발전과정을 논함에 있어 빼놓을 수 없는 것이 바로 드프렌 사건이다.

드프렌 사건이란 벨기에 국영항공사 사베나(Sabena)의 여승무원이었던 가브리엘르 드프렌(Gabrielle Defrenne)이 동일 업무를 수행하는 남성과 여성에 대한 차별적 임금 지급으로 인해 보수에 있어 부당한 손해를 입었다는 점과 함께, 동일 업무를 수행하는 남성 승무원은 정년이 55세인 반면 여성은 정년이 40세로 정해져 있어 퇴직금과 연금에서도 불이익을 받게 되었다는 점을 들어 회사를 상대로 벨기에 법원에 소송을 제기함으로써 시작된 재판이다.[40] 모두 세 개의 별개 사안에 대한 재판으로 진행된 드프렌 사건에 있어 가장 중요한 의미를 지닌 판결은 1976년에 내려진 두 번째 판결 (*Defrenne Ⅱ*)이다.[41] 벨기에 법원으로부터 예비심판을 요청받은 유럽사법재판소는 이 판결에서 동일 근로, 동등 보수의 원칙을 정한 로마조약 119조(암스테르담조약 141조)의 원래 취지는 시장에서의 국가 간 경쟁 왜곡 방지였지만,[42] 아울러 사회적 형평성의 실현이라는 목적도 아울러 내포하고 있는 것으로 파악하여, 이 조항이 회

---

39) Catherine Hoskyns, *Integrating Gender: Women, Law and Politics in the European Union* (London: Verso, 1996), p.159.

40) 드프렌 사건의 경과와 의미에 대한 자세한 소개는 Robert R. Geyer, op.cit., pp.108~111 참조.

41) 드프렌 사건으로 뭉뚱그려지고 있는 세 가지 사안에 대한 판결은 각각 1971년, 1976년, 1978년에 따로 내려진 바 있다.

42) 이 조항이 로마조약에 포함된 이유는 여성 근로자에 대해 남성 근로자와 같은 수준의 임금을 지급하고 있던 프랑스 등 회원국의 산업경쟁력을 보호하기 위한 것이었다고 한다. *Ibid.*, p.106; Rachel A. Cichowski, "Women's Rights, the European Court, and Supranational Constitutionalism", *Law and Society Review*, Vol.38, No.3(2004), p.493 참조.

원국 국내 법원에 의한 이행이 가능한 권리를 회원국의 국민들에게 직접 부여하는 '직접효력'을 가진 조항인 것으로 해석하고 있다. 결국 유럽사법재판소의 이 판결은, 국가 간 자유무역을 가능하게 하기 위해 국가를 당사자로 하여 체결된 로마조약이 회원국 여성들 개인의 권익을 보장하는 기제로 활용되는 계기를 마련해 줌으로써, 이후 EU의 양성평등 관련 법안의 제정과 함께 회원국 국민들이 특히 근로현장에서의 성차별적 대우에 대한 소송을 제기할 수 있는 제도적 기반이 된다.

아울러 유럽사법재판소는 1990년 데커 사건(Dekker case)과 1994년의 웹 사건(Webb case)에서는 임신을 이유로 해고되거나 또는 채용이 거부된 출산예정 근로자의 권익을 보호하는 판결을 내린 이래, 이후 계속되는 판결을 통해 출산휴가를 이유로 승진기회와 임금 등에 있어 불이익을 당해서는 안 되며, 고용주는 출산예정 근로자의 건강에 위해가 가지 않는 근로조건을 조성해야 하는 의무가 있다는 판단 등을 내림으로써, '출산예정 근로자 지침'과 '육아 휴직 지침'에 내포된 여성 근로자들의 권리를 신장시키는 데 결정적 역할을 하고 있다. 이 외에도 성차별 유무의 거증(擧證) 책임이 소송을 제기한 근로자가 아닌 피고인 고용주에게 있다는 결정을 내린 1988년 단포스(Danfos) 판결이나, 전일제 근로자(주로 남성)와 파트타임 근로자(주로 여성)에게 동일한 수준의 권리가 부여되어야 함을 밝힌 1984년의 빌카(Bilka) 판결 등도 유럽사법재판소가 여성 근로자의 권익 향상에 많은 공헌을 한 예라고 할 수 있다.

위에서 소개한 판결이 주로 남성과 여성에 대한 동등대우의 확보에 기여하는 판례라고 한다면, '법 앞의 평등'과 '실질적 평등'이 반드시 일치하지 않은 것이 현실인 관계로 EU는 적극적 시정조치의 이행을 통한 불평등의 해소를 추구할 수 있는 법적 근거를 1976년의 '근로조건에 있어서의 동등대우 지침'과 1979년의 '사회보장에 있어서의 동등대우 지침' 그리고 암스테르담조약 제3조 2항과 제141조 4항에서 마련하고 있으며, 유럽사법재판소는 이에 근거하여 적극적 시정조치의 이행을 촉진시키는 판결을 내리고 있다.

그 예로는 우선 이에 1997년의 마르샬 판례(Marschall case)를 들수 있다. 이 사건은 승진에서 탈락한 남성이, 승진 대상자로 남성과 여성이 경합할 경우 같은 수준의 자격요건을 갖추었을 때는 여성에게 우선적으로 승진의 기회를 주도록 규정되어 있는 독일 지방조례에 이의를 제기한 사건이다. 이 사건에 대한 판결에서 유럽사법재판소는 여성의 전통적 사회적 역할인 가족 부양 의무의 수행에 대한 기대로 인해 발생하는 여성의 능력과 역할에 대한 편견과 고정관념의 결과로 동등한 자격요건을 갖추었을 때 남성이 승진되는 확률이 높아 왔음을 지적하면서, 여성을 승진시킨 독일 지방정부의 처분을 EU법에 비추어 합당한 것이라고 판결함으로써 적극적 시정조치를 이행하는 회원국 지방정부의 손을 들어 주고 있다.[43] 이 외에도 적극적 시정조치를 지지하는 유럽사법재판소의 판례로는 칼랑케(Kalanke) 판결(1995), 바데크(Badeck) 판결(1999), 그리고 아브라함슨(Abrahamsson) 판결(2000)이 있다.[44]

---

43) Walter Van Gerven, *op.cit.*, p.180.
44) *Ibid.*, pp.179~181.

Ⅴ. 결론

EU는 지난 반세기에 걸친 법적·제도적 발전을 통해 양성평등
의 실현을 위한 정책적 기반의 구축에 있어 국제사회의 선도적 위
치를 점하고 있다. 초창기 EU설립조약에서의 양성평등정책은 주로
고용상의 성차별 문제 자체보다는 시장에서의 경쟁 왜곡 현상을
방지하는 것이 주된 취지였다. 그러나 시장 자유화의 방편으로 도
입된 남녀 간 '동등대우'의 원칙은 이후 EU설립조약에 근거를 두
고 만들어진 2차 입법안인 일련의 '지침(directive)'의 마련을 통해
근로자로서의 여성의 권익을 보호하기 위한 실질적 도구로 활용되
게 되며, 양성평등의 실현을 위한 노력이 점차 적극적 시정조치 및
성 주류화 전략의 도입으로 확대되는 양상을 보인다. 초창기부터
지금까지 EU 양성평등정책이 주로 고용의 문제를 다루고 있는 것
은 EU가 경제협력을 위한 공동체로 출발했기 때문일 것이다. 하지
만 시간이 흐르면서 양성평등정책의 범위는 사회보장, 모성보호 및
육아, 비정규직, 고용평등, 상품과 용역에 대한 접근성 관련 내용으
로 확대되어 왔다. 이러한 EU의 양성평등정책의 변화는 무엇보다
도 집행위원회의 행동계획과 기본전략에 가장 구체적으로 반영되
고 있다. 제1차 행동계획은 여성의 경제적 지위 향상과 관련된 쟁
점에 초점을 맞추고 있지만, 제2차 행동계획은 성차별적 태도와 규
범의 해소, 방송과 교육 분야에서의 균등 기회 보장, 여성에 대한
폭력방지 등 새로운 내용이 추가되었으며, 제3차 및 제4차 행동계
획의 단계에서는 성 주류화 전략을 도입하여 의사결정과정에서의

여성지위 향상과 가정과 직장생활 양립지원 정책 등을 포함시키게 되었고, 2001년 새로운 틀로 탄생한 양성평등 기본전략은 여성의 삶 전반을 포괄하는 정책으로 확대되고 있다. 이와 같이 EU의 양성평등정책은 그 이슈와 대상 측면에서 지속적으로 확대되는 추세를 보이고 있는 것이다.

이와 같이 EU 수준에서 양성평등정책이 성공적으로 추진되고 있는 것은, EU설립조약에서 제공하고 있는 법적 근거를 기반으로, 정책 입안을 담당하고 있는 EU 집행위원회와 양성평등정책과 관련된 이해 당사자인 여성 단체 및 여성 관료들의 적극적 입법 활동이 있었기에 가능한 것이었으며, EU법의 적극적 해석에 근거한 판결과 심사를 통해 EU 양성평등정책이 실제 효력을 발휘하는 것을 가능하게 하고 있는 유럽사법재판소의 역할에 힘입은 바가 매우 큰 것으로 나타나고 있다.

참고문헌

김대순. "유럽공동체인가 유럽연합인가?: 파리에서 암스테르담까지".
  『유럽연구』. 10호(1999), pp.229~235.

최진우. "유럽의회의 발전과 유럽통합: 유럽연합의 민주성과 정통성".
  『국제정치논총』. 39권. 2호(1999), pp.131~147.

Armstrong, Kenneth A. "The 'Europeanisation' of Social Exclusion: British
  Adaptation to EU Co-ordination". *British Journal of Politics and
  International Relations*. Vol.8. No.1(2006), pp.79~100.

Carson, Marcus. *From Common Market to Social Europe?: Paradigm Shift
  and Institutional Change in European Union Policy on Food, Abestos
  and Chemicals, and Gender Equality*. Ph. D Dissertation. Department
  of Sociology. Stockholm University, 2004.

Cichowski, Rachel A. "Women's Rights, the European Court, and
  Supranational Constitutionalism". *Law and Society Review*. Vol.38.
  No.3(2004), pp.489~512.

Commission. "Incorporating Equal Opportunities for Women and Men
  into All Community Policies and Activities". COM(96)67 final
  (1996).

Commission. "Gender Equality in the European Union: Examples of
  Good Practices(1996-2000)"(2000a).

Commission. "Towards a Community Framework Strategy on Gender
  Equality(2001-2005)". COM(2000) 335 final(2000b).

Commission. "Gender Scoreboard 2001: Framework Strategy on Gender Equality, Progress in 2001"(2001).

Commission. "Equality between Women and Men in the European Union"(2005).

Falkner, Gerda. *EU Social Policy in the 1990s: Towards a Corporatist Policy Community*. London: Routledge, 1998.

Geyer, Robert R. *Exploring European Social Policy*. Cambridge: Polity Press, 2000.

Hoskyns, Catherine. *Integrating Gender: Women, Law and Politics in the European Union*. London: Verso, 1996.

Kennedy, Tom. "The European Court of Justice". John Peterson and Michael Shackleton(ed.). *The Institutions of the European Union*, 2nd ed. Oxford: Oxford University Press, 2006.

Lombardo, Emanuela. "Integrating or Setting the Agenda? Gender Mainstreaming in the European Constitution-Making Process". *Social Politics: International Studies in Gender, State, and Society*. Vol.12. No.3(2005), pp.412~432.

Nugent, Neil. *The Government and Politics of the European Union*, 6th ed. Durham: Duke University Press, 2006.

Pollack, Mark A. and Emilie Hafner-Burton. "Mainstreaming Gender in the European Union". *Journal of European Public Policy*. Vol.7. No.3(2000), pp.432~456.

Rees, Teresa. *Mainstreaming Equality in the European Union: Education, Training and Labour Market Policies*. London: Routledge, 1998.

Stratigaki, Maria. "Gender Mainstreaming vs. Positive Action: An Ongoing Conflict in EU Gender Equality Policy". *European Journal of Women's Studies*. Vol.12. No.2(2005), pp.165~186.

Van Gerven, Walter. *The European Union: A Polity of States and Peoples*. Stanford: Stanford University Press, 2005.

Walby, Sylvia. "The European Union and Gender Equality: Emergent

Varieties of Gender Regime". *Social Politics*. Vol.11. No.1(2004), pp.4 ~ 29.

Woodward, Alison. "European Gender Mainstreaming: Promises and Pitfalls of Transformative Policy". *Review of Policy Research*. Vol.20. No.1(2003), pp.65 ~ 88.

제3장 유럽사회모델과 유럽연합의 사회적 차원

김시홍

한국외국어대학교 이탈리아어과 교수

Ⅰ. 서론

유럽헌법의 비준이 2005년 프랑스와 네덜란드에서 부결된 이후 유럽의 미래에 대한 불확실성이 높아진 바 있다. 유럽경제의 침체 분위기는 통합에 대한 소극적인 태도로 나타났으며 연합의 확대로 인한 회원국 간의 이질성이 제고되면서 경제통합에 이은 정치·사회적 통합에 박차를 가하려던 많은 시도들이 주춤거리는 모습을 보여 왔다.

이상의 분위기는 2007년에 들어와 새로운 양상이 전개되면서 반전의 계기를 마련하였다. 오랜 저성장에 시달리던 독일경제가 차츰 회복되고 있으며, 사회복지체제에 대한 보수적 입장을 견지해 오던 프랑스에서 '과거의 생각, 습관 그리고 행태와의 단절'을 주장하면서 '노동과 권위 그리고 재능'을 회복시켜야 한다는 개혁을 표방하는 사르코지가 대통령에 당선되면서 유럽헌법의 채택에 대한 새로운 희망이 되살아나기도 했다. 영국의 경우에도 지난 10년간 '제3의 길'을 추진하여 온 블레어가 퇴각하고 새 총리로 브라운이 등장하면서 정책 기조의 변화가 예기되고 있다. 이탈리아는 여전히 어려운 경제상황을 보이고 있으나, 가망이 없어 보이던 피아트(FIAT)사의 회복과 프로디 2기 정부의 등장으로 인해 친유럽적 정책이 유지될 것으로 전망되었으나 이년 만에 붕괴하였고 다시금 우파 정부가 들어섰다. 세계화와 신자유주의라는 도전에 대한 유럽 차원과 개별 회원국에서의 응전만이 의미를 갖는 것으로 보인다.

이 글은 이상의 정치·사회변화를 염두에 두면서 유럽사회가 안고 있는 과제인 사회모델의 의미와 변화 그리고 그 전망을 조명하고자 한다. 통합 50주년을 맞이하여 지난 과거를 돌아보면서 앞으로의 50년을 내다보는 작업은 흥미로우며, 그간 지역통합의 선도적인 모습을 보여 준 유럽의 사례에서 시사점을 도출할 수 있을 것으로 기대된다. 연구의 효율을 위해 2004년 이후의 신규 회원국은 포함되지 않았다.[1] EU 확대를 통한 동유럽 국가들을 아우르는 분석은 추후의 연구에서 시도될 예정이다.[2]

---

[1] Maurice Roche, Exploring the Sociology of Europe: An Analysis of the European Social Complex, (London: Sage), 2010, pp. 138-9.

[2] 동유럽 국가들의 EU 가입으로 인해 사회모델의 논의는 가입층 복합성을 띠게 되었다. 일부에서 제기하는 바와 같이 이들 국가들을 포함함으로써 서유럽의 개혁이 미루어질 수 있다는 지적에 대해서는 보다 심층적 분석이 필요하다. Katinka Barysch, "East versus West? The European economic and social model after enlargement",
http://www.cer.org.uk/pdf/essay_social_model_barysch_oct05.pdf(2007년 5월 10일 검색)

Ⅱ. 리스본 전략과 유럽사회모델

유럽사회모델(European Social Model)은 1990년대에 들어와 이론적 · 실천적 관심을 불러온 개념이다. 주지하다시피 유럽사회는 사회복지의 원류 지역이며 2차 대전 직후부터 1970년대 초반까지 '30년간의 번영기(les trente glorieuse)'를 거치면서 복지국가의 모델을 완성시켜 갔다. 그러나 1970년대에 도래한 석유위기와 세계경제의 침체로 인해 그리고 노동조합의 권력이 강화되면서 성장의 동력을 서서히 잃어 갔다. 풍요로운 사회는 저출산과 인구의 고령화로 이어졌고 이를 위한 정부 지출은 눈덩이처럼 확대되어 '늙은 유럽'이라는 오명을 받기도 하였다.

케인스적 복지국가로부터 규제완화와 자유화 국가로의 전환은 1990년대의 시대적 징표였다. 국영기업의 민영화와 정부재정의 건전화는 신자유주의와 맞물리면서 하나의 당위로 인식되었으나, 이러한 신우파적 흐름에 대한 저항도 강하게 현시되었다. 신자유주의가 세계화와 만나면서 개별 국가는 더 이상 기존의 시스템을 유지하기 어려워졌으나, 유럽의 경우 개혁의 속도는 더디게 진행되었으며, 타 지역으로부터의 도전은 더욱 거세어져 과연 21세기에 유럽의 번영이 지속될 수 있는가에 대한 근본적인 의문이 제기되었다.

유럽연합은 이상의 문제를 직시하면서 2000년 리스본 이사회에서 유럽사회의 개혁을 위한 노력을 기울이게 되는데, 그것이 바로 리스본 전략(Lisbon Strategy)이다. 유럽은 안정적인 금융정책, 낮은 물가 및 금리, 공공분야 적자의 점진적 축소, 건전한 국제수지, 연합의 확대에 따른 성장 및 고용 분야에서의 새로운 기회 증가, 사회보장체제 그리고 양질의 노동력에서 강점을 보이는 것으로 판단되었다. 그러나 낮은 취업률, 여성과 노년층의 낮은 노동시장 참가, 지역별 실업 불균형, 서비스 분야, 특히 통신 및 인터넷 분야의 취약이 약점으로 파악되었다. 이러한 장단점을 고려하면서, 향후 10년간 유럽연합을 세계에서 가장 경쟁력 있고 역동적인 지식기반경제기지로 만들기 위해 3개 분야에 목표를 둔 새로운 전략을 수립·추진하게 된다.

- 경쟁력 있고 역동적인 지식기반경제로의 이행 준비
- 인적 자본 투자와 활기찬 복지국가 건설을 통한 유럽사회모델의 현대화
- 적절한 거시경제정책의 적용을 통한 건전한 경제전망과 양호한 성장전망의 유지[3]

이 중에서, 두 번째 목표인 유럽사회모델의 현대화와 관련하여 기본정신은 인적 자원이 유럽의 기본적인 자산이므로 유럽연합 정책의 초점이 되어야 한다는 것이다. 보다 구체적으로는 지식사회에 있어서 삶과 노동을 위한 교육·훈련, 적극적인 고용정책의 개발, 사회보장제도의 현대화, 사회적 포함(inclusion)의 촉진 등이 포함되었다. 이를 실현하기 위해 향상된 정보네트워크를 토대로 유럽연합 회원국 간 경험과 '최상의 관행(best practice)'을 교환함으로써 협력

---

3) Si-Hong Kim, "EU Constitution and a Social Europe", 『유럽연구』, 제22권(2005년 겨울), pp.111~112.

을 강화하는 공개적 협력(Open Method of Coordination, OMC)이 공식적으로 채택되었다.[4] 공개적 협력은 유럽연합 차원에서 2차 입법이 만들어지고 실제 정책이 집행되기 위해서는 수년의 시간이 소요되므로, 적절한 시행시점이 요구되는 정보화 사회정책이나 고용정책에서는 이러한 정책결정 방식이 유용할 수 있다. 이 협력방식에서는 집행위원회가 핵심적 정책방향을 먼저 제시하고 회원국들이 국내사정에 맞게 정책을 시행한다. 이후 회원국의 정책시행과정에서 가장 우수한 사례를 선발해 정책방향을 재설정하거나 벤치마킹하게 된다.[5]

리스본 전략은 유럽연합이 지속 가능한 번영의 21세기를 기약하는 야심찬 프로젝트였다. 십 년간에 걸친 유럽식 사회모델의 개혁을 통하여 2010년까지 전체 취업률을 70%, 여성취업률을 60% 그리고 55~64세 인구의 취업률을 50%까지 높임으로써 경쟁력을 향상시키는 것은 물론이고 사회의 고령화로 인한 공적연금, 공공의료보험 등의 문제도 해결한다는 복안을 갖고 있었다. 유럽연합은 또한 국가 경쟁력을 높이기 위해 미국경제의 성공 비결인 역동성과 유연성을 가미하려고 노력하였으며, 노동시장의 유연성과 이동성 향상을 위해 연금, 의료보험 등 사회보험제도를 개선하고 노동자에 대한 교육훈련과 취업알선을 강화하는 정책을 실시하였다.

그러나 여성취업률의 개선을 제외한다면 아직 가시적인 효과를 보고 있지 못한 실정이다. 실제로 2004년 11월에 작성되어 이사회

---

4) *Ibid.*, p.116.
5) 한국유럽학회 유럽연합 학술용어사전 편찬위원회, 『유럽연합(EU) 학술용어사전』(서울: 높이깊이, 2007), pp.299~300.

와 집행위원회에 보고된 중간평가서(The Wim Kok Report)에 의하면 4년간의 업적이 미흡하며, 이는 과중화된 어젠다, 미비한 협력 그리고 우선순위의 혼돈 등에서 기인하는 것으로 판단되었다.[6] 또한 보고서는 회원국의 정치적 의지 미흡이 가장 큰 문제임을 밝히고 있다.

개정된 리스본 전략은 보다 현실적인 기대치로 조정되어 실행되고 있다. 그러나 고용목표를 달성하기 위해서는 근로자의 이동성이 개선되어야 하는데, 유럽연합이 이를 위해 회원국 간의 상호 개방 협력방식에 의한 연금, 보험, 복지수당 등 사회보장제도의 개혁에 경주하고 있음에도 불구하고, 오랜 기간에 걸쳐 각국의 차별적인 사회적 환경에 따라 정착된 제도를 연계하거나 개혁하기 위해서는 많은 장벽을 제거할 필요가 있다. 따라서 노동자들이 일자리를 찾아 자유로이 국경을 넘나들기에는 아직도 많은 시간이 소요될 것으로 보인다.

Ⅲ. Sapir의 유럽사회모델론

지금까지 유럽 사회복지체제를 구분하는 다양한 방식이 제기되어 왔다.[7] 에스핑 – 안데르센(Esping-Anderson)은 1990년 자신의 저

---

6) M. Daly, "EU Social Policy after Lisbon", *Journal of Common Market Studies*, Vol.44, No.3(2006), p.465.

7) M. Kleinman, *A European Welfare State? European Social Policy in Context*(Palgrave: Houndmills, 2002), p.36.

서에서 복지자본주의의 세 유형을 사회민주형 스칸디나비아모델, 자유주의형 앵글로색슨모델 및 조합주의형 대륙유럽모델로 구분하여 고전적인 분석으로 자리매김하여 왔다.[8] 최근 사피르(Sapir)는 유럽사회모델을 네 가지 유형으로 분류하여 주목을 받았다.[9] 그는 세계화가 위협과 기회를 동시에 제공하고 있는 변화라고 보면서 기회를 활용하고 위험요인을 완화시키기 위해 유럽사회의 유연화를 주장하고 있다. 여기서 유연화는 노동시장과 사회정책의 개혁을 요구하는 것이다.

사피르는 2003년의 한 보고서에서 유럽의 성장문제가 급속한 기술 변화와 강력한 지구적 경쟁으로 특징지어지는 오늘의 세계에 더 이상 적합하지 않은 대량생산체계, 대기업, 기존의 기술력 및 장기적 고용패턴의 경제적 징후를 보이고 있다고 진단하였다.[10] 이러한 문제를 해결하기 위해 대규모의 경제사회적 개혁이 요구되며, 이는 혁신에 기초한 경제, R&D, 기술력 및 인적 자원을 개발함으로써 가능하다고 보았다. 결국 성장이 유럽경제에서 최우선순위가 되어야 하며, 만일 그렇지 못할 경우 유럽사회모델의 지속가능성이 위협받을 뿐 아니라, 평화와 번영이라는 두 가지 토대하에 설립된 유럽통합 과정 자체가 흔들릴 것으로 보았다.

사피르는 지난 25년간의 경제사회적 변화를 통해 동아시아 지역

---

8) G. Esping-Anderson, *The Three Worlds of Welfare Capitalism*(NJ: Princeton Univ. Press, 1990).

9) André Sapir, "Globalization and the Reform of European Social Models", *Journal of Common Market Studies*, Vol.44, No.2(2006), pp.375~377.

10) A. Sapir et al., "An Agenda for a Growing Europe. Making the EU System Deliver", July 2003, pp.3~4. http://www.euractiv.com/ndbtext/innovation/sapirreport.pdf(2007년 5월 16일 검색)

이 괄목할 만한 성장세를 보였으며, 유럽 역시 세계경제의 빠른 변화에 대해 둔감하거나 노력을 게을리하지는 않았다고 보았다. 그러나 많은 노력들이 더 큰 경제적 역동성을 창출하는 데 실패한 것으로 귀결되었으며, 오히려 유럽경제의 위상을 지속적으로 악화시켰다고 평가하였다. 즉 세계화에 대한 적응에서 유럽의 대응 속도와 강도가 미흡했다는 것이다. 이러한 실패의 주요인은 유럽연합 차원의 변화가 회원국의 변화를 동반하지 못하였다는 점이다. 즉 회원국 내의 노동시장과 사회정책을 개혁하느냐가 유럽사회의 미래를 담보하는 핵심이라고 보았다. 만일 변화를 거부한다면 세계화의 과정만이 위협이 되는 것이 아니라 단일시장과 유로화도 회원국에 부메랑이 되어 돌아올 수 있다는 것이다.

사피르는 단일의 유럽사회모델이 가능하지 않으며 현실적으로는 서로 다양한 모델들이 존재한다고 주장한다. 노동시장의 유연성을 동반하는 효율과 분배정의를 내포하는 형평의 두 가지 변수를 조합하여 네 가지 모델을 다음과 같이 제시하였다.[11]

〈표 1〉 유럽사회모델의 네 유형

		효율성(Efficiency)	
		낮음	높음
형평성 (Equity)	높음	대륙형 Continentals	북유럽형 Nordics
	낮음	지중해형 Mediterraneans	앵글로색슨형 Anglo-Saxons

북유럽형(덴마크, 핀란드, 스웨덴, 네덜란드) 사회모델은 가장 높

---

11) Sapir, *op.cit.*(2006), p.380.

은 수준의 사회보장 지출과 보편적인 복지 제공을 특징으로 한다. 적극적 정책수단을 활용한 노동시장에의 광범위한 재정적 개입이 주어지며, 강한 노조는 고도로 농축된 임금구조를 보장한다. 앵글로색슨형(아일랜드, 영국) 사회모델은 노동시장에서 취약한 노조와 상대적으로 저임금의 고용이 확산되어 있는 형태이다.

대륙유럽형(오스트리아, 벨기에, 프랑스, 독일, 룩셈부르크) 사회모델은 보험 위주의 비고용 혜택 그리고 노년세대의 연금으로 구성된다. 노조 가입률이 떨어지고 있지만 광범위한 단체교섭 영역을 가지고 있다. 마지막으로 지중해(그리스, 이탈리아, 포르투갈, 스페인) 사회모델은 노인연금에 치중하며, 사회복지의 혜택과 지위에서 높은 분절현상을 노정한다. 복지제도는 고용보호를 강조하며, 조기연금 제공을 통해 경제활동인구의 상당수가 노동시장에서 조기 퇴출하는 현상을 보인다.

이상의 네 가지 유형은 모델 간에도 상당한 차이가 존재하나, 심층적 분석에서는 모델 내에서도 편차를 보인다. 밀라노 보코니(Bocconi) 대학의 노동경제학 교수인 보에리(Boeri)는 사회정책의 세 가지 목표라고 볼 수 있는 소득불평등과 빈곤의 퇴치, 보험으로 보호받지 못하는 노동시장의 위험으로부터의 보호 및 노동시장 참여율의 차원에서 네 모델의 성과를 비교하였다.[12]

소득불평등과 빈곤퇴치와 관련하여 조세와 이전소득을 통한 소

---

12) T. Boeri, "Let Social Policy Models Compete and Europe Will Win", Paper Presented at the Conference held by John F. Kennedy School of Government, Harvard University, April, 11 ~12, 2002.
http://www.ksg.harvard.edu/m-rcbg/Conferences/us-eu_relations/boeri_us_european_trends.pdf (2007년 5월 18일 검색); reduction of income inequality and poverty; protection against uninsurable labor market risk; and reward to labor market participation.

득재분배 효과는 북유럽 모델에서 가장 높게 나타났으며, 지중해 모델에서 가장 낮았다. 앵글로색슨 모델과 대륙유럽 모델은 중간 규모를 보였다. 그러나 평균 국민소득의 60% 이하에 위치하는 빈곤한계선 이하의 가처분소득을 지닌 사람들과 조세 및 소득이전 이후의 빈곤율을 비교하여 보았을 때 네 모델 간에 상이한 모습을 드러내고 있다. 북유럽 국가들은 여전히 수위를 차지하고 있으며 지중해 국가들이 저조한 상태인 점은 유사하였으나, 대륙 유럽 국가들이 우수한 결과를 보인 반면, 앵글로색슨 국가들은 대단히 부진한 모습으로 나타났으며 이는 양극화 현상으로 이해될 수 있다.

보험으로 보호받지 못하는 노동시장에 대한 보호는 해고로부터 노동자를 보호하는 고용보호법(employment protection legislation, EPL)에 의하거나 실업수당(unemployment benefits, UB)으로 제공된다. 이 두 방안의 차이점은 명료한데 고용보호법은 이미 직업이 있는 자들에게 해당되며 조세 부담이 주어지지 않는다. 실업수당은 국민 전반에게 보험으로 제공되며, 일자리가 있는 자들에 대한 세금으로 재정이 충당된다. 따라서 고용상태에 있는 자들은 고용보호법을 선호하게 되어 있다. 이 두 제도는 유사한 목적을 달성하기 위해 마련된 것이므로 서로 대체적(trade-off)이다. 즉 관대한 실업보험제도는 해고 제한의 필요성을 감소시키며 그 역도 또한 참이다.

유럽연합의 회원국들은 실업으로부터 개인을 보호하기 위해 두 가지 정책 수단 사이에서 다양한 행태를 보이고 있다.[13] 지중해 모델은 엄격한 고용보호제도와 낮은 실업수당으로 특징지어진다. 이

---

13) *Ibid.*, p.12.

와는 반대로 북유럽 모델은 실업수당이 관대하면서도 포괄적이지만 고용보호제의 엄격성은 매우 낮은 수준에 머물러 있다. 대륙유럽 모델은 관대한 실업수당을 제공하면서도 고용보호제도가 엄격하게 준수되고 있다. 마지막으로 앵글로색슨 모델은 타 모델과 비교하여 상대적으로 낮은 고용보호를 보이고 있으나, 실업수당에 있어서는 대륙모델이나 북유럽 모델과 유사한 형태이다. 그러나 유럽형 앵글로색슨 모델은 미국의 사례와 매우 차별적인데, 양 사례에서 공히 매우 낮은 고용보호제도를 실시하고 있으나, 미국 모델은 실업보험을 거의 지급하지 않는다는 점에서 독특하다. 따라서 미국 모델은 노동시장의 위험에 대한 보험이 거의 지급되지 않는 반면, 유럽 모델은 더 높은 수준의 보험이 제공된다. 그러나 이러한 분석에는 주의가 요구되는데, 전반적인 유럽 모델이 엄격한 고용보호제도와 관대한 실업보험을 통해 미국과 비교하여 더 많은 사회보험을 제공하고 있는 반면에, 미국과 유럽의 앵글로색슨 모델은 상대적으로 더 많은 노동시장의 보험을 제시함으로써 장기적인 실업률이 낮게 나타나고 있음을 주목해야 한다.

보에리의 세 번째 사회정책 목표는 노동시장 참여율이다. 2004년 기준으로 고용률에 있어 북유럽 모델이 72%, 앵글로색슨 모델이 69%를 기록하여, 대륙유럽의 63%와 지중해 지역의 62%에 비해 훨씬 높은 성과를 보이고 있다. 이러한 상황은 나이집단별 비교에서 더욱 두드러지는데, 55세에서 64세 노동인구의 경우 북유럽의 고용률이 56%, 앵글로색슨지역이 53%인 반면, 대륙유럽은 34% 그리고 지중해 지역은 40% 수준이다. 반면 15세에서 24세까지 인구의 청년실업률은 북유럽이 13%, 앵글로색슨이 10%로 낮은 편이지만, 대

륙유럽은 17% 그리고 지중해 유럽지역은 22%에 다다르고 있다.[14)]

이상의 분석을 통해 네 가지 모델을 효율과 형평이라는 두 변수의 조합으로 대별할 수 있다. 여기서 효율적이라 함은 노동에 대한 충분한 동기부여가 주어지며, 따라서 상대적으로 높은 고용률을 보인다는 것이다. 반면에 형평의 의미는 빈곤의 위험을 낮은 수준에서 머물게 할 때 활용되는 개념이다. 빈곤율과 고용률의 교차분석을 통해 다음과 같은 유의미한 결과를 도출할 수 있다.[15)] 모든 북유럽과 앵글로색슨 국가들은 고용률에서 평균 이상의 수치를 보이며, 오스트리아를 제외한 대륙유럽국 및 포르투갈을 뺀 지중해 국가에서 평균 이하의 결과가 나타났다. 따라서 한 모델의 고용보호제도가 엄격할수록 고용률이 낮아진다는 법칙을 발견할 수 있다. 반면에 실업에 대한 관대함은 부수적인 효과를 보였다. 다시 말해 고용보호법은 고용증가에 해가 되나 실업보험은 고용에 도움이 된다는 사실이다. 조세나 소득이전을 통한 재분배효과는 미미하거나 이차적인 것으로 파악되며, 오히려 인적 자원의 분배가 중요한 것으로 판명되었다. 가령 25세에서 65세 인구 중에서 고교졸업자의 비율이 북유럽의 경우 75%, 대륙유럽은 67%인 반면, 앵글로색슨 지역은 60% 그리고 지중해 국가들은 39%에 머물렀다.[16)] 이러한 통계수치는 해당 지역의 빈곤율과 정확히 맞아떨어진다는 점에서 중등교육이 제공될수록 빈곤의 위험이 낮아진다는 결론을 얻을 수 있다. 반면에 재분배 정책은 이차적·부수적 역할에 그치고 있다.

---

14) *Ibid.*, p.13.

15) Sapir, *op.cit.*(2006), pp.378~379.

16) *Ibid.*, p.379.

앞서의 <표 1>에서 효율과 형평을 조합한 네 모델의 의미는 두 변수 간의 교환 내지 대체가능성이 있는가에 달려 있다. 북유럽 모델과 지중해 모델은 변수 간의 대체가 어려운 것으로 보인다. 북유럽 지역은 효율과 형평 모두에서 우수한 상태를 보여 타 지역의 부러움을 사고 있는 실정이다. 반면에 지중해 국가들은 효율적이지도 형평적이지도 못한 모습을 보여 주고 있다. 북유럽 모델에서도 덴마크는 효율과 형평을 조합한 성공적인 국가로 평가받고 있다. 이는 유연안정(flexicurity) 모델로 알려지고 있는데 고용률에 있어 75% 그리고 빈곤율은 12%의 낮은 수준을 보여 준다. 또 다른 극단은 남유럽의 이탈리아이다. 이탈리아는 고용률에서 58%이며 빈곤율은 19%에 달하고 있다.

한편 앵글로색슨과 대륙유럽 국가들은 효율과 형평 사이에서 서로 교환이 가능한 것으로 보인다. 앵글로색슨 지역의 경우 효율적이지만 형평성이 떨어지는 사회모델을 갖고 있는 반면, 대륙유럽은 높은 수준의 형평성을 보이고 있지만 효율성은 낮게 나타나고 있다. 영국은 앵글로색슨 모델의 전형을 보여 준다. 즉 고용률이 72%로 높은 수준이지만 18%의 높은 빈곤율을 보이고 있다. 프랑스와 독일은 낮은 고용률(각각 63%, 65%)과 낮은 빈곤율(12%, 15%)의 특징을 보인다.

사피르의 모델에서 주목되는 또 다른 측면은 해당 사회모델의 지속가능성이다.[17] 효율성이 떨어지는 경우 세계화와 기술변화 및 인구노령화로 인한 공공재정의 부담 증가로 인해 지속성이 떨어지

---

17) Ibid., pp.380~381.

게 된다. 한 예로 2004년 기준으로 국내총생산 대비 공공부채의 경우 대륙유럽이 73%, 지중해 지역이 81% 수준인 반면, 앵글로색슨 지역은 36% 그리고 북유럽은 49% 수준을 보이고 있다. 따라서 형평적이지 않은 사회모델이 효율성을 담보할 수 있을 때 지속 가능하다는 잠정적 결론에 다다르게 된다.

따라서 북유럽 모델과 앵글로색슨 모델의 지속가능성이 높다고 볼 수 있지만, 대륙유럽과 지중해 사회모델은 장기적 전망을 위해 노동과 성장에 방해가 되는 요인을 제거하여 효율성을 높이는 방향으로의 개혁이 요구된다. 그러나 이러한 개혁이 형평을 훼손시킬 것이라는 선험적 가정을 필요로 하지는 않는다. 대륙유럽 모델이 북유럽형과 유사해지는 방향으로 나가고, 지중해 모델이 앵글로색슨형의 장점을 취할 수 있다. 최근 독일 경제의 회복과 프랑스 대선 결과는 앞으로의 추이를 관심 있게 지켜보도록 만들고 있다.

대륙유럽과 남유럽 모델에 개혁이 필요한 두 가지 이유가 있다. 첫째, 이들 국가에서 복지제도가 점차 비효율적인 모습을 보여 왔다. 과거의 일자리가 더 이상 보장되지 않은 현실의 빠른 변화에서 엄격한 고용보호제도에 의존한다는 것은 변화를 거부하고 현상유지에 안주하는 것이다. 그 결과 사회체제는 고용을 감소시키고 실업을 증가시키게 된다. 개혁에 둔감한 상황은 청년층과 이민자집단에게 과중한 부담을 안겨 주었다. 반면에 장년층과 노인세대는 기존의 노동시장과 관대한 조기연금제도로 인해 안정적일 수 있었다. 그러나 오늘의 평균적 유럽시민은 인구의 고령화와 낮은 고용률이 조합되어 나타날 수 있는 미래 연금혜택에 대한 불안을 느끼고 있다. 개혁이 필요한 두 번째의 이유는 산술적인 문제이다. 대륙유럽과 지중해 지역의 9개 국가들의 국내총생산의 합은 유럽연합 25개 회원국의 2/3 수준이며 12개 유로화지역의 90%를 차지하고 있다. 즉 이들 국가의 경제사회적 건강성이 유럽연합과 유로화의 안정적 기능에 결정적인 영향을 미친다는 사실이다.

Ⅳ. 유럽사회모델과 사회적 차원

유럽통합 초기 과정에서 사회적 차원(social dimension)은 중요하게 다루어지지 못하였다. 기능주의에 입각한 경제 분야의 협력이 우선과제였으며 자유방임주의에 입각하여 무역장벽을 제거하고 자원의 최적 배분에 관심을 두었다. 따라서 사회정책에 대한 문제는 심각하게 고려되지 못하였으며, 초기의 사회적 조치들은 방어적 성격을 지니고 있었다.[18]

로마조약에서 사회통합의 정의에 대한 내용이 있었다면 그것은 단일노동시장과 노동자의 자유로운 국제적 이동이다. 즉 48조에서 52조까지 언급된 내용에서 타 회원국에서 노동을 하게 될 때 불리한 여건을 제거하며, 사회보장권이 노동국을 옮겨도 지속되도록 조치하고, 노동연수에 따른 해당 국가의 부분 부담을 통해 최종적으로 노동한 국가에서 연금이 지급되도록 하는 조치들이 포함되었다. 그러나 그간 유럽사법재판소에 계류 중인 사례들을 고려해 볼 때 문서상의 자유로운 이동이 실제에 있어서는 매우 더디게 진행되었

---

18) Daly, *op.cit.*, p.468.

음을 알 수 있다.[19]

로마조약은 또한 사회 개선과 조화에 관한 내용과 관련하여 117조에서 122조까지 언급되고 있는데, 생활수준의 향상과 근로조건의 증진, 고용, 노동법과 근로조건, 직업훈련, 사회보장, 직업병의 예방, 노동위생 그리고 교섭권과 단체협상권 등에 대한 사회적 차원을 포함하고 있다. 이 밖에도 사회수준의 향상, 임금에 대한 남녀의 평등 및 유급휴가제도에 대한 내용을 담고 있다.[20]

1960년대와 1970년대를 거치면서 사회영역에 대한 유럽 차원의 획기적인 변화는 일어나지 못하였다. 1980년대에 들어와 단일의정서의 조인 이후 사회적 영역에 대한 관심이 제고되면서 사회적 공간의 개념이 도입되었으나, 이는 사회정책을 경제통합의 기능적 전제조건으로 이해하는 작업의 일환으로 진행된 것이었다. 노사 간의 사회적 대화를 강조하며 갈등을 완화하는 방안과 노력도 포함되었으나, 전체적으로 보면 많은 부분이 미결 과제로 남았다.

1989년 스트라스부르 이사회에서 채택된 노동자의 기본적 사회권을 보장하는 공동체 헌장이 마련되었지만, 선언의 형태로 남는 것이었으며, 구체성이 결여되었고 영국의 조인 거부로 의미가 반감되었다. 1992년의 마스트리히트조약에서도 사회의정서(Social Protocol)가 시도되었으나, 다시금 영국의 선택적 탈퇴 조항으로 완전한 일치를 가져오지 못하였다.

그러나 1990년대 이후 유럽연합의 공식 문헌들에서 언급되는 유럽시민권의 개념은 이론적 측면에서 유럽통합의 사회문화 영역에

---

19) 김시홍, "유럽연합 시민권과 정체성의 사회적 차원", 『유럽연구』, 제18권(2003년 겨울), p.93.
20) 이종원, "EU 사회정책 패러다임 변화와 사회적 시민권", 『유럽연구』, 제19권(2004년 여름), p.54.

대한 새로운 시각을 제시하였다. 비록 회원국의 시민권을 대체하는 '적극적 사회시민(active social citizen)'을 상정하고 있지는 못하지만, 통합과정의 진행 여부에 따라 경제와 사회 영역을 아우를 수 있는 가능성을 열어 놓은 것으로 평가받았다.

그렇다면 유럽연합의 사회적 차원과 유럽사회모델 간의 상관관계를 어떻게 설정할 수 있는가? 사회적 차원이라는 용어에서 이미 유럽통합은 소극적이면서 방어적인 태도를 견지하여 온 것으로 평가할 수 있다. 즉 이 개념이 사회통합을 향한 사회적 공간의 확장을 둘러싼 불확실성을 지적하는 것이며, 경제통합 위주에서 타 영역으로의 확장 가능성을 탐색하는 의미를 동시에 내포하고 있다.[21] 이는 다시 말해 그간의 통합과정이 경제 분야 위주로 진행되어 왔으며, '사회적 결핍(social deficit)'을 노정하여 왔음을 말해 주는 것이다.[22]

기능주의에 기초한 그간의 통합과정에서 실현 가능한 영역에 대한 협력을 우선으로 해 왔다는 논리는 충분히 이해될 수 있지만, 단일통화를 사용하고 유럽헌법을 마련하고 있는 오늘의 현실에서 더 이상 경제와 사회를 구분하여 논의하는 작업은 정당하지 않으며, 논리적으로 모순된다. 어찌 보면 그간 성공적인 통합의 과정은 이제 앞으로 전개될 상황에서 커다란 장애로 작용할 수 있겠기 때문이다. 사피르는 경제 분야에서의 초국가적 협력이라는 명분하에 다양한 사회모델을 가지고 있는 연합의 회원국들이 사회영역을 지속적으로 국가 내부의 영역이라고 주장하고 공동의 노력을 적극적으로 개진하지 않을 경우, 세계화에 따른 유럽 외부의 충격은 물론이고 유럽

---

21) 김시홍, op.cit., p.92.
22) Si Hong Kim, op.cit.(2005), p.108.

내에서도 심각한 장애를 맞이할 수 있다는 주장을 하고 있다.

그의 분석틀처럼 유럽사회모델은 하나가 아니고 복수이며 따라서 유럽사회의 다양성을 그대로 인정하는 것이 바람직한 것인가? 리스본 전략의 논리대로 공개적 협력을 통한 최상의 관행을 벤치마킹하는 것으로 근본적인 문제를 해결할 수 있는가? 최근 유럽시민들이 보여 주고 있는 유럽통합에 대한 반감 내지 소극적 자세는 부실한 경제적 성과와 이를 개선하기 위한 개혁 모두에 대해 제기되고 있다. 노동시장과 상품 · 자본시장 그리고 서비스 시장은 상호연관되어 있으며 한쪽의 개혁은 다른 쪽에 영향을 미치고 있다. 또한 유럽 차원의 상품 및 자본시장에 대한 개혁과 회원국 수준의 노동시장과 사회정책에 대한 개혁은 유럽의 미래를 위한 양 날개라고 보아야 한다. 따라서 유럽연합 차원과 회원국 차원의 개혁이 동시에 그리고 상호 연관되어 진행되지 않는다면 미국과 동아시아와의 경쟁에서 유럽의 미래를 담보할 수 없을 것이다.

결국 단일의 유럽사회모델을 상정하는 것은 유럽의 다양성을 간과하는 것이며, 이론적 · 실천적으로 보아도 무리이겠으나 사회복지제도가 가장 앞서 발달한 지역이라는 점에서 최소한의 공통분모는 설정될 수 있으며, 이러한 인식하에서 유럽 차원과 개별 회원국 차원의 노력이 병행될 때 가시적인 성과를 볼 수 있을 것이다. 그런 점에서 경직된 법규보다는 유연한 규정을 제정하는 과정을 통해 실질적인 결과를 얻을 수 있다는 리스본 전략은 여전히 유효한 것으로 보인다. 이러한 과정을 통해 유럽사회모델의 현대화가 가능할 수 있다.[23] 문제는 유럽의 정치지도자들과 시민들이 문제의식을 공유하고 새로운 발전의 모멘텀을 만들어 나갈 수 있는가에 달려 있는 것이다.

V. 결론

결국 효율성을 제고하면서 기존의 가치인 형평을 유지해 나가는 전략이 유럽사회모델의 핵심적 내용이라고 볼 수 있다. 19세기 자본주의의 발달과정에서 나타난 '노동의 문제', 그리고 20세기를 내내 풍미했던 '자유와 평등의 변증법'은 형태를 달리하고 있지만 오늘의 21세기 유럽사회에서도 여전히 모든 주제를 관통하는 핵심 과제이다. 복지 의존적 문화를 가지고 있는 유럽인들에게 세계화와 신자유주의 그리고 유연성의 요구는 분명 고통스러운 것이다. 또한 노동시장과 사회정책을 개선하는 과정에서 적지 않은 마찰도 예상되고 있다. 그러나 성장을 통한 고용의 창출과 고용을 통한 빈곤의 개선은 여전히 유효하며, 장기적인 형평을 보장할 수 있는 비법 아닌 비법이다.

오늘날 세계화의 물결을 거스를 수 있는 세계 지역은 존재하지 않는다. 몰가치의 신자유주의적인 세계화와 반세계화(anti-global) 모두 미래의 대안이 될 수 없다. 유럽사회는 복지국가 시대에 전체 시민의 2/3가 중산층화하는 번영을 구가하였다. 1980년대 이후의 사회변화는 20대80 사회로 유럽인들을 내몰고 있다. 1960년대 이후 구조화된 장기적인 청년실업과 최근 '천유로 세대'[24]의 등장은 유럽의 미래를 암울하게 만들고 있다. 일부에서는 사회적 이상으로

---

23) N. Adnett & S. Hardy, *The European Social Model, Modernization or Evolution?* (Edward Elgar: Cheltenham, 2005), p.212.

24) 천유로 세대는 유럽에서 확실한 일자리와 안정된 수입이 없이 비정규 인생을 사는 사람들이 1,000유로, 즉 월 100만 원 조금 넘는 소득을 가지고 집세는 물론, 각종 세금과 생활비까지 부담하며 치열하게 살아가는 젊은이들을 가리키는 신조어다.

서 정치통합을 배제해 온 유럽연합이 반세기의 통합을 통해 경제 분야에서의 괄목할 만한 성과를 가져왔지만 이제부터 진정한 의미에서의 통합 실험이 본격화하고 있다는 의견을 제시하고 있다. 연합의 확대는 사회통합의 가능성에 어두움을 드리우고 있다는 지적도 있다. 한편으로 유럽통합의 초기 회원국들이 대륙유럽형 사회복지제도를 공유하고 있었으므로 사회통합의 기회를 방기하였다는 비판도 있었다.[25]

유럽사회모델은 사회적으로 책임 있는 시장경제를 통해 경제와 사회 영역을 연계하는 작업이다. 이 모델은 경쟁과 연대 및 사회정의와 결합되며 사회적 응집(social cohesion)을 강화하는 방향으로 경제성장을 추구하고 있다.[26] 즉 교육 분야, 건강의료 및 사회보장의 지출을 통해 이들 영역이 생산적 투자화하는 논리를 전개한다. 구체적으로 유럽사회의 인구 변화를 위협요인으로만 보지 말고 노인인구의 활용이나 청년층의 변화를 통해 성장을 추구하는 전략이다.

유럽인들이 맞이하고 있는 새로운 도전은 사회 분야의 개혁을 통해 성장이 가능하며, 성장을 통해 안정적인 복지를 구가할 수 있을 것이라는 점이다. 그러나 최근 유럽경제의 성장세로 인해 추가적인 개혁에 소극적인 태도를 보인다면 장기적 발전을 보장하기 어려울 것이다. 최근 포르투갈과 그리스 사태를 통한 유럽의 현실은 필요한 개혁조치를 선택하는 것이 얼마나 지난한 일인가를 극명하게 보여

---

25) F. W. Scharpf, "The European Social Model: Coping with the Challenges of Diversity", *Journal of Common Market Studies*, Vol.40, No.4(2002), p.646.

26) D. Jarré & W. Schmid, "The future of the European Social Model. Considerations and challenges", July 2005, p.10.
http://icsw.org/regions/regions-europe/fields/Strategy%20Paper%20contents.pdf(2007년 5월 17일 검색)

주고 있다. 유럽의 지도자들에게 쉽지 않은 정치적 선택이 되겠지만, 햇볕이 있을 때 시도하는 개혁이 침체기에 비해 효과적이라는 점을 상기하여야 한다. 또한 이 문제의 해결은 개별 회원국이나 유럽연합 차원 단독으로 달성할 수 있는 것이 아니며, 유럽연합 차원과 회원국 내부에서 다층적 통치(multi-level governance)와 유럽화(Europeanization)의 과정을 통해 해결할 수 있을 것으로 기대된다.

참고문헌

김시홍. "유럽연합 시민권과 정체성의 사회적 차원". 『유럽연구』. 제 18권(2003년 겨울), pp.89~109.

이종원. "EU 사회정책 패러다임 변화와 사회적 시민권". 『유럽연구』. 제19권(2004년 여름), pp.51~72.

한국유럽학회 유럽연합 학술용어사전 편찬위원회. 『유럽연합(EU) 학 술용어사전』(서울: 높이깊이, 2007).

Adnett, N. & S. Hardy. *The European Social Model. Modernization or Evolution?* Cheltenham,: Edward Elgar, 2005.

Barysch, Katinka. "East versus West? The European economic and social model after enlargement".
http://www.cer.org.uk/pdf/essay_social_model_barysch_oct05.pdf(2007년 5월 10일 검색)

Boeri, T. "Let Social Policy Models Compete and Europe Will Win". Paper Presented at the Conference held by John F. Kennedy School of Government. Harvard University. April. 11~12, 2002. http://www.ksg.harvard.edu/m-rcbg/Conferences/us-eu_relations/boe ri_us_european_trends.pdf(2007년 5월 18일 검색)

Daly, M. "EU Social Policy after Lisbon". *Journal of Common Market Studies*. Vol.44. No.3(2006), pp.461~481.

Esping-Anderson, G. *The Three Worlds of Welfare Capitalism*. NJ: Princeton Univ. Press, 1990.

Jarré, D. & W. Schmid. "The future of the European Social Model. Considerations and challenges". http://icsw.org/regions/regions-europe/fields/Strategy%20Paper%20contents.pdf(2007년 5월 17일 검색)

Kim Si-Hong. "EU Constitution and a Social Europe". 『유럽연구』. 제22권(2005년 겨울), pp.107~121.

Kleinman, M. *A European Welfare State? European Social Policy in Context*. Palgrave: Houndmills, 2002.

Sapir, A. "Globalization and the Reform of European Social Models". *Journal of Common Market Studies*. Vol.44. No.2(2006), pp.369~390.

Sapir, A. et al. "An Agenda for a Growing Europe. Making the EU System Deliver". http://www.euractiv.com/ndbtext/innovation/sapirreport.pdf(2007년 5월 16일 검색)

Scharpf, F. W. "The European Social Model: Coping with the Challenges of Diversity". *Journal of Common Market Studies*. Vol.40. No.4(2002), pp.645~670.

제4장 다문화의 도전과 사회통합:

영국, 프랑스, 미국 비교연구[1]

김남국

고려대학교 정치외교학과 교수

I. 서론: 다문화의 도전과 사회통합

오늘날 세계를 휩쓰는 지구화의 물결은 이념과 계급에서 비롯되는 전통적인 균열구조를 대체할 새로운 갈등을 불러 오고 있다. 이른바 인종과 종교, 그리고 문화에 근거한 새로운 소수자의 등장은 개별 국민국가 내부의 국민적 단일성을 위협하는 여러 유형의 갈등을 가져온다. 하나의 정치공동체가 서로 다른 인종과 종교, 지역에 근거한 이질적인 문화의 도전에 직면하였을 때, 가장 중요한 문제는 어떻게 민주주의에 필요한 사회적 연대와 정치적 대표의 문제를 해결하면서 다수와 소수가 함께 합의할 수 있는 사회구성의 원리를 모색해 나가는가이다.[2] 서구세계는 지난 200여 년의 국민국

---

1) 이 장은 2007년도 한국연구재단의 지원(KRF-2007-327-B00004)을 받아 연구하여 『유럽연구』 28권 3호(2010)에 게재되었던 논문을 일부 수정하여 재수록한 것이다.

가 경험이 보여주듯이 민족을 바탕으로 한 동질적인 문화와 역사적 경험의 공유를 통해 대내적인 사회통합과 정치적 정당성의 확보에 성공해 왔다. 그러나 20세기말의 자유주의의 승리는 자본과 노동의 세계화에 따른 불가피한 이주노동자와 난민의 발생, 그리고 인종과 문화의 이동을 함께 가져왔다. 오늘날 국민국가의 경계를 중심으로 그 안팎에서 벌어지는 이질적인 문화의 충돌은 이미 해결된 것으로 보이던 사회통합과 정치적 정당성의 문제를 다시금 사회의 전면에 제기하고 있다.[3]

이 장에서는 유럽의 전통적인 국민 국가인 프랑스와 영국, 그리고 이민의 역사로 이루어진 미국 등 세 나라의 사례를 통해 이질적인 문화의 도전에 대응하는 각국의 서로 다른 정책들이 어떤 원칙에 근거해 있으며, 그 원칙들이 규범이론의 입장에서 어떻게 정당화 될 수 있는가를 살펴 보고자 한다. 이 세 나라는 다음 절의 연구 분석틀에서 볼 수 있듯이 국민국가 형성과정에서 보여준 시민권 형성의 전통과 사회 통합의 방법이라는 두 요소를 교차시켜 도출해 낸 각 유형의 대표적인 국가들이다. 이들 나라들은 새로운 문화의 유입에 따라 점점 다양해 지는 소수집단과 다수집단 사이의 사회적 갈등을 어떻게 조정하느냐는 과제를 안고 있다. 이 문제는 다시 첫째, 어떤 원칙에 근거해 다수와 소수를 포용함으로써 사회적 연대를 증진시키고, 둘째, 동시에 대표의 문제를 공정하게 해소함으로써 민주주의를 발전시켜 나가느냐는 두 가지 과제로 요약될

---

2) 김남국, "심의 다문화주의: 문화적 권리와 문화적 생존." 『한국정치학회보』 39집1호 (2005), pp. 100-101; Kim, Nam-Kook, "Consensus Democracy as an Alternative Model in Korean Politics," Korea Journal, Vo. 48, No. 4 (2008), pp. 185-192.

3) 김남국, "심의 다문화주의," pp. 87-88.

수 있다. 영국과 프랑스, 그리고 미국은 문화적 생존과 사회적 인정의 문제를 둘러싸고 벌어지는 이와 같은 갈등을 해결하려는 노력에서 매우 상이한 접근을 보여준다. 예컨대, 헤드스카프 착용을 둘러싼 논쟁에서 프랑스의 대응이나,[4] 살만 루시디의 책 판매금지를 둘러싼 영국의 대응,[5] 그리고 적극적 차별시정 정책이나 공립학교에서의 기도문제를 둘러싼 미국의 대응은[6] 각각 그 나라의 다문화주의 정책을 다루는 원칙들이 상이함을 보여주는 좋은 예들이다.

이러한 사례들에 대한 분석은 다양한 시각에서 이루어 질 수 있지만 이 장에서는 특히 각국의 다문화 정책의 형성 배경에 고유하게 자리 잡고 있는 정치사상의 전통에 주목하여, 프랑스의 사례를 공화주의 가치에의 흡수와 동화(republican civic assimilation)로, 미국의 경우를 자유방임주의적 선의의 묵인(libertarian benign neglect)으로, 그리고 영국의 예를 자유주의적 심의 다문화주의(liberal deliberative multiculturalism)로 이름 붙여 설명하고자 한다.[7] 지금까지 서구사회의 다문화 정책과 사회통합 정책 연구에서 공공정책의 일반적인 비교와 그 정책의 정당성에 대한 사상적인 해석을결합시킨 시도는

---

4) 박단, 『프랑스의 문화전쟁』 (서울: 책세상, 2005), John Bowen, *Why the French Don' t Like Headscarves: Islam, the State, and the Public Sphere* (Princeton: Princeton University Press, 2007).

5) Tarique Modood, "British Asian Muslims and the Rushdie Affair," Political Quarterly, Vol. 61, No. 2 (1990), pp. 143–160; Bhikhu Parekh, "The Rushdie Affair: Research Agenda for Political Philosophy," Political Studies, Vol. 38, No. 4 (1990), pp. 695–709.

6) Terry Anderson, *The Pursuit of Fairness: A History of Affirmative Action* (Oxford: Oxford University, 2004).

7) 미국의 현실을 'benign neglect' 라는 개념으로 설명한 학자는 Nathan Glazer로서 1975년에 그의 책 *Affirmative Discrimination: Ethnic Inequality and Public Policy* (Cambridge: Harvard University Press, 1975)에서 처음 사용한 것으로 알려져 있다. 영국을 설명하는 심의 다문화주의라는 개념은 필자의 박사학위논문 및 일반 논문(김남국 2004, 2005, Kim 2011)과 책(Nam-Kook Kim, 2011)에서 처음 사용 되었다. 프랑스를 설명하는 공화주의적 흡수동화는 Brubaker(1992) 등이 대표적으로 썼지만 워낙 일반적인 개념이라서 배타적인 저작권을 주장하기 쉽지 않다.

많지 않았다. 다문화 정책에 대한 정치사상적인 접근은 정책을 둘러싼 공공영역에서의 아이디어와 담론들이 어떻게 정책결정자들의 선택의 범위를 규정짓고, 사회적 합의의 공간을 제약함으로써 특정 정책결과를 가능하게 만드는 구조적인 틀로써 작용하는가를 보여준다. 다시 말하자면, 다문화주의 정책에 대한 사상적인 접근은 각국이 자신들의 정책을 정당화하는 이론적인 기반을 규명하고, 그 논리의 강점과 약점을 추적함으로써 각국의 정책에 대해 보다 근본적인 이해를 가능하게 하는 것이다.

그러나 정책과 사건에 대해 정치인이나 학자, 언론 등이 보여주는 공공영역에서의 담론은 사건을 더 생생하게 이해할 수 있게 해주고 사건의 주체로서 인간의 지위를 분명하게 해주는 장점이 있지만, 주관성에 대한 천착은 항상 선입견과 왜곡의 가능성을 안고 있다. 따라서, 필자는 사건이나 논쟁에서 서로 반대되는 주요 의견을 동시에 고려함으로써 각각의 의견에 대해 객관적인 위치를 부여하고, 이를 통해 전체적인 사건과 논쟁의 개요를 파악할 수 있도록 노력한다. 즉, 각국의 다문화 정책의 역사에서 주요 사건이나 논쟁, 인권법과 이민법, 국적법의 개정을 둘러싼 논쟁, 소수집단의 문화적 권리에 대한 인정 여부를 둘러싼 논쟁 등을 통해 각국의 정책들이 일관되게 갖는 원칙들을 찾아내고, 이를 사상적 맥락에서 해석하여 그 원칙들이 어떻게 이론적으로 정당화 될 수 있는지, 그 과정에서 어떤 장점과 한계를 갖는지 궁극적으로 고찰하고자 한다.

구조로서 전통이 갖는 규정력과 행위자로서 정책결정자의 자율적인 판단을 동시에 고려하는 일반적인 비교의 틀을 통해 다문화 사회로의 이행과정을 분석하고 그 정당성을 정치사상적으로 추적하는 일은 흥미로운 작업이다. 이 장의 2절과 3절에서는 소기의 연구목적을 달성하기 위한 3국 비교의 틀을 어떻게 만들 수 있는가에 초점을 맞춰 시론적인 논의를 진행한다. 다문화주의 이행의 3단계 모델이나 다문화 정책을 결정하는 구조와 수준별 행위자, 시민권의 전통과 사회통합을 변수로 본 각국의 다문화주의 지형 등이 필자가 제시하는 이론 틀이고, 4절에서는 이 틀에 근거하여 영국, 프랑스, 미국 세 나라를 비교한 기초적인 연구결과를 소개하기로 한다.

Ⅱ. 세 나라 비교연구를 위한 기초적인 분석 틀

다문화주의는 동질적인 전통적 국민국가가 다양한 소수의 등장과 함께 다원화되어 가는 과정을 가리키는 서술적 의미로 쓰이기도 하고, 현대사회에서 사회적 소수의 정체성을 존중하는 문제가 중요하다는 점을 인정하면서 공공영역에서 이들의 지위를 보호하기 위한 각종 차별시정 정책의 시행을 지지하는 규범적 의미로 쓰이기도 한다.[8] 또한 규범적 의미로 다문화주의를 사용할 때 다문화 공존과 다문화주의를 구분하기도 한다. 다문화 공존은 규범적인 원칙의 유무보다는 공존의 양상에 초점을 맞춰 낮은 수준의 다문화 이행단계를 논의할 때 주로 쓰인다. 이 분류에 따르면 오늘날 지구화의 세례를 받고 있는 거의 모든 국민국가는 서술적인 의미에서 다문화사회로 이행하고 있다고 말할 수 있다. 다문화주의가 서로

---

8) 김남국, "한국에서 다문화주의 논의의 수용과 전개," 『경제와 사회』제 80호 (2008), pp. 344-346.

다른 문화집단이 각자의 문화가 갖는 가치와 원칙을 존중하면서 평화롭게 공존하는 것을 이상으로 생각한다면 이 단계에서 한발자국 더 나아간 융합에 초점을 맞추는 혼종(hybrid)에 관한 논의도 있다. 혼종은 서로 다른 두 문화가 만나 제3의 새로운 문화를 만들어내는 것을 뜻한다. 혼종의 논의에서는 혼종화의 결과 생겨나는 창조성이 긍정적인 점으로 평가되는 반면 문화집단 사이의 불평등한 권력관계가 혼종의 이면에서 여전히 관철되고 있을 수 있다는 부정적인 평가가 있다. 9)이런 점에서 서로 다른 문화집단이 일정한 규범적 원칙을 중심으로 평등하게 공존하는 다문화주의 논의는 여전히 의미를 갖고 있다.10)

오늘날 서구사회에서는 문화적 소수가 자신들의 인종, 문화, 종교적 차이를 공공영역에서 인정받기 위해 전투적으로 투쟁하고 있고 극우집단은 유럽고유의 전통문화를 지킬 권리를 주장하며 반이민, 반 다문화적 선전을 통해 선거에서 승리함으로써 지방정부의 공식적인 의사결정 과정에참여하고 있다.11)

최근 서구에서 일어나는 대규모 소요사태는 대부분 문화적 갈등을 중심으로 일어난다. 문화적 갈등이 발생할 때 각국 정부는 그

---

9) Nestro Canclini, *Hybrid Cultures: Strategies for Entering and Leaving Modernity* (Minnesota: Minnesota University Press, 1995); Robert Young, *Colonial Desire: Hybridity in Theory, Culture, and Race* (London: Routledge, 1995); Homi Bhabha, *The Location of Culture* (London: Routledge, 2004); 하이브리드컬처연구소 편, 『하이브리드컬처』 (서울: 커뮤니케이션북스, 2008).

10) Will Kymlicka, *Multicultural Odyssey* (Oxford: Oxford Press, 2007); Bhikhu Parekh, *Rethinking Multiculturalism* (Cambridge: Harvard University Press, 2000); Sheila Benhabib, *The Claim of Culture* (Princeton: Princeton University Press, 2002).

11) Piero Ignazi, *Extreme Right Parties in Western Europe* (Oxford: Oxford University Press, 2006).

사회에서 역사적으로 형성된 나름의 원칙을 갖고 문화적 소수의 주장에 대응하거나 다수와 소수 사이의갈등에 개입한다. 그러나 민족적 소수집단(national minority)과 문화인종적 소수집단(ethnic minority), 그리고 원주민(indigenous people) 등으로 나누어지는 다양한 소수집단의 서로 다른 요구는 사회통합의 문제에 대한 국가의 대응을 어렵게 만든다.[12)]

다수와 소수가 합의할 수 있는 어떤 원칙에 근거해 사회통합을 이뤄 내느냐 여부는 하나의 정치공동체를 유지하는데 핵심적인 문제이다. 이 문제는 단순히 소수의 권리를 보장해야 한다는 규범적인 차원의 투쟁이나 다수의 권리가 관철되어야 한다는 기득권의 보호 차원을넘어선다. 인간의 존엄성과 개별성을 고양시켜 인권 담론을 보편적인 수준으로 끌어올린 근대 국민국가는 사회적연대와 정치적 정당성의 문제를 해결했기 때문에 역사발전에 긍정적인 기여가 가능했다. 즉, 민주주의는 다수와 소수를 묶어 주는 사회적 연대를 전제해야 하고 이 연대를 바탕으로 정치적 정당성의 문제를 해결해야 한다. 이러한 차원에서 보자면 근대 국민국가는 민족을 중심으로 안과 밖을 구분하는 경계를 뚜렷하게 만듦으로써 연대와 대표의 문제를 동시에 해결했다고 볼 수 있다. 그러나 통합과 정당성의 긍정적 기여보다 배제와 차별의 의미가 더 강하게 드러나면서 국민국가의 경계는부정적인 평가를 받기 시작한다.

이 장에서 살펴보고자 하는 영국, 프랑스, 미국 등 세 나라는 <그림 1>에서 보듯이 각국이 채택하고 있는 시민권 형성의 전통

---

12) Will Kymlicka and Baogang He, *Multiculturalism in Asia* (Oxford: Oxford University Press, 2005).

과 사회통합의 형태를 교차시켜 유형을 만든 다음, 각 유형에 속하는 대표적인 국가를 선정한 것이다. 시민권을 부여하는 전통은 영토를 기준으로 하는 속지주의(jus soli)와 부모의 국적여부를 기준으로 하는 혈통주의(jus sanguineness)로 나눌 수 있고, 통합의 유형은 차별적 배제와 적극적인 다문화주의로 나눌 수 있다. 속지주의와 다문화주의, 혈통주의와 차별적 배제는 서로 선택적 친화력을 갖는다. 두 흐름의 중간에 최근 각국에서 중요하게 등장하기 시작하는 거주지주의와 동화 정책을 추가하였다.

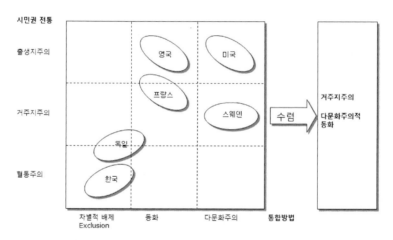

출처: 설동훈 (2000), Castles and Miller (2003), Kim (2009)

〈그림 1〉 시민권 형성 전통과 사회통합 유형을 통해 본 각국의 다문화주의

시민권 형성의 전통에서 한국과 독일은 속인주의 또는 혈연주의를 기반으로 정책을 수립하고 사회통합 전략에서 상대적으로 차별과 배제의 경향을 보여 왔다. 그러나 한국의 정책들은 최근들어 과

거보다 다문화주의를 지지하는 쪽으로 이동하고 있고 독일 역시 마찬가지의 변화를 보여 주고 있다. 영국과 프랑스는 속지주의 전통을 존중하면서 전통적인 문화로의 동화 모델에 가까운 모습을 보여 왔다. 그러나 최근에는 무조건적인 속지주의 전통에서 벗어나 시민권 부여에 따르는 제한 규정을 늘리고 있는 추세이고, 통합의 방법을 둘러싸고도 영국이 상대적으로 다문화주의에 가까운 모습을 보인다면 프랑스는 동화 쪽으로 이동하는 모습을 보여주고 있다. 미국과 스웨덴은 속지주의와 다문화주의를 표방하는 대표적인 나라들이다. 그러나 이들 나라들도 9/11테러 이후에는 적극적인 속지주의와 다문화주의 유형에서 조금씩 후퇴하는 양상을 보인다. 그림에서 타원형의 위치는 이러한 수렴의 경향을 나타낸 것이고 각 유형에 속한 2개의 국가 중 위쪽에 있는 나라는 상대적으로 사회중심의 전통을 가진 나라들, 아래쪽은 국가중심의 전통을 보여주는 나라들이다.

<그림 1>의 오른쪽에 표시된 긴네모는 각국에서 최근 보여지는 점진적인 변화의 내용을 거주지주의와 다문화적 동화라는 수렴 현상으로 정리한 것이다. 즉 혈통주의 또는 속인주의 전통을 가진 나라들은 점점 과거의 폐쇄적인 전통으로부터 벗어나 일정기간이 지난 체류자에게 시민권을 부여하는 거주지주의를 따르는 모습을 보이고 있고, 출생지주의 또는 속지주의 전통의 나라들 역시 과거의 개방적인 태도보다는 점점 더 규제적인 입법을 통해 거주지주의로 이동하는 모습을 보인다. 사회통합의 방법에서도 차별적 배제를 강조했던 국가는 동화로 이동하고 있고 적극적인 다문화주의를 추진했던 나라 역시 동화의 방향으로 상대적인 후퇴를 보이고 있

다. 다문화주의적 동화란 시민통합과 차별금지를 통해 소수집단을 배려하지만 궁극적으로 동화를 강조하는 방향으로 이론과 담론, 정책측면에서 변화하고 있는 서구사회의 최근 경향을 표현한 것이다[13].

<그림 2>는 세 나라의 다문화주의가 서로 다른 양상을 보이는 원인을 비교 분석하기 위해 정책방향과 강도에 영향을 미치는 구조적 요인과 수준별 행위자를 종합하여 생각해 낸 분석틀이다. 보통 다문화주의 발전에 가장 큰 영향을 미치는 요소는 사회적 소수가 문화적 권리를 요구하는 강도와 이 요구를 받아들일 것인가를 놓고 보여 주는 정부의 태도라고 말한다. 그러나 이 두 요소는 가장 직접적인 변수들임에도 불구하고 각국의 정책 방향을 완벽하게 설명하지는 못한다. 개별 국가의 다문화주의 채택 여부와 그 방향을 종합적으로 설명하기 위해서는 사회적 소수와 정부라는 대표적인 행위자를 고려해야 하지만 동시에 역사 문화적으로 형성된 사회의 구조적인 요인도 고찰되어야 한다. 구조적 요인 가운데 가장 중요한 것은 지구화의 조류가운데 해당 국가가 어느 지점에 위치하고 있느냐는 것이다. 예컨대, 세계적인 자본의 흐름과 국제적인 분업 및 노동력 공급의 사슬 속에서 어떤 국가는 노동 수입국일 수 있고, 어떤 국가는 노동 송출국일 수 있으며, 어떤 국가는 자본 유입국이고 어떤 국가는 자본 수출국일 수 있다. 여기에 덧붙여 그 나라의 경제상황과 인종 및 종교구성도 중요한 구조적 요인이 된다. 이 모든 상황들이 개별 국가의 다문화 정책을 규정짓는 역사적,

---

13) 이 절에서 제시하는 〈그림 1〉과 〈그림 2〉는 영문으로 발표한 필자의 2009년 논문(Kim 2009)에서 한국을 분석하기 위해 사용한 바 있다. 이 그림들은 다문화 사회를분석하기 위한 기초적인 틀로서 서구 국가를 설명하는데도 유용할 수 있다고 생각한다. 그림을 약간 수정했고 분석틀을 설명하는 내용은 대폭 수정 보완했다.

문화적 전통을 구성하고, 이 전통 가운데서 사회문제를 해결하기 위해 해당 국가가 그 동안 보여 왔던 국가 개입의 범위와 정도 역시 중요한 구조적 변수가 된다.

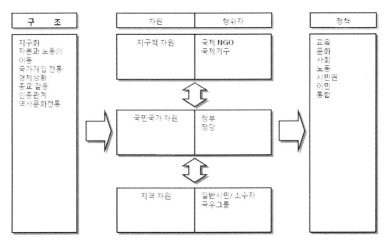

자료: Nam-Kook Kim, "Multicultural Challenges in Korea" (2009)

〈그림 2〉 다문화주의 정책방향을 결정하는 구조와 수준별 행위자 요소들

행위자의 선택은 이러한 구조적 요인의 바탕 위에서 이루어진다. 구조는 행위자의 선택을 제한하고, 행위자의 전략에 따라 구조 역시 장기적으로변화 한다. 행위자는 다시 지역과 국가, 국제라는 세 수준으로 나누어 볼 수 있다. 다문화 현상을 둘러싼 갈등과 화합은 지역수준에서 가장 첨예하게 드러난다. 날마다의 생활이 이루어지는 이웃에서 이민자 그룹과 극우세력은 충돌하거나 화해하고 일반 시민들의 지지를 얻기 위해 전력투구한다. NGO단체로 조직된 시

민들은 이 상황에서 적극적으로 개입하지만 대다수의 일반시민들은 폭력적인 갈등의 표출에 이르지 않는 한 소극적인 태도로 지켜본다. 그러나 일반시민의 태도는 궁극적으로 사회적 소수의 요구를 받아들인 것인지, 받아들인다면 어떤 방식으로 어느 선까지 받아들인 것인지를 결정하는데 가장 큰 영향을 미치는 변수가 된다.

지역수준에서 다양한 행위자들의 활동은 국가수준에서 정당에 의해 대표되고 정부의 정책결정과정에서 최종적인 내용을 갖는 다문화주의 정책으로 나타난다. 물론 정부 내부에서도 각 부처간 입장 차이에 따른 갈등과 경쟁이 있기 때문에 국가의 대응이 단일한 입장으로부터 유래한 것이라고 볼 수는 없다. 국가 수준의 정책결정도 지역과 국가 수준의 상호관계에서 끝나는 것이 아니라 국제수준에서 국제기구와 국제NGO의 감시와 견제를 받는 가운데 이루어진다. 국제인권단체들은 개별국가의 인권상황에 대해 통계와 사례를 통해 모니터하고 그 결과를 공개함으로써 끊임없이 다문화 정책의 방향 결정에 압력을 행사한다. 국제기구들 역시 개별국가가 지켜야 할 국제적 기준을 제시하고 그 이행을 감시함으로써 다문화 정책 방향에 영향을 미친다. 이처럼 지역과 국가, 국제 수준에서 이루어지는 행위자의 활동과 선택에 대해 역동적으로 고찰하고, 이를 규정짓는 구조에 대한 고찰이 동시에 진행되어야 각국의 다문화주의 현실에 대한 종합적인 이해와 서로 다른 정책방향에 대한 비교분석이 가능해 진다. 이 장에서는 이와 같이 복합적인 다문화정책의 결정 요소들이 존재한다는 점을 전제하고 그 가운데 사회적 구조 차원에서 국가개입의 전통과 역사적 배경, 행위자 차원에서 사회적 소수의 요구와 정부의 대응, 그리고 정책 분야에서 특별히 사회통합 정책에 초점을 맞춰서 논의를 진행한다.

Ⅲ. 세 나라 비교연구를 위한 이론적 시각

구조와 행위자의 상호작용 속에 형성된 각국의 다문화주의가 어떤 발전의 단계에 속하는 지 하나의 비교 기준을 통해 분석할 수 있을까? 다문화주의 발전 단계를 비교 분석하는 틀은 다문화주의에 관한 논의 가운데 가장 덜 주목 받고 있는 분야이다. 아마도 욥케(2004)가 제시한 공식적 다문화주의(official multiculturalism)와 실질적 다문화주의(de facto multiculturalism), 밴팅과 킴리카(2006)가 제시하는 문화적 권리의 세가지 다른 종류와 그 내용들, 설동훈(2000)이나 캐슬과 밀러(2003)가 제시하는 시민권 전통과 통합 방식에 따른 다문화국가 분류 정도가 체계적으로 다문화주의의 이행 모습과 내용을 구분하는 분석틀일 것이다. 욥케는 국가가 공식적으로 다문화주의를 표명한 호주, 뉴질랜드, 캐나다 등을 공식적 다문화주의 국가로, 기타 서유럽의 국가들을 국가의 공식적인 표명 없이 수동적으로 사실상 다문화주의 정책을 시행하고 있는 실질적 다문화주의 국가로 본다. 킴리카는 문화적 권리를 문화인종적 소수(ethnic minority)의 다문화의 권리, 민족적 소수(national minority)의 대표의 권리, 원주민(indigenous people)의 자치의 권리 등으로 나눈 바 있다. 설동훈과 캐슬, 밀러 등은 앞 절에서 필자가 수정 제시한 것처럼 시민권의 전통과 사회통합의 방식을 조합하여 각국의 현재 위치를 파악하는 모형을 제안했다. 필자는 여기에서 다문화주의 발전의 단계를 비교 분석할 수 있는 하나의 틀로서 첫째, 관용의 단계, 둘째, 비차별의 제도화 단계, 셋째, 본격적인 다문화주의 단계로 이루어진 다문화 이행의 3단계 모델을 제시하고 이를 통해 영국과 프랑스, 미국 등3개국의 다문화주의 발전단계를 비교 설명하고자 한다. 각국의 설명을 통해 보여지겠지만 이 세 단계가 반드시 순차적으로 나타나거나 배타적으로 진행되는 것은 아니다.[14)]

<그림 3>에서 필자가 생각하는 첫번째 관용의 단계는 다문화 사회로의 이행에 직면한 대부분의 사회가 보여주는 첫 단계의 대응이다. 관용은 나와 다른 문화가 공존할 수 있는 능력을 의미하는 개념으로서 다문화 사회의 중요한 덕목이다. 관용은 미디어의 역할과 교육 및 사회화 과정을 통해 향상될 수 있다. 그러나 본질적으로 관용은 다수가 소수의 다름을 사회의 평화를 위해 너그러운 마음으로 참아 주는 것을 뜻하는 사적 영역의 덕목이다. 즉, 다수 중심의 평화가 깨지지 않는 한 참아 준다는 의미에서 관용은 중요한 덕목이지만, 그와 같은 인내는 다수의 필요와 판단에 따라 언제든지 자의적으로 멈출 수 있다는 한계를 갖고 있다. 개인적 덕목으로서 관용은 근본적으로 사회적 다수와 소수 사이의 권력관계가 해체되거나 역전되지 않은 상황을 전제하고 있다. 또한 공적 영역에서 법에 의해 강제할 수 없고 처벌이 불가능하다. 이런 한계에도

---

14) 다문화 이행의 3단계 발전모델은 필자가 2006년 발표한 글(김남국 2006)에서 영국과 프랑스 등 서구 나라들을 비교분석하기 위해 먼저 생각해 냈고 당시에는 도표가 아닌 설명의 형태로 간단하게 제시했었다. 이후 라즈, 킴리카, 블라히 등의 논의를 참고하여 더 구체적인 내용을 담은 틀로 만들어 한국을 분석한 필자의 논문(Kim 2009)에서 현재 상태의 <그림 3>처럼 만들어 사용한 바 있다. 본문의 각 단계에 대한 설명은 필자의 영어논문과 일정 부분 중복된다. 필자는 이 발전모델이 모든 것을 다 포괄하여 설명할 수 는 없지만 한국뿐 아니라 서구국가들을 비교 분석하는데 하나의 기준을 제시할 수 있다고 생각한다.

불구하고 관용은 다문화 이행의 모든 단계에서 필수적인 덕목임에
틀림없다.

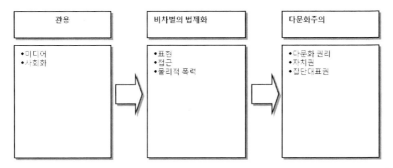

자료: Raz (1994), Kymlicka (1995), Bleich (2003), Kim (2009)

〈그림 3〉 다문화 이행의 3단계 모델

두 번째 단계는 비차별의 법제화이다. 이 단계는 개인적 덕목인
관용에 의존하던 대응에서 한발자국 더나아가 불법과 처벌의 구체
적인 지침을 법을 통해 제도화 함으로써 강제력을 높인 것이다. 다
수에 의한 소수의 차별은 때로는 인종혐오를 드러내는 말이나 전
단, 인터넷 등에 쓰여진 표현(expressive)의 형태로, 또는 특정 자격
시험이나 취직, 가게, 집을 구하는 일 등에서 접근(access)을 방해하
는 형태의 차별로, 더욱 심하게는 소수자에게 인종차별적인 동기에
서 직접 폭력을 행사하는 물리적(physical)인 형태로 나타나기도 한
다. 이러한 차별의 양상을 구체적으로 법제화하여 가중 처벌하는
것은 임의적 덕목이었던 관용보다 한 단계 더 진전된 다문화의 도
전에 대한 사회의 대응이다. 그러나 아직 이 단계까지도 사회적 다
수와 소수 사이의 권력관계는 역전되거나 해체되지 않는다. 법제화

역시 소수의 투쟁에서 시작하지만 다수의 동의와 묵인을 전제로 해야 가능하기 때문이다.

세 번째 단계는 본격적인 다문화주의 단계로서 비차별의 법제화 단계에서 한발자국 더 나아가 정책적으로 문화적 권리를 지원하는 단계이다. 다문화주의는 단순히 단일문화에서 다양한 문화로 변화해 가는 사회의 현상을 가리키는 가치중립적 용어로 쓰일 수도 있고, 소수의 권리를 적극적으로 보호해야 한다는 규범적 의미로 쓰일 수도 있다. 후자의 입장에서 보면, 다문화주의란 사회적 소수집단의 정체성과 문화적 이해를 공공영역에서 적극적으로 인정하려는 정책으로 정의할 수 있다. 경제나 복지차원의 재분배보다는 문화적 권리와 문화적 생존의 공식적 인정을 중요하게 생각하는 이러한 접근에서는 사회적 소수의 보호를 위해 예외적인 소수집단 우대 정책을 만드는 일, 소수집단의 문화적 표현을 공공영역에서 인정하는 일, 중앙정부나 지방정부 차원에서 집단 대표나 집단적 자치의 권리를 허용하는 일 등이 사회통합을 위해 중요한 문제가 된다. 이 단계는 다수중심으로 설정된 힘관계의 근본적인 변화를 수반해야 한다는 점에서 주류사회의 기존 제도와 법의 틀 안에서 큰 양보 없이 실현 가능했던 관용 및 비차별의 밥제화 단계와 구별된다. 구체적인 다문화 정책의 내용들은 킴리카의 제안처럼 민족적 소수, 문화인종적 소수, 그리고 원주민에 따라 각각 집단대표의 권리, 다문화의 권리, 그리고 자치의 권리 등 다른 종류의 권리를 생각할 수 있다.[15]

---

15) 세가지 권리의 구체적인 내용들은 밴팅과 킴리카가 편집한 다음의 책에서 찾아 볼 수 있다. Keith Banting and Will Kymlicka eds., *Multiculturalism and Welfare State* (Oxford: Oxford

다문화사회로의 진입은 새로운 구성원과 기존의 시민들이 함께 동의할 수 있는 사회통합의 원칙에 대한 이론 작업을 필요로 한다. 즉 점차 다원화되는 사회에서 사회적 다수와 사회적 소수, 또는 기존의 시민들과 새로운 이주자들이 함께 공존할 수 있는 사회구성의 원칙을 찾는 일은 다문화의 도전에 직면한 사회가 광범위한 토론과 성찰을 통해 풀어나가야 할 중요한 과제이다. 다문화 이행의 3단계 모델은 각국이 처한 다문화의 현실에서 어떤 정책에 우선을 두어야 할 지를 가늠해 볼 수 있게 하고, 사회적 다수와 소수 사이의 갈등과 협력이 어떤 수준에서 어느 정도로 진행되고 있는가를 국가별로 비교 분석할 수 있는 하나의 기준을 제공하고 있다.

Ⅳ. 세 나라 비교연구의 기초적 분석 결과

그렇다면 영국과 프랑스, 그리고 미국의 다문화 정책과 사회통합 정책은 관용, 비차별의 제도화, 그리고 본격적인 다문화주의 시행이라는 3단계에 비춰볼 때 어떤 모습을 보이고 있을까 다문화 이행의 3단계 모델을 통해 각국의 모습을 비교하면 이제까지와는 다른 세 나라에 대한 이해를 도출해 낼 수 있을까? 이 절에서는 다문화 이행의 3단계 모델을 일관되게 적용하여 영국, 프랑스, 그리고 미국의 다문화적 현실의 변화에 대해 설명하기로 한다. 각 단계는 사회적 구조 차원에서 역사적 배경과 국가 개입의 전통, 행위자의 차

University Press, 2006), pp. 49-91.

원에서 사회적 소수의 문화적 권리 요구 정도와 정부의 대응을 고려하여 진행 한다. 즉, 자유주의적 심의다문화주의는 영국의 역사적인 자유주의 전통과 심의에 중점을 두는 사회적 소수 및정부라는 행위자의 모습에 초점을 맞춘 것이고 공화주의적 시민동화주의나 자유방임주의적 선의의 묵인 역시 프랑스와 미국의 역사적 전통이라는 구조와 사회적 소수 및 정부의 정책에 초점을 맞춘 것이다. 각국의 전통에 대한 정치사상적 해석은 자유주의, 자유방임주의, 공화주의가 보여주는 개인의 자유와 사회의 책임, 그리고 국가개입의 범위라는 세 가지 기준을 중심으로 분류하여 각국의 사례 해석에 적용하였다.[16] 이러한 적용을 통해 영국의 경우 국가중립성과 최소주의 전략, 프랑스의 경우 시민의 덕목과 문화적 일체성, 그리고 미국의 경우 탈정치화와 개인 자유 우선의 원칙을 강조하는 전통에 주목하고자 한다.

---

16) 이 절에서 설명하는 세 가지 사상적 전통, 즉 자유주의, 자유방임주의, 그리고 공화주의에서 개인의 자유와 사회의 책임, 그리고 국가개입의 범주에 대한 논의는 필자의 논문 "경계와 시민" (2005)과 "다문화 시대의 시민"(2005)에서 자세하게 다루고 있다. 이어지는 각 소절의 사상적 전통에 대한 논의는 두 논문의 논의를 바탕으로 간략하게 재구성한 다음 이를 영국과 프랑스, 그리고 미국의 현실 해석에 적용한 것이다.

1. 영국의 자유주의적 심의 다문화주의:
국가중립성과 최소주의 전략

자유주의 전통에서 개인의 자유에 대한 정의는 외부의 강제로부터 자유로운 개인의 선택을 보장하는 것을 의미하는 소극적 자유가 주를 이룬다. 자유주의 사회의 개인들은 대부분의 경우 사적 영역에 머물면서 개인적인 삶을 살다가 시민으로서 의무가 요구되는 때에만 공적 영역에 나아가 시민이 된다. 즉, 자유주의를 지지하는 많은 이론가들은 이 다원화 된 세계에서 개인들이 합의할 수 있는 시민으로서의 의무는 매우 단순하고얄을 수 밖에 없기 때문에 개인은 오직 공공영역에 관한 일에서만 시민의 역할을 요구 받는다고 본다. 나아가서 시민의 개념이 소속감을 강조하는 국가 정체성과 큰 관련이 없다고 주장한다. 오히려 자유주의 전통은 국민국가의 경계를 넘어서는 보편적인 원칙들, 즉 법의 지배, 표현의 자유, 관용의 원칙, 그리고 국민의 동의에 기초한 정부 등 누구나 받아들일 수 있는 최소한의 가치를 중심으로 한 사회적 연대의 모색에 더 주력해 왔다.

자유주의 전통은 또한 국가의 역할에 대해 사회의 갈등을 공정하게 타결하려는 중립적인 조정자로 전제한다. 이와 같은 입장에서 보면 소수문화 집단에 대한 동화 정책은 국가가 중립성의 의무를 위반해가면서 기존의 다수문화 집단에 대해 단지 크다는 이유만으로 소수문화를 흡수할 수 있는 정당성을 부여하고 있는 셈이 된다. 동시에 소수 집단에게 특별한 지위를 부여하여 보호하는 것 역시 어떤 집단은 인정하고 어떤 집단은 배제할 것인가에 대해 국가가 취해야 하는 중립적 위치를 벗어나 자의적 판단 가능성을 열어놓고 있다. 즉, 자유주의 입장에서 바라본 다문화주의는 구성원의 평등, 자유주의적 중립성, 그리고 자의적 판단의 배제라는 세 가지 주요 자유주의 원칙과의 갈등을 안고 있다.

자유주의 전통은 사회의 책임에 대해 점차 인정하는 방향으로 진화해 왔다. 롤즈에 따르면 소득과 부의 분배가 역사적, 사회적 행운에 의하여 이루어지는 것을 허용할 이유가 없는 것과 마찬가지로 타고난 자산의 유무에 의해 소득과 부의 분배가 이루어지는 것도 허용할 이유가 없으며 더욱이 기회균등의 원칙은 가족 제도가 존재하는 한 불완전하게 이루어질 수 밖에 없다. 천부적 능력이 계발되고 성숙되는 정도는 모든 종류의 사회적 조건과 계급에 영향을 받는다. 또한 가치 있는 존재가 되고자 하는 의욕 그 자체까지도 가정 및 사회적 조건에 의존한다. 실제 비슷한 능력을 가진 사람들에게 완전하게 동등한 기회를 보장한다는 것은 불가능하다. 따라서 우리는 이 사실을 시인하고 천부적인 운이 가져오는 자의적인 영향을 완화시키는 원칙을 채택해야 한다. 그 결과 자유주의는 개인이 혼자 대응할 수 없는 비선택적 운과 구조적 불평등의 문제를 사회책임을 통해 해소하고자 노력해 왔다.[17]

영국을 자유주의적 심의다문화주의라고 부르는 것은 영국사회가 보여주는 국가중립성의 원칙과 최소주의적 접근의 특징을 염두에 둔 것이다. 영국은 현대사회에 보편적인 정교분리원칙과 다르게 성

---

17) 존 롤스 지음, 황경식 역, 『정의론』(서울: 이학사, 2005), pp. 111-122.

공회를 국교로 갖고 있고 국가를 상징적으로 대표하는 왕이 성공회 수장을 겸하고 있다. 동시에 영국은 소수문화 집단이나 종교집단의 특별한 지위도 인정하고 있다.[18]

그러나 다문화의 도전에 따른 구체적인 사회통합의 수행은 실제 사건이 일어나고 서로 다른 문화가 직접 만나는 지역차원의 기구나 조직에 맡김으로써 국가는 거의 개입하지 않는다.[19] 특정한 정치사상의 가치를 중심으로 일목요연하게 정리되지 않는 영국 현실은 아마도 합리적 대화와 상호존중이라는 자유주의적 원칙 위에서 모든 세력들의 이해를 타협 시켜 왔다는 설명이 가장 적절할 것이다. 이 점에서 영국의 현실을 심의 다문화주의라고 부를 수 있고 이런 타협의 전통과 최소주의적 전략은 영국에서 전국 단위의 극우파의 세력이 미미한 이유가 되기도 한다.

그렇다면 관용의 관점에서 영국의 심의 다문화주의는 어떻게 평가할 수 있을까? 앞의 논의에서 관용은 어느 시점에서나 중요한 덕목이지만 법적 구속력이없는 개인적 덕목이므로 사회여론이 바뀌고 다수의 의견이 변함에 따라 언제든지 철회될 수 있다는 점을 지적하였다. 영국의 심의다문화주의는 적어도 다수와 소수가 합의만 한다면 무슨 내용이든담을 수 있는 유연한 그릇임에 틀림없다. 그러나 모든 이론의 흐름들을 아우르는영국의 이처럼 유연한 접근은 뚜렷한 원칙에 의존하기 보다는 정세의 변화에 민감하고세력관계에 쉽게 영향 받는다는 점에서 단점이 될 수도 있다. 특히 성문법

---

18) John Milbank, "Multiculturalism in Britain and the Political Identity of Europe," *International Journal for the Study of the Christian Church*, Vol. 9, No. 4 (2009), pp. 268-281.

19) 정희라, "영국의 자유방임식 다문화주의", 『이화사학연구』제35집, (2007), pp. 1-27.

에 의해 일일이 규정된 권리를 따르기보다는 보이지 않는 사회의 규범과 관습이 지배하는 불문법의 나라에서 관용은 더 쉽게 여론에 의해 영향 받을 수 있다. 영국사회가 새로운 이주자들과 그들의 문화에 대해 보여준 관용의 수준은 역사의 주요 사건들을 계기로 변화해왔다.

적어도 1962년 최초의 이민법이 제정되기전까지 모든 대영제국의 신민은 인종과 문화, 종교, 국적에 상관없이 누구나 영국에 입국할 수 있고 정착할 수 있었다. 아시아와 카리브해로부터 이민이 본격화하고 더 강화된 이민 정책이 시행된 이후에도 영연방 국가로부터 유입된 이민자들은 영국내에서 일정한 시간을 거주한 이후 영연방 국가의 시민 자격으로영국에서의 정치적 권리를 인정 받았다. 따라서 정치적 대표의 문제는 쉽게 해결되었고 소수 집단의 문화적 정체성 역시 대영제국의 긍정적인 유산으로 생각하여 그 권리를 보장함으로써 문화갈등의 여지를 줄여 왔다. 그러나 1958년에 런던 교외 노팅힐에서 전후 최초의 인종폭동이 일어나면서 영국의 관용 정신은 시험대에 오르기 시작하고 그 결과는 1962년의 첫 이민법 제정으로 이어졌다. 이 사태에서 소요를 처음 일으킨 가해자는백인 노동자들이었고, 피해자는 주로 카리브해지역에서 이민 온 흑인 노동자들이었다.[20]

이후 1960년대 후반부터 이민을 주요 정치적 의제로 삼아 선거에 이용하려는 에녹 파월 등 보수당 의원들의 반 이민 선동이 시작되었다. 1971년 이민법은 이러한 반 이민 선동과 석유위기 상황에

---

20) Nam-Kook Kim, "Ethnic Violence and Ethnic Cooperation in British Local Society," Korean Political Science Review, Vol. 39, No. 5 (2005), pp. 135-139.

영향 받아 사실상 카리브해와 아시아의연영방 국가로부터 미숙련 노동자의 이민을 중단하는 조치를 포함시켰고 가족 재결합의 가능성 정도만을 남겨두었다. 1970년대 후반에서 1980년대 초반에는이미 슬럼화된 도심지역에서 흑인청소년들과 백인 경찰들의 대치가 방화와 파괴를 동반한 채 폭동으로번지는 상황이 지속적으로 발생하였다. 이 시기의 충돌은 흑인들이 중심이 되어 먼저 시작한 누적된 분노의 폭발이었고 이러한 상황은 1948년 국적법 이후 인정해 오던 과거 영국 식민지 국가 출신의 시민권 조항을 삭제함으로써 대영제국의 유산과 정식으로결별하는 1981년 국적법 개정으로 이어졌다.[21]

2001년 5월에는 중서부 공업지대인 리버풀과 맨체스터 지역 북부에 위치한 작은 도시 올담에서 시작되어 곧 리즈, 번리, 브래드포드로 번져나간 소요사태가 일어났고 2005년 7월에는 52명이 죽고 700여명의 사상자를낸 런던 지하철 테러가 발생했다. 2001년의 소요는 아시아인들에 의해 시작된 최초의 인종폭동이라는 점에서 새로운 현상이었고 2005년 테러는 영국에서 나고 자란 영국 국적의 무슬림들이 일으킨 테러라는 점에서 영국사회에 충격을 주었다. 9/11테러를 전후한 일련의 사건들에 의해 일어난 영국사회의 변화는 2002년과 2006년에 개정된 '이민과 망명 및 국적에 관한 법'에 반영되어 있다. 2002년 법은 시민권 테스트와 시민권 의식을 규정하였고, 2006년 법은 입국을 거부당한 외국인이 항소할 수 있는 권한을 축소했다. 이 법은 또한 지문 등을 포함한 생체정보를 이민국

---

21) Nam-Kook Kim, "Revisiting New Right Citizenship Discourse in Thatcher's Britain," *Ethnicities*, Vol. 10, No. 2 (2010), pp. 208-235.

이 요구할 수 있으며, 이민자가 시민권을 취득한 경우라도 공공이익을 위해 필요하다면 내무장관의 명령에 의해 시민권을 박탈할 수 있는 조항을 추가했다.

1988년의 루시디 사건과 2000년의 파레크 보고서를 둘러싼 논쟁은 영국이 생각하는 관용의 정도를 추론해 볼 수 있는 중요한 사건들이다.[22] 루시디의 저서 『악마의 시』에 대해 이슬람의 예언자 마호메드를 모욕하고 있는 것으로 본 영국의 무슬림들은 이 책을 출판 금지 시켜줄 것과 신성모독법에 의해 루시디를 처벌해 줄 것을 요구한 바 있다. 영국이 보여준 정부 차원의 대응은 루시디와 영국의 무슬림 모두 의사표현의 자유를 갖고 있고 그 표현의 자유를 행사하는 방법이 평화로운공공질서 유지라는 법의 원칙을 벗어나지 않는 한 정부는 개입하지 않는다는 것이었다. 신성모독법에 의한 루시디의 처벌도 원래 기독교를 모독한 범죄를 처벌하는 것을 목적으로 했던 이 법의 개정이 쉽지 않고, 끊임없는 소송을 불러 일으킬 수 있는 일에 정부가 개입할 수 없으며, 어떤 종교는 보호하고 어떤 종교는 보호하지 않기로 판단하는 일이 쉽지 않기 때문에 불가능하다는 것이었다.

2000년 파레크 보고서가 미래 다문화인종 국가로서 영국의 모습을 다양한 공동체들이 평등하게 공존할 것으로 예상하고, 국가는 이처럼 다양한 공동체 가운데 하나의 공동체일 뿐인 것으로 묘사하자 영국의 많은 언론들은 영국적 특징(Britishness)의 해체를 우려하며 반격에 나섰다. 결국 국민의 세금으로 영국을 분열시키려는

---

22) 김남국. "영국과 프랑스에서 정치와 종교: 루시디 사건과 헤드스카프 논쟁을 중심으로." 『국제정치논총』44권 4호 (2004), pp. 341-362.

시도라는 반격에 밀려 파레크가 위원회의 뜻이 잘못 전달되었다며 사과하는 사태가 벌어졌다.[23] 대처정부의 내무장관이었던 허드는 국가는 관용의 덕목을 시민들에게 법으로 강제할 수 없다고 주장한 바 있다. 영국사회가 사회적 소수에 대해 관용하는 정도는 국가 중립성과 최소주의 전략아래서 여론의 방향에 따라 부침하고 있지만 이러한 부침이 보이지 않는 규범과 관습이 지배하는 불문법의 나라에서 반드시 사회적 소수에게 유리한 것만은 아니다.[24]

그렇다면 비차별의 법제화라는 차원에서 본다면 영국은 전후 어떤 발전을 이룩했을까? 영국의 심의다문화주의가 문제 상황을 고려하고 당사자들의 이해관계가 충분히 대표되는 가운데 대화와 토론을 통해 타협을 모색하는 실용주의적 접근을 추구한다는 점은 앞서 설명한 바 있다. 영국의 문화적 갈등이 사람들의 눈에 덜 띄는 이유도 문제를 당사자 중심의 지역 차원에 국한시키면서 전국 차원의 단일 원칙에 따른 일관된 접근 시도를 아예 지양한다는 데 있다. 그러나 전국차원으로 문제가 비화되는 것을 막는다고 해서 그 안건 자체가 중요하다는 것을 영국정부가 부인한 적은 없다. 즉 영국정부는 새로운 안건은 받아들이되 그 안건과 결부된 새로운 사회세력이 등장하는 것을 막아 왔다고 보는 게 정확하다. 특히, 보수, 노동 양당은 자신들의 이념의 날개를 좌우로 더 넓히거나 중도로 이동하는 방식을 통해 어떻게든 사회적 소수에 의해 제기되는

---

23) Bhikhu Parekh, The Future of Multi-Ethnic Britain (London: Profile Books, 2000), pp. 40-56.

24) Rose Capdevila and Jane Callaghan, "It' s not Racist, It' s Common Sense: A Critical Analysis of Political Discourse around Asylum and Immigration in the UK," Journal of Community and Applied Social Psychology, Vol. 18 (2008), pp. 1-16.

문제들에 대답해 왔다. 그 대표적인 근거 가운데 하나가 영국이 1965년 유럽국가 가운데 최초로 인종관계법을 제정했다는 사실이다. 1965년의 법은 피부색깔이나 인종, 국적에 따른 표현에서의 차별에 초점을 맞춰 처벌을 규정했지만 그 내용은 형사처벌이 아니라 민사 배상에 관한 것이었다. 1968년에 개정된 인종관계법은 접근에서의 차별, 즉 고용과 집을 구하는 일에서 차별 금지를 포함시켰고, 1976년에 개정된 법은 인종평등위원회(Commission for Racial Equality)를 출범시키면서 교육과 공공부문까지 포함한 영역에서 직접적, 간접적 차별 금지를 명문화 하였다. 동시에 고용이나 직업훈련, 노조, 전문직업집단에서 과소 대표된 문화인종집단에 대한 적극적 대우(positive action)를 규정하였다.[25]

1983년 버밍햄의 파크그로브 학교에서 일어난 사건(Mandla vs. Dowell-Lee)은 1976년에 개정된 인종관계법과 직접 연관되어 있다. 이 사건에서 교장이 시크교도 학생에게 터반 착용 금지를 명령하자 상원은 이 명령이 1976년 인종관계법이 금지한 간접적 차별에 해당한다고 판결하였다. 또한 터반이 학교 생활의 근본적 목적을 달성하는데 방해가 되지 않기 때문에 착용하는 것이 무방하다고 판단하였다. 1989년의 고용관계법 역시 공사장에서 시크교도가 헬멧 대신 터번을 착용하는 것을 허용하였다. 그 대신 사고가 일어났을 때 보상내용은 헬멧을 착용했다면 어느 정도 다쳤을 것인가를 산정하여 액수를 정한다는 제한을 두었다. 이 판결에 대해 영국정

---

25) Martin Ruhs and Bridget Anderson, "Semi Compliance and Illegality in Migrant Labour Markets: An Analysis of Migrant, Employers and the State in the UK," *Population, Space, and Place*, Vol. 16 (2010), pp. 195-211.

부는 어떤 대응도 한 적이 없다. 즉 터반이나 헤드스카프 착용에 관한 전국 차원의 규칙을 영국정부가 나서서 정하려는 시도 자체를 하지 않았고, 설사 헤드스카프 착용을 둘러싼 문제가 생긴다고 하더라도 당사자들의 합의로 결정하라고 맡겨놓았다. 그 결과 법원은 터반이 학교의 본래 목적을 달성하는데 방해가 되지 않는다는 판결을 내렸고 결국 모든 학교는 각자 나름의 복장 규정에 문화적 해석을 덧붙인 독특한 복장이 가능해 졌다. 이러한 상황은 평등의 관점에서 보면 어수선해보일 수 있지만, 실정법과 논리보다는 대화와 판단을 중요시하는 영국의 보통법과 의회주의 전통에서 보면 이상한 일이 아닐 수 있다.

1993년에 런던 동남부 교외의 버스정거장에서 흑인 로렌스를 살해한 것으로 의심받던 다수의 백인 청소년들이 무혐의로풀려난 사건을 재조사한 1999년의 맥퍼슨 보고서는 영국사회에 자리잡고 있는 제도적 인종차별(institutional racism)에 관해 언급하였다. 무지나 선입견, 낙인찍기 등을 통해 소수 문화인종에 속한 사람들에게 정당한 서비스를 제공하는데 실패한 제도의 한계를 의미하는이 논쟁 이후 영국정부는 2000년에 기존의 인종관계법을 개정한 바 있다. 새로운 법은 인종차별에 대해 공공기관의 더 강력한 대처와 공적 임무를 수행하는 사적 기관들, 즉 병원, 학교, 지방의회, 주택회사, 지역개발기구 등이 적극적인 차별금지 정책과 인종관계 증진에 기여할 것을 규정하였다. 나아가 2006년 제정된 '인종과 종교혐오금지에 관한 법'은 종교혐오를 불러 일으키는 선동에 대해 처벌할 것을 규정하고 있다. 이러한 영국의 정책들은 차별금지와 사회통합을 위해 영국정부가 단지 중립적조정자에 머물지 않고 적극적인 역할을 해왔다는 사실을 보여준다. 다시 말하자면 영국은 사회적 소수와 관련된 사건이 있을 때마다 그 사건을 계기로 제도적 장치를 마련하는데 유럽에서 가장 앞선 성취를 보여왔다.[26]

그렇다면 관용과 비차별의 법제화 단계를 지나 본격적인 다문화의 단계에서 영국은 문화적 권리의 인정에 어떤 모습을 보여 왔을까 영국은 역사속에서 전쟁이나 조약을 통해 강제적으로 병합된 스코틀랜드, 웨일스, 북아일랜드 등의 민족적 소수집단이 있고, 바하마, 자메이카 등에서 자발적으로 이민 온 카리브해 흑인과 인디아, 파키스탄, 방글라데시 등에서 이민 온 아시아인들로 이루어진 문화인종적 소수가 있다. 스코틀랜드와 웨일스는 1999년 실시한 국민투표를 통해 자치의 권리를 인정받았는데 스코틀랜드는 런던의 회가 정한 세금의 비율을 조정할 수 있는 권한을 가진 의회(Scottish Parliament)를 인정받았고, 웨일스는 행정자치 권한에 집중된 의회(Wales Assembly)를 인정받았다.[27]2001). 이들 소수 민족 집단은 지역이나 전국적 차원에서 자신들의 고유 언어에 대한 공식적인 지위를 부여 받고 있고, 소수언어 사용 학교나 미디어에 공적인 재정을 지원받으며, 국제회의나 기구, 스포츠 시합 등에 자신들의 민족을 대표하여 출전할 수 있다.

소수 문화인종 집단들도 대영제국의 유산과 영연방 체제 아래서 이중국적을 허용 받았고 소수 문화인종의 문화활동을 위한 재정 지원을 받으며 약 7,000여 개의 종교적 교육기관이 지방정부의 재

---

26) 최동주, "영국의 이민관련 제도와 다문화 사회통합을 위한 정책," 『다문화사회연구』제 2권 1호 (2009), pp. 104-106.

27) Arthur Aughey, Nationalism, *Devolution, and the Challenge to the United Kingdom* (London: Pluto.

정 지원 아래 운영되고 있다. 1997년까지 영국에서 성공회와 가톨릭, 감리교, 유대교의 학교는 공공예산의 지원을 받을 수 있었지만, 이슬람과 유대정교, 모르몬 등의 학교는 지원을 받을 수 없었다. 그러나 1998년 인권법과 2000년 인종관계법의 개정과 더불어 모든 종교 학교들이 지방정부의 재정지원을 받을 수 있게 되었다. 2010년 현재 38개의 유대교 학교, 11개의 무슬림 학교, 4개의 시크교 학교, 1개의 그리스정교 학교, 1개의 힌두학교, 1개의 퀘이커 학교, 1개의 제칠일 안식일 교회 학교 등이 지방정부의 재정지원을 받고 있다.[28] 이 이외에도 영국은 미디어에서 소수인종의 출연을 보장하고 있고 법에 의해 자유로운 복장이나 종교행위를 보장하고 있으며 1976년 인종관계법 이래 불리한 이민자 집단을 위한 적극적 차별시정(positive action) 정책을 시행하고 있다. 이처럼 국가차원에서 다문화정책의 원칙을 공식적으로 천명하지않던 영국에서 의외로 소수 민족이나 소수 문화인종을 위한 구체적인 정책들이 많이 시행되고 있음을 알 수 있다. 이 점이 대화와 타협을 중시하면서 유연성을 특징으로 하는 영국의 심의 다문화주의의 장점이지만 공정성이라는 측면에서 보면 누구는 포함시키고 누구는 포함시키지 않는가에 대한 논리적 일관성의 부족과 문화적 권리의 부여과정에서 생기는 선정의 자의성 문제 때문에 항상 비판에 노출되어 있다. 영국 역시 9/11테러 이후 영국적인 특징의 강화를 통해 통합을 강조하고 다양한 문화적 권리에 대한 인정이 분리주의를 조장하는 것이 아님을 강조하는 세계적 추세를 보여주고 있다. 그럼에도 불구

---

28) 지방정부 재정지원을 받는 종교학교 통계
    http://www.teachernet.gov.uk/ wholeschool/faithschools(검색일: 2010.11.28).

하고 영국은 유럽국가들 가운데 인종주의적 테러나 극우그룹의 활동이 가장 낮은 비율로 발생하고 있고 이런 이유로 다문화의 도전에 직면하여 사회통합에 성공적인 사례로 이야기 된다.[29]

2. 프랑스의 공화주의적 시민 동화주의: 시민의 덕목과 문화적 일체성

공화주의 전통은 시민의 자유와 사회의 책임, 그리고 국가의 역할에 대해 자유주의 및 자유방임주의 전통과 다른 입장을 보여준다. 공화주의에서 개인은 자신이 속한 정치공동체의 시민으로서 공공활동에의 적극적인 참여를 통해 스스로의 자유를 완성시킨다고 본다. 따라서 개인은 사적 영역에 머무르기 보다는 정치 공동체의 시민으로서 소속감을 갖고 연대와 헌신, 애국 등의 덕목을 통해 공동체의 발전에 기여할 것을 요구 받는다. 공화주의의 개인은 공동체의 환경에서 벗어난 추상적인 자아가 아니라 공동체의 역사와 전통에 의해 규정 받는 자아이다. 이와 같은 개인은 외부의 강제에 의해 간섭 받지 않을 소극적 자유를 목표로 하는 자유주의적 개인과는 다르다. 즉 외부의 간섭으로부터 자유로울 소극적 자유를 추구하는 동안 자신이 서 있는 공동체의 토대 자체가 무너질 수 있고 공동체의 유지가 어려운 상황에서 개인의 자유를 논할 수는 없는 것이다.

공화주의 전통에서 국가는 정치과정의 중요한 참여자로서 정치

---

29) 김용찬, "영국의 다문화주의 담론과 정책," 『민족연구』 제30권 (2007), pp. 148-151.

공동체가 지향하는 가치들을 보호하고 육성하기 위해 적극 개입해야 하는 것으로 상정된다. 자유주의에서 상정하는 중립적인 조정자로서 국가와는 달리 정치공동체의 역할을 중요시하는 공화주의 전통은 국가가 뚜렷한 목표를 갖고 시민들을 교육시키고 사회화 시키는 역할을 수행하는 주체가 될 것을 요구하는 것이다. 이와 같은 과정을 통해 형성된 국가정체성은 시민들 사이의 소속감과 연대를 증진시키고 시민들 사이의 일체감이 곧 사회정의와 민주주의 실현을 위해 긍정적인 역할을 한다고 평가된다.

공화주의 전통은 시민과 국가의 직접적인 관계를 전제하기 때문에 이 둘 사이를 매개하는 사회의 역할은 제한적이다. 즉 공화국에 충성하는 시민의 헌신이 중간집단에 의해 분산되거나 왜곡되는 것을 막기 위해 인종이나 종교, 문화에 의해 구획되는 중간집단의 존재는 인정하지 않았다. 이와 같은 입장은 정치공동체 사이의 경계에 중요한 의미를 부여하게 되고 따라서 공동체 밖으로부터 새로운 문화적 유입에 대해 상대적으로 폐쇄적이고 소수문화 집단에 대한 인정에서도 소극적인 태도를 보여준다. 또한 문화적 생존을 요구하는 소수 문화인종 집단의 다양한 목소리에 대해 공화주의의 가치와 원칙으로 차별 없이 평등하게 대우할 때 가장 정의로운 사회가 구현된다고 믿는다. 즉 공화주의의 일관된 원칙이 다문화주의가 갖는 자의성의 함정에 빠지지 않고 소수집단을 평등하게 대우하는 지름길이라고 보는 것이다.

다문화의 도전에 대응하는 프랑스의 사회통합 유형을 공화주의적 시민동화주의라고 부르는 것은 프랑스가 혁명이래 자유, 평등, 박애, 세속주의, 애국주의 등으로 이루어진 공화주의 이념을 소수

문화인종의 요구에 대응하는 원칙으로 삼아 왔다는 것을 뜻한다. 프랑스는 1989년 이후 지속된 헤드스카프 논쟁과 2004년 종교적 상징물의 착용 금지법 제정에서 볼 수 있듯이 공공영역에서 자신의 종교적 정체성을 드러내는 것을 금지해왔고 그러한 시도를 프랑스 사회를 지탱하는 세속주의에 대한 중대한 위협으로 간주해 왔다.[30] 즉, 인종, 문화, 종교적 정체성의 표현을 인정함으로써 사회가 파편화되는 것보다는 공화주의 원칙을 중심으로 단일한 공화국을 유지하는 것이 사회적 소수에게 더 나은 평등의 기회를 제공할 수 있다고 보는 것이다. 프랑스 공화주의자에게 공공영역에서의 문화적 정체성의 인정은 원시적 부족주의와 종교적 신념의 싸움으로 점철되었던 중세의 암흑시대로 회귀하는 것을 의미한다. 중세의 종교전쟁을 공적 영역과 사적 영역의 분리를 통한 세속주의 원칙으로 해결했다고 믿는 프랑스 공화주의자들에게 인종, 종교, 문화 등의 개인적 및 집단적 정체성을 공공영역에서 드러낼 수 있게 하는 다문화주의의 수용은 중세의 전철을 다시 밟으려는 어리석은 시도인 것이다.[31] 프랑스는 1960년대의 미국이 바로 이러한 길을 가고 있다고 생각했고 인종과 문화, 종교에 따라 파편화 되어 가는 미국 모델을 따라 가서는 안 된다고 주장해 왔다.

프랑스가 자랑하는 관용의 전통은 이처럼 공화주의 원칙에 대한 존중을 전제로 한 관용이기 때문에 공화주의 원칙에 의문을 제기하며 도전하는 소수 집단에게는 적용되지 않는다. 따라서 프랑스의

---

30) John Bowen, *Why the French Don't Like Headscarves* (Princeton: Princeton University Press, 2007), pp. 63–152.

31) 김남국, "유럽에서 다문화의 도전과 대응" 『국회도서관보』43권 5호 (2006), p. 12.

관용 전통은 뚜렷이 다른 두 얼굴을 갖는다. 이 추상적인 통합의 원칙은 공화주의 정신과 공화주의적 제도가 충실하게 구현되고 있을 때에는 긍정적인 힘을 발휘하지만 만약 인종주의적 차별과 배제가 엄연하게 존재하고 있는 상황에서 문화적 정체성의 드러냄까지 억압받게 되면 소수집단에게는 최악의 상황이 된다.[32] 프랑스는 1915년에 유럽에서 가장 먼저 적대국 출신의 이민자가 취득한 프랑스 시민권을 박탈하는 법을 제정한 적이 있고 석유위기 직후인 1974년부터 미숙련 이민을 엄격히 제한한 바 있다. 1993년의 파스쿠아법은 1891년 국적법이래 지속되어 온 속지주의 원칙에 근거한 프랑스 시민권 부여 전통을 제한하여 프랑스에서 태어난 외국인의 경우 자동적인 시민권 취득이 보장되는 것이 아니라 18세가 되었을 때 시민권 취득의사를 밝히고 그때로부터 이전 5년 동안 프랑스에 거주했어야 하며 이 시기 동안 범죄기록이 없을 것 등을 요구하였다.

공화주의 원칙에 따라 중간집단을 허용하지 않는 프랑스의 전통은 1791년 르 샤플리에법에 규정된 이후 1884년 발덱루소법에 의해 노조활동을 허용함으로써 완화되었지만 사회적 소수집단에게는 1981년에서야 문화나 인종, 종교에 따라 결사를 형성할 수 있는 자유를 허용하였다. 이미 프랑스는 1970년대 후반에 리용 등에서 인종 소요를 경험해 왔고 1983년에는 인종차별 철폐와 폭력 추방을 기원하면서 10만 여명의 무슬림과 프랑스 시민들이 마르세이유에서 파리까지 이르는 길을 행진하는 시위가 있었다. 1990년의보정

---

32) 엄한진, "프랑스 이민통합 모델의 위기와 이민문제의 정치화: 2005년 '프랑스 도시외곽지역 소요 사태'를 중심으로," 『한국사회학』 41권 3호 (2007), pp. 253-286.

블랑 폭동, 1995년 발푸레 폭동 등은 마그레브 청소년들과 경찰의 충돌을 계기로 시작되어 이민자들의 소외와 분노가 폭발한 전형적인 인종폭동이었다. 같은 유형의 소요로 2005년 10월부터 약 한달간 프랑스 전역에서 일어난 폭동은 68이후 최대 규모의 소요로 기록되었다. 9/11테러 이후 서구사회의 전반적인 보수회귀 분위기 속에서 2005년 소요는 프랑스 사회의 반 이민자, 반 무슬림 정서를 강화 시키는 계기가 되었다.[33] 이러한 일련의 폭동과 1980년대 후반에 시작된 헤드스카프 논쟁을 거치면서 프랑스는 1990년 고위통합위원회를 설치하여 이민자들의 통합문제를 다루기 시작하였다.

9/11 테러와 2005년 소요사태 이후 프랑스 사회의 분위기 변화는 다양한 입법에 반영되어 있다. 프랑스는 2003년에 불법이민 근절에 초점을 맞추는 이민법을 제정한 바 있고, 2006년에는 선택적 이민을 강조하는 '이민과 통합에 관한 법률'을 제정한 바 있다. 이 법은 자신의 능력과 재능에 의해 의미 있고 지속적인 방식으로 프랑스의 경제적 발전에 참여할 수 있는 사람을 이민자로서 우대하는 것이다. 또한 이 법은 시민권 취득 조건을 강화하여 프랑스인과 결혼한 외국인의 경우 국적 취득 기간을2년에서 4년으로 연장하였으며, 이주노동자가 자신의 가족을 프랑스로 데려오기 위해 필요한 기간을 12개월에서 18개월로 늘렸다. 2007년에는 앞의 두 법을 통합하여 일명 오르트페법으로 불리는 '이민통제, 동화, 망명에 관한 법'을 제정하였고 이 법을 집행할 '이민, 통합, 국가정체성 및 개발연대부'를 정부부처로 신설하였다.[34] 이와 같은 현실의 변화는

---

33) Susan Ossman and Susan Terrio, "The French Riots: Questioning Spaces of Surveillance and Sovereignty," *International Migration*, Vol. 44, No. 2 (2006), pp. 5-21.

프랑스에서 관용의 수준이 그 원칙적인 주장과는 다르게 제한적인 방향으로 변화해 왔으며 최근에는 공화주의가 차별과 배제를 위한 정치적 동원의 근거로 사용된다는 비판의원인이 되기도 한다.[35] 즉 프랑스의 무슬림들은 종교적 선의 구현을 중요하게 생각하는 자신들의 생활방식을 공화주의의 세속주의 원칙이 부정하고 있기 때문에 근본적인 갈등을 안게 되고, 프랑스가 이 세속 근본주의를 고집하는 한 소수 집단을 관용하기 보다는 그들의 사회적 통합을 불가능하게 만드는 배제의 결과를 가져온다는 비판을 제기한다.

프랑스의 다문화 정책을 비차별의 제도화라는 차원에서 보면 인종차별과 관련된 범죄에 대해 별도의 입법을 통해 처벌하기 보다는 기존 민법이나 형법의 틀을 적용하여 해결하려는 공화주의의 영향이 나타난다. 프랑스는 보편적인 공화국의 제도와 형법 이외에 인종갈등과 인권침해를 시정하기 위해 새로운 국가기구를 설립하거나 인종차별 금지법을 제정하는 등 특별기구와 특별법을 제정하는 데 소극적이었다. 특히 인구조사에서 인종이나 종교에 따른 통계를 허용하지 않는 엄격함은 1940년대 비시정권 아래서 유태인들을 색출해 강제수용소로 보냈던 과거의 부정적인 역사적 경험도 중요하게 자리잡고 있다. 2006년에는 가시적인 소수(visible minority)라는 간접적인 용어를 써서 사회조사에 사용하려 하였으나 정부에 의해 최종적으로 채택되지 않았다.[36] 그러나 프랑스의 공화주의 전통이 반드시 예외적인 입법을 불가능하게 하는 것은 아니다. 예컨

---

34) 박선희, "프랑스 이민정책과 사르코지 (2002-2006)," 『국제정치논총』50권 2호 (2010), p. 202.

35) 박선희, 앞의 논문. p. 208.

36) 김복래, "프랑스, 영국, 미국의 다문화주의에 대한 비교 고찰," 『유럽연구』제 27권1호 (2009). p. 221.

대, 프랑스는 1972년에 플레벤법(Pleven Law)을 제정하여 인종차별적인 표현을 금지한 바 있고 1990년 게조법(Gayssot Law)에서는 유태인의 학살 사실을 부정하는 경우 처벌하는 것을 규정하기도 하였다.[37]

또한 프랑스 정부는 1998년 이후 각종 공공 및 민간기관들과 인종차별 금지협정을 체결하고 '통합과 차별 금지 지원기금'(FASILD)을 통해 재정을 지원한다. 협정 체결 기관들은 자체적으로 인종차별 금지를 전담하는 부서를 만들고 인종차별 현황을 조사하며인종차별 금지 전문가를 양성해야 한다. 2001년에는 '차별 금지에 관한 법'을 제정하여 고용을 포함한 차별에 대해서 시민단체도 피해자를 대신하여 법원에 고발할 수 있도록 하였으며 차별행위에 대한 사실 여부 증명의 책임을 가해자에게 부과 하였고 인종차별에 관해 증언한 사람은 처벌이나 해고의 위협으로부터 보호를 받을 수 있도록 규정하였다. 2005년에는 '차별금지와 평등증진을 위한 고위기구'(HALDE)를 설치하였고 2006년에 제정된 '기회균등법'은 일반적인 청년실업 문제를 포함하여 소수 집단의 고용 기회 강화 등을 규정하고 있다.[38]

세 번째 단계인 다문화주의 단계는 공공영역에서 사회적 소수의 예외적 지위를 인정하고 예산지원을 통해 집단자치, 집단대표, 다문화의 권리 등을 보장하는 것인데, 프랑스에서 이러한 정책사례를

---

37) Robert Lieberman, "A Tale of Two Countries: The Politics of Color-Blindness in France and the United States" *French Politics, Culture, and Society*, Vol. 19, No. 3 (2001), pp. 32-59.

38) 한승준, "프랑스 동화주의 다문화정책의 위기와 재편에 관한 연구," 『한국행정학보』 제 42권 3호 (2008), pp. 478-479.

찾아보기는 힘들다. 프랑스는 알제리, 모로코, 튀니지 등 마그레브 지역에서 온 아랍인과 베트남에서 온 아시안, 세네갈 등에서 온 아프리카인 등의 소수 문화인종이 있고, 알사스, 바스크, 브리타뉴, 프로방스, 코르시카 등의 소수민족이 있다. 프랑스는 이들 소수민족의 언어나 문화의 보존에 소극적이었으며 2000년 조스팽 정부가 코르시카를 위한 점진적인 자치 계획을 발표하였지만 2003년 코르시카 주민투표에서 자치확대 계획이 부결됨에 따라 코르시카는 여전히 프랑스의 26개 행정지역가운데 하나로 남아 있다. 프랑스는 항상 헌법 1조의 분리 불가능한 단일한 공화국을 근거로 프랑스가 인종이나 종교에 기반한 공동체로 분열되는 것을 막고 공화주의를 바탕으로 한 통일된 정치공동체를 유지하고자 했다.

프랑스에서 문화집단 사이의 갈등이 국가적인 차원의 논쟁으로 빠르게 비화하고 전세계의 이목을 집중시키는 데에는 이른바 공화주의 원칙에 근거해 다문화의 도전에 대응하려는 프랑스 정부의 일관된 원칙이 한 원인으로 자리잡고 있다. 이러한 상황은 극우집단과 이민자 집단 모두에게 자신들의 의사를 표현하고 세력을 넓힐 수 있는 공개적인 기회와 구조를 제공한다. 그 결과 오늘날 프랑스는 전국차원의 소수 문화인종 집단 조직이 유럽에서 가장 많고, 이에 맞서는 전국차원의 극우정당 활동 역시 유럽에서 가장 활발하다. 공화주의의 분명한 원칙은 논리적으로 명쾌한 결론을 보여주지만 문화적 생존을 요구하는 사회적 소수는 자신들의 필요가 무시되는 현실에 불만을 가질 수 있다. 공화주의가 성공적인 다문화의 대응방식이 되기 위해서는 공화주의적 원칙들이 현실에서 확실하게 지켜지면서 공정하게 작동하고 있어야 한다. 만약, 공화주의적 제도와 정신이 쇠퇴하고 평등한 시민으로서의 대우가 보장되지 않는 가운데, 문화적 생존의 요구까지 무시된다면 소수 문화인종 집단에게 이런 사회는 아무런 장점이 없는 최악의 경우가 될 것이다.[39] 최근 사르코지 시대의 공화주의 현실에 대한 평가는 프랑스 사회의 전반적인 우경화 분위기 속에 초기의 개방적인 특징보다는 소수집단에게 불리한 차별과 배제의 특징이 두드러진다는 평가를 받고 있다.

3. 미국의 자유방임주의적 선의의 묵인: 탈정치화와 개인자유 우선의 원칙

자유방임주의 전통에서 개인의 자유와 사회의 책임, 국가 개입의 범위는 공화주의 전통과는 큰 차이를 보인다. 자유방임주의에서 가장 우선시 되는 덕목은 개인의 자유로운 선택의 권리이다. 개인은 외부의 어떤 간섭도 없이 자신이 원하는 것을 선택할 수 있을 때 비로소 자유롭다고 말할 수 있다. 따라서 자유방임주의 전통에서 볼 때 정치공동체를 전제하는 시민권은 그 자체로서 의미 있는 개념이 아니다. 이 전통의 이론가들은 시민의 개념에서 정치적인 의미를 제거하고 가능한 한 많은 공공영역을 사적 영역으로 바꿔서 개인의 권리를 방해하는 외부의 간섭을 줄이려고 시도 해 왔다. 즉 개인은 자신들의 힘으로 해결할 수 없는 공동의 문제가 생겨서 논의를 해야 할 때만 잠시 공공영역의 시민으로서 참여한 다음 바로

---

39) 김남국, "유럽에서 다문화의 도전과 대응," pp. 12-14.

사적 영역의 개인으로 돌아 간다.

자유방임주의의 세계에서 국가의 역할은 개인들의 자발적 계약을 보호하는 최소한의 수준으로 국한된다. 자유방임주의자가 무정부주의자들처럼 국가의 역할을 전면적으로 부정하는 것은 아니지만 오직 필요할 때만 그 역할과 개입을 최소한으로 인정한다. 만약 국가의 적극적 역할이 있다면 그것은 개인의 자유를 증진시키기 위한 일과 관련된 것이어야 하고 세금을 통한 재분배도 오직 개인의 자유를 보호하기 위해 쓰는 것일 때만 동의할 수 있다. 이렇게 보면 사실 국가는 치안을 유지하기 위한 자치 조직과 큰 차이가 없다. 따라서 자유방임주의 전통에서 국가의 경계가 갖는 의미는 개인의 사유재산을 표시한 울타리와 도덕적인 중요성에서 별 다른 차이가 없다. 즉 나라 사이의 국경과 이웃 사이의 울타리는 똑 같은 정도의 중요성을 가지고서 존재하기 때문에 이민이 그렇게 중요한 사회문제가 될 이유는 없는 것이다.

자유방임주의 전통에서는 사회의 역할 역시 최대한 배제하고 개인의 선택에 최고의 가치를 두기 때문에 이러한 입장은 다문화주의를 지지하는 강력한 논리를 제공해 줄 수 있다. 왜냐하면, 자유방임주의의 가치 다원주의 입장은 국민국가의 전통을 이미 선점하고 있는 다수 집단의 문화나 새로운 집단의 문화 모두 동등한 중요성을 갖는 개인들의 생활 양식일 뿐이며 그 이상의 의미는 없는 것으로 간주하기 때문이다. 사회와 국가의 역할을 부정하거나 최소화하면서 모든 공공의 관계로부터 벗어나 탈 정치화한 개인들은 시장에서 만나 자율적인 조정 과정을 거친다. 서로 다른 문화도 평등한 조건으로 시장에서 만날 수 있다. 그러나 이 만남에서 서로 다른 문화 집단 사이에 관철되고 있는 비대칭적인 권력 관계를 무시할 수는 없다. 즉 자유롭다고 생각되는 개인도 다수 문화 집단이 제시하는 규범을 준거로 하여 개인의 가치와 원칙을 설정하고 이를 내면화 하여 구체적인 선택을 하는 경우가 많은 것이다.

미국은 상대적으로 동질적이었던 유럽의 국민국가와 달리 출범 초기부터 다양한 이민의 역사로 이루어져 왔다. 이민의 주요 세력이 달라짐에 따라 초기 영국인들이 중심을 이루던 앵글로 아메리카 시기를 거쳐 유럽인들이 주류를 이루던 유럽 아메리카 시대, 아시아와 남미로부터 본격적인 이민과 함께 시작된 다문화주의 시대, 그리고 최근에는 문화집단 사이의 경계를 넘어서는 초민족 아메리카 (post ethnic America) 시대라는 담론을 선보이면서 나아가고 있다.[40] 미국은 적어도 미국식 법의 지배를 존중하는 한, 개별 소수 인종들이 가져 오는 문화의 이질성이 미국문화에 풍요로움을 더해 준다는 이유로 묵인해 왔다. 즉, 미국을 대표하는 자유방임주의의 전통은 공적 영역과 사적 영역 모든 부문에서 문화적 정체성의 표현에 대한 선의의 묵인을 통해 개인 또는 집단간의 문화 갈등을 최소화하고, 궁극적으로 개인의 상상력을 해방시킴으로써 생산력의 극대화를 추구해 왔다.

이와 같은 미국의 다문화 정책과 사회통합 정책을 관용의 차원에서 살펴 보면 역시 국제정세와 국내 분위기의 변화에 따라 그 수준이 부침하고 있음을 알 수 있다. 영국인이나 유럽인들이 미국으로 이민을 오던 시기에 미국은 상대적으로 개방적인 모습을 보였

---

40) David Hollinger, *Post ethnic America*(N.Y.: Basic Books, 1995), pp. 105-130 Michael Lind, *The Next American Nation* (N.Y.: The Free Press, 1995), pp. 17-138.

다. 그러나 1882년 중국인 배제법을 통해 중국인의 이민을 금지했고 1907년 일본과의 신사협약을 통해 일본인의 이민을 사실상 중단 시켰다. 1924년에 이민법을 제정하였지만 국적별로 일정인원을 할당하면서 아시아인들은 여전히 배제하였다. 미국은 1924년에 모든 아메리카 원주민에게 별도의 법 제정을 통해 시민권을 부여하였다. 중국을 비롯한 아시아인의 이민이 정식으로 재개된 것은 1952년의 이민법을 통해서였고 1965년 이민법이 국가별 할당제를 철폐함으로써 본격적인 아시아와 남미로부터 이민이 시작되었다. 미국경제의 호조와 남미와 아시아계의 이민이 제공하는 노동력이 긍정적인 평가를 받던 1990년 이민법의 경우에는 문화다원성을 장려하는 다양성 비자 프로그램을 통해 추첨으로 이민의 기회를 부여하기도 하였다. 적어도 이 시기에 미국은 다양한 국적과 계층의 사람들에게 이민기회를 부여함으로써 미국사회의 문화다양성을 증진시키고 일자리를 창출하며 기존 이민자의 가족 재결합 문제를 해결하려는 적극적인 정책을 시행하였다.

그러나 1992년 캘리포니아의 폭동은 자유방임의 원칙아래 개인의 선택권을 존중하고 선의의 묵인을 통해 탈정치화를 추구하는 사회통합 정책이 미국사회에 내재하는 문화집단 사이의 불평등한 권력관계의 모순을 극복하지 못한 한계를 분명하게 드러내었다. 흑인들은 백인 경찰로 대표되는 구조적 차별에 대해 분노를 폭발시켰고 흑인과 한국인, 그리고 남미계 이민자들은 자신들끼리 서로를 공격하고 희생양을 찾으면서 책임을 전가하는 양상을 보여 주었다. 이 사건 이후 1994년에 캘리포니아주는 주민 투표를 통해 불법이민자의 의료혜택과 교육혜택을 축소하는 안건 187조를 통과시켰지만 이안건이 법률로 입안되어 최종 통과되던 1996년에 이르면 원래의 강경하던 내용은 많이 완화되어 있었다. 1996년 클린턴은 사회복지 정책에서 무조건적인 혜택의 부여가 아니라 노동의 기회를 주고 그에 따른 개인의 책임을 묻고자 하는 방향으로 복지법을 개정한 바 있다. 소수 문화인종으로 이루어진 이민자들을 겨냥하여 가장 큰 영향을 미친 법은 9/11테러 직후 2001년에 제정된 애국법(Patriot Act)일 것이다. 이 법은 테러 방지를 위한 수사목적으로 시민의 기본권을 제한할 수 있게 규정하면서 테러 용의자를 구치하고 수상한 단체를 감시할 수 있으며 용의자의 사무실과 집에 대한 수색이 가능하고 변호사의 접근을 거부할 수 있는 권한을 규정했다.

1965년 이민법 개정 이후 이민정책과 불법이민에 대한 대처 등에서 영국이나 프랑스와 비교되는 미국의 가장 큰 특징은 직접 이해가 걸린 고용주나 이들의 이익을 대표하는 의원들로 이루어진 이익집단의 정치에 의해 그 정책의 강도와 방향이 결정된다는 점이다.[41) 욥케는 이 현상을 왜 자유주의국가는 원하지 않는 이민을 받아 들일 수 밖에 없는가라는 질문으로 바꾼 다음 이익집단의 정치 때문이라고 답한 바 있다.[42) 미국사회의 점진적인 변화는 1960년대 인종의 도가니(melting pot)에서 1990년대 아메리칸 모자이크(American mosaic)로 바뀐 다문화 정책의 개념에 반영되어 있다. 이 개념은 미국문화로의 완전한 동화에서 자신의 문화를 보존한 채 서로 공존하는 다문화의 이상을 설명하고 있다. 그러나 다양한 문

---

41) Christian Joppke , *Immigration and Nation State: the United States, Germany, and Great Britain* (Oxford: Oxford University Press, 1999), pp. 54–61.

42) Christian Joppke, "Why Liberal State Accepted Unwanted Immigrants?" *World Politics*, Vol. 50, No. 2 (1999), pp. 266–293.

화의 공존을 주장하는 가운데서도 자유, 평등, 민주주의, 개인주의, 인권, 법치, 사유재산의 원칙 등으로 이루어진 미국적 신조(American creed)에 대한 강조는 계속되고 있고 관용의 수준을 현저하게 낮춘 2001년의 애국법은 역설적이게도 이 미국적 신조가 표방하는 원칙과의 모순을 드러낸다.[43)

비차별의 제도화라는 차원에서 미국은 세계 어느 나라보다도 복잡한 사회 문제 해결을 위해 많은 노력을 기울여 왔고 긍정적 정책들을 선보여 왔다. 남북간 내전을 통해 해방된 흑인노예의 시민권, 투표권 등의 지위는 1865년부터 1870년 사이에 수정된 헌법 13, 14, 15 조에 명시되었다. 그러나 현실적인 흑백분리와 차별은 계속되었고 1896년 대법원의 플레시 대 퍼거슨 사건(Plessy v. Ferguson) 판결은 '분리하되 평등하게'(separate but equal) 라는 원칙 아래 철도 등의 사적 사업 분야에서 루이지애나 인종분리법이 합헌임을 결정하였다. 이 결정은 1954년 브라운 대 교육위원회(Brown v. Board of Education) 판결에서 대법원이 '인종적으로 분리된 모든 교육기관은 그 자체로 불평등하다'고 보고 인종분리가 수정 헌법 14조의 평등한 보호 조항을 위반한 것이라고 판결함으로써 뒤집혔다. 브라운 판결 이후 10여 년 동안 계속된 시민들의 투쟁은 1964년 민권법의 제정으로 완성되었다. 1964년 민권법은 학교와 직장에서 인종분리를 금지하고 소수인종의 투표권을 보장했으며 뒤이어 출범한 1965년의 고용평등위원회(Equal Employment Opportunity Commission) 는 민권법

---

43) Samuel Huntington, Who are We?: The Challenges to America' s National Identity (N.Y.: Simon Shuster, 2004); Seymour Martin Lipset, American Exceptionalism: A Double Edged Sword (N.Y.: W.W. Norton & Company, 1997).

의 제 7장 에 근거해 고용과 직장에서 적극적 차별시정 정책(affirmative action)을 본격적으로 시행하기 시작했다. 이 법은 기업주들에게 인종과 성 기준의 고용 보고서를 의무적으로 제출하게 함으로써 영향력을 발휘했다.[44]

적극적 차별시정 정책은 처음에는 고용분야에 집중되었지만 점차 학교에서 인종을 기준으로 학생을 선발할 수 있느냐의 문제로 초점을 옮겨 갔다. 이 정책은 역사적으로 누적된 불리한 기회를 보상하고 사회의 다원성을 확보하는 것이 그 자체로써 사회발전에 긍정적인 역할을 한다는 두 가지 이유에서 지지되었다. 그러나 이 정책의 시행으로 인해 자신들이 역차별을 당했다고 주장하는 사람들이 주기적으로 소송을 통해 이 정책의 정당성에 의문을 제기하였다. 1978년 버클리 대학의 소송(Bakke v. California Board of Regent)과 2004년 미시간 대학의 소송(Gratz v. U. of Michigan, Grutter v. U. of Michigan) 등이 대표적인 사례이다. 전국적인 논쟁을 불러 일으키며 대법원까지 올라간 2004년의 소송은 다양성이 미국의 절대적인 이해라는 원칙아래 적극적 차별 시정 정책이 헌법에 위배되지 않는다는 판결로 끝났다. 즉 대학입학에 요구되는 다양한 다른 기준과 함께 인종에 대한 고려도 개인의 입학사정에 참고할 수 있지만 일정한 할당인원과무조건적인 점수를 사전에 일괄 배정하는 것은 허락되지 않는다고 판결한 것이다.[45] 적극적 차별 시정 정책

---

44) Terry Anderson은 자신의 책에서 적극적 차별 시정정책이 1930년대의 루스벨트 정부와 1950년대 트루만 정부 시절에 이미 시작된 것으로 본다. Terry Anderson, *The Pursuit of Fairness: A History of Affirmative Action*, pp. 1-48.

45) Barbara Perry, *The Michigan Affirmative Action Cases* (Kansas: Kansas University Press, 2007); Lydia Chavez, *The Color Bind* (Berkeley: Univ. of California Press, 1998).

은 어느 사회, 어떤 시기에나 보편적으로 적용될 수 있는 정책은 아니다. 다시 말하자면 특정한 역사적 조건 아래서 다원적인 사회를 달성하기 위해 시민들이 합의했을 경우에만 시행 가능한 정책이기 때문에 그 정당성에 의문을 제기하는 사람들의 도전이 계속될 수 있다.

그렇다면 미국은 상대적으로 잘 정비된 비차별의 법제화를 넘어서 어떤 문화적 권리를 소수집단에게 부여하고 있을까? 사실 자유방임주의적 선의의 묵인이라는 미국의 다문화 정책과 사회통합 정책의 특징은 다문화의 권리 부여라는 차원에서 볼 때 가장 잘 드러나고 있다. 미국은 정교분리의 원칙을 수정 헌법 1조에 명시해 놓았고 원칙적으로 공공영역에서 특정 인종이나 종교적 정체성에 근거한 의례를 못하게 하지만 실제에서는 심각한 경우가 아니고서는 그냥 묵인하고 지나치는 경우가 많다. 문화 다양성의 긍정적인 역할을 기대하면서 특정 종교의 축제일을 허가하고 전통복장의 착용에 간섭하지 않으며 종교단체에 세금 면제 혜택을 주고 심지어는 지방정부가 종교단체에 재정보조를 하기도 한다. 이중국적도 적대국의 장교로 복무하지 않는 한 특별한 제한 없이 허용되며 아메리칸 원주민에게 보호구역과 지원금을 제공한다. 그러나 중앙정부나 지방정부의 무간섭에도 불구하고 정교 분리의 원칙을 확인하기 위한 시민단체의 소송들은 주기적으로 제기되고 있다. 공립학교의 바우처(voucher) 운영이나 학교에서의 기도 문제, 국가 복지예산의 종교단체 배분 과정의 문제를 지적하는 소송이 대표적 사례들이다. 2000년의 대법원 판례(Santa Fe Independent School Dist. v. Doe)는 학교 스포츠 시합에 앞서 학생들을 모아놓고 기도를 하는 것이 정교 분리를 규정한 헌법에 위배되는 것으로 판결하였고, 2006년 대법원 판례 (Kevin and Julia Anderson v. Durham School)는 메인주의 원고 학생들이 공립학교에 진학하는 대신 그 수업료(voucher)를 갖고 종교 교육기관에 등록하는 것에 대해 정교분리를 규정한 헌법에 위배되는 것으로 판결하였다.

미국은 9/11테러 이후 2003년 국토방위부를 정부 부처로 신설했고 2004년 '국경보안및 입국비자 개선법'을 제정하여 미국에 입국하는 모든 외국인의 신체정보를 수집하고 있다. 이후 2007년까지 진행된 이민법 개정논의는 문화 다양성의 증진과 이익집단의 정치에 중점이 있던 1965년 이후 이민에 관한 논의와는 다르게 안보 차원과 개인 능력을 기준으로 그 중점이 이동하고 있음을 보여준다. 민족, 언어, 종교, 피부색 등 개인의 문화적 정체성을 결정 짓는 요소들을 배제한 채 개인의 교육수준, 전문직 종사 여부, 영어구사 여부 등 개인의 능력을 중심으로 이민허가 여부를 결정한다는 것은 문화 다원주의로부터 후퇴를 의미하며 한편으로 프랑스식 공화주의 원칙을 연상시킨다.[46] 자유방임주의의 개인 우선 원칙과 탈정치화는 개인의 해방이라는 차원에서 공감할 수 있는 급진적인 프로젝트이지만 어떤 문화집단에도 속하지 못하고 급속하게 주변화 되어 사라져 가는 개인들이 늘어가는 현실, 그리고 원자화된 개인들 사이에 보이지 않게 지속되고 있는 구조적 차별은 미국의 사회통합과 다문화정책이 해결해야 할 중요한 과제가 되고 있다.

---

46) 유성진, 김희강, 손병권, "2007년 미국 이민법 개정 논쟁: 과정과 함의 그리고 미국의 다원주의," 『미국학논집』 39권 3호 (2007), pp. 159-166.

Ⅴ. 결론: 경로 의존성과 일반적 수렴현상

　지금까지 논의는 영국, 프랑스, 미국을 교차 분석하는 일반적인 비교의 틀을 제시하고 각국이 보여주는 다문화 정책의 역사적, 사상적 기원과 함께 정책결정자의 자율적 판단을 고려하여 세 나라의 다문화 상황에 대한 이해와 분석을 시도한 것이다. 특히 4절에서는 세나라가 보여주는 정책의 모습들이 어떤 역사적 구조 및사상적 기원을 갖는지에 대해 관용과 비차별의 법제화, 본격적인 다문화의 3 단계로 나누어 살펴 보았다. 이처럼 국민국가가 보여주는 현재의 다문화 정책 및 사회통합 정책이 자신들이 걸어온 역사적, 문화적 전통의 규정 아래 있다는 점을 강조한 연구를 역사제도주의적 접근이라고 부를 수 있다. 많은 학자들이 이와 같은 역사제도주의 시각에서 비가시적인 가치와 원칙들로 이루어진 사회 문화적 전통이 어떻게 현재의 정책을 만들어 냈는가와 초기의 투자비용 때문에 새로운 정책을 채택하기 쉽지 않은 경로의존성(path dependency)의 개념 등을 중심으로 논의를 진행시켜 왔다.[47] 필자의 작업은 이러한 논의의 연장선상에서 개별국가뿐만 아니라 서로 다른 나라를 비교할 수 있는 몇 가지 틀을 제시하고 그 틀 아래 어떤 분석이 가능한 가를 모색한 것이고 여기에 정치사상적인 해석을 결합시키고자 한 것이다. 이 작업은 공공정책에 반영된 철학적 흐름을 파악하고 그

---

47) Rogers Brubaker, *Citizenship and Nationhood in France and Germany* (Cambridge: Harvard University Press, 1992); Adrian Favell, *Philosophies of Integration* (London: Macmillan, 1998); Randall Hansen, *Citizenship and Immigration in Post-War Britain* (Oxford: Oxford University Press, 2002); Riva Kastroyano, *Negotiating Identities* (Princeton: Princeton University Press, 2002).

사회에 고유한 정치사상적 해석을 덧붙인다는 점에서 넓은 의미에서 역사제도주의 시각을 따르고 있다고 말할 수 있다.

그러나 최근 들어 이민과 시민권 문제를 둘러싼 다문화 정책 및 사회통합 정책에서 대부분의 국가들이 비슷한 방향으로 수렴하는 현상을 보인다는 주장들이 등장하고 있다. 예컨대, 욥케는 네덜란드와 프랑스, 그리고 독일을 비교한 연구에서 세 나라가 모두 기존의 다문화 정책보다는 시민통합(civic integration)과 차별금지(antidiscrimination)라는 두가지 개념으로 묶일 수 있는 비슷한 정책을 채택하고 있다고 주장한 바있다.[48] 시민통합의 차원에서 네덜란드는 1998년 이민자 통합법(1998 Newcomer Integration Law)을 통해 이민자들은 600시간의 네덜란드어 수업을 포함하여 12개월에 이르는 사회통합 수업에 참석해야 한다는 점을 규정하였다. 프랑스도 2003년 이민자 통합법(2003 Welcome and Integration Contract)에서 프랑스어와 역사에 대한 지식을 강조하고 500시간의 수업참여를 의무로 규정했고 독일 역시 2004년 이민법(2004 Immigration Law)에서 독일어와 역사에 대한 충분한 지식습득을 권리이자 의무로 규정하였다.

이와 같은 시민통합 정책과 함께 네덜란드, 프랑스, 독일은 이미 입국한 이민자들에게 가해지는 차별에 대해 강력하게 처벌하는 차별금지 정책을 동시에 채택하고 있다. 차별금지 정책의 강화 차원에서 네덜란드는 1994년에 제정된 평등대우법을 유럽연합의 지침을 반영하는 방향으로 2004년에 개정하여 소수집단의 고용비율을

---

48) Christian Joppke, "Transformation of Immigration Integration: Civic Integration and Antidiscrimination in the Netherlands, France, and Germany," *World Politics*, Vol. 59, No. 2 (2007), pp. 243-273.

높이는 방법을 강구하였다. 프랑스는 2001년 입법에서 유럽연합 지침이 규정한 최소한의 범주를 넘어서 적극적으로 차별금지를 수용하였고 독일 역시 2006년 유럽연합 지침을 수용한 평등대우법을 제정하였다. 바꿔 말하자면, 각국은 차별금지와 시민통합의 강화라는 정책을 통해 불법이민을 철저히 차단하는 대신 이미 입국한 이민자들에게는 강력한 통합이 필요하다는 의사를 드러내고 있는 것이다. 여기에서 이와 같은 변화를 가져온 주요 변수로 주목되는 것은 9/11테러 이후 보수적으로 변화한 서구의 여론과 유럽연합의 역할이다. 유럽연합(EU)은 2000년에 제정하여 2003년까지 각국이 채택할 것을 요구한 유럽연합 인종지침(2000 EU Race Directive)을 통해 각국의 차별금지 정책 강화에 영향을 미쳤고 유럽연합의 공동이민 정책을 조율함으로써 불법이민을 배제하는 공동정책을 입안하는 데 영향을 미치고 있다.[49]

영국과 독일을 비교 분석한 한국학자의 연구 역시 이주 노동자 정책에서 영국과 독일이 공히 저숙련 노동자와 고숙련 노동자를 구분하고 서로 다른 권리와 통제를 두부류의 노동자에 각각 부과하는 정책을 채택하고 있다고 주장한다.[50] 즉, 영국은 원래 저숙련 노동자 충원 정책이 독립적으로 존재하지 않았지만 이미 1990년대부터 계절노동자 고용을 중심으로 임시 이주노동자 프로그램을 발

---

49) Hans-Jorg Albrecht, "Fortress Europe? Controlling Illegal Immigration," *European Journal of Crime, Criminal Law, and Criminal Justice*, Vol. 10, No. 1 (2002), pp. 1-22; Meng-Hsuan Chou, "The European Security Agenda and the External Dimension of EU Asylum and Migration Cooperation," *Perspectives on European Politics and Society*, Vol. 10, No. 4 (2009), pp. 541-559.

50) 김용찬, "외국인 노동력 국제이주 정책의 수렴경향과 원인에 관한 연구: 영국과 독일 사례연구," 『유럽연구』제 26권 2호 (2008).

전시켜 온 독일의 전례를 따라 2000년대부터 노동허가제에 기초한 임시이주노동자 프로그램을 시행하기 시작했고, 반면 고숙련 이주 노동자의 경우 영국이 1990년대 중반부터 개별 프로그램을 실행해 왔는데 독일은 영국의 전례를 따라 2000년대 들어와서 정책시행에 들어가기 시작했다고 본다. 또 다른 한국학자 역시 2000년대 이후 세계의 이민정책이 확대와 포섭의 방향으로 수렴되고 있으며 한국 의 경우도 1980년대 후반부터 시작된 초기의 수립단계를 지나 2004년 고용허가제, 2007년 방문취업제 및 재한 외국인 처우 기본 법의 시행으로 확대와 포섭의 수렴현상을 보이고 있다고 주장한 다.[51] 물론 욥케의 주장이 다문화정책에 초점을 맞춘 것이라면 한 국학자들의 연구는 그 전단계인 이민에 초점을 맞춘 것이라서 서 로 다른 단계에서의 수렴을 이야기 하고 있지만 이민정책과 다문 화정책의 긴밀한 관계를 생각하면 두 논의는 연속성을 가진다.

이러한 수렴논의는 최근 세계흐름의 한 특징을 잘 보여주는 장 점을 갖고 있다. 그러나 이 주장은 정책이 변화하는 조건으로서 사 회문화적 구조와 행위자의 동기를 과도하게 일반화시키는 문제점 도 보여주고 있다. 즉 국민국가의 경계 안에서 구조가 갖게 되는 우연성과 정책결정자가 갖게 되는 자율성을 지나치게 과소평가하 는 것이다. 예컨대, 영국과 프랑스, 미국 세 나라 모두에 무슬림 이 민자들이 거주하고 있지만 프랑스가 겪고 있는 것과 같은 헤드스 카프 사건이 영국과 미국에서 일어나지는 않는다. 프랑스에서 불법 화되어 있는 공공영역에서의 히잡이나 부르카, 키파, 십자가 등의

---

51) 이혜경, "한국이민 정책의 수렴현상," 『한국사회학』 제 42집 2호 (2008), pp. 104-137.

종교상징물은 영국과 미국에서는 누구도 신경 쓰지 않거나 선의로 묵인하는 장식물일 뿐이다. 적극적 차별 시정 정책은 미국에서 이미 1960년대에 시작되었지만 영국에서는 1970년대에 유사한 정책이 채택되기 시작했고 프랑스는 아직 이 정책의 채택에 반대하고 있다. 프랑스는 여전히 공화주의적 통합 원칙의 유효성을 믿으며 미국에서 보여지는 것과 같은 문화갈등에 따른 사회의 파편화를 염려하고 있다. 또한 영국처럼 성공회라는 국교가 존재하면서 종교에 대한 정부지원이 자연스러운 상황을 프랑스와 미국에서는 찾아볼 수 없다. 프랑스는 보편적인 공화주의 제도와 법으로 모든 문화 인종 갈등을 포괄적으로 다룰 수 있다고 믿고 있기 때문에 공식 인구통계에서도 문화인종 관련 사항을 묻지 않는다. 이러한 차이들은 아직도 국민국가의 다문화 및 사회통합 정책이 서로 다른 문화와 역사적 경험을 바탕으로 독특한 궤적을 그리고 있으며 그 차이가 쉽게 사라지지 않을 것이라는 점을 보여준다.

수렴과 분화 논의에서 더욱 중요한 점은 이민자를 선별하여 제한하고 불법이민을차단하는 대신 이미 거주하고 있는 이민자들에게 차별금지를 강조하고 통합을 강화하는 최근의 흐름이 사실은 1970년대 초반 석유위기 이후 영국과 프랑스가 이미 취해왔던 정책이라고 볼 수 있다는 점이다. 두 나라는 1970년대 초반 이민법의 개정을 통해 사실상 미숙련 노동자의 이민을 종료시켰고 가족재결합의 가능성만을 남겨둔 바 있다. 그리고 이민을 강력하게 억제하는 대신 엄격한 이민통제에 대한 정당성을 높이기 위해 이미 거주하고 있는 이민자에 대한 차별금지와복지혜택의 증진을 통한 사회통합에 노력을 기울였다. 그럼에도 불구하고 두 나라가 그 후 30

년 넘게 걸어 온 길은 전혀 다르다. 결국 차별금지와 시민통합을 강조하는 비슷한 환경의 제약 아래서 무엇이 이들 나라의 모습을 다르게 만들었는가에 대한 질문은 여전히 중요한 것이다.

이 장의 시도처럼 영국을 자유주의적 심의다문화주의라는 이름 이래 이해하는 것이나 프랑스를 공화주의적 시민동화주의라는 이름으로 이해하는 것, 미국을 자유방임주의적 선의의 묵인이라는 틀 아래 이해하는 것은 아이디어와 담론들이 어떻게 정책결정자의 선택 범위를 제한하고 사회적 합의의 공간을 제약함으로써 일정한 방향의 정책을 만들어 내는 구조적인 틀로써 작용하는가를 보여준다. 바꿔 말하자면, 다문화주의 정책과 사회통합 정책에 대한 제도주의적 접근과 사상적인 접근의 결합은 각국이 걸어온 길 가운데 어떤 역사적 전통이 초기 비용으로 남아 이후의 경로를 제한하고 있는가에 관한 설명을 제공해 주는 것이다. 또한 그러한 정책을 정당화하는 각국의 이론적인 기반이 무엇인지, 그리고 그논리의 강점과 약점은 무엇인지를 보여줌으로써 각국의 정책에 대해 더 근본적인 이해를 가능하게 만든다.

물론 각국을 설명하는 이러한 개념들이 현실에서는 다른 모든 접근을 배제하는 것이 아니고 때로는 자기모순적으로 중첩되어 나타난다는 점도 인정해야 한다.[52] 또한 오늘날 일반적으로 진행되고 있는 전지구화 과정은 각국 사이의 유사성을 증가시킴으로써 구조가 갖는 우연성을 줄어 들게 만들고 정책결정자가 갖는 자율성의 폭을 좁히고 있다는 점도 인정해야 한다. 결국 행위자의 선택의 변

---

52) 김복래, "프랑스, 영국, 미국의 다문화주의에 대한 비교 고찰." p. 216.

화는 구조에 영향을 미치고 구조와 행위자의 상호작용 가운데 각 국의 정책은 자신들이 걸어온 과거의 경험을 재해석하면서 일정한 분야에서의 수렴과 지속적인 분화를 동시에 경험해 갈 것이다. 이러한 상황에서 우리는 유사성과 상이성을 추적하는 뚜렷한 목적과 과학적인 방법을 가지고 비교 작업을 수행함으로써 우리의 경험을 해석하고 정책을 설정하는데 도움을 얻을 수 있다.

이 장은 국가간 비교분석을 위한 틀과 이론적 논의를 개괄적으로 다룬 시론으로서 각 세부 주제에 따라 개별 국가를 분석하는 연구는 오랜 시간이 걸리는 방대한 작업이 될 것이다. 그러나 현재의 논의에 내용을 채우는 작업을 계속해 나간다면 영국과 프랑스, 그리고 미국의 비교 연구는 우리의 현실에 크게 세 가지 차원에서 시사점을 줄 수 있다. 첫째, 현실정책의 차원에서 각국의 서로 다른 원칙들에 대한 근본적이고 체계적인 이해는 우리 사회의 지역이나, 세대, 종교, 이념 갈등을 해결하는데 좋은 사례를 제공해 줄 수 있고 한국의 다문화 정책의 수립과 평가에 중요한 지표를 제공해 줄 수 있다. 둘째, 사회적 차원에서 그 동안 다름에의 권리나 차이의 인정 등 슬로건의 수준에 머물러 왔던 다문화주의 담론에 깊이 있는 이론적 토대를 제공함으로써 우리 사회의 다문화주의 담론의 활성화에 기여할 수 있다. 셋째, 학문적 차원에서 고전적인 정치이론 연구주제 이외에 문화를 중심으로 한 이론의 흐름을 고찰함으로써 문헌해석과 역사비평을 넘어서 정치사상 연구의 다원화와 지평 확대에 기여할 수 있다.

참고문헌

김기석, "G20국가의 외국인 이주 노동자 문제와 다문화 정책," G20 모니터링 사업단 연구보고서 (2010).

김남국. "영국과 프랑스에서 정치와 종교: 루시디 사건과 헤드스카프 논쟁을 중심으로."『국제정치논총』44권 4호 (2004).

_____, "심의다문화주의: 문화적 권리와 문화적 생존,"『한국정치학회보』 39권 1호 (2005).

_____, "경계와 시민: 국민국가의 국경통제는 정당한가"『한국과 국제정치』 25권 2호 (2005).

_____. "다문화시대의 시민: 한국사회에 대한 시론."『국제정치논총』 45권 4호 (2005).

_____, "유럽에서 다문화의 도전과 대응,"『국회도서관보』 제43권 5호 (2006).

_____. "유럽연합의 인권정책: 전쟁, 난민, 그리고 정체성,"『EU학연구』 제 12권 2호 (2007 겨울).

_____, "한국에서 다문화주의 논의의 수용과 전개,"『경제화 사회』 제 80호 (2008).

김민정, "공화주의적 동화정책의 성공과 실패,"『세계지역연구논총』 25권 3호 (2007).

김복래, "프랑스, 영국, 미국의 다문화주의에 대한 비교 고찰,"『유럽연구』제 27권 1호 (2009).

김용찬, "EU의 정책분석: 유럽연합의 인권정책," 민족연구 제 26권

(2006).

_____, "외국인 노동력 국제이주 정책의 수렴경향과 원인에 관한 연구: 영국과 독일 사례연구," 『유럽연구』제 26권 2호 (2008).

_____, "영국의 다문화주의 담론과 정책," 『민족연구』제30권 (2007).

김시홍, "유럽연합 시민권과 정체성의 사회적 차원," 『유럽연구』제 18권 (2003).

박 단, 『프랑스의 문화전쟁』(서울: 책세상, 2005).

_____, "2005년 프랑스 '소요사태'와 무슬림 이민자 통합문제," 『프랑스사 연구』14권 (2006), pp. 225-261.

박선희, "프랑스 이민정책과 사르코지 (2002-2006)," 『국제정치논총』 50권 2호 (2010), pp. 193-211.

설동훈, 『노동력의 국제이동』(서울: 서울대학교 출판부, 2000).

엄한진, "프랑스 이민통합 모델의 위기와 이민문제의 정치화: 2005년 '프랑스 도시외곽지역 소요사태'를 중심으로," 『한국사회학』 41권 3호 (2007), pp. 253-286.

유성진, 김희강, 손병권, "2007년 미국 이민법 개정 논쟁: 과정과 함의 그리고 미국의 다원주의," 『미국학논집』 39권 3호 (2007).

이종서, "EU의 공동이민 망명 정책: 초국적 대응 프로그램의 배경과 한계," 『유럽연구』 제 28권 1호 (2010년 봄), pp. 169-201.

이종원, "EU 사회정책 패러다임 변화와 사회적 시민권," 『유럽연구』 제 19권 (2004).

이혜경, "한국이민 정책의 수렴현상," 『한국사회학』 제 42집 2호 (2008).

장승진, "다문화주의에 대한 한국인들의 태도," 『한국정치학회보』 43 집 3호 (2010).

정희라, "영국의 자유방임식 다문화주의", 『이화사학연구』제35집, (2007).

존 롤스 지음, 황경식 역, 『정의론』(서울: 이학사, 2005), pp. 111-122.

최동주, "영국의 이민관련 제도와 다문화 사회통합을 위한 정책," 『다문화사회연구』제 2권 1호 (2009).

하이브리드컬쳐연구소 편, 『하이브리드컬쳐』 (서울: 커뮤니케이션북스, 2008).

한승준, "프랑스 동화주의 다문화정책의 위기와 재편에 관한 연구," 『한국행정학보』 제 42권 3호 (2008).

홍지영, 고상두, "공화국 시각에서 본 반 이슬람 정서," 『한국정치학회보』 42집 1호 (2008).

홍태영, "프랑스 공화주의모델의 형성: 제 3공화국과 민주주의의 공고화(1885-1940)," 『한국정치학회보』제39집 (3) (2005).

Albrecht, Hans-Jorg, "Fortress Europe? Controlling Illegal Immigration," *European Journal of Crime, Criminal Law, and Criminal Justice*, Vol. 10, No. 1 (2002).

Anderson, Terry, *The Pursuit of Fairness: A History of Affirmative Action* (Oxford: Oxford University, 2004).

Aughey, Arthur, *Nationalism, Devolution, and the Challenge to the United Kingdom*(London: Pluto, 2001).

Banting, Keithand Kymlicka, Will eds., *Multiculturalism and Welfare State* (Oxford: Oxford University Press, 2006).

Benhabib, Sheila, *The Claim of Culture*(Princeton: Princeton University Press, 2002).

Bhabha, Homi, *The Location of Culture* (London: Routledge, 2004).

Bleich, Erik, *Race Politics in Britain and France* (Cambridge: Cambridge University Press, 2003).

Bowen, John, *Why the French Don't Like Headscarves: Islam, the State, and the Public Sphere* (Princeton:

Princeton University Press, 2007).

Brubaker, Rogers, *Citizenship and Nationhood in France and Germany* (Cambridge: Harvard University Press, 1992).

Canclini, Nestro, *Hybrid Cultures: Strategies for Entering and Leaving Modernity* (Minnesota: Minnesota University Press, 1995).

Capdevila, Rose and Callaghan, Jane, "It's not Racist, It's Common Sense: A Critical Analysis of Political Discourse around Asylum and Immigration in the UK," *Journal of Community and Applied Social Psychology*, Vol. 18 (2008).

Castles, Stephen & Miller, Mark, *The Age of Migration* (N.Y.: The Guilford Press, 2003).

Chavez, Lydia, *The Color Bind* (Berkeley: Univ. of California Press, 1998).

Chou, Meng-Hsuan, "The European Security Agenda and the External Dimension of EU Asylum and Migration Cooperation," *Perspectives on European Politics and Society*, Vol. 10, No. 4 (2009).

Favell, Adrian, *Philosophies of Integration* (London: Macmillan, 1998).

Glazer, Nathan, *Affirmative Discrimination: Ethnic Inequality and Public Policy* (Cambridge: Harvard University Press, 1975)

Hansen, Randall, *Citizenship and Immigration in Post-War Britain* (Oxford: Oxford University Press, 2002).

Hollinger, David, *Post ethnic America*(N.Y.: Basic Books, 1995).

Huntington, Samuel, *Who are We?:The Challenges to America's National Identity* (N.Y.: Simon Shuster, 2004).

Ignazi, Piero, *Extreme Right Parties in Western Europe* (Oxford: Oxford University Press, 2006).

Joppke , Christian, *Immigration and Nation State: the United States, Germany, and Great Britain* (Oxford: Oxford University Press, 1999).

——————————, "Why Liberal State Accepted Unwanted Immigrants?" *World Politics,* Vol. 50, No. 2 (1999).

——————————, "Ethnic Diversity and the State," *British Journal of Sociology*, Vol. 55, No. 3 (2004).

——————————, "Transformation of Immigration Integration: Civic Integration and Antidiscrimination in the Netherlands, France, and Germany," *World Politics*, Vol. 59, No, 2 (2007).

Kastroyano, Riva, *Negotiating Identities*(Princeton: Princeton University

Press, 2002).

Kim, Nam-Kook, "Ethnic Violence and Ethnic Cooperation in New Labour's Britain," *Korean Political Science Review*, Vol. 39, No. 5 (2005).

_____, "Consensus Democracy as an Alternative Model in Korean Politics," *Korea Journal*, Vo. 48, No. 4 (2008).

_____, "Multicultural Challenges in Korea: the Current Stage and a Prospect," *International Migration* (Fall 2009).

_____, "Revisiting New Right Citizenship Discourse in Thatcher's Britain," *Ethnicities,* Vol. 10, No. 2 (2010).

_____, "Deliberative Multiculturalism in New Labour's Britain," *Citizenship Studies*, Vol. 15, No. 1 (2011).

_____, *Deliberative Multiculturalism in Britain* (Oxford: Peter Lang, 2011).

Kymlicka, Will, *Multicultural Citizenship* (Oxford: Oxford University Press, 1995).

_____, *Multicultural Odyssey* (Oxford: Oxford Press, 2007).

Kymlicka, Will and He, Baogang, *Multiculturalism in Asia* (Oxford: Oxford University Press, 2005).

Lieberman, Robert, "A Tale of Two Countries: The Politics of Color-Blindness in France and the United States" *French Politics, Culture, and Society* Vol. 19, No. 3 (2001).

Lind, Michael, *The Next American Nation*(N.Y.: The Free Press, 1995).

Lipset, M. Seymour *American Exceptionalism: A Double Edged Sword* (N.Y.: W.W. Norton & Company, 1997).

Marshall , T. H., *Citizenship and Social Class* (Cambridge: Cambridge University Press, 1950).

Milbank, John, "Multiculturalism in Britain and the Political Identity of Europe," *International Journal for the Study of the Christian Church*, Vol. 9, No. 4 (2009), pp. 268-281.

Modood, Tarique, "British Asian Muslims and the Rushdie Affair," *Political Quarterly,* Vol. 61, No. 2 (1990).

Ossman, Susan and Terrio, Susan, "The French Riots: Questioning Spaces of Surveillance and Sovereignty," *International· Migration*, Vol. 44, No. 2 (2006).

Parekh, Bhikhu, "The Rushdie Affair: Research Agenda for Political Philosophy," *Political Studies,* Vol. 38, No. 4 (1990).

_____, *Rethinking Multiculturalism* (Cambridge: Harvard University Press, 2000).

_____, *The Future of Multi-Ethnic Britain* (London: Profile Books, 2000).

Perry, Barbara, *The Michigan Affirmative Action Cases* (Kansas: Kansas University Press, 2007).

Raz, Joseph, *Ethics in the Public Domain* (Oxford: Clarendon Press, 1994).

Ruhs, Martin and Anderson, Bridget, "Semi Compliance and Illegality in Migrant Labour Markets: An Analysis of Migrant, Employers and the State in the UK," *Population, Space, and Place*, Vol. 16 (2010).

Young, Robert, *Colonial Desire: Hybridity in Theory, Culture, and Race* (London: Routledge, 1995).

■■■ 제2부

유럽연합과 회원국의 이민, 교육 및 문화정책

제5장 외국인노동력 국제이주정책의 수렴경향과
　　　원인에 관한 연구 – 김용찬

제6장 여성이민자는 이민의 수혜자인가? – 김민정

제7장 유럽의 이주인력 고용분석 – 전현중

제8장 EU 집행위원회의 볼로냐 프로세스 참여 – 오정은

제9장 유럽연합 다언어주의 정책의 성과와 한계 – 이복남

제5장 외국인노동력 국제이주정책의 수렴경향과 원인에 관한 연구: 영국과 독일 사례 연구

김용찬

대구가톨릭대학교 정치외교학과 교수

I. 서론

서유럽국가들 중 영국, 프랑스, 네덜란드 등 국가는 제2차 세계대전 이후 과거 식민지 국가 국민들의 대규모 이주를 경험했다. 영국의 경우 제2차 세계대전 직후 전후 복구를 위해서 병원, 농장, 광산 등에서 일할 외국인노동자를 동유럽으로부터 일시적으로 충원했으나 이후 외국인노동자 고용정책은 다시 반복되지 않았다. 영국에서 외국인노동자 프로그램이 시행되지 못했던 원인 중의 하나는 1950년대 기존의 아일랜드 출신 노동력에 부가되어 신영연방 국가인 인도, 파키스탄, 서인도제도 국민들이 대거 이주하면서 노동시장 수요의 상당 부분을 채워 주었기 때문이다. 예를 들면 호텔이나 병원과 같은 서비스 직종이나 자체 노동력이 부족한 직물산업 등 분야에서 신영연방 출신 노동력이 충원되었다.

또한 고속성장을 했던 독일경제와 달리 전후 영국경제는 비교적 완만하게 성장함에 따라 대규모 외국인노동력 고용의 필요성이 제기되지 못했다. 특히 1970년대 중반 이후 마이너스 성장과 높은 실업률로 대표되는 악화된 영국경제의 상황은 외국인노동력의 수요가 발생하기 어려운 상황이 지속되도록 하는 요인이 되었다.[1] 그리고 1960년대부터 영국 정부의 국제이주정책도 신영연방 국민들의 이주를 포함한 외국인의 국제이주를 제한하는 데 주안점이 두어짐에 따라 실제 정책을 통해 신영연방으로부터의 국제이주흐름을 효과적으로 통제할 수 있었다. 따라서 영국에서는 외국인노동자 프로그램과 같은 대규모 이주를 허용하는 정책의 수립과 시행이 고려될 여지가 없었다.

한편 독일을 비롯해 자체적으로 노동력 공급이 어려운 서유럽국가들은 국가 간 협정을 통해 외국인노동자를 고용했다. 경제부흥 초기 남유럽국가들의 노동력이 주요한 외국인노동력의 공급 원천이었던 반면 시간이 경과하면서 터키 등을 포함한 비유럽국가들의 대규모 노동력이 서유럽국가들로 유입되었다.

당시 독일[2]에서 광범위하게 시행된 외국인노동자 프로그램 (guestworker program)은 1945년 스위스에서 최초로 시작되었으며

---

1) 김용찬, "영국과 독일의 상이한 이주 유형 비교 연구", 『현상과 인식』, 제30권 3호(2006년 가을호), pp.154, 159~160.

2) 독일의 경우 외국인노동자의 고용에 관한 국가 간 협정을 기초로 외국 수도에 개설되어 있던 고용 사무소를 통해 외국인노동자를 채용했다. 초기 농업과 건설업에 국한되었던 외국인노동력의 활용은 1960년대 기계와 화학 분야로까지 확대되었다. 그러나 외국인노동자들은 대체로 비숙련노동이 필요로 되는 업무와 독일 노동자가 기피하는 분야에 채용되었다. 한국의 남성과 여성 노동자가 각각 광산과 병원에서 일한 것이 대표적인 예이다. *Ibid.*, pp.157~162.

외국인노동력의 '순환(rotation)'을 주요한 특징으로 하고 있었다. 국가 간 협정에 의해 고용 국가로 이주한 외국인노동자는 프로그램 아래서 일정 기간의 계약기간이 만료되면 본국으로 귀환하여야 하며 가족재결합(family reunification)을 위한 초청도 금지되었다. 즉 프로그램은 외국인노동자의 고용과 귀환을 반복함으로써 영구 정착의 기회를 최소화하고자 계획되었다.[3] 한편 1970년대 초 석유위기는 서유럽국가로의 외국인노동력 국제이주가 중단 또는 급격하게 감소하는 데 영향을 미쳤다. 예를 들면 독일의 경우 1973년 석유파동의 여파로 인해 불황과 실업률 증대에 대한 불안이 증가하면서 외국인 이주법안을 통해 외국인노동자의 고용을 통한 이주를 사실상 중단시켰다. 또한 결과적으로 성공적이지는 못했지만 고용 중단 조치 이외에 거주 외국인노동자와 이주민의 본국 귀환 유도 정책도 시행에 옮겨졌다.[4] 독일의 경우 국내 외국인노동자와 고용주의 경제적 이해, 지체된 외국인노동자 국제이주정책의 형성, 독일법률의 인권보호 기능과 연방구조 아래서 분리된 국제이주정책의 집행구조 등의 영향으로 독일 정부가 목표했던 모든 외국인노동자의 본국 귀환은 실현되지 못했으며 가족재결합 등을 통해 현재 독일 내 정착 이주민공동체의 대부분이 형성되고 성장하게 되었다.[5]

외국인노동자 고용프로그램 자체가 부재했던 영국에서는 1990년대 이후 외국인노동자 국제이주정책이 새롭게 형성되고 시행되

---

3) *Ibid.*, p.162.

4) 김용찬, "여성노동자 국제이주와 이주 수용국가에서의 조직화의 관계 연구", 『사회과학연구』 제15집 1호(2007년), p.194.

5) 김용찬, "영국과 독일의 상이한 이주 유형 비교 연구", 『현상과 인식』, 제30권 3호(2006년 가을호), pp.166~170.

어 왔다. 또한 독일의 경우에도 과거에 비해 다양화된 외국인노동자 프로그램이 체계화되었다. 캐슬즈(Castles)는 1945년부터 1974년까지 서유럽국가들의 외국인노동자 프로그램이 저숙련(low skilled) 노동자의 고용에 주안점을 두었다면 현재 유럽연합 회원국가들 중 특히 서유럽국가들의 정책은 고숙련 노동력6)의 고용과 저숙련 노동력의 유입 제한에 초점을 두고 있다고 지적한다. 그러나 저숙련 노동력에 대한 노동시장에서의 수요7)가 항상적으로 존재하고 향후 증가가 예상되는 상황에서 서유럽국가들의 저숙련 노동력 이주의 저지 또는 제한정책은 근시안적인 조처라고 비판한다.8) 캐슬즈가 언급한 것처럼 고숙련 노동자에 대한 서유럽국가들의 개방정책으로의 전환은 외국인노동력 국제이주정책의 뚜렷한 변화임에 분명하다. 그러나 서유럽국가들이 단순히 고숙련 노동자에 대해 문호를 개방하면서 저숙련 노동자의 이주를 억제하는 것으로 이해하는 것은 현재 외국인노동력 국제이주정책의 변화를 일면적으로 이해하는 우를 범할 가능성이 높다. 영국과 독일의 경우 저숙련 외국인노

---

6) 고숙련 노동자(high skilled worker)에 대한 개념규정은 다양하게 존재하지만 이 글에서는 직업분류세계표준(International Standard Classification of Occupations: ISCO)에서 제시된 범주 1, 2, 3에 해당하는 직업군을 포함시키고 있다. 이들 직업에는 관리자(manager), 의료, 과학, 교육, 컴퓨터, 공학 관련 전문직종사자(professional) 등이 포함된다. Laudeline Auriol & Jerry Sexton, "Human Resources in Science and Technology", OECD(ed.), *International Mobility of the Highly Skilled*(Paris: OECD, 2002), pp.14~16.

7) 바트램(Bartram)은 노동력 이주는 이주수용국가들이 사적 이익을 추구하는 고용주들의 지대추구 행태를 억제할 수 없을 때 지속성을 가질 수밖에 없다고 주장한다. 고용주들의 입장에서는 다른 어느 대안보다 고용에 있어 값싸고 유연성을 가진 외국인노동력을 충원하는 것이 가장 좋은 방법이기 때문이라는 것이다. David Bartram, *International Labor Migration*(Hampshire: Palgrave Macmillan, 2005), pp.2~3. 영국과 독일을 포함한 서유럽국가들은 최근 국제이주정책을 통해 고용주들의 외국인노동력 고용의 이해를 반영하면서도 이주수용사회에 미치는 영향을 고려해 기존 정책의 변화와 정교화를 실행에 옮기고 있는 상황이다.

8) Stephen Castles, "Guestworkers in Europe: A Resurrection?" *International Migration Review*, Vol.40, No.4(Winter 2006), p.760.

동자의 정착을 막기 위한 조처들을 시행해 왔을 뿐이지 저숙련 외국인노동력의 효율적 활용은 적극적으로 추진되고 있기 때문이다.

본 연구는 최근 유럽국가들에서 외국인노동력 국제이주정책이 자국의 경제·사회상황에 기초해 임시이주노동자 프로그램으로 대표되는 저숙련 외국인노동력 국제이주정책의 체계화와 고숙련 외국인노동력 국제이주정책의 형성과 시행의 방향으로 '수렴'되고 있다는 주장을 외국인노동력 국제이주정책이 부재했던 영국과 과거 외국인노동자 프로그램을 운영하고 중단했던 독일 사례의 분석을 통해 제기하고 있다. 구체적으로 고숙련 외국인노동자에 대한 고용과 정착지원 정책이 형성되어 진행되고 있으며, 저숙련 외국인노동자에 대해서는 캐슬즈가 지적한 것과 달리 효과적인 통제와 활용에 주안점이 두어지는 방향으로 외국인노동력 국제이주정책이 수렴되고 있다는 점을 제시하고 있다. 즉 단순히 외국인노동자 수용국가들이 과거 중단했던 외국인노동자 프로그램을 부활시키는 것이 아니라 새로운 외국인노동자 국제이주정책으로 전환되었으며, 정책이 부재했던 국가들에서는 유사한 외국인노동력 국제이주정책이 시행되고 있는 것을 본 연구에서는 외국인노동력 국제이주정책의 수렴경향으로 지적하고 있다. 한편 본 연구의 결론에서는 영국과 독일의 외국인노동력 국제이주정책의 수렴경향 분석을 기초로 유럽 차원의 외국인노동력 국제이주정책의 선택 및 활용과 정책의 수렴경향의 가능성에 대해 고찰하고 있다.

Ⅱ. 영국과 독일의 외국인노동력 국제이주의 현황

영국에서는 1970년대 이후 1990년대 초반까지 외국인노동자 수의 증감은 소폭에 그쳤다. 반면 2000년대 들어서면서부터 외국인노동자의 수는 과거와 비교해 증가하는 경향을 뚜렷하게 보여 주고 있다. 1993년 전체 노동력에서 외국인노동력이 차지하는 비중이 3.0%이었던 것이 2000년에는 4.2%로 증가했다. 주목할 점은 전문직종사자, 관리자, 교육자들과 서유럽, 미국, 일본, 캐나다, 호주, 뉴질랜드 등 선진국으로부터 이주해 온 노동자들의 수가 꾸준히 증가해 왔다는 사실이다. 1983년 5만 3천 명, 1993년 9만 9천 명이었던 이들 지역 출신 외국인노동자들은 2000년에는 14만 5천 명까지 급격히 증가했다.[9] 영국으로 이주하는 외국인노동자 중 전문직종사자와 선진국 출신 노동자의 수가 증가한 것은 고숙련 노동자의 수가 과거에 비해 증가하는 경향에 영향을 미쳤다.

〈표 1〉 영국과 독일 거주 외국인노동자 변화 추이(단위: 천 명)

연도	1964	1974	1983	1993	2000	2005
독일	1,058	2,360	1,983.5	2,575.9	3,546	3,828
영국		775	744	862	1,229	1,642

출처: David Bartram, *op.cit.*, pp.45~49; OECD, *International Migration Outlook*(Paris: OECD, 2007), p.63.

독일의 경우 1970년대 중반 외국인노동자 수가 큰 폭으로 증가했다가 이후 감소하는 추세로 변화했으나 1990년대 접어들면서 다

---

9) David Bartram, *op.cit.*, pp.45~49.

시 외국인노동자의 수는 증가하고 있다. 1973년 외국인노동자 고용 중단 조치 이후 실질적으로 독일의 외국인노동자 수는 감소하기 시작했다. 그러나 1990년대 들어서면서부터 독일은 다양한 임시노동자 프로그램을 통해 많은 외국인노동자를 충원했고 2000년에 수가 약 350만 명까지 증가하는 결과를 가져왔다.[10] 전체 노동인구에서 외국인노동자가 차지하는 비중도 1983년 7.4%에서 2000년 9%로 증가했다.

독일의 경우 전체적으로 외국인노동자 수가 1990년대 이후 증가하고 있지만 이들 중 새로운 외국인노동자 프로그램에 의해 단기간 독일에 체류하는 임시이주노동자들에 대해서는 과거 1960년대와 1970년대 독일에 체류했던 외국인노동자들의 경우에 비해 '순환'의 원칙이 비교적 잘 지켜지고 있는 상황이다. 임시이주노동자 중 상당수는 중동유럽 출신이고 계절노동자(seasonal worker)들이다. 2001년의 경우 27만 8천 명의 계절노동자가 독일에서 고용되었으며 2003년에는 3십만 명까지 증가했다. 이들은 대부분 3개월 동안 독일에 머물면서 노동에 종사했고 80% 이상이 폴란드로부터 이주해 왔으며 나머지는 루마니아, 슬로바키아, 크로아티아 등에서 충원되었다. 2005년의 경우에도 계절노동자는 약 33만 명이 독일에서 고용되었으며 계약노동자(contract worker)의 경우도 2만 2천 명이 취업을 통해 독일로 이주했다.[11]

---

10) 임시이주노동자 프로그램을 통해 독일에 이주 및 고용되는 계절노동자와 계약노동자의 규모는 과거 1960년대 연간 이주와 채용규모에 비하면 적지만 지속적으로 외국인노동력 증가에 기여해 왔다. 한편 외국인노동자의 상당수가 독일 국적을 취득하지 않고 독일에 정착해 고용된 경우가 많아 과거에 비해 유입 외국인노동력의 규모가 작음에도 불구하고 전체 거주 외국인노동력의 수는 서유럽국가들 중 가장 많게 나타나고 있다.

11) OECD, *Trade and Migration*(Paris: OECD, 2004), p.31; Stephen Castles, *op.cit.*, p.750;

〈표 2〉 1995년 영국과 독일 외국인노동자의 직업 분포(단위: %)

국가	영국	독일
군인	2.5	0
관리인	16.8	3.3
전문직업인	19.6	5.1
기술자	6.9	8.1
사무원	10.2	5.4
서비스종사자	17.9	12.2
농업 종사자	0.1	0.8
수공업 종사자	8.5	26.5
조립공	7.8	15.7
기초 업무 종사자	9.8	22.8

출처: Sami Mahroum, "Europe and the Immigration of Highly Skilled Labour", *International Migration*, Vol.39(5) (2001), p.38.

<표 2>에서처럼 1995년의 경우 영국으로 이주한 외국인노동자 중 고숙련노동자의 비율이 독일의 경우에 비해 높게 나타나고 있으며, 독일의 경우 상대적으로 저숙련 노동자가 많은 비중을 차지하고 있다. 앞서 제기한 것처럼 영국의 경우 전문직 종사자와 선진국 노동자의 이주가 이러한 차이를 야기하는 데 기여했다.

〈표 3〉 독일의 그린카드(Green Card) 부여 국적별 현황, 2001년 4월(단위: 명)

국적	수	남성
불가리아	228	184
유고슬라비아, 크로아티아, 보스니아 - 헤르체코비나, 슬로베니아, 마케도니아, 몬테네그로	446	377
루마니아	631	548
헝가리	267	242
체코/슬로바키아	463	440

OECD, *International Migration Outlook*(Paris: OECD, 2007), p.248.

러시아연방, 벨라루스, 우크라이나, 에스토니아, 라트비아, 리투아니아	1,004	898
인도	1,403	1,291
파키스탄	118	117
북아프리카(알제리, 모로코, 튀니지)	242	224
남미	164	118
기타	2,022	1,708
총계	6,988	6,147

출처: Heinz Werner, "The Current 'Green Card' Initiative for Foreign IT Specialists in Germany", OECD(ed.), *International Mobility of the Highly Skilled*(Paris: OECD, 2002), p.324.

독일의 경우 2000년 2월 발표된 '그린카드(Green Card)' 제도를 통해 외국인노동자 중 고숙련, 전문직 종사자의 충원을 본격화했다. 시행 이후 독일은 IT관련 외국인노동자를 주로 동유럽 및 비유럽국가들로부터 고용했으며 <표 3>에서처럼 2001년 4월까지 단기간 동안에도 약 7천 명에 달하는 고숙련 외국인노동자가 독일로 이주했다. 영국에 비해 상대적으로 고숙련, 전문기술을 갖춘 외국인노동자의 수용에 뒤처져 있던 독일이 2000년대 들어서면서 변화된 정책을 추구하고 있는 상황이다.[12] 영국의 경우 독일에 비해 고숙련 노동자의 수요가 지속적으로 유지되면서 상대적으로 많은 고숙련, 전문직 외국인노동자들의 이주가 존재[13]했고 1990년대 중반

---

12) 영국과 독일로 충원되고 있는 고숙련 외국인노동력의 주요한 공급원은 유럽 및 북미 지역과 함께 아시아 지역 국가들이다. 영국의 경우 국가의료서비스에 종사할 간호사 인력 확보를 위해 필리핀 출신 여성 노동자들을 고용해 왔으며, 독일의 경우 앞서 <표 3>에서처럼 아시아 지역 국가 중에서 주로 인도의 정보통신 기술 인력을 대규모 충원해 왔다. 그러나 아시아 지역 고숙련 노동력의 이주는 특정 국가들에서는 '두뇌 유출(brain drain)'의 결과를 가져오기도 했다. 예를 들면 필리핀의 경우 의료인력의 영국으로의 유출은 필리핀 병원들에서 인력 부족으로 인해 수술실의 폐쇄를 야기하기도 했다. Stephen Castles & Mark J. Miller, *The Age of Migration*(Hampshire: Palgrave Macmillan, 2003), p.170.

13) 과거 영국에서 고숙련 외국인노동자의 수가 다른 유럽국가들에 비해 상대적으로 많았던 이유 중의 하나는 런던에 집중되어 있는 외국계 다국적 기업들의 지점과 은행들의 관리직에 종사하며 본국으로 순환 근무하는 외국인의 이주 영향이었다. 벨기에 브뤼셀의 경우도 런던과 마찬가지로 많은 고숙련 외국인노동자의 수를 보유하고 있었다. Sami Mahroum, "Europe and the Immigration of Highly

이후 고숙련 노동자의 충원을 본격화해 온 반면 저숙련 외국인노
동자를 통제 및 활용하는 정책은 2000년대 이후 발전되어 왔다. 한
편 독일의 경우 1990년대 중반 이후 과거 외국인노동자 프로그램
과 달리 철저한 통제 및 순환 원칙을 강조한 임시노동자 프로그램
을 진행해 왔으며 2000년대 들어서면서 지식 및 기술 산업에서 수
요가 증가하는 전문직, 고숙련 외국인노동자의 충원을 위한 정책을
형성해 시행해 왔다.

Ⅲ. 영국과 독일의 외국인노동력 국제이주정책의 수렴경향

1. 저숙련 노동자(low skilled worker) 국제이주정책의 체계화: 임시이주노동자 프로그램(Temporary Migrant Worker Programme: TMWP)

영국의 경우 1990년대 노동당 집권 이후 경제적 성장이 지속되
면서 고숙련 노동자의 필요성이 증가되었지만 이와 동시에 지방에
서는 농업, 식품가공, 세탁, 호텔 등 산업 분야에서 저숙련 노동력
의 부족이 현저해지기 시작했다. 과거 영국 정부에서는 저숙련 노
동력보다는 고숙련 외국인노동자의 유치를 위한 정책과 전체적인

Skilled Labour", *International Migration*, Vol.39(5)(2001), p.30.

외국인 이주 제한에만 관심이 집중되어 있었기 때문에 독일과 같은 체계화된 임시노동자 프로그램은 발전시키지 못했다. 그러나 저숙련 노동력의 필요성이 특정 산업 분야에서 상존하면서 최근 저숙련 노동력의 이주에 관한 정책을 구체화했다.

영국 내무성(the Home Office)은 노동허가 제도를 통해 저숙련 노동력의 영국으로의 이주와 고용을 조정 및 통제하려고 계획했으며 다음의 노동허가 유형으로 체계화되었다. 첫째, 워킹홀리데이 노동허가(working holiday makers)로 17세에서 27세까지의 영연방 출신 청년들이 2년까지 영국에 체류하면서 일을 할 수 있는 제도로 2003년에는 연령제한이 30세까지로 늘어났다. 이를 통해 2002년 4만 1천 7백 명, 2004년 6만 2천 4백 명이 노동허가를 받아 영국에 입국했다. 둘째, 계절농업노동자(seasonal agricultural worker)로 3개월 동안 유럽지역의 청년들을 농업에 종사시키기 위해 제공되는 노동허가이다. 2002년 1만 7천 명, 2005년 1만 5천 명이 넘는 외국인 계절농업노동자 노동허가를 통해 영국에 입국했다. 셋째, 2003년에 새로 도입된 부문기초(sector based) 노동허가로 주로 식품가공과 호텔 등 서비스 직종에 종사할 외국인노동력을 연간 1만 명씩의 할당을 통해 노동시장에 편입시켰다. 아시아계 레스토랑 등 서비스 직종에 이들 노동허가를 부여받은 외국인노동자들이 진출했다. 넷째, 가사일이나 아동보호 등 국내 서비스를 위한 노동허가로 이를 통해 주로 젊은 외국인 여성노동자들의 채용이 이루어졌으며 점차 그 수는 감소하고 있다. 마지막으로 영국에 거주하는 외국인학생들에게 학기 중에는 주당 20시간, 방학 중에는 제한 없이 노동허가를 부여했다.[14]

영국의 임시이주노동자 프로그램은 비유럽지역 외국인노동자의 노동허가를 통한 영국 이주와 정착을 최소화하면서 유럽지역과 영연방 출신 노동력의 활용을 위해 정부가 이주의 흐름을 철저하게 통제하는 데 주안점을 두고 있다. 영국에서 상대적으로 임시이주노동자 프로그램의 형성이 지체된 것은 영국 정부가 전체적인 이주의 조정 및 통제에 초점을 두면서 별도의 저숙련 노동력 국제이주 정책을 필요로 하지 않았기 때문이다. 그러나 저숙련 노동력을 위한 노동시장의 수요가 지속적으로 제기되면서 통제를 기초로 한 노동허가 제도를 통해 저숙련 외국인노동자의 이주를 조절하고 영국 정착을 최소화하는 정책을 형성해 시행하고 있는 상황이다.

〈표 4〉 임시이주노동자 입국 추이(단위: 천 명)

연도	워킹 홀리데이			계절노동자			기타 임시노동자		
	2003	2004	2005	2003	2004	2005	2003	2004	2005
영국	46.5	62.4	56.6		19.8	15.7	98.0	113.4	111.2
독일				309.5	324.0	320.4	43.9	34.2	21.9

출처: OECD, *International Migration Outlook*(Paris: OECD, 2007), p.52.

독일의 외국인노동자 프로그램은 1973년 조치로 인해 중단되었으며 외국인노동자의 대규모 이주도 반복되지 않았다. 1980년대 후반 독일에서는 외국인노동력에 대한 새로운 요구들이 특정 산업 분야들에서 점증하기 시작했으며, 이러한 상황에 기초해 중단 조치 이후 새로운 임시이주노동자 프로그램이 도입되었다. 독일 정부는 과거 외국인노동자 프로그램보다 법률에 의해 규제되고 조직화된 프

---

14) Stephen Castles, *op.cit.*, pp.751~752.

로그램의 도입과 실행을 추구했다.[15] 외국인노동자가 단기간 체류하면서 독일의 특정 산업 분야에서 근무하고 본국으로 귀환하는 과정을 독일 정부가 철저히 통제하고 조정하겠다는 의지가 임시이주노동자 프로그램을 통해 표명되었으며 1990년대에 본격화되었다.

과거 1960년대와 1970년대 시행된 독일의 외국인노동자 프로그램과 1990년대 시작된 임시이주노동자 프로그램은 수와 기간, 충원지역에 있어서 차이를 보인다. 우선 과거 외국인노동자 프로그램을 통해 입국한 외국인노동자 수는 현재 임시이주노동자 프로그램을 통해 독일로 이주하는 외국인노동자의 수보다 훨씬 많았다. 예를 들면 1969년 한 해 64만 6천 명의 외국인노동자가 입국한 반면 1999년의 경우 계절노동자 22만 3천 명, 계약노동자 4만 명으로 그 수가 대폭 감소했다. 거주 및 노동허가 기간은 계절노동자의 경우 최장 3개월에 불과해 과거 외국인노동자의 3년에 비하면 현저히 줄어들었다.[16] 한편 외국인노동자의 충원 지역도 과거 외국인노동자 프로그램 실행 시기에는 아시아 지역 국가들에까지 확대되었지만 임시이주노동자 프로그램은 주로 외국인노동자의 고용 지역을 중동유럽 지역으로 한정시켰다.

독일의 임시이주노동자 프로그램은 주로 중유럽과 동유럽국가들과의 양자협정(bilateral agreement)들에 의해 진행되어 왔다.[17] 임시

---

15) Carl-Ulrik Schierup, Peo Hansen & Stephen Castles, *Migration, Citizenship and the European Welfare State*(Oxford: Oxford University Press, 2006), p.151.

16) Stephen Castles & Mark J. Miller, *op.cit.*, p.101.

17) 독일의 경우 고숙련 외국인노동력은 유럽연합 회원국뿐만 아니라 〈표 3〉에서처럼 비유럽국가들의 노동력에게도 이주를 허용하고 거주 또는 영구정착의 권리를 부여했다. 반면 임시이주노동자의 경우는 특정기간의 노동을 마친 후 귀환해야 하는 특수성을 고려해 임시이주노동자의 상당수를 중유럽 및 동유럽국가들로부터 채용했다. 과거 1960년대와 1970년대 아시아 및 아프리카 국가들로까지 외국인노동력의 충원지역을 확대함으로써 대규모 이주민공동체의 형성을 경험했던 독일은 이를 막기 위한 자구책

이주노동자 프로그램은 크게 두 가지 유형으로 전개되어 왔다. 첫째, 농업과 호텔, 레스토랑 등에 근무하는 계절노동자들은 1년에 최대한 3개월 동안만 노동허가가 부여되었다. 둘째, 계약노동자(contract worker)의 자격으로 독일에 이주하는 외국인노동자들이 존재한다. 계약노동에 관한 양자협정은 12개 중동유럽국가 및 터키와 체결되었으며, 국가마다 할당을 정해 각국 회사들에 고용되어 있는 노동자들을 2년까지 독일 회사에서 충원하는 방식을 취하고 있다. 계약노동자들의 본국 기업은 독일회사의 하위계약자의 지위를 부여받게 되고 계약노동자에 대한 법률적 지위에 대한 규정은 고용회사가 소재하는 본국의 법률에 의존한다. 이들 계약노동자의 고용은 독일의 각 지역 차원의 고용상황을 반영해 결정된다. 상대적으로 실업률이 높은 구동독 지역에서는 계약노동자의 활용이 허용되지 않았다.[18] 이들 이외에도 매일 국경을 넘어 독일 노동시장에 편입되는 소수의 근거리 이동 외국인노동자(cross-border commuter)들을 조정 및 통제하는 프로그램이 존재한다.[19]

영국의 경우는 독일에 비해 뒤늦게 저숙련 노동력의 이주와 정착 통제를 위한 정책들을 수립하고 시행하고 있는 상황이다. 한편 독일의 임시이주노동자 프로그램은 유럽에서 가장 체계화되었다고 인정받고 있다. 1990년대부터 다양한 임시이주노동자 프로그램을 전개해 왔고 이를 토대로 과거 외국인노동자 프로그램으로 인해 양산된 이주민공동체의 형성은 반복되지 않고 있다. 양국 모두 시

으로 지역 제한 방법을 도입한 것이다.

18) OECD, *Trade and Migration*(Paris: OECD, 2004), pp.30~31.

19) Stephen Castles, *op.cit.*, p.750.

간의 차이는 존재하지만 노동시장에서 저숙련 노동력의 수요가 항상적으로 존재한다는 사실을 인정하고 저숙련 외국인노동력의 충원을 모색하게 되었다. 그러나 양국 모두 저숙련 외국인노동자의 이주와 정착은 철저히 통제되어야 한다는 입장을 취하면서 임시이주노동자 프로그램을 통해 이를 구현하고 있는 상황이다. 구체적으로 임시이주노동자의 귀환을 위해 독일은 인접국가의 노동력을 충원하는 한편 영국의 경우 주로 영연방과 유럽 국민들을 위주로 노동허가를 허용하고 있는 상황이다. 즉 양국 모두 시기의 차이는 있지만 저숙련 노동력의 이주와 활용, 정착에 관한 규제를 제도화하고 이를 적극 실행하는 방향으로 저숙련 외국인노동력에 대한 국제이주정책이 진행되고 있는 상황이다.

2. 고숙련 노동자(high skilled worker) 국제이주정책의 형성과 시행

영국에서는 영연방 국가들로부터 이주해 오는 고숙련 외국인노동력을 충분히 활용해 왔다. 과거 이들 영연방 출신 고숙련 외국인노동자들은 영국 정부의 구체화된 고숙련노동자 국제이주정책에 의해 영국으로 이주했다기보다는 영연방 테두리 내에서 과거부터 존재해 왔던 영연방국민에 대한 비자제도의 개방성과 유연성 등을 최대한 활용해 이주할 수 있었고 고숙련 노동시장에 편입되었다. 따라서 영국에서는 수동적으로 영연방 출신 고숙련 노동력의 이주를 수용하면서 시장에 의해 활용되도록 하는 '자유방임'의 원칙이 유지되어 왔을 뿐 포괄적인 고숙련 외국인노동력 국제이주정책의 발전은 지체되었다.[20] 그러나 1990년대 중반 이후 국가 및 산업 발전전략, 기업의 요구들이 결합되면서 영국의 고숙련 외국인노동자 정책은 변화를 맞게 된다.

영국노동당은 집권과 동시에 영국의 경쟁력 제고를 위해 지식과 기술 증진이 필수 요소임을 강조하면서 고숙련 외국인노동자의 영국 이주가 영국경제에 주요한 기여를 할 것이라고 제기했다. 특히 정보통신기술 분야에서의 고숙련 노동자의 수급이 중요하다고 강조했다.[21] 영국 정부는 고숙련 노동자의 충원을 위해 고용주의 요구에 부합하는 노동허가(work permit)시스템을 도입함으로써 실질적으로 외국인노동력의 영국이주를 확대할 것임을 천명했다. 구체적으로 조처를 통해 2004년의 경우 12만 4천 명의 노동허가가 허용되었으며, 이들 중 8만 2천 명이 노동허가 소유자이고 나머지는 가족이었다. 이러한 정책의 실행은 영국으로의 이주자 중 2/3 정도가 정보통신, 의료, 교육 분야의 관리직 및 전문직 종사자들인 고숙련노동자들로 구성되는 상황을 조성할 수 있었다.[22]

---

20) 과거 영국의 고숙련 노동력 충원정책이 부재했던 것은 아니다. 제2차 세계대전 이후 국가의료서비스(National Health Service: NHS) 분야에서 인력이 부족하자 영국 정부는 초기에는 구영연방국가 출신 의료인력의 이주를 적극 허용했으며, 이후 1960년대와 1970년대에는 이주법등을 통해 인도와 파키스탄을 포함한 신영연방국가 의료인력을 활용했다. Vaughan Robinson & Malcolm Carey, "Peopling Skilled International Migration: Indian Doctors in the UK", *International Migration* Vol.38(1) (2000), p.92. 이들 의료인력들은 영연방국가 국민들로서 과거 식민지 본국과의 연관성으로 인해 영국으로의 이주와 정착이 비교적 자유롭게 허용될 수 있었다. 반면 영연방과 유럽 이외의 지역 국가 출신 고숙련 외국인노동력의 영국 이주는 구체적 정책의 부재와 통제 중심의 영국의 국제이주정책으로 인해 활성화되지 못하는 상황이 지속되었다.

21) Nicolas Rollason, "International Mobility of Highly Skilled Worker: the UK Perspective", OECD(ed.), *International Mobility of the Highly Skilled*(Paris: OECD, 2002), p.327.

22) Stephen Castles, *op.cit.*, p.751.

〈표 5〉 영국의 '점수체계'에 의한 외국인노동력 구분

1단계(tier 1)	고숙련 노동력(high skilled individual)
2단계(tier 2)	숙련 노동력(skilled worker)
3단계(tier 3)	제한된 수의 저숙련 노동력(low skilled worker)
4단계(tier 4)	외국인학생
5단계(tier 5)	제한된 기간의 청년층의 이동과 임시노동자(temporary worker)

출처: Stephen Castles, *op.cit.*, p.753.

고숙련 외국인노동력의 효과적 확보와 국제이주정책의 개선을 위해 영국 정부는 2006년 백서를 통해 '점수체계(points-based system)'의 도입을 발표했다.[23] 고숙련 외국인노동자의 고용을 보다 활성화하기 위해 도입된 점수체계를 통해 영국 정부는 외국인노동자의 교육수준, 소득수준, 미래의 소득 전망, 연령 등 요소를 점수화해 노동허가와 정착을 허용하겠다는 방침이었다. 즉 <표 5>에서처럼 5단계를 구분해 높은 점수를 받은 고숙련노동자의 영국으로의 이주는 적극 허용하는 반면 낮은 점수를 받을 수밖에 없는 저숙련 노동자의 고용과 정착은 철저히 통제하겠다는 의지를 분명히 했다.[24]

독일의 경우 고숙련 외국인노동력의 본격적인 충원은 기업들의 외국인 IT 전문인력 고용 요구에 대한 정부의 정책으로부터 시작되었다. IT 전문인력 충원 없이 독일산업의 경쟁력 강화가 어렵다고 판단한 슈뢰더 정부는 2000년 2월 IT 전문인력 충원을 위한 그린카드제도의 도입을 발표하고 2000년 8월부터 실행에 옮겼다. 제

---

23) 영국에서 '점수체계'의 도입에 대한 논의는 2000년대 접어들면서 본격화되었다. 사업경험이나 경력, 적합한 아이디어를 갖춘 경우 적은 자본을 소유하고 있어도 이주를 위한 심사대상이 되었다. 주요한 이주 및 정착 대상은 기술전문가 또는 IT/전자상거래 관련 종사자들에게 초점이 두어졌다. Sami Mahroum, *op.cit.*, p.31.

24) Stephen Castles, *op.cit.*, p.753.

도의 도입으로 비유럽 IT 관련 외국인노동자의 독일 이주와 5년 동안 IT 분야에서의 고용이 가능해졌다. 그린카드는 정보통신기술 분야 관련 학사학위를 소지하고 있거나 또는 독일 대학을 졸업한 외국학생들에게 신청자격이 부여되었으며, 또한 고용주로부터 연봉을 당시 10만 마르크[25] 이상 받을 수 있는 외국인노동자들에게도 지원자격이 주어졌다. 기존 외국인노동자들이 직업과 사업장 변화가 허용되지 않았던 반면 IT 관련 외국인노동자들에게는 직종과 기업 변화의 기회가 부여되었다. 그러나 자영업으로의 전환은 특수한 경우를 제외하고는 제한되었으며 배우자의 경우 1년의 경과기간 이후 직업을 구할 수 있도록 통제되었다.

고용 절차는 기업에서 IT 전문가의 충원을 고용사무소(employment office)에 요청하면 고용사무소는 독일 국민 또는 유럽연합 회원국 국민들의 활용 가능성을 파악한다. 독일인이나 유럽연합 시민들을 활용하기 어려운 경우 위에서 제시한 조건을 갖춘 IT 관련 외국인노동자의 지원을 받아 채용인력을 결정한다. 이후 채용대상자는 입국허가와 거주허가를 각각 발급받아야 한다. 정책의 시행 이후 <표 3>에서처럼 2001년 4월까지 약 7천 명의 외국인 IT 전문가들이 독일로 이주해서 고용되었다. 이들 중 절반 정도가 뮌헨, 프랑크푸르트, 본, 쾰른 등에 집중되었다.[26]

2001년 내무부 장관에 의해 제기된 새로운 법안에서 독일 정부는 보다 많은 외국인노동력이 필요하다는 것을 천명하고 있다. 과

---

25) 현재 유럽연합에서 통용되는 유로화로는 5만 유로가 기준에 해당된다. Carl-Ulrik Schierup, Peo Hansen & Stephen Castles, *op.cit.*, p.149.

26) Heinz Werner, *op.cit.*, pp.321, 323.

거 외국인노동자 프로그램과 근본적으로 다른 새로운 법안은 주요 정당들의 지지를 확보했으며 명확하게 노동력이 부족한 부문에 비유럽국가 출신 외국인노동력의 독일 이주를 허용하고 있다. 당시 법안은 모든 이주노동자들은 임시 노동허가를 부여함과 동시에 예외적으로 첨단기술 분야와 IT 분야 고숙련 외국인노동력에게는 영구정착을 위한 허가를 제공한다는 내용을 포함하고 있었다.27) 2004년 독일 이주법안은 영구정착 및 장기거주를 제한했던 그린카드제도를 개선해 고숙련 외국인노동자들의 영주신청이 가능하도록 했으며 보다 많은 고숙련 노동력의 이주를 촉진하기 위한 내용들을 포함하고 있었다.28)

한편 영국과 독일은 고숙련 외국인노동력 확보의 일환으로 외국학생의 유치와 고용을 위한 조처들을 1990년대 후반 이후 본격화했다. 독일 정부는 다양한 장학 혜택을 통해 외국학생을 유치하기 위한 정책을 수립했으며 영국의 경우 보다 세분화된 정책을 1999년에 수립했다. 영국 정부는 고등교육에서 외국학생의 수를 19만 8천 명에서 24만 8천 명까지 증가시키는 계획을 발표하고 이를 위해서 외국학생 유치 홍보 강화, 외국학생의 고용에 관한 법규와 비자 발급 절차의 간소화, 우수학생에 대한 장학지원 등을 추진했다.29)

영국은 독일에 비해 영연방국민들과 다국적기업 관리자들의 이주로 인해 비교적 많은 수의 고숙련 외국인노동자의 이주를 받아

---

27) Sami Mahroum, *op.cit.*, p.32.

28) Stephen Castles, *op.cit.*, pp.749~750.

29) Dominique Guellec & Mario Cervantes, "International Mobility of Highly Skilled Workers: From Statistical Analysis to Policy Formulation", OECD(ed.), *International Mobility of the Highly Skilled*(Paris: OECD, 2002), p.84.

들여 왔지만 영국경제의 미래 발전전략을 위해 첨단기술 및 정보통신 직종의 외국인노동력의 충원이 필요했다. 따라서 1990년대 중반 이후 영국 정부는 세계화, 정보화시대의 도래와 함께 차세대 산업성장의 동력으로 지식 및 정보통신기술 분야를 설정하고 관련 분야 외국인노동력의 고용 및 정착을 적극 유도하는 정책을 전개했다. 독일의 경우 고숙련 노동력의 상당 부분을 독일 노동력의 활용을 통해 공급해 왔으나 1990년대 정보통신 분야 등 첨단기술 분야에서의 노동력 부족이 더욱 현저해짐에 따라 자체 노동력의 활용이 한계에 봉착하게 되었다. 결과적으로 독일의 경우도 영국과 마찬가지로 2000년대 첨단기술 산업의 발전을 가속화하기 위해 고숙련 외국인노동력의 고용을 위한 정책의 발전을 본격화하게 되었다. 영국과 독일에서는 미래 경제발전을 위한 국가전략과 노동시장의 현실적 요구가 복합적으로 작용하면서 공통적으로 고숙련 외국인노동자 정책의 형성과 시행이 진행되어 왔다.

Ⅳ. 영국과 독일의 외국인노동력 국제이주정책 수렴경향의 원인: 경제 · 사회적 요인

1. 저숙련 노동자의 지속적 수요와 통제의 필요성

저숙련 노동력 수요의 지속성을 경제적인 측면에서 보면 영국과 독일을 포함한 선진국들의 자동차, 의류, 컴퓨터 조립과 같은 산업들은 동남아시아와 남미 등 저임금 국가들로 생산시설을 이전했거나 이전할 수 있지만 건설업과 서비스 직종 등의 이전은 사실상 어려운 상황이다. 따라서 선진국들에서 이들 산업 분야에서 일할 저숙련 외국인노동력의 필요성은 항상적으로 존재할 수밖에 없는 상황이다. 둘째, 저숙련 노동력 수요를 인구적인 측면에서 보면 유럽연합 회원국들의 출생률의 저하로 노동시장에 진입해야 하는 전체적인 신규 노동력이 부족할 수밖에 없는 상황이다. 유럽연합 회원국 25개국의 인구는 2004년 4억 5천 7백만에서 2050년에는 4억 5천만까지 감소할 것으로 예측되고 있으며 감소율이 독일에서는 현저히 높을 것으로 예상된다. 지속되어 온 출산율 저하는 기존 유럽연합 국가들의 청소년들이 보다 고등교육의 기회를 가질 가능성을 높게 함으로써 저숙련 노동시장에 편입될 가능성을 낮게 할 것이다. 따라서 내국인들의 저숙련 노동시장에 대한 선호가 낮아지면서 노동시장에서 저숙련 외국인노동력의 수요는 지속되어 왔으며 향후 지속될 가능성이 높다. 또한 출생률과 함께 중요한 것은 15세에서 64세까지의 노동력 인구가 유럽연합 25개 회원국 내에서 2004년 현재 67%를 차지하고 있는 반면 2050년의 경우 57%로 급감할 것으로 예견되고 있는 상황에서 장기적으로 외국인노동력의 영국과 독일을 포함한 서유럽국가로의 유입은 필연적이라고 볼 수 있다.[30]

위에서 제기된 경제와 인구적인 측면 이외에 최근 영국과 독일에서 활성화되고 있는 임시이주노동자 프로그램의 형성과 발전에는 사회·정책적 측면의 요인들이 영향을 미쳤다.[31] 영국의 경우

---

30) Stephen Castles, *op.cit.*, p.745.
31) 기존의 국경통제(border control)만으로 향후 외국인노동력의 이주를 적절히 통제할 수 없다는 것과

신영연방 국민들의 이주로 이주민공동체의 형성은 독일에 비해 조기에 이루어졌다. 영국 정부는 인종평등위원회를 통해 인종차별을 금지하고 '기회의 평등'을 제공하는 다문화주의정책을 1970년대부터 전개해 왔으나 1980년대부터 시작된 파키스탄계 이주민을 중심으로 한 인종차별에 항의하는 폭동은 2000년대까지 주기적으로 반복되어 나타났다. 특히 2005년 발생한 런던 버스테러 사건은 영국 내 이슬람 이주민공동체의 사회통합이 커다란 과제임을 입증하는 계기가 되었다.

독일은 과거 외국인노동자 프로그램의 부분적 실패로 유럽에서 가장 많은 이주민을 보유한 국가가 되었다. 특히 터키계 노동자들이 외국인노동자 프로그램을 통해 이주한 후 가족재결합 등을 통해 다시 대규모 이주하는 상황이 반복됨으로써 유럽 내 가장 큰 이주민공동체를 형성했다. 실제로 1974년에 1백만 명이었던 터키계 이주민들은 1982년에는 1백 60만 명, 1995년 2백만 명, 1999년에는 205만 4천 명까지 증가했다. 터키계 공동체는 정착 초기 이슬람 공동체로서의 지향을 가졌지만 점차 조직화가 진행되면서 자신들의 정치·사회적 권리의 획득을 요구하는 노력을 진행하고 있다.[32]

이와 같이 영국과 독일에서 이주민공동체의 형성과 성장은 과거 양국이 전개했던 국제이주정책의 산물이다. 이주민공동체의 성장으로 인해 양국은 정착한 이주민의 사회통합 과정에서 발생하는

2001년 9·11 테러 이후에는 불법 이주가 안보의 문제로 비화될 수 있다는 인식이 확산되면서 체계적인 외국인노동자 프로그램 발전의 필요성을 증대시켰다. 또한 적절하고 체계적인 외국인노동자 정책은 이주민공동체의 양산을 가져온 과거 정책의 실패를 답습하지 않을 것이라는 정책입안자들의 인식이 임시이주노동자 프로그램의 형성과 발전에 영향을 미쳤다. Stephen Castles, op.cit., p.747.

32) Stephen Castles & Mark J. Miller, op.cit., pp.200~201, 210.

다양한 문제점과 비용을 감당해야 했다. 특히 상대적으로 저숙련 노동력이고 저학력층에 속하는 영국의 파키스탄계와 독일의 터키계의 통합이 쉽지 않다는 것을 양국 정부는 분명하게 인식하게 되었다. 따라서 영국의 경우 부재했던 저숙련 노동자 국제이주정책을 노동허가제도의 활용을 통한 임시이주노동자 프로그램의 시행으로 저숙련 노동력을 활용하면서도 그들의 이주와 정착은 철저히 통제하고 제한하려는 정책을 시행하고 있는 상황이며 독일 정부는 기존 외국인노동자 프로그램의 부분적 실패를 반복하지 않을 임시이주노동자 프로그램을 1990년대부터 수립해 실행에 옮기고 있다.

2. 고숙련 노동자 고용의 필요성 증대

유럽국가들은 최근 경제성장과 생산성 향상을 위해 기술 발전이 중요하다는 것을 인식하고 이를 위한 정책의 필요성을 강조해 왔다. 즉 인적 자본(human capital)이 지식기반 경제의 성장을 위해 가장 중요한 요인이라는 것을 지적하면서 일자리 창출과 생산성 증대에 기여할 수 있는 고숙련 노동자의 양산과 충원에 고용정책의 중심을 두어 왔다. 예를 들면 독일에서는 IT 분야 고숙련 노동자가 2.5개의 새로운 일자리를 산출할 수 있다는 분석들이 제출되기도 했다.[33] 이러한 경제정책의 요구에 기초해 영국과 독일은 보다 적극적인 고숙련 외국인노동자의 고용과 정착을 고려하게 되었으며,

---

33) Christina Boswell, "Migration in Europe", A Paper Prepared for the Policy Analysis and Research Programme of the Global Commission on International Migration(September 2005), p.5.

고숙련 외국인노동자 충원을 위한 정책을 시행하게 되었다.

영국은 1990년대 중반 이후 정보통신 기술로 대표되는 지식 및 첨단기술 산업의 발전을 자국 경제성장의 기초로 간주하고 기존 고숙련 외국인노동력의 충원보다 확대된 고숙련 외국인노동자의 고용 및 정착 정책을 수립하고 발전시켜 왔다. 구체적인 경제발전 전략의 변화와 고숙련 노동력 수요의 성장은 다음과 같다. 1990년대 접어들면서 영국에서는 정보통신기술 분야 산업의 성장이 두드러졌다. 정보통신기술 산업 분야는 1996년 기준 영국 전체 GDP의 6.5%를 차지할 정도로 성장했으며, 1998년 기준 87만 명이 이 분야에 고용되었다. 정보통신기술 분야의 고용창출은 1990년대 후반 두드러졌으며 IT서비스 산업에서만 1997년부터 2006년까지 34만 명의 노동력이 창출될 것으로 예상되었다. 또한 1999년 4월 조사에 따르면 19%의 토목회사(engineering firm)들이 노동력 부족을 제시했으며 특히 전문직과 기술직에서의 고숙련 노동자의 부족이 보고되었다. 1996년 기술 감사보고서(Skills Audit)에서도 컴퓨터 관련 고숙련 노동자들의 경쟁력이 다른 선진국들에 비해 뒤처지고 있다는 점을 강조하고 있다.[34] 이러한 1990년대 영국 정부의 산업전환 전략 및 경쟁력 강화 계획과 실제 기업들에서의 노동력 요구가 맞물리면서 영국 정부는 수동적으로 기존 영연방 국민들의 이주에 의해 지속되어 온 고숙련 노동력의 유입을 구체화되고 발전된 고숙련 외국인노동자 국제이주정책으로 전환하게 되었다.

독일의 경우 1999년을 기준으로 보면 과학과 기술 분야 인적 자

---

34) Nicolas Rollason, *op.cit.*, pp.331~332.

원을 영국에 비해 많이 보유하고 있었다. 예를 들면 독일이 1,797만 명 정도의 과학기술 분야 인적 자원을 보유하면서 1,179만 명이 해당 분야에 종사하고 있었던 것에 반해 영국의 경우는 1,052만 명의 해당 분야 인적 자원이 존재하면서 고용된 수는 671만 명으로 독일에 비해 30% 이상 과학과 기술 분야 인적 자원의 수가 부족한 상황이었다.[35]

〈표 6〉 1995년과 1998년 사이 영국과 독일의 외국인과 국내 성인의 평균 교육수준(단위: %)

	고등학교 이하		고등학교 졸업		대졸 이상	
	외국인	국민	외국인	국민	외국인	국민
영국	30.3	19.4	30.5	53.3	39.3	27.3
독일	49.4	16.5	35.4	59.3	15.2	24.2

출처: Dominique Guellec & Mario Cervantes, "International Mobility of Highly Skilled Workers: From Statistica Analysis to Policy Formulation", OECD(ed.), *International Mobility of the Highly Skilled*(Paris: OECD, 2002), p.75.

<표 6>을 통해 영국으로 이주하는 외국인들의 학력수준이 독일의 경우에 비해 높다는 것을 알 수 있다. 독일로 이주하는 외국인들은 특히 저학력자가 많이 포함되어 있다. 앞서 제시된 과학과 기술 분야 인적 자원 수와 <표 6>을 토대로 해서 보면 영국은 국내 과학과 기술 분야 인적 자원을 포함한 고숙련 노동력이 부족한 상황에서 고숙련 외국인노동자의 유입을 위한 정책을 전개함으로써 고학력·고숙련 외국인노동력의 이주를 수용했다. 반면 독일은 유럽에서 가장 많은 과학과 기술 분야 인적 자원을 가졌던 국가이

---

35) Laudeline Auriol & Jerry Sexton, *op.cit.*, pp.17, 21.

고 독일국민 중에서 저숙련 노동에 종사할 저학력 인구가 적은 상황으로 고숙련 노동력의 충원보다는 저숙련 외국인노동자의 고용에 주안점이 두어졌다.

독일은 상대적으로 많은 과학과 기술 분야 인적 자원을 보유하고 있었음에도 불구하고 최근 IT와 컴퓨터 분야 등 첨단산업 영역에서는 인적 자원의 부족이 나타났다. 독일기업들은 IT 전문가 충원을 지속적으로 독일 정부에 제기했으며, 이러한 요구는 2000년 2월 독일 정부의 IT 관련 외국인노동자의 이주와 고용을 위한 그린카드제가 도입되는 결과를 가져왔다.

한편 고숙련 노동자 국제이주의 확대는 과거 서유럽국가들이 경험했던 외국인노동자 프로그램이나 식민지 국민들의 이주에 의한 저숙련·저학력 이주민의 정착을 통해 주류 사회와 분리된 이주민 공동체의 형성을 반복시키지 않을 것이라는 영국과 독일 정부의 희망이 반영되어 진행된 것이다. 과거 비공식적 노동시장과 이주민 공동체의 게토(ghetto)로 편입되었던 저숙련 노동자들의 경우와 달리 이들 고숙련 노동자들은 임금을 통해 세금을 납입하고 중산층의 생활이 가능함으로써 양국의 주류사회로의 통합 및 기존 주류 공동체와의 공존이 가능하다는 판단인 것이다. 따라서 경제적 효용성 이외에도 고숙련 노동자의 이주와 정착은 고숙련 노동자와 가족들을 위해 국가가 부담해야 하는 사회적 비용과 사회통합을 위해 지불해야 하는 비용도 감소시킬 수 있다고 양국 정부는 판단하고 있다. 이러한 사회통합의 저비용과 효율성이라는 긍정적인 측면 때문에 영국과 독일에서 고숙련 노동자의 고용은 시작되었으며 현재까지 지속되고 있는 것이다.

Ⅴ. 결론: 유럽의 보편적 경향인가?

1990년대 접어들면서 경제·사회적인 요인에 의해 저숙련 및 고숙련 노동력의 수요가 지속 및 증가되면서 영국과 독일에서는 저숙련 및 고숙련 노동자 국제이주정책이 형성되고 체계화되었다. 영국은 2000년대 들어서면서 저숙련 노동자 충원 정책의 미비로부터 탈피해 노동허가제에 기초한 임시이주노동자 프로그램을 형성하고 체계화했던 반면 독일은 1990년대 초부터 계절노동자 고용을 통한 임시이주노동자 프로그램을 발전시켜 왔다. 고숙련 노동력의 국제이주정책은 반대로 영국이 독일에 비해 비교적 빠른 1990년대 중반 이후 고숙련 노동력 수용의 필요성을 제기하면서 정책을 실행에 옮겨 온 한편 독일의 경우 다소 늦은 2000년대 들어서면서부터 고숙련 노동력의 고용을 위한 정책의 형성과 시행 경쟁에 본격적으로 참여하게 되었다. 양국에서 형성되고 발전되어 온 저숙련 및 고숙련 외국인노동력 국제이주정책은 규모와 통제의 정도에 있어 차이는 존재하지만 유럽국가에서도 형성 및 시행되고 있는 추세이다.[36] 특히 저숙련 노동력 국제이주정책의 구체화된 형태인 임시이주노동자 프로그램은 남유럽국가들에서 시행되고 있는 한편 고숙

---

36) 최근 유럽국가들은 전반적인 이민에 대해서는 제한정책을 추진하고 있는 상황이다. 불법체류자에 대한 혜택 제한 및 이민 시 자격요건의 강화와 '이민 서약서'의 의무화 등이 진행되고 있다. 이선필, "유럽 연합과 이민자갈등 – 포함과 배제의 딜레마에 관한 연구", 『유럽연합의 제문제와 세계』(2008년 제2회 한국 유럽학 연합 학술회의 자료집), pp.53~56. 한편 유럽연합 순회의장을 맡은 사르코지 프랑스 대통령은 유럽연합 차원의 새로운 이민법을 추진할 의사를 밝혔다. 고숙련 노동력을 위한 '블루카드'제의 도입과 불법체류에 대한 엄격한 단속 등을 포함한 법안은 각국의 동의를 얻어야 한다. 그러나 리스본 조약이 연쇄적으로 거부되고 있는 상황에서 사르코지가 계획하고 있는 법안이 유럽연합의 공동이민법 안으로 채택되기는 어려운 상황이다. 『경향신문』, 2008년 6월 29일.

련 노동력의 이주와 정착을 위한 정책들은 서유럽국가들에서 적극 활용되고 있다.

예를 들면 임시이주노동자 프로그램은 기존 외국인노동자 프로그램을 시행했던 독일과 네덜란드, 스웨덴 등 국가들 이외에 이탈리아와 스페인 등 남유럽국가들에서도 제한적이기는 하지만 진행되고 있다. 과거 외국인노동자 인적 자원의 주요 공급지 역할을 해오면서 서유럽국가들의 이탈리아 노동자들에 대한 정책에 비판적이었던 이탈리아도 1990년대 이후 임시이주노동자 프로그램을 발전시켜 오고 있는 상황이다. 스페인에서도 제한적이기는 하지만 임시이주노동자 프로그램이 실행에 옮겨지고 있는 상황이다.[37]

임시이주노동자 프로그램은 노동시장에서 상존하는 저숙련 노동력에 대한 요구를 반영해 유럽 각국들이 도입해 실행에 옮기고 있는 상황이다. 주목할 점은 대부분의 유럽국가들이 과거 외국인노동자 프로그램에 비해 저숙련 외국인노동자의 1회 계약 시 채용인원을 현저히 줄였으며 외국인노동자의 체류기간도 단축시켰다는 것이다. 또한 저숙련 외국인노동자의 원활한 귀환을 위해 주로 인접국가들로부터 양자 간 협정을 통해 노동력을 충원하고 있다.

과거 외국인노동자 프로그램보다 통제가 강화된 임시이주노동자 프로그램의 도입은 유럽국가들의 '독일효과'의 학습결과라고 볼 수 있다. 즉 독일이 외국인노동자 프로그램을 통해 유럽 지역 이외에서도 외국인노동력을 충원하고 장기간 체류하도록 하면서 유럽국가들 중 가장 많은 이주민이 거주하는 국가로 변화된 것을 유럽국

---

37) Stephen Castles & Mark J. Miller, *op. cit.*, pp.101~102.

가들이 목도하면서 독일 사례의 발생을 원천적으로 봉쇄하기 위한 조치들이 모색되었고 임시이주노동자 프로그램으로 나타나고 있다. 둘째, 1990년대부터 임시이주노동자 프로그램을 활용하면서 저숙련 노동력의 공급과 정착 통제라는 목적을 독일 정부가 효과적으로 달성하고 있는 것도 또 하나의 학습효과를 제공하고 있다. 이러한 독일의 경험은 다른 유럽국가들이 시장의 요구에 부합해 저숙련 외국인노동력을 효과적으로 충원하면서도 정착을 통제할 수 있는 임시이주노동자 프로그램을 선택하는 데 영향을 미쳤다.

한편 서유럽국가들은 고숙련 노동력의 이주와 정착을 독려하기 위한 정책들을 적극 도입하고 있는 상황이다. 우선 프랑스와 핀란드 등은 정부 차원에서 잠재적 고숙련 노동력인 외국인 학생의 유치를 위한 정책을 수립해 시행하고 있으며, 프랑스의 경우 1990년대 후반부터 본격적으로 외국인 과학자와 연구자들의 프랑스로의 이주를 장려하는 조처들을 도입했다.[38] 예를 들면 프랑스는 1998년 과학자와 학자들에게 특별 지위를 도입하는 법을 제정했으며, 같은 해 IT 기술과 같은 특정 분야 고숙련 노동자의 입국조건을 완화하는 조처를 취했다.[39]

현재 유럽 지역에서는 영국과 독일이 경제·사회적인 요인에 의해 저숙련 및 고숙련 외국인노동력 국제이주정책을 형성시키고 체계화하는 과정에서 정책적 수렴경향을 강하게 보이는 한편 프랑스와 같은 서유럽국가들과 이탈리아와 스페인 등 남유럽국가들은 저

---

38) Dominique Guellec & Mario Cervantes, *op.cit.*, p.84.

39) 그럼에도 불구하고 2000년대 초반까지 프랑스는 고숙련 외국인노동자의 수용과 정책의 발전 측면에서 영국과 독일에 비해 뒤처지는 것으로 평가되었다. Sami Mahroum, *op.cit.*, p.31.

숙련 또는 고숙련 외국인노동력 국제이주정책 중 자국의 상황을 고려해 양자 중 하나를 취사선택하고 있는 상황이다. 유럽연합 가입 이후 중동유럽국가들의 노동력이 새로운 외국인노동력 공급원으로 부상하면서 서유럽 및 남유럽국가들은 지리적 인접성이 강한 이들 노동력을 효과적으로 활용하기 위한 정책을 수립하고 체계화할 가능성이 높은 상황이다. 이러한 상황에 직면해 영국과 독일을 제외한 서유럽과 남유럽국가들은 양국의 외국인노동력 국제이주정책을 벤치마킹할 개연성이 높고 이러한 환경 아래서 서유럽과 남유럽국가 외국인노동력 국제이주정책의 수렴경향이 나타날 가능성이 높다.

참고문헌

김용찬. "여성노동자 국제이주와 이주 수용국가에서의 조직화의 관계 연구". 『사회과학연구』. 제15집 1호(2007년), pp.182~215.

김용찬. "영국과 독일의 상이한 이주 유형 비교 연구". 『현상과 인식』. 제30권 3호(2006년 가을호), pp.151~174.

이선필. "유럽연합과 이민자갈등 – 포함과 배제의 딜레마에 관한 연구". 『유럽연합의 제문제와 세계』(2008년 제2회 한국 유럽학 연합 학술회의 자료집), pp.39~60.

Auriol, Laudeline & Sexton, Jerry. "Human Resources in Science and Technology". OECD.(ed.). *International Mobility of the Highly Skilled.* Paris: OECD, 2002, pp.13~38.

Bartram, David. *International Labor Migration.* Hampshire: Palgrave Macmillan, 2005.

Boswell, Christina. "Migration in Europe". A Paper Prepared for the Policy Analysis and Research Programme of the Global Commission on International Migration(September 2005).

Castles, Stephen & Miller, Mark J. *The Age of Migration.* Hampshire: Palgrave Macmillan, 2003.

Castles, Stephen. "Guestworkers in Europe: A Resurrection?" *International Migration Review.* Vol.40. No.4(Winter 2006), pp.741~766.

Guellec, Dominique & Cervantes, Mario. "International Mobility of Highly Skilled Worers: From Statistical Analysis to Policy

Formulation". OECD(ed.). *International Mobility of the Highly Skilled.* Paris: OECD, 2002, pp.71~98.

Mahroum, Sami. "Europe and the Immigration of Highly Skilled Labour". *International Migration.* Vol.39(5)(2001), pp.27~43.

OECD. *International Migration Outlook.* Paris: OECD, 2007.

OECD. *Trade and Migration.* Paris: OECD, 2004.

Robinson, Vaughan & Carey, Malcolm. "Peopling Skilled International Migration: Indian Doctors in the UK". *International Migration.* Vol.38(1)(2000), pp.89~108.

Rollason, Nicolas. "International Mobility of Highly Skilled Workers: the UK Perspective". OECD.(ed.). *International Mobility of the Highly Skilled.* Paris: OECD, 2002, pp.327~339.

Schierup, Carl-Ulrik, Hansen, Peo & Castles, Stephen. *Migration, Citizenship and the European Welfare State.* Oxford: Oxford University Press, 2006.

Werner, Heinz. "The Current 'Green Card' Initiative for Foreign IT Specialists in Germany". OECD.(ed.). *International Mobility of the Highly Skilled.* Paris: OECD, 2002, pp.321~326.

『경향신문』, 2008년 6월 29일.

제6장 여성이민자는 이민의 수혜자인가?:
프랑스 내의 북아프리카 출신 여성이민자의 경우

김민정

서울시립대학교 국제관계학과 교수

I. 서론

이민문제를 젠더의 시각에서 재조명하는 연구들이 최근 이민관련 연구에서 많이 나타나고 있다. 국제적 이민의 원인과 그 결과, 국제적 이민으로 나타나는 사회의 변화 등을 이해하는데 있어서 젠더라고 하는 시각은 상당히 의미 있는 해석을 제공해 주고 있다[1]. 젠더와 이민은 연구자의 관점에서 보면 상호 연관되어 있는데 젠더가 이민의 여러 현상의 변화에 중요한 변인이 되고 있으며 다른 한편으로 이민이라고 하는 것은 젠더관계 변화에 중요한 요인이 되고 있다. 젠더에 따라서 이민의 양상이 달라지고, 젠더에 따라

---

1) Nicola Piper ed., *New Perspectives on Gender and Migration* (UNRISD 2007), p.1 ; Eleonore Kofman, Annie Phizacklea, Parvati Raghuram, Rosemary Sales, *Gender and International Migration in Europe* (New York: Routledge, 2000), p.22

서 이민 이후 새로운 사회에 적응해가는 양식이 달라진다. 젠더는 사회의 다른 관계들 즉 계급, 이민에 따른 사회적 지위, 인종, 세대 간 갈등 등 다양한 관계들에 영향을 미친다. 또한 이민은 한 사회의 젠더관계에 영향을 미치고 이민이라고 하는 사회적 행위를 통해서 이민자 개인의 젠더의식, 정체성, 그리고 가족관계 등 다양한 측면이 달라진다. 이러한 점에서 젠더와 이민은 서로 영향을 주고받고 있다.

이민을 젠더의 시각에서 재조명할 때 가장 관심을 끄는 주제 중하나가 남녀 이주민의 정착이다. 이민연구에서 남녀를 구분하지 않았기 때문에 정착에 있어서도 여성은 남성과 별반 다르지 않을 것으로 추정해왔다. 그러나 최근 들어 여성의 이주가 늘면서 이주의 여성화라는 현상으로까지 명명되면서 많은 연구들이 여성이주의 특징을 찾아내는데 주목해오고 있다. 그 중에서 이민이라는 현상이 남성보다는 여성에게 더 많은 사회적 혜택을 가져준다는 해석이 우리의 관심을 끈다. 특히 프랑스 사회에서 북아프리카 출신 여성이민자들은 남성이민자에 비해서 사회적 거부감이 덜하고 심지어는 프랑스의 입장에서 북아프리카 출신 여성이민자들은 프랑스 이민자정책인 동화정책의 중요한 매개자(agents)로서 간주되면서 북아프리카 출신 여성이민자를 통해서 북아프리카 출신 이민자들의 프랑스 사회에의 통합을 기대한다는 의견도 있다[2]. 그러나 다른 한편으로 여성이민자들은 이민사회에서 이민자이면서 동시에 여성으로서 이중적인 부담을 진다는 의견도 있다.

---

2) Catherine Wihtol de Wenden, "Young Muslim Women in France : Cultural and Psychological Adjustments" *Political Psychology*, Vol.19, no.1. (1998). pp.133-134

이러한 문제의식 하에서 본 논문은 프랑스 북아프리카 출신 여성이민자들의 프랑스 사회 내에서의 삶을 조명하면서 여성이민자들은 이민의 수혜자인지 살펴보고자 한다. 프랑스는 이민모델에 있어서 영국의 식민지모델(colonial regime)과 독일의 손님노동자모델(guest worker regime)과 다른 혼합형 모델이다[3]. 즉 프랑스는 구식민지로부터 이주자들이 보다 쉽게 이주해 올 수 있는 정책을 가지고 있었으면서 동시에 노동력의 부족 때문에 외국 노동자를 손님으로 받아들이는 혼합형 모델을 취하는 국가이다. 프랑스는 구식민지로부터 이주해온 이주자와 손님으로 들어온 노동자로 이주자가 나누어져있지만 이민정책은 이들을 구별하지 않아왔기 때문에 이민정책이 어려움에 봉착할 수밖에 없고 이러한 어려움은 결국 동화정책의 실패로 연결될 수밖에 없었다[4]. 이중적인 구조를 가지고 있는 프랑스의 특수성은 여성이민자들에게도 그대로 나타나고 있어서 북아프리카출신 여성이민자는 영국의 영연방 혹은 아일랜드계 여성과 같은 입장이지만 영국과 프랑스는 다른 이민 모델을 가지고 있기 때문에 이들 여성이민자들이 가진 문제는 같지 않다. 프랑스내의 북아프리카출신 여성이민자들은 혼합형 이민모델을 가지고 있는 국가에서 구식민지출신의 여성이민자들의 입장을 볼 수 있는 좋은 예가 된다. 이런 점에서 본 논문은 우선 여성이민자들에 대한 두 가지 시각을 좀 더 자세히 소개하고 이어서 프랑스 사회 내에서 여성이민자의 다양한 측면들을 통계자료를 통해서 살펴보면서 프랑스 사회 속에서 북아프리카 출신 여성이민자들은 과연

---

3) Nicola Piper ed., Ibid., pp.44-56

4) 김민정. "프랑스 이민자정책:공화주의적 동화정책의 성공과 실패." 『세계지역연구논총』.25집 3호(2007)

이민의 수혜자 혹은 프랑스 동화정책의 매개자인지 아니면 이중적 부담을 지는 존재인지를 살펴보고자 한다[5].

Ⅱ. 여성이민자를 보는 두 가지 시각

1. 이민의 수혜자 그리고 동화정책의 매개자

왜 사람들은 이민을 가는지를 설명하는 전통적인 이론들은 크게 두 가지로 나뉜다. 경제적 요인을 강조하는 고전주의 경제이론에서는 보다 높은 취업의 가능성과 보다 높은 임금이 제공되리라는 기대감을 강조한다[6]. 고전주의 경제이론에서는 여성이민의 경우도 남성이민과 마찬가지로 보다 나은 삶에 대한 기대가 이민의 가장 중요한 동인이라고 생각한다. 한편 비경제적인 동인을 강조하는 이

---

5) 프랑스 이민자들의 출신국가별 분류를 보면 유럽국가출신과 북아프리카 출신이 단위 지역별로 가장 많다. 초기에는 유럽국가들로부터 이민이 많았지만 1950년대가 지나면서부터는 구식민지였던 북아프리카 출신 이민자들이 많아지기 시작했다. 현재 프랑스 내 이민자 가운데에는 북아프리카 3개국(알제리, 튀니지, 모로코) 출신 이민자가 전체 이민자의 1/3이고 유럽국가 출신이 1/3, 나머지가 1/3에 해당한다 (www.insee.fr/fr/themes/ tableau.asp?reg_id=0&ref_id=NATTEF02158, 2008년 통계). 국가별로 보면 알제리, 모로코가 가장 많고 다음은 포르투갈, 그 뒤를 이탈리아, 스페인, 튀니지가 뒤따른다. 따라서 프랑스 내 이민자를 모두 북아프리카 출신이라고 말하기는 어렵지만 통합 혹은 동화의 대상이 되는 것은 사뭇 다른 문화를 가지고 이주해온 북아프리카 출신 이주자일 수밖에 없다. 유럽출신 이민자들은 프랑스인과 문화, 종교, 생활면에서 상당히 유사한 면을 많이 가지고 있기 때문에 특별히 통합의 대상이 되지는 않는다. 따라서 본 논문에서는 이주자의 출신국가별 개별 통계가 없어서 전체 통계를 가지고 프랑스 내 이주민의 성격을 살펴보겠지만 특히 통합의 대상이 되는 북아프리카 출신 여성이주자들의 어려움을 중심으로 논의하고자 한다. 여성이민자의 일반적인 속성은 전체 통계를 주로 사용하였고 경제활동의 경우에는 출신국가별 통계가 있는 경우 이를 통해서 북아프리카 출신 여성이민자들의 문제점을 조명하였다.

6) John R. Harris and Michael P. Todaro, "Migration, Unemployment and Development: A Two-Sector Analysis" *The American Economic Review*, vol.60, No.1(1970), pp.126-142

론은 여성은 남성과 달리 구조적인 상황이 주는 억압 때문에 이민을 결심한다고 주장한다. 예컨대 모국에서의 사회적인 억압, 결혼 생활이 주는 억압, 육체적인 폭력, 불가능한 이혼 등 여성들이 가진 사회적인 억압 및 가족 내에서의 억압이 여성으로 하여금 이민을 결심하게 한다는 것이다. 초기 구조주의자 중 대표적인 학자인 모로코바식은 미혼 여성 혹은 과부, 이혼 여성들이 경제적인 어려움에 대한 강요된 반응으로 할 수없이 이민을 가는 것이 아니라 여성들의 의도적이며 계산된 선택으로서 특히 가부장제가 제도화되고 억압적인 힘을 발휘하는 사회로부터 일종의 탈출로서 여성들이 이주를 선택한다는 사실에 주목했다[7]. 경제적인 요인을 강조하는 이론은 여성을 남성과 동일선상에 놓음으로써 여성이민의 특수성을 밝혀내지 못했다. 반면 비경제적 요인을 강조하는 구조주의적 이론은 여성이민의 특수성을 강조하면서 여성의 경우에는 경제적인 요인보다는 비경제적 요인에 의한 이민의 결정을 강조했다. 초기의 구조주의자들이 여성이민의 비경제적 요인만을 강조하였다면 후기의 구조주의적인 이론들에서는 경제적 요인의 중요성을 어느 정도 인정하면서 경제적 요인에 의한 비경제적 효과를 강조하고 있다. 대표적인 민의로는 스크로바네크의 민의가 있는데 그는 여성들의 사회적 지위와 가치가 낮은 사회로부터 여성들이 이주를 할 때 그들은 분명히 경제적인 이유 때문에 이주를 결심하지만 이주 후 보내는 그들의 송금 및 송금할 수 있는 그들의 능력은 자신들의 사회적 지위를 상승시키는 효과를 가져 온다고 주장했다[8]. 그래서 부모

---

7) Mirjana Morokvasic, "Birds of Passage are also women..." *International Migration Review* vol.18, No.4 Special Issue: Women in Migration (Winter, 1984), pp.886-907

들은 점차 직접적인 정책결정자로서의 자리를 자신들의 딸에게 내어주어 딸들은 보다 독립적이고 능동적인 행위자로 변한다는 것이다. 이렇게 구조주의적 이론은 이민을 결정할 당시 여성들은 경제적 동인에 의해서 이민을 결정할지는 모르지만 이민을 통해서 여성들은 보다 독립적이며 능동적으로 변화되어 모국에서의 젠더관계가 변화된다는 비경제적 효과를 강조하고 있다. 이민이라는 경험을 통해서 여성의 공적, 사적인 삶이 영향을 받고, 노동력으로서 경제적인 활동에의 참여를 통해서 이민여성들의 종교성, 결혼생활에서의 역할 및 만족, 그리고 그들의 자율성과 자존감이 큰 영향을 받는다. 이민은 여성들이 모국에서는 가질 수 없었던 자율성, 독립성, 자존감을 가지게 했고 사회적 존재로서 삶을 영위해나가는 다양한 수단들을 제공한다.

이러한 이론은 이민의 영향을 연구한 다른 연구들에서도 비슷하게 나타난다. 이민의 영향은 남성과 여성에게 다르게 나타는데 여성들에게는 남성들보다 더 많은 혜택이 있다고 연구들은 설명한다. 캐츠는 아일랜드 출신 이민자들의 미국화 과정을 연구하면서 경험적으로 볼 때 여성은 남성과 비교하여 자신들의 꿈과 열정을 이민을 통해서 실현할 수 있었으며 남성보다 더 많은 기회를 가질 수 있었다.[9] 이민을 통해서 일찍부터 교육을 받을 수도 있었고 보다 즐겁게 그리고 보다 철저히, 열정적으로 현지화할 수도 있었다. 포너는 런던으로 이민온 자메이카 출신 여성들의 삶을 연구하면서 이민이라

---

8) Siriporn Skrobanek, Nattaya Boonpakdi, Chutima Janthakeero, *The Traffic in Women: Human Realities of the International Sex Trade*, (London:Zed Books, 1997) p.74

9) Rachel Kats, "The immigrant woman: double cost or relative improvement?" *International Migration Review* (1982) 16 pp.661-677.

는 경험자체는 여성이민자에게나 남성이민자에게나 다 어려운 경험이지만 여성이민자에게는 남성이민자에게서보다 훨씬 더 긍정적인 요소가 많이 발견된다고 주장했다[10]. 이민은 여성들에게 모국 사회가 그들에게 부과했던 전통적인 역할이나 의존의 형태를 깰 수 있는 좋은 기회를 제공해주었고 새로 발견된 자유를 부여해 주었다고 강조했다. 페사르는 도미니카 출신 여성이민자들이 미국으로 이주해 오면서, 자신들의 모국에서는 경제활동에 종사하지 않았지만 미국으로 이민 온 이후 처음으로 가정 밖에서 일할 수 있는 기회를 가졌고 이러한 기회는 그들에게 중요한 된 를 가져다주었다고 주장했다[11]. 즉 가정밖에서의 활동을 통해서 가부장적인 질서가 강요했던 가족내에서의 정책결정에 남성과 동등하게 참여할 수 있는 능력도 함양하게 되었으며 경제활동을 통한 수입으로 자신들의 역할을 현실화할 수 있는 보다 안정된 수단까지 가짐으로써, 이민은 여성들의 자율과 독립 그리고 사회적 주체로서의 삶의 전개에 크게 기여했다고 주장하였다. 프랑스에서 히잡 착용의 문제를 연구했던 킬리안은 프랑스에 이민 온 북아프리카 출신 여성들 중 상당수는 프랑스 사회가 그들이 살아왔던 북아프리카 사회와 크게 다르기 때문에 프랑스의 삶에 동화되어 프랑스화하여 프랑스가 주는 자유와 평등을 누려야한다고 생각하고 있다고 주장했다[12]. 프랑스라는 사회는 북아

---

10) Nancy Foner, *Jamaica Farewell: Jamaican Migrants in London.* (Berkeley: University California Press, 1978)

11) Patricia Pessar, "The linkage between the household and workplace in the experience of Dominican immigrant women in the United States" *International Migration Review*(1984) 18 pp.1188–1211

12) Caitlin Killian, "The other side of the veil: North African Women in France Respond to the Headscarf Affair" *Gender and Society* (2003) vol. 17 p.585

프리카 여성들에게 자유와 평등을 부여해준다는 것이다.

이러한 주장이 설득력이 있는 것은 이민의 속성 때문이다. 일반적으로 이민은 저개발국가에서 선진자본주의국가로 이주하는 형태로 나타난다. 따라서 이민을 떠나는 여성들은 자신들의 모국이 강요하는 사회적 억압, 가부장적인 역할과 상당히 다른, 보다 개인주의적이고 보다 성평등적인 질서를 접하게 된다[13]. 이에 따라서 이민여성들은 새로운 사회가 제공하는 다양한 경험들을 기꺼이 받아들이고 새로운 사회가 제공하는 성역할을 새롭게 습득하여 이제까지의 '억압적인' 사회적 성역할을 버리고 새로운 역할을 인정받게 된 것이다. 이러한 일련의 변화는 이민여성들에게 보다 많은 기회를 제공하고 가능성을 주기 때문에 이민은 남성보다는 여성들에게 유리하다는 주장이다.

게다가 이민 사회에서 여성이민자들은 남성이민자들보다 더 나은 대우를 받는다고 인식되고 있다. 그 이유는 인종주의의 직접적인 대상은 남성이지 여성은 아니며 남성이민자들은 남성으로 인식되기 이전에 '아랍인' 혹은 '외국인'으로 인식되어서 인종주의의 직접적인 대상이 된다. 한편 여성들은 외국인이기 이전에 우선 여성으로 인식된다. 일정한 조건을 갖춘 여성들[14]에게 그들의 인종성이나 이민자로서의 지위는 부차적이다[15]. 이렇게 이민남성은 경계의 대상이지만 이민여성들은 반드시 그렇지 않다. 이러한 이유로

---

13) 이주의 결정에 있어서 개인의 역할과 가족의 역할을 강조하는 서로 다른 이론이 있다. 그러나 가족에 의해서 이주가 결정되었던, 스스로 원해서 이주를 결정하였던 이주 자체는 여성들에게 기회가 된다는 것이다.

14) 프랑스 사회에서는 불어를 구사할 줄 안다든지 히잡이나 혹은 차도르 같은 것을 착용하지 않고 프랑스인처럼 옷차림을 하는 조건을 의미한다.

15) Ibid., p.587

여성들은 이민으로부터 더 많은 혜택을 받을 수 있다는 주장이 설득력이 있다.

더 나아가 여성이민자는 이민자집단이 이민사회에 통합되는 매개자(mediator)가 된다[16]. 사회학자와 인류학자는 문화적으로 인종적으로 이민여성들은 전통적인 문화적 가치와 관습의 전이에 중요한 역할을 한다고 생각했다. 특히 프랑스 사회에서 북아프리카 출신 이민여성들은 북아프리카지역의 전통적인 문화 가치 및 관습으로부터 프랑스 사회의 관습 및 가치에 통합되는데 중요한 역할을 한다는 것이다[17]. 북아프리카 출신 이민여성들은 프랑스인과의 결혼을 통해서 그리고 공교육을 통해서 프랑스 사회의 문화와 가치에 통합되고 이것을 원래 자신이 가지고 있던 전통문화, 가치관과 혼합하여 가족 및 자신들의 동족 집단에 전하고 이를 통해서 그들의 동족 집단이 프랑스 사회에 통합되는 과정을 거친다는 것이다. 이들 이민 여성들은 이민남성보다 쉽게 동화될 수 있는데 그 이유는 여성들은 동화를 통해서 많은 것을 얻는 반면 남성들은 동화하게 되면 지금까지 그들이 누렸던 가족에 대한 상당한 통제력을 잃게 되기 때문이다[18].

이러한 주장은 남녀 이민자들의 이민 형태를 생각하면 어느 정도 이해할 수 있다. 남성이민자들은 일반적으로 자신들이 필요로 하는 부를 어느 정도 축적하여 돌아갈 때까지만 이민국에 남아있

---

16) Catherine Wihtol de Wenden, ibid., p.135. Wenden은 프랑스내의 이슬람 여성이 이민자들이 프랑스사회에 통합되는데 있어서 문화적, 경제적, 정치적 매개자로서의 역할을 한다고 주장하고 있다.

17) Patricia Geesey, "North African Women Immigrants in France: Integration and Change", *Substance* vol. 24,(1995) pp.137-153.

18) Dominique Schnapper, *La France de l'intégration:sociologie de la nation en 1990*, (Paris:Gallimard, 1991), p.173

을 것을 생각하고 이민을 온다. 반면 이런 남성들과의 재결합 때문이든지 혹은 노동이주로 이주하였던지 여성이민자들은 경제적인 이유와 더불어 비경제적인 요인도 이주에서 중요한 동인이 되었기 때문에 보다 장기적인 체류를 목적으로 한다. 여성들은 모국의 전통에 도전함으로써 많은 것을 얻을 수 있기 때문에 새로운 사회에 적극적으로 통합하려고 노력한다. 특히 여성이민자들은 자신들이 통합되어 비이민자와 같이 행동하기만 하면 모국에서는 생각할 수 없는 많은 기회가 제공될 수도 있다는 것을 알게 된다. 그렇기 때문에 적극적으로 이민국 사회의 가치에 통합함으로써 보다 나은 생활을 찾으려고 생각하는 것이다. 여성들은 이민자로서보다는 자신의 여성성을 강조하여 그 사회에서 얻고자 하는 것을 얻을 수 있다고 생각할 수도 있다[19]. 이러한 과정에서 비이민 남성과의 결혼이 중요한 매개체가 된다. 한 연구에서는 프랑스 사회에서 이민여성이 현지인 남성과 결혼한 경우 그렇지 않은 이민여성보다 경제적으로 취업의 기회도 높고 경제적인 동화가 훨씬 용이하게 진행된다는 경험적 결과를 보여주었다[20]. 현지인 남성과의 결혼은 이민여성들에게 현지 언어에 능통하게 하고 현지 언어에 능통하면 보다 쉽게 좋은 취업의 가질 수 있어서 현지 사회에 보다 쉽게 동화할 수 있다는 것이다. 실제로 프랑스 통계를 보면 프랑스에 사는 이민자 가운데 프랑스인과 결혼한 부부가 상당히 많은데 남성이 이민자이고 여성이 프랑스인이 부부는 남성이민자부부의 38%이고

---

19) Caitlin Killian, op. cit., p.587

20) Xin Meng, Dominique Meurs, "Intermarriage, Language, and economic assimilation process A case of France" *International Journal of Manpower*, vol.30 N.1/2 (2009), pp.127-44

여성이 이민자이고 남성이 프랑스인이 부부는 여성이민자부부의 35%이다. 그러나 프랑스로 이주할 때 남성이민자는 전체 이민자의 35%가 미혼이고 여성이민자는 18%인 것을 생각하면[21)]사실상 미혼 여성이민자가 미혼 남성이민자보다 프랑스인과 많이 결혼하고 있다고 할 수 있다. 이런 점에서 여성들은 분명히 동족이 아닌 프랑스인 혹은 다른 외국인과 결혼함으로써 보다 쉽게 동화되고 있으며 이러한 동화는 곧 이민사회가 프랑스 사회에의 통합에 중요한 도구가 된다고 할 수 있다. 이를 쉬나퍼는 '조용한 진화(l'évolution discrète)'라고 표현하였다[22)].

요약하면 여성이민자들은 남성이민자들과는 달리 이민을 결정할 때 경제적인 요인뿐만이 아니라 비경제적인 요인도 중요하게 생각하고 이민 온 이후에도 이민사회에서 모국에서는 경험할 수 없었던 사회적, 경제적 경험을 통해서 보다 능동적이고 주체적인 존재로 변화되고 이러한 경험들을 통해서 자신이 포함된 가족 내에서의 젠더관계가 변화되며 더 나아가 그들이 속한 인종집단을 이민 온 사회에 통합시키는 매개자적인 역할을 수행한다고 할 수 있다.

2. 이중적 부담을 진 존재

이민 여성을 보는 또 다른 시각은 이중적 부담을 진 존재로서 인식하는 것이다. 이민 여성은 사회가 부과하는 이민자로서의 부담과

---

21) Elisabeth Algava et Marliyne Beque, "Nouveaux détenteurs et détentrices d'un titre de séjour" INSEE, 2008, p.49

22) Dominique Schnapper, op.cit, p.143

여기에 여성으로서의 부담을 동시에 가짐으로써 이중적인 부담을 지는 존재라는 것이다. 이민여성들은 이민자로서 새로운 사회에 적응하는데 많은 악조건을 가지고 있다. 언어적인 장애, 좋은 직장에 취업하기 위해 필요한 자격증의 부족, 사회적 편견 등 남성이민자가 가지고 있는 문제를 여성이민자도 공유하고 있다.

이와 더불어 여성이민자는 여성으로서의 악조건 또한 극복해야 하는 입장이다. 이 여성으로서의 악조건은 두 가지로 다시 나누어 지는데 하나는 자신의 모국에서 가지고 있었던 젠더관계가 이주이후에도 그대로 유지된다는 것과 다른 하나는 이주 온 사회 즉 유입국 사회 내에 존재하는 여성에 대한 편견 및 차별이라는 문제이다. 전자의 어려움은 대부분의 이주 여성들이 먼저 이주해간 남편의 뒤를 따라서 가족 재결합의 형태로 혹은 이주하는 남편과 동행하여 이주한다는 사실로부터 온다. 특히 초기 이주여성의 대부분은 그들 스스로 이주를 결정했다기보다는 남편이나 가족의 결정에 따라서 이주하기 때문에 이주에 대한 어떠한 준비, 즉 언어라던지 아니면 이주 후에 사용할 수 있는 기술 혹은 자격증 등의 준비가 되어있지 않은 상태에서 이주가 이루어진다. 그래서 이주 후 이들이 혹시 취업을 하게 되더라도 대부분은 낮은 수준의 서비스업 혹은 '이주여성들이 하는 일(what migrant women do)'이라고 간주되는 일을 할 수밖에 없다. 여성이주에 있어서 이주를 통해서 젠더관계를 바꾸고 자율적이고 보다 독립적인 주체로서 그들의 의식을 개선할 수 있는 기회를 가지고 위해서는 무엇보다도 이주여성들이 사회활동의 기회를 가지고 유입국 사회와의 접촉을 통해서 새로운 가치관을 익혀야하는데 많은 이주여성들은 이러한 기회를 전혀 가

지지 못하고 모국의 젠더관계를 그대로 강요받는 가족의 틀 속에서 지내야한다는 것이다.

두 번째의 여성으로서의 어려움은 이민 온 사회 역시 성역할 분리적인 문화가 여전히 남아있는 사회라는데서 오는 것이다. 이민 송출국 사회보다는 여성평등적이고 여성의 사회적 활동에 장애가 비교적 많이 사라졌지만 아직까지 완전히 사라진 것은 아니다. 임금의 남녀간 격차는 여전히 상당히 크고 특정직업의 진입은 성역할의 분리 문화 때문에 상당한 어려움이 남아있고 그래서 여성의 직업분포는 특정 직업에 상당히 집중되어있다. 특히 이민여성들이 고용될 수 있는 직장이라고 하는 것은 대부분 서비스 직종이나 가사노동 혹은 돌봄 노동과 같은 성역할 분리적인 직종이다. 선진국 혹은 신흥 공업국에서 이주자를 필요로 할 때 특히 이러한 분야에 보다 많은 수요가 나타나기 때문에 결국 여성이주자의 수가 증가하고 이렇게 온 여성이주자들은 이러한 영역에 고용된다.[23] 결국 여성이주자들은 성역할 분리가 아주 심한 분야에 고용되며 사적 영역에서 여성의 역할이라고 간주되는 일들을 하게 된다. 이것은 모국에서와 마찬가지로 여성들을 수동적이며 보조적인 존재로서 살아가게 한다.

여기에다 특정 지역 출신의 여성이민자들은 또 다른 부담을 진다. 북아프리카 출신 여성이민자들은 프랑스 사회에서 여성이민자로서의 혜택을 받기보다는 혜택에 대한 가능성을 경계하고 동화정책의 매개자가 될 지도 모른다는 남성이민자들의 의혹의 시선 때문에 더 힘든 상황에 놓여있다는 견해도 있다. 즉 여성이민자들은

---

23) L. Lim, Nana Oishi, "International labor migration of Asian Women: Distinctive Characteristics and Policy Concerns" *Asian and Pacific Migration Journal*, vol 5, n.1(1996) p.99

남성이민자들과 달리 사회에서 보다 더 긍정적인 시선을 받고 있으며 신중한 진화의 주체가 될 수도 있기 때문에 자신들의 문화와 가치를 지키려는 남성이민자들에 의해서 더욱 억압적인 대우를 받고 있다는 것이다. 지지는 프랑스 내 북아프리카 출신 남성이민자들은 자신들의 동족 여성이민자들이 프랑스 사회에 동화되어 그들의 문화와 관습을 포기하지 않도록 하기 위해서 그들이 프랑스인이나 혹은 다른 외국인들과 결혼을 못하게 하도록 막고 있다고 주장했다[24]. 북아프리카 출신 남성이민자들은 결혼이 동화의 중요한 통로. 고 있기 때문에 북아프리카 출신 여성이민자. 프랑스인과 만나지 못하도록 신경을 쓰면서 결혼을 통한 프랑스 사회로의 동화의 매개가 될 여성이민자의 '운명'을 이루지 못하게 막고 있다고 할 수 있다. 프랑스 여성정책전담기구가 펴낸 "여성과 이민"이라는 책자를 보면 SDFE(노동부 산하의 여성정책전담부서)가 가장 중점을 둔 이민여성을 위한 정책은 이민여성들의 강제결혼을 근절할 방안들이다. 이것은 이민사회에서 여성에 대한 억압 중 강제결혼이 가장 큰 억압이라는 것을 보여주는 좋은 예이다. 강제결혼은 이민 남성들이 이민여성들이 프랑스인 혹은 다른 이민자와 결혼하여서 그들 모국의 전통적인 가치와 관습을 버리고 프랑스 사회에 동화될까봐 두려워서 이민여성들이 자신의 동족이외의 다른 종족과 결혼하지 못하게 하려는 심리의 표현이다.

이러한 상황에서 북아프리카 출신 여성이민자는 서로 상충되는 공적인 생활과 사적인 생활 가운데에서의 심한 정체성의 위기를

---

24) Patricia Geesey, op.cit.

겪고 있다고 할 수 있다. 자유와 평등을 가르치는 공적인 생활과 가족의 연대와 사회적 의무를 가르치는 사적인 생활의 조화는 북아프리카 출신 여성이민자들이 해결해야할 이민 생활의 가장 중요한 과제이지만 이 과제는 해결이 불가능한 과제인 것이다. 히잡은 이러한 그들의 문제를 잘 대변해주고 있다. 1989년 히잡을 쓰고 학교에 등교해서 학교로부터 퇴학당한 두 여학생은 사적인 가족관계 속에서 프랑스 문화에 동화되지 못하도록 하는 사적인 관계의 억압으로 학교에 히잡을 쓰고 등교하였지만 결국 히잡은 정교분리적인 프랑스 공립학교에서 받아들일 수 없는 공적인 약속의 위반이었다. 북아프리카와 같이 가족적 유대가 강하고 남성적인 성향이 강한 사회출신이 아닌 유럽연합회원국 출신 국가의 여성들의 경우에는 충분히 동화의 매개체 혹은 이민의 수혜자일 수 있지만 가족적인 유대와 배제에 대한 두려움 속에서 살아야하는 북아프리카 출신 여성들에게는 프랑스 사회의 혜택은 오히려 그들이 더욱 통제받게 하는 요인이 되고 있는 것이다. 이런 점에서 일반적인 이민 여성들에게는 혜택일 수 있지만 다른 지역 여성이민자들에게는 오히려 큰 부담으로 작용하고 있는 것이 이민과 이민사회에의 통합이라는 과제이다.

이민사회 속에서 여성이민자들은 때로는 이민의 수혜자일수도 있고 보다 쉽게 통합에 성공하여 이민 집단이 이민사회에 통합되도록 하는 매개체가 될 수도 있지만 다른 한편으로는 여성으로서, 이민자로서의 이중적인 부담뿐만이 아니라 통합의 매개체가 될 수 있다는 가능성 때문에 자신들의 정체성을 유지하려는 남성이민자들의 통제의 대상이 되기도 한다.

Ⅲ 프랑스의 여성이민자

1. 여성이민자의 이민동기, 이민형태

오랜 이민 국가였던 프랑스는 이미 19세기로부터 주변 국가들에서 많은 이민자를 받아들였고 20세기에는 정치적 망명자도 받아들이기 시작했다. 이는 프랑스 공화국의 국가이념인 공화주의(republicanism)에서 모든 인간은 평등하며 인권은 국가가 존중해야 할 최우선의 가치로 가르치고 있기 때문이기도 하지만 다른 한편으로는 경제적, 군사적으로 새로운 인구의 충원을 필요로 했기 때문이었다. 초기의 프랑스 이민은 남성이민자가 다수였다. 역시 이민자를 받아들이는 목적이 경제적으로 노동력의 충원이며 군사적으로 군인의 충원이었기 때문에 여성보다는 남성위주로 이민자를 받아들였다. 1970년대 중반 가족 재결합정책을 받아들이면서 여성이민자가 빠른 속도로 증가하기 시작하였다. 1960년대에는 전체 이민자 가운데 47%였는데 1999년에 이르면서 남녀 이민자수는 거의 비슷해지다가(49%) 2000년이 지나면서 여성 이민자수가 다수가 되기에 이르렀다. 현재 전체 이민자 490만명 가운데 54%가 여성이민자로 남성이민자에 비해서 훨씬 더 많다.

이렇게 여성이민자가 현저히 증가하고 있는 것은 프랑스의 이민정책에 기인한다. 1960년대까지 경제적 및 새로운 인구 유입의 필요 때문에 이민에 대해 긍정적이었던 프랑스 정부 입장이 1974년을 경계로 변화하기 시작하였다[25]. 1970년대에 들어오면서 프랑스의 경제가 나빠지자 합법적 이민은 어느 정도 주춤하였고 고숙련 노동자와 계절 노동자를 제외한 이민을 공식적으로 중단하였다. 하지만 프랑스로 들어오는 경계는 높아졌지만 가족결합 및 장기 불법 이민자들에 대해 영주권을 부여하던 제도로 인해 이민자는 여전히 증가하고 있었다. 이러한 정책 때문에 결국 남성이민에 있어서는 많은 제한이 가해졌지만 재결합의 명목으로 들어오는 여성이민이 증가하게 되었다.

최근까지도 이러한 이민 증가의 이유는 그대로 적용되어서 2006년 프랑스로 이주한 여성이민자들의 과반수 이상이 배우자와의 결합을 위해서 이주하게 되었고 남성이민자의 상당부분은 혼자서 이민오는 형태로 나타난다.

〈표 1〉 이주동기(2006년 입국한 이민자의·남녀별 통계)

(단위: %)

	여성	남성
프랑스 국적자인 배우자와의 결합	37	42
프랑스에 거주하는 외국인 배우자와의 결합	16	5
프랑스 국적자인 부모와의 결합(18세미만의 자녀)	4	6
프랑스 국적자인 자녀와의 결합	12	11
기타 개인적이거나 가족관계	22	19
10~15년의 거주자격[26)	1	3
망명	6	9
기타	2	5
합계	100	100

출처: Elisabeth Algava et Marliyne Beque, "Nouveaux détenteurs et détentrices d'un titre de séjour", 2008, p.39

---

25) 김민정, ibid.
26) 통계에는 자세한 설명이 나와있지는 않으나 10-15년의 체류자격을 획득하여 입국하는 경우는 대부분이 노동허가를 받은 입국자로 해석할 수 있다.

〈표 2〉 이주의 형태(2006년 입국한 이민자의 남녀별 통계)

(단위: %)

	여성	남성
혼자 혹은 친구와	22	43
가족과 함께	4	4
배우자와 함께	8	6
가족과의 재결합을 위해	14	17
배우자와의 재결합을 위해	53	30
합계	100	100

출처: Elisabeth Algava et Marliyne Beque, "Nouveaux détenteurs et détentrices d'un titre de séjour", 2008, p.39

<표 1>에서 배우자와의 결합 때문에 이주하게 된 여성이주자는 53%로서 남성이주자 가운데 배우자와의 결합비율(47%) 보다 많다. 이주형태의 경우에도 여성이주자의 이주형태는 대부분이 배우자 혹은 가족과의 재결합을 위해서이다. 가족까지 포함시키면 여성의 경우에는 67%의 여성이주자가 가족재결합에 해당한다고 할 수 있다. 반면 남성이주자의 대부분은 혼자서 이주하는 것으로 나타났다. 이것은 여성이주자들이 이미 자신의 모국에서 형성된 가족관계를 가지고 이주해온다는 의미이다.

한편 가족 재결합으로 이주한 대부분의 이주자는 최근에 이주한 이주자이며 10년 이상의 체류자격으로 입국하는 경우는 2000년 이전이 대부분이다. 위의 표와 이러한 통계를 가지고 유추할 때 최근 여성이민의 증가는 노동 혹은 취업으로 이주하는 경우이기 보다는 가족 결합의 이유로 이주하는 경우라고 할 수 있다.

<표 3> 최초 체류자격 획득의 이유에 따른 프랑스 입국 연도 비교

(단위: %)

프랑스 입국년도	배우자와의 결합	가족 재결합	망명	10년 체류자격	기타	전체
1960-1998	2	14	5	74	17	11
1999-2001	11		9	22	43	21
2002-2003	11		23	4	23	16
2004-2005	19		50		14	17
2006	57	86	12		3	35
합계	100	100	100	100	100	100

출처: Elisabeth Algava et Marliyne Beque, "Nouveaux détenteurs et détentrices d'un titre de séjour", 2008, p.40

프랑스 이민자들은 그들의 이주이전 교육정도가 성별로 차이가 난다. 교육정도는 불어의 습득과 같이 프랑스 사회에 적응하기 위한 최소한의 요건과 밀접한 관련이 있을 뿐만이 아니라 경제적 활동과도 밀접한 관련이 있어서 이민자들의 사회활동에 큰 영향을 준다. 교육의 정도가 낮다는 것은 그만큼 사회활동에 어려움을 겪을 것이라고 예상할 수 있다. 물론 어린 나이에 이민을 와서 프랑스에서 교육을 받을 기회를 가질 수도 있지만 이미 교육받을 나이가 지난 시기에 이민 온 경우에는 다시 교육받을 기회가 없어 그들의 입국당시의 교육의 정도는 프랑스 사회 적응에 심각한 영향을 준다.

2006년에 처음 이주한 이민자를 대상으로 알아보면 여전히 읽고 쓸 줄도 모르는 이민자가 여성은 8%, 남성은 3%나 된다. 고등학교 이상의 교육을 받은 이민자는 여성이 39%, 남성은 44%이다. 남성은 여성에 비해서 학력이 높고 여성 가운데에는 전혀 학교 교육을 받지 않은 여성들이 많이 있다. 불어의 경우 불어를 편안하게 말할

수 있는 이민자는 여성의 경우 57%인데 비해서 남성의 경우에는
73%에 이른다[27]. 남녀 이민자 사이에 큰 차이가 존재한다.

<표 4> 성별에 따른 이민자의 교육정도(이주당시)

(단위: %)

	여성	남성
고등교육	20	22
고등학교 졸업 이상	15	16
고등학교	4	6
직업전문학교	15	19
중학교	15	15
초등학교	22	20
무학	8	3

출처: DREES, *Enquête Parcours et profil des migrants vague 1*, 2006

<표 5> 성별에 따른 이민자의 불어수준(이주당시, 자가평가)

(단위: %)

	여성	남성
전혀 못함	18	10
잘하지 못함	23	17
보통	32	38
잘함	22	30
불어가 모국어임	5	5
	100	100

출처: DREES, *Enquête Parcours et profil des migrants vague 1*, 2006

　　이렇게 볼 때 2000년이 지나면서 여성 이민자가 남성 이민자에
비해서 늘게 된 것은 프랑스 이민정책의 변화로 인해 취업을 위해
서 이민 온 남성이민자의 수가 줄고 가족재결합으로 이민온 여성

---

27) 자가 평가이기 때문에 어느 정도의 과장은 있으리라고 판단한다.

이민자가 늘었기 때문이다. 또한 그런 동기로 이민을 왔기 때문에 대부분의 여성들은 교육의 정도가 낮고 불어도 잘 사용하지 못해서 프랑스 사회의 적응에 어려움이 있는 것으로 추측할 수 있다.

2. 여성이민자의 경제활동

이렇게 이민의 여성화가 진행되고 있지만 여성이민자들은 여전히 남성이민자들보다 취업에 종사하는 비율은 현저히 낮다. 이민남성의 고용비율은 전체 남성이민자 가운데 67.5%인데 비해서 이민여성의 고용비율은 전체 이민 여성가운데 46.9%로 많은 차이를 보인다. 실업률은 남성이민자의 경우에는 13.5%이지만 여성이민자의 경우에는 17.3%로 역시 남성이민자보다 여성이민자가 더 높다. 이렇게 여성이민 인구는 증가하고 있지만 경제적 활동에 있어서는 여전히 여성인구는 낮은 경제참여율을 보이고 있다.

〈표 6〉 이민자 경제참가율 남녀비교

(단위: %)

	경제활동비율	실업률	취업률
남성	78.2	13.5	67.5
여성	56.7	17.3	46.9
전체	67.0	15.2	56.8

출처:INSEE, *Enquête Emploi du 1er au 4e trimestre* 2007[28]

이를 프랑스 내국인 여성과 이민여성을 비교해보더라도 이민여

---

28) 프랑스 내 15~64세를 대상으로 한 설문조사에서 나타난 경제활동비율과 취업률 비교이며 실업률은 15세이상의 이민자를 대상으로 한 설문조사이다.

성의 경제적 지표는 확실히 낮다.

<표 7> 이민/비이민 여성 경제참가율 남녀비교

(단위: %)

	경제활동비율	실업률	취업률
비이민여성	66.2	7.8	61.0
이민여성	56.7	17.3	46.9

출처:INSEE, *Enquête Emploi du 1er au 4e trimestre* 2007

　이민 여성은 비이민 여성에 비해서 10% 낮은 경제활동참여율을
보이고 취업률은 50%에 미치지 못하는 낮은 비율을 보이면 실업률
은 10%를 훨씬 넘게 높은 비율을 보인다. 1980년대에 비하여 여성
이민자들의 경제활동 참가율은 점차 높아지고 있지만(41% 1982년)
여전히 남성이민자나 다른 비이민 여성들에 비해서 경제 활동 참
가율은 낮다. 특히 실업률이 높은 것은 주목할만하다. 1990년 이래
로 프랑스 사회 전체의 실업률은 높아지고 있는데 특히 이민자들
의 실업률은 높아지고 있고 이 가운데 여성이민자의 실업률은 더
욱 높다. 이민자 가운데에서도 프랑스 국적자의 경우에는 그나마
실업의 영향을 덜 받고 있지만(남성이민자 15%, 여성이민자 21%)
프랑스 국적을 갖지 못한 이민자의 경우에는 실업률이 훨씬 높고
(프랑스국적이 아닌 남성이민자의 실업률 22%) 특히 여성이민자는
28%의 실업률을 보여서 훨씬 더 타격이 심한 것으로 나타났다[29].
이렇게 차이가 나는 이유는 실업의 영향을 가장 많이 받는 직업군
이 노동자계층인데 이 직업군에는 이민자가 남성의 경우에는 15%,

---

29) Catherine Borrel, *Enquêtes annuelles de recensement 2004 et 2005. Près de 5 millions d'immigrés à la mi–2004*, (Paris: INSEE, 2006)

여성의 경우에는 17%나 되기 때문에 자연히 여성이민자의 실업률이 높게 나타나는 것이다.

게다가 여성이민자는 전체적으로 시간제 고용과 같은 불안전한 형태로 고용되고 있다. 공직을 제외한 임시직의 10%가 이민자들인데 여성이민자 세명 중 한명 이상이 임시직에 종사하는 것으로 나타났다(34%, 전체 고용인 가운데 임시직은 28%). 특히 노동자로 일하고 있는 여성이민자중의 37%가 임시직으로 상당히 불안한 고용상태라고 할 수 있다. 이러한 현상은 많은 이민자들이 모이는 대도시지역에서 두드러지게 드러난다. 파리, 마르세이유, 리옹 세 도시만을 대상으로 한 통계를 보면[30] 취업률에서는 오히려 여성이민자가 더 높지만 미취업의 내용을 살펴보면 여성 비이민자의 경우에는 은퇴 및 학생의 비율이 높은 반면 여성이민자의 경우에는 실업과 주부의 비율이 높다. 특히 이들의 연령별 분포를 보면 여성이민자는 비이민자에 비해서 25세에서 54세 사이의 인구가 월등히 많은 반면 여성 비이민자의 경우에는 어린이와 노년층이 많은 것을 감안할 때 이러한 취업, 미취업 분포는 여성이민자들이 도시지역에서 더욱 열악한 경제상황에 놓여있음을 알게 된다. 즉 도시지역의 여성이민자들은 10명중 6명 정도는 일하지 않는데 이들은 실업중이거나 주부인 반면 여성 비이민자들의 경우에는 학생이거나 은퇴한 상태라고 해석해야할 것이다. 이런 점에서 이민의 여성화는 빈곤한 여성, 경제적 어려움에 처한 여성들의 증가라고 할 수 있을 것이다.

---

30) INSEE, *Recensement de la population*(2008), 파리, 마르세이유, 리옹 도시의 인구조사 결과

<표 8> 도시지역 여성이민자, 여성비이민자의 경제활동 비교

		여성이민자(인원수, %)	여성비이민자(인원수, %)
나이	~14	10,879(3.5)	251,804(16.3)
	15~24	33,683(10.9)	229,832(14.9)
	25~54	185,568(59.9)	616,449(39.9)
	55~	79,899(25.8)	445,387(28.9)
취업여부	취업	133,918(43.2)	635,841(41.2)
	미취업	176,111(56.8)	907,631(58.8)
	실업	35,154(11.3)	80,342(5.2)
	은퇴	38,803(12.5)	299,996(19.4)
	학생	30,166(9.7)	169,092(11.0)
	주부	41,424(13.4)	77,199(5.0)
	기타 미취업	30,564(9.9)	281,002(18.2)

출처: INSEE, *Recensement de la population*(2008)

이러한 낮은 경제적 활동률, 높은 실업률, 높은 임시직 비율은 여성이민자들의 경제활동이 남성이민자들과 비교하여서도 그렇고 여성 비이민자와 비교하여서도 안정적이지 못하다고 할 수 있다. 이러한 저조한 경제활동을 더욱 심각하게 하는 것은 젊은 여성이 민자의 경제 활동률이 낮다는 것이다. 가장 왕성하게 경제활동을 할 20대 30대 40대에서 여성이민자들은 과반수 정도가 경제활동을 하고 있는데 비해서 비이민 여성들은 80% 가깝게 경제활동을 하는 것으로 나타났다. 이러한 상황은 시간이 흐르더라도 현재 활동하고 있지 않은 여성이민자가 더욱 경제적 활동에 있어서 어려움을 가 지게 되는 것으로 추정할 수 있어서 앞으로도 여성이민자들의 경 제활동비율은 높아지지 않을 것이다. 이런 점은 프랑스 사회에서 여성이민자들의 의존성 및 경제적 어려움을 더욱 가속화시킬 것으 로 판단된다. 이렇게 볼 때 프랑스 여성이민자들의 경우는 남성이민자들에 비해서 경제적으로 이민의 수혜자라고 간주하기는 어렵다.

<표 9> 성별 및 연령별 경제활동비율 비교

성별 및 나이	인구전체		비이민자		이민자	
	1992	2002	1992	2002	1992	2002
남성	63.6	61.9	63.3	61.7	67.4	64.0
15~24세	37.3	33.8	37.2	33.8	38.8	32.8
25~39세	95.5	94.4	95.9	95.1	89.7	88.0
40~49세	96.2	95.1	96.2	95.3	95.5	93.4
50~59세	79.1	80.8	79.1	80.8	79.6	80.8
60세 이상	8.1	5.5	7.8	5.0	11.1	10.1
여성	46.4	48.5	46.9	49.0	38.4	42.9
15~24세	30.6	26.5	30.6	26.6	30.5	23.3
25~39세	76.7	78.8	78.6	81.0	52.1	58.7
40~49세	75.3	81.3	76.6	83.2	55.9	64.8
50~59세	55.2	65.1	56.0	66.5	41.2	52.9
60세 이상	4.7	3.7	4.7	3.6	4.9	4.7
전체	54.6	54.9	54.7	55.0	53.6	53.3

출처: INSEE, *Les immigrés en France* (2005)

이와 더불어 여성이민자 사이에서도 그들의 출신국가에 따라 경제적 상황이 크게 다르다. 경제활동인구를 볼 때 포르투갈이나 스페인 출신의 여성이민자들은 비교적 높은 경제 활동률을 보이고 있는 반면 북아프리카 출신들은 이들과 비교되는 상당히 낮은 경제활동을 보인다.

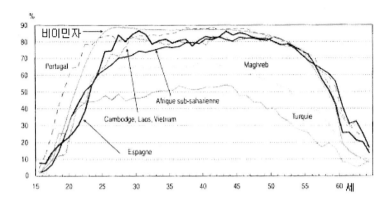

출처: INSEE, *Enquêtes annuelles de recensement de la polulatioin de 2004 à 2007*(2008)

〈그림 1〉 출신국에 따른 여성이민자들의 경제활동참가율 비교
(프랑스 여성 15~64세 대상)

〈표 10〉 출신국에 따른 여성이민자들의 직업분포

	전체	여성 이민자	유럽 연합	스페 인	이탈 리아	포르 투갈	알제 리	모로 코	튀니 지	이외 아프리 카국가	터키	캄보 디아, 라오스, 베트남
여성이민자 전체	100	100	100	100	100	100	100	100	100	100	100	100
농업	2	1	1	1	1	0	0	0	0	0	1	0
수공업	4	4	5	6	6	2	3	3	4	3	4	7
고위직, 전문직	9	8	7	7	9	2	5	5	8	4	2	7
중간직	23	13	14	13	15	5	12	10	13	11	5	12
고용인	49	50	53	56	50	62	53	50	49	57	30	39
이중 직접적 서비스직	12	23	27	25	16	40	21	23	20	27	10	12
노동자	12	19	19	16	19	27	17	22	18	15	48	32
숙련공	4	5	4	5	6	5	4	5	5	3	14	13
미숙련공	8	14	15	11	13	22	13	17	13	12	34	19
실업	2	5	1	1	1	1	11	10	8	10	10	3

출처: INSEE, *Recensement de la population*(1999)

<표 10>에 의하면 북아프리카 출신 여성이민자들은 주로 판매 사원과 같은 직접적인 서비스에 종사하고 있거나 아니면 미숙련 노동자로 고용되고 있다. 또한 10%에 이르는 북아프리카 출신 여성이민자들은 한번도 직업을 가져본 적이 없는 실업자들이었다. 이렇게 볼 때 서유럽 혹은 유럽연합 출신의 여성이민자들에 비해서 월등히 높은 실업자 비율을 보이고 있다.

또한 여성이민자들은 임금에 있어서도 남성이민자보다도 낮고 여성 비이민자보다 낮은 수준을 받고 있다. 이민자와 비이민자의 격차는 여성에 있어서 훨씬 크게 나타난다.

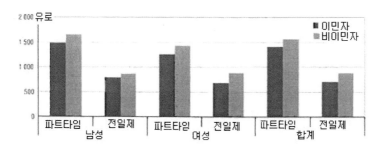

출처: INSEE, *Enquête Emploi*(2003)

〈그림 2〉 남녀, 이민/비이민으로 본 임금의 불평등

이렇게 프랑스 사회의 여성이민자는 이민자로서의 불평등과 여성으로서의 불평등의 이중의 불평등을 경제활동에서 겪고 있다. 취업률도 훨씬 낮고 실업률은 높으며 경제활동 참가율도 낮다. 학업 정도가 낮기 때문에 여성이민자들은 임시직과 같은 불안정한 고용 상태에 있게 되고 또한 임금도 낮은 직종에 종사하고 있다. 임금의

경우에도 심각한 불평등 현상이 나타나서 동직종의 경우 남성이민
자보다, 여성 비이민자보다 낮은 임금을 받고 있다.

Ⅳ 프랑스 여성이민자가 겪는 이중부담의 원인

위에서 보듯이 프랑스에 정착한 북아프리카 출신 여성이민자들
은 이민의 수혜자이기보다는 이민으로 인한 이중의 부담을 지는
존재로 나타난다. 다른 국가에 정착한 여성이민자들과는 달리 프랑
스에 정착한, 특히 북아프리카 출신 여성이민자들이 이러한 어려움
에 처하는 이유는 무엇일까? 크게 세가지로 살펴볼 수 있다.

1. 여성이민자들의 사회경제적 조건

프랑스 사회에 정착한 여성이민자들이 이민의 수혜자가 되기 어
려운 첫 번째 요인은 그들이 이민을 올 때 이미 가족과 함께이거나
가족 재결합을 통해서 가족을 구성하기 위해서 왔기 때문이다. 그
래서 그들은 가족의 테두리를 벗어나서 프랑스 사회와 접할 수 있
는 기회를 가지지 못한다. 프랑스 사회와 자유롭게 접해야지만이
그들은 새로운 문화와 가치관을 습득하고 그들이 기존에 가지고
있던 문화를 버리고 프랑스 사회에 통합될 수 있다. 그러나 그들은
프랑스 사회의 새로운 가치를 얻을 수 있는 기회가 없다.

아래의 표를 보면 프랑스에 입국할 때 이미 결혼 상태인 여성은 18~24세에 입국한 여성 가운데 57%나 된다. 남성의 경우 19%와 비교해보면 어린 나이임에도 이미 결혼한 상태이다. 25세에서 29세에 입국한 여성의 경우에는 80%가 결혼한 상태이다. 이렇게 이미 입국할 당시 결혼했을 가능성이 높은 이민 여성들은 그만큼 프랑스 사회의 가치를 습득할 기회가 상실된다. 더구나 이미 당시 자녀를 가지고 있는 비율도 높기 때문에 여성들은 그만큼 프랑스 사회에 통합될 수 있는 기회를 갖지 못한다고 할 수 있다. 이렇게 볼 때 사실 이민여성이 가지는 이민의 수혜성은 프랑스 이민 여성에게는 해당되지 않는다.

〈표 11〉 프랑스 입국 당시의 나이에 따른 가족 상황

(단위: %)

프랑스에 입국할 당시의 나이	전체	여성	남성
	이주 전에 결혼한 이민자의 비율		
18~24세	38	19	57
25~29세	67	54	80
30세 이상	87	83	90
전체	61	48	73
	이주 전에 자녀를 가진 비율		
18~24세	16	6	24
25~29세	43	34	53
30세 이상	74	68	78
전체	41	32	49

출처: INSEE, *Enquête Etude de Histoire familiale*(1999)

또한 이민여성들은 학력이 낮고 불어를 하지 못한 경우가 많기 때문에 프랑스 사회에의 통합은 더욱 어렵다. 나이가 들어서 프랑

스로 이민을 왔기 때문에 프랑스에서 교육을 받을 기회도 없고 가족과 더불어 이민온 상황에서 특별히 불어를 배울 필요조차 느끼지 못하여 보통은 주부로서 가정에서 머물기 때문에 프랑스 사회와의 접촉은 자연히 제한적일 수밖에 없다. 이러한 상황은 이들로 하여금 가족 안에 존재하는 기존의 가치 및 문화에 순응하게 한다. 다른 한편으로는 프랑스 사회에서 살기 위해서 프랑스 사회에 통합되어야 할 필요를 느끼지만 이를 실천할 수 있는 수단이 없는 상태이다. 1989년의 히잡 사건에 대한 의견을 묻는 설문에서 고등학교 이하의 학력을 가진 이민 여성들은 한결같이 프랑스 사회에의 통합을 위해서 학교에서는 히잡을 쓰지 말아야한다는 의견을 보였다[31]. 그러나 이들의 이러한 생각은 사실상 본인은 히잡을 벗을 수 없는 상황에서 자녀들에게 만이라도 프랑스 사회에 통합되기를 바라는 이중성으로 해석할 수 있다. 그들의 사회경제적 조건은 그들이 바라는 것-프랑스 사회에 통합되고 그들이 바라는 새로운 가치에의 습득하는 것-을 이룰 수 없도록 하는 장애 요인이다. 따라서 그들은 이민의 수혜자이기 보다는 이민이 주는 이중적 부담자로 남게 된다.

2. 이민가족의 특수성

프랑스의 이민자[32]는 2004년 통계에 의하면 490만 명으로 프랑

---

31) Caitlin Killian, op.cit. 576

32) 이민자(immigré)는 외국에서 태어나서 프랑스에서 사는 사람을 의미하고 외국인(étranger)는 프랑스에서 살지만 프랑스국적이 아닌 사람을 의미한다. 이민자가 반드시 외국인은 아니다. 왜냐하면 이민자중

스 전체 인구의 8.1%에 해당한다.[33] 유럽연합 다른 국가들과 비교해보았을 때 프랑스의 8.1%는 높은 편은 아니다. 벨기에는 8.3%의 외국인이 살고 있고 독일에는 8.9%의 외국인이 거주하고 있다. 반면 스웨덴과 영국에는 각각 5.3%, 4.7%의 외국인이 있다.[34] 2004년 현재의 490만 명의 이민자는 1990년에 비해서 증가한 편으로 1990년에는 76만 명 정도였고 그 비율은 7.4%에 해당하는 인구였다. 프랑스의 8.1%의 이민자는 주로 아프리카출신 즉 마그레브인들과 아시아 출신 이민자들이다. 마그레브인 중에서도 알제리 출신이 가장 많고 알제리 출신은 1999년에 비해서 2004년에는 더욱 증가하여 현재 프랑스 전역에 70만 명에 육박하고 있다. 1999년에는 포르투갈 출신자가 13.3%로 알제리 출신과 마찬가지의 비율을 가지고 있었으나 2004년에 들어오면서 포르투갈 출신자는 증가하지 않은데 비해 알제리 출신자는 10만 이상이 증가하여 전체 프랑스 이민자 중에서 가장 높은 비율을 차지하고 있다.

게다가 프랑스의 이민자가 8.1%라고 하는 것은 2004년 현재 프랑스에서 태어나지 않고 프랑스에서 사는 사람이 490만 명이라는 것인데 여기에 이민자의 2세, 3세까지 합쳐서 부모나 조부모 중 한 사람이 이민자인 것까지 포함시키면 이보다 훨씬 많게 된다. 자세한 통계가 없어서 정확한 숫자는 알 수 없지만[35] 연간 프랑스 국적

에는 프랑스 국적을 취득한자도 있고 외국인도 있다. 외국인 중에는 프랑스 국적자는 아니지만 프랑스에서 태어난 사람도 있고 프랑스에서 태어나지 않은 사람도 있다.

33) Catherine Borrel, *Enquêtes annuelles de recensement 2004 et 2005. Près de 5 millions d'immigrés à la mi-2004*, (Paris: INSEE, 2006)

34) Eurostat, *Non-national populations in the EU member States*, 2005

35) 2차 세계대전 당시 유태인 명단이 나치에 의해서 악용된 이후 프랑스 정부는 이러한 부작용을 막기 위해서 이민자와 관련한 통계자료를 관계기관별로 분산하여 관리하고 있다. 또한 일단 외국인이 프랑스 국적을 취득한 이후에는 그의 출신국명을 더 이상 기록에 남기지 않기 때문에 정확한 이민자의 숫자를

취득자가 10만 명이 넘고 프랑스 이민의 역사가 19세기로 거슬러 올라가는 것을 기억한다면 상당한 숫자가 될 것이라고 추측할 수 있다. 한 통계에 의하면 부모 중 적어도 한명이 이민자인 프랑스인은 1990년에 17%에 이르렀다. 이렇게 볼 때 전체 인구 가운데 상당한 비율을 차지하고 있는 프랑스 이민자들은 다양한 출신 배경을 가졌다기보다는 알제리 출신이 상당한 부분을 차지하고 있으며 이들은 종교적으로 문화적으로 원래의 프랑스 국민과 다르다고 할 수 있다. 이민자들이 동화하고자하는 의지가 있느냐 없느냐의 문제는 차치하고 그들은 기본적으로 오랫동안 상당히 다른 문화에 익숙해 있었고, 또한 프랑스에서 태어난 2세라고 하더라도 상당히 다른 문화에 익숙해져있는 가족을 통해 사회화되었기 때문에 기본적으로 프랑스 사회에 완전히 동화된다는 것은 어려운 일이다. 동화 과정은 모든 인간의 일차적인 집단이며 최초 사회화의 장소인 가족에서 발생한다. 가족은 개인이 사회의 가치를 습득하는 일차적인 장소인 동시에 가장 지대한 영향을 미치는 장소이기 때문이다. 프랑스 가족은 기본적으로 개인주의적 평등주의에 기반하고 있는데 비해서 이슬람 사회의 가족은 위계형의 가족이다. 인류학적으로 이슬람의 가족 시스템은 공동체적이며 부계적인 성향이 강하게 남아 있고 동족 혼인의 전통도 가지고 있다.[36] 동족 혼인의 전통은 비단 프랑스 사회와 다른 사회의 풍습으로 그치는 것이 아니라 자신들의 문화와 가치를 지속적으로 전수하는 매개가 되며 프랑스 사회

말하기 어렵다.

36) Dominique Maillard, "The Muslims in France and the French Model of Integration" *Mediterranean Quarterly* (2005, winter)vol.16, no.1,pp.71-2

에 더욱 동화되기 어렵게 만드는 요인이 된다. 프랑스는 알제리를 식민지배하는 동안 이러한 동족혼인풍습을 없애기 위해서 노력하기도 하였다.[37] 이민 가정에는 아직도 이러한 동족 혼인의 전통이 남아있어서 사촌과의 결혼이 빈번하고 부모에 의한 중매결혼도 빈번히 발생한다. 프랑스에서 태어나고 프랑스에서 교육을 받은 이민 2세들은 이러한 부모의 강요된 결혼에 반대해서 심각한 가정불화를 겪는 경우도 많이 있다.

1999년 통계에 의하면 전체 이민자 가정 1,822,810 가정 가운데 평균 52.9%가 한명이 이민자인 경우이다. 반면 같은 국가 출신의 이민자 가정은 42.9%인데 출신 국가별로 상당히 다양한 분포를 보이고 있다. 예상한대로 이슬람 국가 출신의 이민자들의 경우에는 상당히 높은 동족혼인현상을 보이고 있다. 터키출신 이민자가 가장 높은 78.6%의 비율을 보였고 알제리출신은 48.8%, 모로코출신은 59.4%이다. 반면 유럽 국가들은 대부분 이민자와 비(非)이민자간의 혼합 커플이 많고 동족커플은 오히려 소수인편이다. 이렇게 볼 때 여전히 이들 이슬람국가 출신의 이민자들 사이에서는 동족혼인풍습이 남아있음을 알 수 있다.

이렇게 동족혼인풍습으로 맺어진 이슬람 가정은 또한 이슬람의 문화와 가치를 전수할 수밖에 없게 되고 그러한 상황이 지속되면서 프랑스 사회의 가치에 노출되는 것을 어렵게 만드는 요인이 된다. 이러한 경향은 결국 이슬람 국가에서 이주해온 이민 1세대 부모와 프랑스에 태어나고 교육받은 이민 2세대, 3세대 사이의 불화

---

37) Emanuel Todd, *Le destin des immigrés: Assimilation et ségrégation dans les démocraties occidentales* (Paris: Editions du Seuil, 1994), pp.226-8

로 나타나게 된다. 이민 1세대들은 관습의 차이를 인정하지 않는
프랑스 사회의 집단적이고 적대적인 압력에 부담을 느낀다. 반면
프랑스에서 태어나고 교육받은 이민 2, 3세들은 프랑스에서 사회화
를 통해서 자신들의 1차 집단이 가지고 있는 문화에 의문을 품게
된다. 이러한 갈등이 결국 이민자들이 쉽게 프랑스 사회에 동화될
수 없다는 것을 보여주는 좋은 사례가 될 것이다.

〈표 12〉 배우자가 이민자인지 여부에 따른 이민자들의 가정양상

이민자의 출신국가	전체 커플 수	혼합커플(%)		동족커플 (%)	이민자커플 (그러나 다른 국가 출신 간)(%)
		전체	남자가 이민자인 경우(%)		
스페인	163,929	68.5	35.6	28.6	2.9
이탈리아	199,828	71.4	45.1	25.3	3.3
포르투갈	287,045	41.8	24.6	56.2	2.0
그 밖의 유럽연합 회원국(15개국)	172,600	74.6	30.0	20.9	4.5
유럽연합이외의 유럽국가	125,716	66.9	29.5	28.9	4.2
알제리	215,783	46.3	30.1	48.8	4.9
모로코	186,924	36.1	22.6	59.4	4.5
튀니지	86,545	45.5	32.4	47.4	7.1
이외의 아프리카 국가들	132,078	47.8	23.9	47.4	4.8
터키	65,726	18.7	13.3	78.6	2.7
베트남	24,957	47.6	20.8	44.0	8.4
캄보디아	19,723	26.9	14.3	60.6	12.6
라오스	14,227	30.6	15.4	60.2	9.1
그 외의 아시아국가	78,964	46.6	21.7	46.4	7.1
아메리카대륙, 오세아니아	48,765	72.0	25.9	21.5	6.5
전 체	1,822,810	52.9	28.7	42.9	4.3

출처: *Les immigrés en France* (2005)

이와 더불어 북아프리카 출신 이민자들은 다른 지역 출신 이민자들보다 숫적으로 남성이 많다. 아래의 그림을 보면 전체적으로 이민자에 있어서 남녀는 동수이지만 유럽연합회원국 출신의 이민자그룹에서는 여성이 남성보다 훨씬 많지만 북아프리카 즉 알제리, 모로코, 튀니지 출신의 이민자 그룹에서 여성이 남성에 훨씬 못미친다. 그래서 특히 북아프리카 출신 여성들은 자신이 속한 이민자 그룹에서 소수이며 열세에 놓여있다. 그렇기 때문에 프랑스 사회가 제공하는 평등적이고 개인주의적인 성역할을 습득하여 동화하게 되면 이민자 사회로부터의 배제에 대한 두려움을 느끼게 된다. 실제로 한 인터뷰에서 히잡을 쓰는 것이 별로 중요한 문제는 아니지만 히잡을 벗음으로 해서 자신이 속한 이민 사회로부터의 배제당하는 것이 두려워서 히잡을 써야한다고 답한 여성이민자가 상당히 많았다[38].

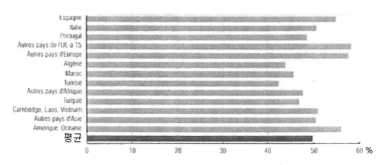

출처: INSEE, Recensement de la population(1999)

〈그림 3〉 출신국가별로 본 이민자의 남녀구성비

---

38) Caitlin Killian, op.cit.

이러한 이민가족의 형태 및 성격은 이민여성들이 프랑스 사회가 주는 혜택에 노출될 가능성을 줄이고 전통적 가치를 존중하는 가족에 남아있게 하는 원인이 된다.

3. 프랑스 이민정책: 동화정책

이민여성들이 프랑스 사회 속에서 이중부담을 안고 살아야하는 이유 중 하나는 프랑스의 이민자정책인 동화정책이다. 프랑스는 기본적으로 이민 온 모든 사람들이 프랑스 문화에 통합되는 조건으로 그들에게 국적을 부여하기도 하며 프랑스 공동체의 일원으로서 여러 다양한 사회적 하부구조의 혜택을 받을 수 있도록 하였다. 그러나 이러한 정책은 그들의 사회경제적 조건, 그리고 이민사회가 가지는 특수성 때문에 실효를 거두기가 어렵다. 실제로도 프랑스 사회에서 2005년의 이민자 폭동 사건을 볼 때 많은 연구자들은 그것이 프랑스 동화정책의 실패의 증거라고 지적하였다.

동화는 국가적 통합을 위한 하나의 조건으로 국가가 통합되기 위해서 이질적인 문화를 가진 이민자를 동화시켜야 한다는 것이다. 이것은 달리 말하면 프랑스인으로 살기 위해서는 프랑스국가에 통합되어야 하고, 통합되기 위해서는 이민자들이 적극적으로 프랑스 문화에 동화되어야 한다는 것이다. 그러면 프랑스 문화란 무엇인가? 그것은 공화주의이다. 프랑스 공화국의 기본이념인 공화주의는 '국가의 눈에는 출생지에 관계없이 모든 프랑스 사람은 동등하며 차별할 수 없다'는 1789년 프랑스 인권 선언의 한 조항에 기초하고 있다. 그래서 프랑스에 들어와서 사는 이상 그 사람의 출신이 어디든지 간에 국가로부터 같은 대우를 받아야한다는 것이 공화주의다. 이와 더불어 국가는 종교적 차별이나 인종적 분리를 받아들이지 않으며 동시에 시민들은 공적인 영역에서 종교적 혹은 인종적 문화적 특수성을 고집해서는 안 된다. 그래서 이민자의 자녀들도 프랑스에서 프랑스인과 같은 혜택을 받으며 학교 교육을 받을 수 있고 국가로부터 같은 대우를 받고, 동시에 이민자들은 자신들의 종교적 문화적 특수성을 공적인 영역에서 고집해서는 안 된다는 것이다. 하나의 국가, 나눌 수 없는 국가인 프랑스와 하나임을 보여줄 때 그들은 프랑스인일 수 있는 것이다.

공화주의를 통한 동화정책은 프랑스에서 정치적으로 중요한 의미를 가진다. 동화는 결국 외국인이 프랑스 사회에 와서 살면서 프랑스 사회의 관습과 프랑스 국가의 기본적인 원칙을 습득해서 자신들의 행동을 이에 맞게 적응하는 과정이다. 이러한 동화과정 속에서 외국인들은 본래 자신들이 가지고 있는 문화적 특수성 중에서 프랑스 사회의 관습이나 프랑스 국가의 기본적인 원칙과 맞지 않는 것을 포기하게 된다. 때문에 문화적, 언어적 동화나 프랑스인들과 함께 섞여서 산다는 것은 외국인들에게는 자신의 원래 가치와 끊임없는 갈등을 일으키게 된다는 것을 의미한다. 특히 마그레브인, 즉 이슬람인구는 프랑스와는 사뭇 다른 문화적 관행과 가치를 가지고 있어서 이러한 내적인 갈등이 더욱 심하였으리라 추측할 수 있다. 결국 프랑스 국가가 이민자를 받아들이면서 전제해놓은 공화주의 원칙에 따른 동화정책은 이들 이민자들에게는 끊임없는 내적인 갈등을 야기했던 것이다.

이민자 통합정책으로서의 동화정책은 이미 그 실패의 모습을 곳곳에서 드러내고 있다. 그러나 프랑스 정부는 아직까지 공화주의적 동화정책을 포기하지 못하고 있다. 최근에는 프랑스에 들어온 이민자들에게 통합계약을 의무적으로 체결하게 하여 프랑스 사회에 통합하도록 노력할 책임을 이민자들에게 부여하였다.

게다가 프랑스 사회에 이민을 반대하는 움직임이 급속히 증가하고 있으며 곳곳에서 외국인 혐오의 증후군이 나타나고 있다. 이러한 현상은 유럽연합의 확대와 더불어 동구권 출신의 이민자들이 대거 서유럽에 몰려들면서 기존의 반(反)이민 정서를 더욱 자극했다고 할 수 있다. 또한 세계화와 더불어 프랑스 경제도 국경 없는 경쟁에 그대로 노출이 되고 국가경쟁력 제고를 위해 효율위주의 경영을 추구하는 경향에 영향을 받으면서 곳곳에서 실업이 늘어나고 있다. 경제적 어려움과 반(反)이민정서의 확산은 결국 민족전선과 같은 정당의 지지율을 상승시켰고, 이러한 분위기는 다시 또 반(反)이민정서의 확대로 나타나고 있는 실정이다.

이민자들에게 불리한 이러한 상황의 전개를 통해서 위기의식을 느끼는 이민자들은 이제 프랑스 사회에 동화되는 것을 어느 정도 포기하고 자신들의 정체성을 추구하는 방향으로 그들의 목표를 수정하고 있는 것처럼 보인다. 히잡 문제가 불거지게 된 것이 1989년이었고 다시 이 문제가 사회의 중요한 이슈가 된 것은 2003년이다. 왜 2003년에 다시 히잡 문제가 중요한 사회적 이슈로 등장하게 되었을까? 과거에 히잡을 쓰던 여학생들은 집안의 강요에 못 이겨서 쓰는 경우가 많았다면 2000년대에 와서 히잡을 쓰기 시작하게 된 여학생들은 자발적인 성격이 강하다.[39] 그들은 프랑스 사회의 변화,

프랑스인들의 이민자들에 대한 태도, 그리고 9.11이후 아랍세계에 대한 서방의 시각 등을 보면서 자신들의 정체성을 고민하기 시작했다. 이들은 자신이 프랑스인으로 교육받았지만 사회적으로 경제적으로 결코 프랑스인이 될 수 없다는 것을 깨닫고 히잡을 통해서 자신의 정체성을 찾고자 한 것이라고 해석할 수 있다. 즉 프랑스 동화정책의 실패가 히잡 착용의 문제를 낳았던 것이다. 같아질 수 없는 것을 같게 하려는 정책 하에서 같아지고 싶지만 결코 같게 대접받을 수 없는 이민자들은 프랑스인으로서의 정체성을 포기하고 원래의 정체성을 회복하려고 한다고 할 수 있다. 두 번째로는 프랑스 내 이민자들에 대한 변화된 시각이다. 9.11이후 프랑스에서는 이민 와서 정착한, 그리고 동화되려고 하는 이민자들을 프랑스인이 아닌 '아랍세계의 친구'로 바라보는 것이다. 이들은 프랑스 사회에는 위험의 상징이며 그들이 프랑스 사회에 있다는 것 자체가 곧 테러에 노출되고 있다는 잠재적 위험의 표시였던 것이다. 이러한 관점에서 이전에는 큰 문제가 아니었던 히잡이 아랍이라고 하는 위험의 표출로 간주하고 적극적으로 제거하려 했던 것이다. 2003년에 히잡 착용이 다시 문제시되었다는 것은 곧 동화정책의 실패이며 프랑스 사회의 완고함을 표출한 것이다.

이와 같은 맥락에서 이슬람에 대한 프랑스 사회의 근원적인 거부가 더욱 이민자들로 하여금 동화되지 못하게 하고 '반사회적'으로까지 발전할 수 있게 하는 위험이 되고 있다. 프랑스의 이슬람계 이민자들은 자신들의 사원을 프랑스 땅에 짓는 것이 큰 소망이었

---

39) 박단, 『프랑스의 문화전쟁—공화국과 이슬람』, (서울: 책세상, 2005) pp.60-65

지만 이를 짓지 못해왔다. 이슬람계 이민자가 17%를 넘고 있지만 이들은 정치적 영향을 가지지 못하고 있다. 이것은 이들이 하나의 단합된 이슬람 단체로 뭉치지 못하고 사분오열된 것이 큰 원인이 기도 하다[40]. 프랑스 시장들은 자기들의 지역구에서 어떻게 해서든 지 이슬람 사원을 짓지 않기 위해서 온갖 행정적인 수단을 강구했다. 일단 당선만 되면 그들은 모든 시민에게 예배할 권한을 보장한 1905년 12월 9일 법을 어기면서 이슬람 사원을 지으려는 땅에 대해서 우선권을 행사하고 있다.[41] 나이든 이슬람 이민자들은 결국 자신들이 그렇게도 원했던 이슬람 사원을 프랑스 땅에 짓지 못함에 따라 차츰 이슬람 급진주의에 물들게 되었다. 프랑스에 이슬람 사원을 짓기 위한 자금은 중동의 아랍국가 예컨대 쿠웨이트, 사우디아라비아, 이라크 등으로부터 지원된다. 이러한 중동국가들이 자금을 지원할 수 있었던 것은 프랑스의 세속주의 개념 때문으로 프랑스는 공적 자금으로 예배지원을 하지 않기 때문에 프랑스에 있는 이슬람 사원의 건축 및 유지자금을 이들로부터 가져올 수 있었던 것이다. 이런 자금은 당연히 합법적이며 법의 통제를 받지 않는다. 프랑스의 이슬람인들은 이슬람 사원에 대한 영향력, 이슬람 단체에 대한 지배권, 라디오방송에 대한 권한을 가지기 위한 중동국가들 간의 경쟁 때문에 이들의 많은 지원을 받고 있다.[42]프랑스 사회의 이민자들, 특히 이슬람계 이민자들은 프랑스 정부의 동화정책

---

40) 샤를르 드바쉬 & 장마리 퐁티에, 김지은 외 옮김, 『프랑스 사회와 문화 Ⅰ·Ⅱ』, (서울: 서울대학교 출판부, 2004) p.97

41) Dominique Maillard, op.cit. p.74

42) Haut conseil à l'intégration, *Liens culturels et intégration: Rapport au Premier ministre*, 2005.juin.

에도 불구하고 근원적인 반(反)이슬람 정서로 인해서 오히려 통합되기 보다는 급진 이슬람주의에 동조할 가능성을 보이고 있는 것이다.

이러한 상황은 프랑스 여성이민자들에게도 그대로 나타난다. 동화의 책임을 전적으로 이민자들에게 돌리는 프랑스 이민정책은43) 동화될 수 있는 아무런 동기도 수단도 가지지 못한 프랑스 이민여성들에게는 그림의 떡과 같은 것이다. 한편으로는 프랑스 사회에 동화되기를 거부하는 이민남성들의 강제와 억압 때문에 자신들의 문화와 전통을 지키도록 강요받고 다른 한편으로는 다문화를 인정하지 않는 프랑스 사회에 대한 반발로 오히려 자신들의 정체성을 고수하려고 한다. 1989년의 히잡 사건은 전자의 경우였고 2003년의 히잡 사건은 후자의 경우이다. 그것이 동화할 수 없어서이든 아니면 동화하고 싶지않아서이든 간에 동화정책 때문에 이민여성들은 더욱 이민사회에서 어려움을 가지게 된다.

Ⅴ 결론

2000년이 지나면서 프랑스 사회의 이민에 있어서 여성이민자의

---

43) 2003년부터 프랑스 정부는 프랑스에 장기체류를 희망하는 모든 이민자에게 유입통합계약(contrats d'accueil et d'integration)을 체결하도록 하였는데 이 계약에 사인함으로써 이민자들은 합법적인 외국인으로서의 지위를 보장받지만 다른 한편으로 자발적으로 최대 500시간의 프랑스어 강좌를 들어야하고 한나절의 시민교육 및 사회직업적 지원에 대한 통합교육을 받는 것을 의무화하고 있다(Christian Joppke, "Beyond National Models: Civic Integration Policies for Immigrants in Western Europe", *West European Politics* 30(1)(2007) pp.1-22.).

수가 남성이민자의 수를 앞지르고 있다. 여성이민자의 수는 늘고 있지만 다양한 통계를 통해서 살펴본 프랑스 여성이민자들은 프랑스 사회에서 이민의 혜택을 누리기보다는 이중적 부담을 진 존재로 남아있다. 다른 지역의 여성이민자들은 이민을 통해서 새로운 기회와 경험을 가질 수 있었고 새로운 가치의 습득을 통해서 이민 이전과는 상당히 다른 삶을 살 수 있었지만 프랑스에 정착한 여성이민자들은 이들과는 상당히 다른 이민과정을 보여주었다. 물론 이민 2세대 혹은 젊은 이민세대들은 보다 쉽게 프랑스 사회에 통합되지만 이들은 숫자는 전체 북아프리카 출신 여성이민자 가운데 많은 숫자가 아니다. 대부분의 북아프리카 출신 여성이민자들은 기혼여성으로 교육연한이 길지 않은 이들이며 이들은 프랑스 사회에 통합될 수 있는 기회를 가지지 못한다. 이들은 우선 여성으로서 경제활동에 있어서 많은 장애를 고스란히 지고 있었고 이민자로서도 또한 어려움을 많아 가지고 있었다. 여기에 이민사회에 동화할지도 모른다는 가족들의 불안한 시선 및 이민사회로부터 배제될지 모른다는 불안감이 더하여서 더욱 부담이 큰 이민생활을 하고 있는 것으로 나타났다.

이들의 이러한 부담은 프랑스에 정착한 이민여성들이 프랑스 정부의 가족재결합 정책에 따라 대부분이 가족과 재결합하기 위해서 이주해온 기혼여성들이기 때문에 미혼의 여성들보다는 이민사회에 동화될 기회가 많지 않은 사회적 조건을 가지고 있었고 대부분의 이민여성들은 이주이전 본국에서 교육의 혜택을 받지 못했기 때문에 프랑스 노동시장에서 고용될 가능성이 낮고 고용되더라도 주변적인 직업에 고용될 수밖에 없는 조건을 가지고 있었다. 두 번째로는 프랑스 이민사회는 프랑스 사회보다도 위계적 가족질서가 강한 이슬람 사회의 전통을 가지고 있다. 이들은 동족결혼의 관습을 가지고 있어서 이를 통해서 전통적 가치와 관습을 보존하고 있었다. 마지막으로 프랑스 동화정책이 이민자들을 오히려 이민자들로 하여금 그들의 전통을 고수하게 하고 있었다. 이러한 3가지 이유가 프랑스 이민여성들이 다른 국가에 정착한 이민여성들과는 달리 이민의 수혜자이기 보다는 이중부담의 존재로 남게 하였다.

참고문헌

김민정. "프랑스 이민자정책:공화주의적 동화정책의 성공과 실패." 『세계지역연구논총』. 25권 3호. 2007.

박단. "현대 프랑스 사회의 인종주의-민족전선의 이민정책과 신인종주의." 『서양사론』 70호. 2003.

____. 『프랑스의 문화전쟁-공화국과 이슬람』. 서울: 책세상, 2005.

샤를르 드봐쉬 & 장마리 퐁티에, 김지은 외 옮김. 2004. 『프랑스 사회와 문화 Ⅰ·Ⅱ』. 서울: 서울대학교 출판부.

서울대학교 불어문화권연구소. 『프랑스, 하나 그리고 여럿』. 서울: 도서출판 강, 2004

이민경. "프랑스 다문화교육의 배경과 쟁점" 『교육과정평가연구』2007. 10권 pp.53-76

Algava, Elisabeth et Marliyne Beque. "Nouveaux détenteurs et détentrices d'un titre de séjour". 2008.

Borrel, Catherine. *Enquêtes annuelles de recensement 2004 et 2005. Près de 5 millions d'immigrés à la mi-2004*, Paris: INSEE, 2006.

_____, Julien Boeldieu. Cellule Statistique et etudes sur l'immigration. *De Plus en Plus de femmes immigrees sur le marche du travail.* INSEE.1999.

Caille, Jean-Paul. "Les projects d'avenir des enfants d'immigrés". *Les immigrés en France, édition.* Paris.2005.

DREES. *Enquête Parcours et profil des migrants* vague 1. 2006

Eurostat. *Non-national populations in the EU member States.* 2005

Foner, Nancy. *Jamaica Farewell: Jamaican Migrants in London.* Berkeley: University California Press, 1978.

Geesey, Patricia. "North African Women Immigrants in France: Integration and Change". *Substance* 1995. vol.241. pp.37-53.

Guiraudon, Virginie. "Immigration Politics and Policies" in *Developments in French Politics3.* London: Palgrave, 2005

Haddad, Yvonne Yazbeck and Michael J. Balz. "The October Riots in France: A Failed Immigration Policy or the Empire Strikes Back?". *International Migration* 2006. vol.44.

Harris, John R. and Michael P. Todaro, "Migration, Unemployment and Development: A Two-Sector Analysis" *The American Economic Review* vol.60, No.1. 1970, pp.126-142

Haut conseil à l'intégration. *Liens culturels et intégration: Rapport au Premier ministre,* 2005. juin.

Hollifield, James F. "Immigration Policy in France and Germany: Output versus Outcomes", *The Annals of the American Academy* 1986. vol.485.

Houstoun, Marion, F. Kramer R. G., Barrett, J. M. "Female Predominance of immigration to the United States since 1930: a first look" *International Migration Review* 1984. vol.18. pp.903-63.

INSEE, *Enquête Etude de Histoire familiale.* 1999

INSEE. *Les immigrés en France.* 2005.

INSEE, Enquête Emploi du 1er au 4e trimestre. 2007

INSEE, *Recensement de la population.* 2008

Joppke, Christian. "Beyond National Models: Civic Integration Policies for Immigrants in Western Europe", *West European Politics.* 2007. vol.30, no.1 pp.1-22.

Kats, Rachel. "The immigrant woman:double cost or relative improvement?" *International Migration Review.* 1982. vol.16 pp.661-77.

Killian, Caitlin. "The other side of the veil:North African Women in France Respond to th Headscarf Affair" *Gender and Society.* 2003. vol.17 pp.567-590.

Kofman, Eleonore, Annie Phizacklea, Parvati Raghuram, Rosemary Sales, *Gender and International Migration in Europe.* New York: Routledge, 2000

Lim, L. Nana Oishi, "International labor migration of Asian Women: Distinctive Characteristics and Policy Concerns" *Asian and Pacific Migration Journal,* vol 5, n.1. 1996. pp.85-116

Maillard, Dominique. "The Muslims in France and the French Model of Integration" *Mediterranean Quarterly.* 2005.winter. vol.16 no.1.

Meng, Xin, Dominique Meurs, "Intermarriage, Language, and economic assimilation process A case of France" *International Journal of Manpower*, vol.30 N.1/2. 2009. pp.127-44

Morokvasic, Mirjana, "Birds of Passage are also women..." *International Migration Review* vol.18, No.4 Special Issue: Women in Migration, Winter, 1984, pp.886-907

OECD.*WORLD FACT BOOK* 2006.

Perrin-Haynes, Jacqueline. *L'activité des immigrés en 2007,* INSEE, 2008

Pessar, Patricia. "The linkage between the household and workplace in the experience of Dominican immigrant women in the United States" *International Migration Review* 1984. vol.18 pp.1188-1211

Piper, Nicola. ed. *New Perspectives on Gender and Migration.* UNRISD. 2008.

Schnapper, Dominique. *La France de l'integration:sociologie de la nation en 1990.* Paris:Gallimard, 1991.

Skrobanek, Siriporn, Nattaya Boonpakdi, Chutima Janthakeero, *The Traffic in Women: Human Realities of the International Sex Trade*, London:Zed Books, 1997

Tribalat, Michèle. "The French 'Melting Pot': Outdated-or in Need of

Reinvention?'". in Susen Mihier and Nick Parson, *Reinventing France*. London: Palgrave, 2003.

_____. *De l'immigration à l'assimilation. Enquête sur les population d'origine étrangere en France. Paris:La Découverte, 1996.*

Todd, Emanuel. *Le destin des immigrés: Assimilation et ségrégation dans les démocraties occidentales Paris: Editions du Seuil, 1994.*

Wenden, Catherine Wihtol de. "Young Muslim Women in France : Cultural and Psychological Adjustments" *Political Psychology,* Vol.19, no.1. 1998. pp.133-146

『경향신문』 (2006년 3월 31일), 11.

『워싱턴포스트』 (2005년 10월 6일).

『조선일보』 (2006년 9월 6일), A20.

Le monde (September 4-5, 2006) - www.lemonde.fr

제7장 유럽의 이주인력 고용분석:
독일과 프랑스의 비교

전현중

동서대학교 국제학부 교수

Ⅰ. 서론

유럽에서는 프랑스가 19세기부터 정치적 망명자들을 받아들이면서 외국 인력의 이주에 대한 관심을 가지기 시작했다. 대부분의 유럽 국가는 제2차 세계대전 종전 이후부터 경제 재건과 성장을 위해 본격적으로 이주인력을 받아들이기 시작했다. 유럽위원회(European Commission)는 이주, 망명 및 사회통합에 대한 범EU 차원의 정책개발을 위해 다양한 노력을 기울여 왔다. EU의 이주정책 관련 사업은 회원국에게 수익과 비용을 적절하게 배분해야 하는 어려운 문제를 가지고 있다. 하지만 서유럽 대부분의 국가들은 점차 심화되고 있는 숙련인력 부족현상에 직면해 있기 때문에 경제적 측면에서 공동이주정책을 수립해야 할 필요성을 제기하고 있다. 각국은 글로벌 경쟁에서 유리한 고지를 차지하기 위해 국제적 고급인적자원을 확보하기 위해 노력하고 있다. 치열한 국제경쟁하에서 유럽은 전통적인 이주 수용국가(캐나다, 호주, 뉴질랜드 등)에게 고급인력을 지속적으로 빼앗겨 왔으며, 주로 저숙련 이주자만이 유럽이주를 선택해 왔다. 독일과 프랑스는 이주민의 사회통합, 언어능력 향상 및 외국 고급인력 유치방안을 마련하기 위해 이주정책의 개혁을 고려하고 있다.

본 연구는 경제학적 관점에서 이주인력의 경제적 효과와 노동시장에 주는 영향을 분석하고자 한다. 경제학적 방법론을 사용한 연구를 살펴보면, 최홍[1]은 편익과 비용 분석을 통해 다문화사회의 경제적 효과를 측정하고, 한국 다문화사회의 현실을 진단하고 있다. 전현중 외[2]는 프랑스의 이주인력의 고용구조를 살펴보고, 이주인력정책 분석을 바탕으로 한국의 이주인력정책의 방향을 제시하였다. 김형만 외[3]는 외국인 노동력 유입실태를 분석하고, 외국인 근로자에 대한 교육훈련 및 문화예술교육이 국제적 차원의 신뢰·협력을 강화할 수 있다고 주장하였다. 유길상 외[4]는 우리나라 저숙련 외국인력 노동시장을 분석을 바탕으로 저숙련 외국 인력정책의 변천 과정, 외국인 근로자의 인사관리와 수요분석, 외국 인력의 내력 인력에 대한 대체성, 외국인력 고용의 사회적 효과, 외국인력 고용의 경제적 효과를 분석하였다.

OECD[5]는 OECD 국가가 이주인력을 유인하는 사회적·경제적·

---

1) 최홍, "다문화사회 정착과 이민정책", 『CEO Information』(삼성경제연구원, 2010b).
2) 전현중 외, "프랑스의 이주인력 고용과 정책", 『한국프랑스학회연구』, 제71집, pp.115~140(한국프랑스학회, 2010).
3) 김형만 외, 『제2차 국가인적자원개발기본계획』(교육인적자원부, 2005).
4) 유길상 외, 『저숙련 외국인력 노동시장 분석』(한국노동연구원, 2002).

환경적 요인을 규명하고 있다. 미래의 이주인력 이동의 5가지 시나리오를 바탕으로 글로벌 이주인력 이동의 결정요인, OECD 국가의 이주인력 유인요소, 정책결정 대상이 되는 이주인력 이동유형 등을 분석하고 있다. OECD[6]는 이주와 교육, 노동, 개발 등과의 관계를 분석하고, 정부의 역할을 모색하고 있다. OECD[7][8]는 OECD 주요 회원국의 이주인력과 자녀에 대한 통합정책을 분석하고, 노동시장 진입, 인력부족 해소 및 자녀교육 · 취업 등에 대한 정책을 비교하면서 향후 정책적 개선방안을 제시하고 있다. Zimmermann, K. F. et al.[9]은 독일의 이주인력 이동과 노동시장에 미치는 경제적 효과를 분석하고 유럽의 이주인력정책의 방향을 제시하였다.

독일은 유럽에서 전체 인구대비 이주인력 비중이 가장 큰 국가이며, 프랑스는 가장 오래된 이주인력 수용국가라고 할 수 있다. 독일은 특정국가와 협정을 맺고 이주인력을 받아들이는 단순한 이주인력 수용경로를 가지고 있다. '80년대부터는 독일동포 및 인도주의적 이주자 등 비경제적 요인의 이주인력을 대폭 수용하였다. 반면, 프랑스는 이탈리아, 벨기에, 스페인 등 상대적으로 경제력이 뒤떨어졌던 주변국과 알제리, 모로코, 튀니지 등 마그레브국가 및 서부 아프리카국가 등 과거 식민통치 대상국가들로부터 이주인력을 받

5) OECD, *The Future of International Migration to OECD Countries*(OECD, 2009a).

6) OECD, *A International Migration: The Human Face of Glottalization*(OECD, 2009b).

7) OECD, *Jobs for Immigrants-volume 1: Labour Market Integration in Australia, Denmark, Germany and Sweden*(OECD, 2007).

8) OECD, *Jobs for Immigrants-volume 2: Labour Market Integration in Belgium, France, the Netherlands and Portugal*(OECD, 2008b).

9) Zimmermann, K. F. et al., *Immigration Policy and the Labor Market: The German Experience and lesson for Europe*(Springer, 2007).

아들이는 다양한 이주인력 수용경로를 가지고 있다. 두 나라의 상이한 이주인력정책은 자국 및 유럽 노동시장에 서로 다른 영향을 준 것으로 보인다. 또 최근의 세계 경제위기는 독일과 프랑스의 노동시장 여건을 변화시켜, 양국이 새로운 이주정책을 선택하도록 하고 있다. 독일과 프랑스의 이주인력 고용구조 비교를 통해 우리나라의 이주인력정책을 수립하는 데 의미 있는 시사점을 도출할 수 있을 것으로 기대된다.

Ⅱ. 유럽 이주인력 고용현황과 특징

1. 이주인력 현황

유럽 선진국에서 전체 인구 가운데 이주인력이 차지하는 규모는 비교적 큰 편이며, 비중도 점차 확대되어 왔다. <표 1>은 주요 유럽국가의 이주자 규모를 나타내고 있다. 독일은 2004년 734만 명의 이주자를 가지고 있어서, 유럽국가들 가운데 가장 많은 이주자를 가지고 있는 것으로 나타났다. 이주자 규모는 전체 독일 내국인의 약 9%에 해당하는 규모인데, 터키 출신이 다수를 차지하고 있다. 프랑스는 같은 연도에 326만 명의 이주자를 가지고 있어서 주요 유럽국가 가운데 독일 다음으로 많은 이주자를 기록하였다. 프랑스의 이주자는 주로 과거 식민지였던 아프리카 북부의 마그레브 국가 출신이 다수를 차지하고 있다.

〈표 1〉 주요 유럽국가의 이주자 규모(2004년)

(단위: 천 명, %)

국가	내국인 수(A)	이주자 수(B)	(B/A)	대표적 이주송출국가
독일	75,190	7,342	8.9	터키
스페인	39,426	2,772	6.6	에콰도르
프랑스	55,258	3,263	5.6	마그레브
그리스	10,149	891	8.1	알바니아
이탈리아	55,898	1,990	3.4	알바니아
네덜란드	15,556	702	4.3	터키
폴란드	37,530	700	1.8	독일
포르투갈	10,169	239	2.3	세네갈(캅베르)
영국	55,636	2,760	4.7	아일랜드
체코	10,016	195	1.9	우크라이나

자료: Eurostat. *Note statistiques sur les populations non nationales dans les Etats membre de l'Union européenne*. mars. 2006.

'80년대 이후 '독일동포'가 독일로 유입되는 가장 중요한 이주집단으로 나타났다.[10] 독일동포의 대규모 유입과 보다 적지만 귀화 노동자의 유입으로 인해, 경제활동 연령의 국외 출생 독일동포 집단은 최근 국외 출생 외국인 집단과 거의 같은 규모를 보이고 있다.[11] 또 독일은 독일국적을 가지고 있지 않은 외국인 노동자 '2세대'도 빠른 속도로 증가하고 있다.[12]

---

10) 독일의 이주자 관련자료 대부분은 국적을 기준으로 시민권자와 비시민권자로 구분하고 있다. 즉 이주자(국외 출생)와 본국 출생으로 구분하고 있지 않다. 국제비교를 위해 국적기준에 따른 자료는 한계를 보이는데, 실제 이주유형을 나타내기보다는 해당 국가의 특수한 시민권법을 반영하고 있기 때문이다. 독일이 국적기준에 근거하여 이주자를 구분하는 이유는 중앙유럽 및 동유럽 출신의 상당수 독일동포가 존재하기 때문이다(OECD. *op.cit.*, 2007. p.196).

11) OECD. *op.cit.*, 2007. p.196.

12) 유럽 OECD 국가 가운데 경제활동 연령대의 '2세대 외국인'이 전체 경제활동 연령 인구의 1%를 넘는 국가는 독일, 벨기에, 룩셈부르크 및 스위스 등이다. 이 경우 유럽공동체 노동력조사(European Community Labour Force Survey)를 이용하여, 2세대 외국인의 노동시장 성과를 국제 비교하는 데는 한계가 있다(OECD. *op.cit.*, 2007. pp.197~198).

〈표 2〉독일의 이주집단 구성 변화(1993년과 2003년)

(단위: 명)

이주집단	1993년 누계	2003년 누계
A. 외국 국적 이주자1		
터키 국적 이주자(2세대)	n.a.[2]	1,223,000(654,853)
전 유고슬라비아계 국적 이주자(2세대)	n.a.[2]	846,305(208,400)
이탈리아 국적 이주자(2세대)	n.a.[2]	428,074(173,184)
그리스 국적 이주자(2세대)	n.a.[2]	259,886(94,744)
소계(2세대 소계)	n.a.[2]	5,834,766(1,499,999)
B. 독일동포 이주자		
폴란드 출신	663,351	672,350
구소련 출신	859,140	2,145,856
기타	247,069	270,409
소계	1,769,560	3,088,615
C. '인도주의적' 이주자		
구 유고슬라비아 출신 시민전쟁난민	350,000	20,0004
사실상(de facto) 난민5(용인된)6	755,000	416,000(226,000)
인정난민 및 가족	266,000	346,500
망명신청자	530,000	132,547
구소련 출신 유태인이주자	25,000	188,000
소계	1,900,000	1,088,000

1. '이주자'는 국외 출생자를 말함.
2. 1993년의 경우 외국국적별 정보는 있으나 국외 출생지별 정보는 존재하지 않음.
3. 누계는 1985년 이후 누적 입국자수에 근접함.
4. 전 유고슬라비아의 시민전쟁난민은 부분적으로 이 집단의 다른 부문에 포함됨. 예를 들어, 이 지역 출신 '용인된' 개인은 약 90,000명에 달함.
5. '사실상(de facto) 난민'은 공식적인 망명은 아니지만, 강제 추방될 수 없는 사람을 의미함.
6. '용인된' 개인은 체류허가를 받을 수 없음.
자료: OECD, Jobs for Immigrants—volume 1: Labour Market Integration in Australia, Denmark, Germany anc Sweden(OECD, 2007).

독일은 지난 10여 년간 경제활동인구 가운데 외국에서 출생한 독일국적자의 비중이 상대적으로 크게 늘어 왔다. 독일 경제활동인구의 국적별·출생지별 인구 비중을 살펴보면, 1992년 독일의 경제활동 연령 인구 가운데 독일국적자는 90.4%였으며, 비독일국적자는 9.6%를 차지하였다. 2004년 독일국적자는 89.9%로 줄어들었으며, 비독일국적자는 10.1%로 늘어났다. 독일국적자 중 독일 출생 비중은 같은 기간 85.8%에서 83.3%로 감소하였다. 하지만 독일국적자 중 국외 출생(독일동포＋귀화이주자＋국외 거주 독일인 자녀)은 4.6%에서 6.6%로 비교적 큰 폭으로 늘어났다. 비독일국적자 중에서 2세대는 1992년 1.4%에서 2004년 2.0%로 늘어났다. 비독일국적자 중 외국 출생 이주자의 비중은 약 8%로 변화가 없는 것으로 나타났다. 최근 독일에서는 국외 출생 독일동포 이주자와 독일 출생 2세대가 증가하고 있음을 알 수 있다.[13] 이는 경제적인 인력 수요에 근거하기보다는 비경제적인 요인에 의한 것이며, 사회적 통합을 위한 정책적 배려의 필요성을 높이고 있다.

독일은 OECD 국가 가운데 미국에 이어서 가장 많은 이주자를 받아들인 국가이다. 실제로 전체 인구의 거의 13%가 국외에서 태어났으며, 국외 출생자 비율은 미국보다도 높은 수준을 보여 주고 있다. 하지만 최근까지 독일은 스스로 주요 이주국가로 인식하지 않고 있어서, 이주자 사회통합에 대해서도 소극적인 접근방식을 가지고 있다. 독일은 프랑스, 벨기에, 네덜란드 및 영국과는 달리 이주인력을 제공할 수 있는 과거 식민지를 가지고 있지 않았다. 따라서 독일은 이주자 송출국가와 일련의 채용협정을 통해서 필요한 인력을 확보하였다.[14] 협정의 목적은 적극적으로 이주를 촉진하는 데 있지 않고, 노동력 부족을 완화하는 데 있었다.[15]

---

13) OECD, *op.cit.*, 2007, pp.199~200.

14) 첫 협정은 1955년 이탈리아와 체결하였으며, 그리스와 스페인(1960), 터키(1961), 모로코(1963), 포르투갈(1964)과 유고슬라비아(1968)로 이어졌다.

15) OECD, *op.cit.*, 2007, p.200.

프랑스는 산업화의 진전으로 노동력 수요가 증가하면서 인구증가 정책을 선택하였는데, 이주노동자가 이주하기를 원하는 대표적인 국가가 되는 계기가 되었다. 제1차 세계대전 이후 이주노동자의 유입현상은 지속되었다. 특히 벨기에, 이탈리아, 스페인 및 알제리로부터 많은 노동자들이 이주해 왔다. 프랑스는 1931년 이미 전체 인구의 6.5%를 차지하는 2.7백만 명의 이주자를 보유하게 되었다. 2차 세계대전 이후 프랑스의 외국노동자 유입은 크게 확대되었는데, 1990년대 중반까지 외국노동자의 증가추세는 지속되었다. 1950년대에는 이탈리아, 포르투갈 및 북아프리카로부터 상당수의 이주노동자가 유입되기 시작하였다. 프랑스는 이주인력의 유입을 통해서 전후 산업성장 과정에서 필요로 하는 저숙련 노동력을 거의 충족할 수 있었다.[16]

프랑스의 출신국별 이주자 구조는 변화를 보여 왔다. 1975년과 2005년 사이에 유럽 출신 이주자의 비율은 줄어들고 있으나, 아프리카 출신과 아시아 출신 이주자 비율은 크게 늘어났다. 유럽 출신 가운데서는 이탈리아 이주자의 비중이 가장 크게 줄어들었다. 아프리카에서는 알제리 이주자의 비중이 줄어든 반면, 모로코와 기타 아프리카 이주자가 크게 늘어났다. 프랑스 국내의 이주인력 구성은 유럽 중심에서 아프리카, 아시아, 아메리카 등으로 다양해지고 있음을 알 수 있다.[17]

2006년 기준으로 볼 때 프랑스는 독일에 이어 유럽에서 두 번째로 많은 외국인이 있으며, 전체 인구의 약 7%(430만 명)가 이주자

---

16) OECD. op.cit., 2008b, pp.110~117.
17) 프랑스의 출신국별 이주자 통계는 전현중 외. op.cit., p.119를 참조.

로 구성되어 있다. 이주자 가운데 인종·문화·종교적 차이를 가진 회교를 믿는 이주자가 400만 명을 차지하고 있다. 향후 회교 이주자에 대한 사회통합 정책의 성공 여부가 국가 발전 및 사회 안정에 중요한 요인으로 작용할 것으로 보인다.[18] 이주자 증가에 따른 사회적 갈등이 누적되면서, 프랑스 정부는 2005년 이슬람 이주자들과 심한 사회적 갈등을 겪었다. 전국적 규모의 소요사태를 계기로 프랑스 정부는 기존 이주정책을 재고하게 되었으며, 이주자의 사회통합 정책을 전면적으로 재검토하게 되었다.

2. 이주인력정책의 특징

1) 독일

독일의 이주인력정책은 2차 세계대전 이후 경제 재건과 성장을 위해 부족한 인력을 유치하기 위해 수립되기 시작하였다. 프랑스와는 달리 과거 식민지에서 인력을 조달할 수 없었던 독일은 국가 간 협정을 통해서 필요한 인력을 확보해 왔다. 2차 대전 이후 독일의 이주집단은 세 가지 유형으로 나누어 볼 수 있다. 즉 '방문노동자(guest worker)',[19] 독일동포 및 '인도주의적' 이주자로 분류할 수 있다. <표 2>는 1993년과 2003년 사이 독일의 이주집단별 이주자

---

18) 장미혜 외, 『다민족·다문화사회로의 이행을 위한 정책 패러다임 구축 II - 다문화 역량 증진을 위한 정책·사회적 실천 현황과 발전 방향』(한국여성정책연구원, 2008), pp.59~73.

19) '방문근로자(guest worker)'는 일반적으로 1955년과 1973년 사이에 독일에 입국한 노동이주자를 말한다. 이러한 유형의 이주는 일시적이며, 사회적 통합의 대상이 되지 않는 것을 의미한다. 이 기간 동안 독일은 전후 독일경제 재건을 위해 필요한 노동수요 증가를 충족하기 위해 외국인 노동자를 채용하였다(OECD, *op.cit.*, 2007, p.200).

구성변화를 나타내고 있다. 2003년 누적된 전체 이주자 약 1,001만 명 가운데 약 583만 명(58.2%)은 외국국적 이주자인 방문노동자이다. 약 309만 명(30.9%)은 독일동포 이주자이며, 109만 명(18.7%)은 인도주의적 이주자로 구성되어 있다.

방문노동자의 채용은 1970년대 초 석유위기 때까지 계속되었는데, 주로 제조업 부문에 편중되는 현상을 보였다. 경제위기를 맞아, 비유럽 공동체 국가 출신 이주자 채용은 1973년 말 이후 더 이상 허용되지 않았다. 1973년 말 이후 독일의 이주정책은 비유럽 공동체 국가 출신의 이주를 제한하였으며, 1980년대 이후에는 오히려 기존의 독일 거주 외국인 노동자들의 본국 귀환을 장려하기 시작하였다. 하지만 이러한 정책은 성공하기 어려웠는데, 방문노동자가 일단 독일을 떠날 경우 되돌아오는 것이 불가능하였기 때문에 애초 기대와는 달리 방문노동자는 영구 이주자가 되었으며, 상당수는 수년 내에 가족과 합류하기에 이르렀다.[20]

<표 2>에 따르면, 2003년 독일 내 외국국적 이주자는 전체 약 583만 명인데, 국적별로는 터키국적 이주자가 약 122만 명(20% 정도)으로 가장 큰 비중을 차지하고 있으며, 전 유고슬라비아계 이주자는 약 85만 명으로 14.5%를 구성하고 있다. 가족재결합을 통한 이주는 터키인 공동체에서 더욱 두드러졌다. 외국국적 이주자 가운데 독일에서 태어난 2세대 이주자가 약 150만 명으로 25.7%를 차지하고 있는데, 터키국적 이주자는 2세대 이주자가 65만 명을 넘어서고 있어서 전체 터키 이주자의 절반에 가까운 비율을 보여 주었다.

---

20) OECD, op.cit., 2007, pp.200~201.

방문노동자의 정착과 전통적으로 이중국적을 금지하는 엄격한 시민권법으로 외국인 2세대는 증가하였다. 2세대 이주자는 점차 더욱 큰 비중을 차지하게 될 것으로 예상되므로, 2세대 이주자 문제는 독일 이주인력 및 사회통합 정책의 주요한 과제가 될 것으로 보인다.

2차 대전 후 독일(서독)로 들어오는 독일동포의 물결은 동독과 독일어 사용지역으로부터 이동해 오는 것이었다. 1950년 이래 독일동포로 규정되는 동유럽과 중앙아시아 출신 독일민족의 배경을 가진 이주자는 총 4.4백만 명에 달하였다. 1950년과 1986년 사이 독일동포 입국자는 매년 2만~6만 명에 이르렀다. 철의 장막 붕괴와 함께 독일동포의 귀환은 더욱 크게 늘어났으며, 1990년에는 독일로 들어오는 독일동포 수가 거의 40만 명에 달하였다.[21]

<표 2>에 따르면 독일동포 이주자는 2003년 약 309만 명이 존재하는데, 1993년 약 177만 명보다 약 132만 명이 늘어났다. 단일 국가로는 폴란드 출신이 약 67만 명으로 가장 다수를 차지하고 있다. 구소련국가 출신은 약 215만 명으로 전체 독일동포 이주자의 약 70%에 가까운 비율을 보여 주고 있으며, 1993년 약 86만 명에서 126만 명이 늘어난 것으로 나타났다. 구소련 붕괴가 1990년대 이후 독일의 이주인력 규모에 커다란 영향을 준 것을 알 수 있다.[22] 기본적인 독일어 시험 등 독일동포 이주를 제한하는 다양한 조치가 취해지면서 1990년대 중반 이래 독일동포 이주는 지속적으

---

21) *Ibid,* p.201.

22) 1990년대 초 독일동포 귀환이 절정을 이룬 뒤 독일동포 이주를 제한하는 여러 가지 조치가 취하여졌다. 1993년 도입된 법규에 의하면 구소련연방국에 거주하고 있는 독일동포의 이주를 제한하고, 거주 국가에서 독일동포라는 이유로 어려움을 겪고 있다는 사실증명 요구를 통해 이주자 수를 제한하였다. 1996년부터는 독일국적을 취득하고자 하는 독일동포는 독일어 시험에 합격해야 하는 제한이 추가되었다.

로 감소하여, 2004년에는 6만 명 이하로 줄어들었다. 독일동포 이주자는 독일국적을 취득할 경우 다른 이주자집단에 비해 노동시장에 진입하는 데 더욱 유리한 것으로 나타났다.[23]

1970년대 말까지 연간 망명신청자는 2만 명을 넘지 않았다. 1980년대부터 망명신청자는 증가하였으며, 1987년 6만 건 미만에서 1992년 거의 44만 건으로 크게 늘어났다. 독일은 1993년 헌법개정으로 인해 망명권을 제한하였으며, 유럽연합의 망명정책에 협력하게 되었다. 결국, 망명신청자는 크게 줄어들었으며, 2004년에는 약 5만 명이 망명을 신청하는 데 그쳤다. 독일은 또 전쟁난민을 받아들이는 데 주도적인 역할을 하였다. 1996년 독일은 보스니아와 헤르체고비나 출신 난민 약 35만 명을 일시적으로 보호하였다. 하지만 이들 중의 상당수는 독일에 남았다. 2003년 현재 독일 내 가장 커다란 인도주의적 이주자 집단은 소위 '사실상(*de facto*) 난민'[24]으로 41만 6천 명에 이르고 있다. 전체 '인도주의적 이주자'는 2003년 누적통계로 약 109만 명을 기록하였는데, 1993년 190만 명에 비해 약 80만 명 정도가 줄어든 수준을 보였다. 난민 신청자도 1993~2003년 사이에 53만 명에서 약 13만 명으로 줄어들어 가장 커다란 감소폭을 보였다. 독일은 독일동포 이주자가 크게 늘어나면서 인도주의적 이주자의 수용을 제한한 것으로 보인다.

---

23) OECD, *op.cit.*, 2007, pp.201~202.

24) 이는 난민들이 합법적인 망명을 하지 못하지만, 출신국과의 갈등, 여권 미소지 등 이유로 추방되지 않는 경우이다. 사실상 난민의 약 절반은 '용인된(tolerated)' 상태인데, 이는 난민들이 체류허가를 얻지 못한 상태를 의미한다. 용인된 난민은 약 15만 명이 존재하는데, 주로 구 유고슬라비아 출신이며, 독일에서 4년 이상 거주한 자이다(OECD, *op.cit.*, 2007, pp.203~204).

2) 프랑스

　프랑스는 2차 세계대전 이후 이주인력 규모가 급증하면서, 사회적인 요구에 따라 이주인력에 대한 통합정책을 수립하게 되었다. 유럽 출신 이주자는 가톨릭 문화권이라는 종교적인 동질성을 바탕으로 동화주의 이주정책에 따라 빠르게 프랑스 사회 내부로의 성공적인 진입을 하게 되었다. 이주인력정책의 문제는 문화적·종교적으로 프랑스 자국인들과는 큰 이질감을 갖고 있는 이슬람 이주민에게서 나타났다. 단편적 동화정책에서 벗어나 보다 효과적인 정책이 필요하였다. 1970년대 들어와 진일보한 '공화국 통합모델'이 등장하면서, 자유와 평등으로 대변되는 공화국의 이념에 따라 이주자를 통합하고자 하는 정책이 마련되었다. 공화국 통합모델은 대외적으로 공화국의 통합이라는 거시적인 방향 설정에서 긍정적인 평가를 받았다.[25] 1974년 이후 경제침체와 더불어 프랑스 정부는 가족단위 집단이주와 고용주 수요에 따른 특별이주를 제한하기에 이르렀다. 최근에는 가족단위 이주가 다수를 차지하고 있으며, 남녀간의 수적 차이도 줄어들었다. 일부 국가의 갈등과 불안정으로 정치적 이주가 계속되고 있으며, 주로 터키, 전 유고슬라비아, 스리랑카, 콩고민주공화국, 아이티와 러시아 등에서 이주해 오고 있다. 이주자의 평균연령과 노동시장에서의 위치는 이주시기와 유형에 따라 차이를 보이고 있다.[26]

　1970년대 이후 실행되어 온 프랑스의 이주자 통합정책은 2007년

---

25) 박성혁 외, 『다문화교육정책 국제 비교연구』(교육과학기술부, 2009), pp.132~134.
26) 전현중 외, *op.cit.*, p.120.

현재 500만 명의 합법이주자들을 대상으로 시행되고 있으며, 그중 외국에서 출생한 200만 명의 이주자들이 프랑스 국적을 취득하였다. 그러나 2005년 이래 합법적인 이주자뿐만 아니라 불법이주자도 감소하고 있다. 이러한 현상은 '반차별정책'과 '수용·통합계약'의 이주통합 정책이 결실을 맺고 있는 데서 원인을 찾을 수 있다. 2007년 프랑스의 사르코지 대통령은 '선택적 이주정책'을 위해 '이주·통합·국가정체성·공동개발부(Ministère de l'immigration, de l'intégration, de l'identité nationale et du co-développement)'를 신설하였는데, 기존의 분산되어 있던 이주 관련 업무를 단일화한 것으로 볼 수 있다. 우선 이주인력 이동을 억제하고 통합을 촉진하며, 프랑스의 정체성을 확립하고 공동발전을 장려한다는 목표를 내세우며 적극적인 이주자 통합정책을 전개하고 있다.[27]

Ⅲ. 유럽 이주인력의 고용구조 변화

1. 경제활동 규모와 고용

1) 경제활동 규모와 특징

독일에서는 최근 몇 년 동안 신이주법(new immigration law)에 따라 이주자의 노동시장 통합문제가 더욱 많은 주의를 끌었다. 1990

---

27) 장미혜 외, *op.cit.*, pp.62~69.

년대 초까지 국외 출생 노동자의 노동시장 상황은 매우 유리하였으며, 공정하게 본국 출생 노동자와 거의 유사한 지위를 누렸다. 여기에 여자 이주노동자는 제외되었는데, 이들은 언제나 매우 낮은 고용률을 보였다. 여자 이주근로자 가운데 터키 출신 여자 근로자는 40%에도 훨씬 못 미치는 낮은 고용률을 나타냈다. 하지만 지난 10년에 걸쳐 이주자의 통합성과는 유리하게 작용하지 않았다. 이는 독일경제가 1998∼2000년 사이를 제외하고 1990년대 중반 이후 어려움을 겪어 온 것과 연계되어 있다. 경기불황은 이주자의 유입이 매우 높은 수준을 보여 줄 때 시작되었기 때문에 외국인 노동자의 노동시장 진입을 제한하였다. 외국인 특히 터키인은 1992∼1997년 사이 고용수준이 감소할 때 상대적으로 더욱 큰 충격을 받았다. 독일인의 고용률이 3% 감소할 때, 외국인의 고용률은 10% 이상 감소하였다. 1997∼2001년 사이에 경제가 호황기에 있는 동안 외국인과 독일인 간의 고용률 격차는 다시 좁혀졌다. 하지만 경제적 상황이 나빠짐에 따라 2001년부터 외국인의 고용사정은 다시 크게 악화되었으며, 현재 고용률 격차는 1997년 수준으로 확대되었다. 많은 OECD 국가에서는 본국인에 비해 이주자의 고용률이 경제적 상황에 따라 더욱 민감한 것으로 관찰되었다.

<표 3>은 주요 OECD 국가의 이주자와 본국 출생자의 고용률 비율을 나타내고 있다. 독일과 프랑스를 비롯하여 다수 국가는 1997년 이주자와 본국 출생의 고용률 격차가 확대되었다가, 2004년 다시 축소되는 경향을 보였다. 1992년 독일은 남자의 이주자 고용률과 독일인 고용률 간의 상대적 비율이 0.96이었다. 1999년 0.89로 비교적 큰 폭으로 확대되었다가, 2004년 0.90으로 축소되었

다. 여자는 1992년 0.85에서 1999년과 2004년 0.76~0.77로 격차가 확대된 수준을 유지하였다. 프랑스는 남자의 상대적 고용률이 1992년 1로서 이민자와 프랑스인 간의 격차가 없었으나, 1997년 0.92로 이주자의 고용률이 상대적으로 떨어졌다가 2004년 0.97로 고용률 격차가 다시 축소되는 현상을 보였다. 프랑스에서 여자는 1992년 0.80에서 1999년 0.70으로 격차가 확대되어 독일보다 더욱 커다란 상대적 고용률 차이를 보였으나 2004년 0.83으로 독일보다 격차수준이 줄어들었다. 독일은 프랑스에 비해 전반적으로 이주자 고용률이 악화되고 있으며, 프랑스의 남자와 여자 고용률 모두가 독일에 비해 경기변동에 민감하게 반응하고 있음을 알 수 있다.

〈표 3〉 주요 OECD 국가의 성별 고용률 비율(이주자 고용률/본국 출생 고용률) 변화

		독일	스웨덴	오스트리아	호주	덴마크	네덜란드	영국	프랑스	캐나다
2004	남	0.90	0.52	0.96	0.94	0.78	0.82	0.93	0.97	0.98
	여	0.77	0.82	0.87	0.85	0.76	0.72	0.82	0.83	0.87
1999	남	0.89	0.79	1.01	0.91	0.75	0.80	0.89	0.92	1.00
	여	0.76	0.77	0.92	0.84	0.73	0.76	0.83	0.70	0.92
1992	남	0.96	0.72	1.01	0.93	0.80	0.75	0.91	1.00	0.98
	여	0.85	0.70	0.97	0.86	0.80	0.75	0.86	0.80	0.97

1. 호주는 2003년 자료이며, 캐나다는 2002년 자료임.
2. 스웨덴과 오스트리아는 1995년 자료이며, 캐나다는 1993년 자료임.
자료: *European Community Labour force Survey*

<표 4>는 독일의 2세대 외국인의 경제활동 특성의 변화를 나타내고 있다. 1992년 세대 외국인 남자 노동자의 고용률은 독일 출생 독일인 남자 노동자의 94%로 나타났다. 이후 지속적으로 악화되어 2004년 88%로 떨어졌다. 여자는 1992년 독일 출생 독일인의 84%

였다가 1999년 85%로 다소 개선되었으나, 2004년 76%로 크게 악화되었다. 남자 2세대 외국인의 경제활동 참가율은 지속적으로 상승하여, 2004년 본국 출생 독일인의 99%까지 상승하였으나 여자는 80%로 지속적으로 떨어졌다. 독일에서는 여자 외국인 2세대 노동자의 고용여건이 상대적으로 더욱 악화되어 온 것을 알 수 있다. 독일의 청년인구 중 독일 출생 2세대 외국인의 비율은 1992년 0.9%에서 2004년 4.1%로 12년 동안 4배 이상 증가하였다.

〈표 4〉 독일 청년(25~34세) 인구 중 독일 출생 독일인 대비 독일 출생 외국인의 경제활동특성 변화

		1992	1999	2004
고용률	남	0.94	0.92	0.88
	여	0.84	0.85	0.76
경제활동 참가율	남	0.94	0.98	0.99
	여	0.84	0.82	0.80
실업률	남	–	1.9	2.0
	여	–	–	1.5
25~34세 인구 중 본국 출생 외국인 비율(%)		0.9	2.6	4.1

자료: *European Community Labour force Survey*

프랑스 노동시장 내 이주인력의 경제활동 참가율은 프랑스 국적 인력보다 낮은 것으로 나타났다. <표 5>는 프랑스 노동시장 내 이주자 및 프랑스 국적자의 경제활동과 실업수준을 나타내고 있다. 남자는 이주자가 프랑스 국적자보다 다소 높은 경제활동 참가율을 보였으나, 여자는 프랑스 국적자에 비해 이주자가 약 10% 정도 낮은 경제활동 참가율을 보였다. 여자 이주자의 경제활동 참가 기회가 프랑스 국적자에 비해 상대적으로 부족한 것을 알 수 있다. 이

주자는 프랑스 국적자의 2배가 넘는 실업률을 보여 노동시장에서 매우 불리한 여건에 놓여 있음을 보여 준다. 여자 이주자 고용률이 상대적으로 더욱 낮은 것은 노동시장에서 여자 이주자가 상대적으로 더욱 열악한 여건에 놓여 있음을 알 수 있다.[28]

〈표 5〉 프랑스 노동시장 내 이주자 및 프랑스 국적자의 경제활동과 실업(2007년)

(단위: %)

	경제활동 참가율		실업률		고용률	
	비이주자	이주자	비이주자	이주자	비이주자	이주자
남자	74.2	78.2	6.8	13.5	69.1	67.5
여자	66.2	56.7	7.8	17.3	61.0	46.9
계	70.2	67.0	7.3	15.2	65.1	56.8

주: 고용률과 경제활동 참가율은 프랑스 전역 15~64세 인구를 대상으로 구함. 실업률은 프랑스 전역의 15세 이상 인구를 대상으로 계산함.
자료: Insee. *Enquêes Emploi du 1er au 4ème trimestre 2007*. 2007.

프랑스 내 이주인력은 프랑스 국적 인력에 비해 상대적으로 낮은 수준의 경제활동 참가율을 보여 주고 있다. 2007년 15~64세 사이 이주자 경제활동 참가율은 약 67% 수준을 보여 주고 있는 데 비해, 프랑스 국적자는 약 70%를 보여 주고 있다. 여자 이주자의 경제활동 참가율은 57%로 여자 프랑스 국적자의 66%보다 9%가 낮은 수준을 보여 주고 있다. 남자 이주자의 경제활동 참가율은 78%로 남자 프랑스 국적자의 74%보다 오히려 높은 수준을 보여 여자와는 다른 양상을 보여 주고 있다. 이주자의 경제활동 참가율은 출신국가에 따라 차이를 보여 주고 있다. 포르투갈에서 태어난 이주자는 남자와 여자 모두 매우 높은 수준의 경제활동 참가율을

---

28) 전현중 외. *op.cit.*. pp.121~122.

보여 주고 있다. 특히 25세 이전 이주자와 57세 이후 이주자의 경제활동 참가 수준이 높은 것으로 나타났다. 25~35세 사이의 포르투갈 출신 여자 이주자만이 프랑스 국적자보다 다소 낮은 경제활동 참가율을 보여 주고 있다.[29)]

2) 실업규모와 특징

2004년 주요 OECD 국가의 본국 출생과 국외 출생 실업자 가운데 장기 실업자의 비율을 살펴보면, 독일은 본국 출생 실업자의 52%가 장기 실업자로 7개국 가운데 가장 높은 비율을 보여 주고 있다. 국외 출생 실업자 가운데서도 52%가 장기 실업자로 역시 가장 높은 비율을 보였다. 이는 독일의 노동시장 여건은 본국 출생과 국외 출생 노동자 간 차이는 없으나 두 집단 모두에게 좋지 않다는 것을 보여 주고 있다. 프랑스는 독일의 뒤를 이어 본국 출생 장기 실업자 비중이 37%로 높은 수준을 기록하였으며, 국외 출생은 장기 실업자 비율이 44%로 더욱 높은 수준을 보여 주었다.[30)] 유럽경제의 핵심적인 양축이라고 할 수 있는 독일과 프랑스는 가장 높은 장기 실업자 비중을 나타내고 있어서 노동시장 여건이 매우 어려움을 엿볼 수 있다.

프랑스 출생 인구의 고용률은 국외 출생 인구의 고용률보다 높은 수준을 보여 주고 있다. 특히 여자는 두 집단의 고용률 차이가 더욱 크게 나타났다. 실업률은 국외 출생이 프랑스 출생보다 약 2배 높은 수준을 보여 주고 있다. 프랑스 노동시장에서는 국외 출생,

---

29) Perrin-Haynes, J., "L'activité des immigrés en 2007", *INSEE Première*, n° 1212(INSEE, 2008), pp.1~4.

30) OECD, *op.cit.*(2007), pp.221~222.

특히 국외 출생 여자의 고용여건이 상대적으로 불리한 것을 알 수 있다. 국가별로는 이탈리아와 기타 유럽 출생 인구의 고용상태가 좋지 않았으며, 마그레브 국가 출생 인구의 고용상태는 더욱 열악한 것으로 드러났다.[31]

이주자 가운데 여자 실업률은 17.3%로 남자의 13.5%보다 더 높은 수준을 보여 주고 있다. 프랑스 국적자 남자와 여자의 실업률 차이는 1%에 불과하였다. 한편, 이주자 청년층은 다른 연령대의 이주자보다 실업에 더욱 취약한 것으로 나타났다. 15~24세 사이 청년층 이주자의 28%가 실업상태에 있는 반면, 50세 이상 이주자는 13%가 실업상태에 놓여 있다. 50세 이상 실업률이 청년층 실업률의 절반 수준에 그치고 있지만, 여전히 높은 수준을 나타내고 있다. 이주자 실업률은 연령이 증가함에 따라 감소하고 있어서, 연령이 높을수록 이주자의 고용이 안정되고 있음을 알 수 있다. 하지만 이주자는 모든 연령대에서 비이주자보다 높은 실업률을 나타내고 있어서 전반적으로 고용여건이 불리함을 알 수 있다.[32]

3) 고용구조

(1) 교육수준별 고용

<표 6>은 유럽 주요국 이주자의 학력별 고용률을 나타내고 있다. 프랑스의 고학력(대졸) 이주인력의 고용률은 남자의 경우 본국 출생자와 유사한 수준을 보여 주고 있다. 고졸 이주자는 프랑스 출

---

31) 전현중 외, *op.cit.*, p.124.

32) *Ibid.*, p.125.

생자와 가장 커다란 고용률 격차를 보여 주고 있다. 학력이 높을수록 남녀 모두 이주자의 고용이 높은 것을 알 수 있다. 양부모가 국외 출생인 2세대보다 한 부모만 국외 출생인 2세대의 고용률이 더 높은 것으로 나타났다. 양부모 모두 국외 출생일 경우 자녀의 고용 여건이 더욱 불리한 것을 알 수 있다.

〈표 6〉 유럽 주요국 이주자의 유형별 · 교육수준별 고용률

(단위: %)

구분		저학력(고졸 미만)		중간학력(고졸)		고학력(대졸)	
		남	여	남	여	남	여
프랑스 (1999년)	본국 출생자	67	45	84	68	88	85
	이주자	63	32	66	50	83	72
	2세대(양부모 국외 출생)	55	40	70	63	86	80
	2세대(한 부모 국외 출생)	69	49	78	67	85	81
독일 (2005년)	본국 출생자	57	42	81	73	90	86
	이주자	62	27	76	54	82	61
	2세대(양부모 국외 출생)	52	43	76	69	78	74
영국 (2005년)	본국 출생자	56	29	84	70	87	87
	이주자	54	28	64	51	75	72
	2세대	49	–	66	55	80	79
미국 (2005년)	본국 출생자	58	39	73	66	85	84
	이주자	87	37	79	55	82	59
	2세대(양부모 국외 출생)	62	41	72	68	77	75
	2세대(한 부모 국외 출생)	66	44	70	60	86	81

자료: OECD. *Jobs for Immigrants-volume 2: Labour Market Integration in Belgium, France, the Netherlands and Portugal*(OECD, 2008b).

독일은 중간학력과 고학력에서는 본국 출생의 고용률이 높지만, 저학력의 경우는 이주자가 본국 출생보다 높은 고용률을 가지는 것으로 나타났다. 특히, 저학력 이주여성은 27%의 고용률을 보여

가장 낮은 수준을 보였다. 2세대는 남자가 전 학력에 걸쳐 본국 출생이나 이주자 1세대보다 낮은 고용률을 보이고 있지만, 여자는 1세대 여자보다 높은 고용률을 보여 주고 있다. 학력이 높아질수록 2세대의 고용률 개선효과가 크게 나타나고 있으며, 여자는 1세대보다 교육기회가 많은 2세대의 고용률이 1세대를 추월하고 있어 노동시장 통합성과가 매우 높은 것을 알 수 있다.

저학력 인구에서는 독일 국외 출생의 고용률이 본국 출생의 1.12배로 프랑스와 함께 비교적 공정한 노동시장 여건을 보여 주고 있다. 독일의 저학력 국외 출생 2세대 비율이 본국 출생 2세대의 94%인 것에 비추어 볼 때 독일 노동시장은 저학력 인구에 대해서는 비교적 공정한 고용여건을 가지고 있다고 할 수 있다. 중급 및 고급 학력의 경우는 독일 국외 출생 고용률이 본국 출생 고용률의 87%에 그치고 있다. 프랑스는 국외 출생의 고용비율이 본국 출생의 85%에 그쳐 고학력의 경우 상대적인 고용격차가 독일보다 더욱 벌어져 있음을 알 수 있다.[33]

(2) 직종별 고용

독일에서는 이주자가 낮은 교육수준으로 인해 미숙련 직종에 종사하는 비율이 매우 높다. <표 7>에 따르면, 미숙련 직종은 1992년 이래 고용이 축소되어 왔으며, 서비스직과 판매직은 예외적으로 26%의 높은 고용성장을 보였다. 1992년부터 수공예직 및 관련 제품 판매직과 공장 및 기계조작공 및 조립공과 같은 미숙련 직종에는 이주자가 집중되는 현상이 확대되어 왔다. 2세대 이주자 역시 알

---

33) OECD, *op.cit.*, 2008b, pp.113~115.

려진 것보다 미숙련 직종에 상당수 종사하는 것으로 나타났다. 2세대 이주자는 낮은 교육수준으로 인해 전문직과 같은 강한 성장세를 보이는 직종에 종사하는 비율이 독일 출생 독일인의 약 3분의 1 수준에 그치고 있으며, 그나마 1992년부터 감소추세를 보이고 있다.[34]

〈표 7〉 독일의 직종별 본국 출생 대비 이주자 · 2세대 고용의 상대적 비율(1992~2003년)

직종1	의회의원, 고급공무원 및 경영인	전문직	기술자 및 준전문직	사무직	서비스직 및 판매직	수공예직 및 관련 제품 판매직	공장 및 기계조작공 및 조립공	단순직	전 직종 평균
저학력비율	9%	2%	8%	12%	20%	17%	30%	46%	17%
직종성장률 (1992~2003년)	13%	42%	27%	2%	26%	-15%	-12%	0%	9%
국외 출생비율 (1992년)	0.94	0.79	0.68	0.64	0.96	1.17	1.60	1.82	1.00
국외 출생비율 (2003년)	0.85	0.64	0.63	0.60	1.15	1.20	1.80	2.26	1.00
2세대비율 (1992년)	0.74	0.41	0.77	0.76	1.77	1.48	0.86	1.05	1.00
2세대비율 (2003년)	0.93	0.37	0.77	0.98	1.58	1.38	1.12	1.32	1.00

1. ISCO 분류. 100만 명 종사자를 가진 직종만을 나타냄.
자료: European Community Labour force Survey

프랑스에서는 이주자가 출신국에 따라 직종 및 숙련 정도에서 차이를 보이고 있다. 모로코, 포르투갈 및 터키 출신 이주자의 10명 중 4명 이상이 단순직(ouvriers)에 종사하는 것으로 나타났다. <표 8>에 따르면, 포르투갈 출신들은 상대적으로 다수가 숙련직에 종사하고 있어서 숙련 기능직 종사자가 전체 기능직의 52%에 해당하는 데 비해, 모로코 출신 이주자는 44%에 그치고 있다. 포르

---

34) OECD, op.cit., 2007, pp.223~224.

투갈 출신 이주자는 또 개인 상대 직접서비스직에 다수가 종사하고 있다. 개인 상대 직접서비스 제공자는 전체 취업자의 18%인 데 비해, 전체 상대 서비스 제공자는 11%를 차지하였다. 사하라 남부 아프리카 국가 출신 이주자는 39%가 취업하고 있어서, 전체 이주자에 비해 높은 비율을 보여 주고 있다. 스페인, 이탈리아 및 포르투갈 이외 다른 유럽지역 국가 출신 이주자들은 다수가 간부직에 종사하며, 중간직 비율이 상대적으로 높은 편이다.[35]

〈표 8〉 프랑스의 직종별 · 출신국별 이주취업자 구성

(단위: %)

직종	이주자 총계*	스페인	이탈리아	포르투갈	EU 15개국 (이탈리아, 포르투갈, 스페인 제외)	EU 12개국 (신규가입국)	알제리	모로코	튀니지	기타 아프리카 국가	터키	캄보디아, 라오스, 베트남
농업종사자	1	1	1	0	2	0	0	0	0	0	0	0
수공업자 · 상업종사자 및 기업주	8	9	12	8	11	6	7	6	11	4	14	10
간부 및 고급지식 종사자	13	14	17	5	31	25	9	10	12	10	4	14
중간직 종사자	16	20	19	12	25	20	15	15	14	16	9	18
일반직 종사자	29	30	25	31	19	29	32	26	24	39	15	26
숙련일반직	10	12	11	7	11	13	10	8	7	13	6	11
비숙련일반직	19	18	14	24	8	16	22	18	17	26	9	15
개별대상서비스직	11	11	8	18	5	10	11	10	10	15	5	8
기능직 종사자	33	26	26	44	12	20	37	43	39	31	58	32
숙련기능직	17	16	16	23	7	11	19	19	21	14	26	17
비숙련기능직	16	10	10	21	5	9	18	24	18	17	32	15
계	100	100	100	100	100	100	100	100	100	100	100	100
총인원수(천 명)	2,131	94	88	355	176	62	241	264	95	280	92	86

* 이주자 총계는 이 표에서 별도로 분류하지 않은 출신국 이주자들을 포함함.
모집단: 프랑스 전국, 15~16세 사이의 취업 이주자 전체
자료: Insee, *enquêes annuelles de recensement de la population de 2004 à 2007*, 2007.

---

35) 전현중, *op.cit.*, p.129.

Ⅳ. 유럽 노동시장과 이주인력 정책방향

1. 노동시장의 여건변화

노동시장의 여건변화는 이주인력정책을 결정하는 데 영향을 주게 된다. 2008년 글로벌 경제위기 이후 독일과 프랑스의 노동시장의 변화는 두 나라의 이주인력정책을 수립하는 데 중요한 영향을 미칠 것이다. 경제위기의 여파는 유럽국가에도 결정적인 충격을 주었는데, 프랑스가 독일보다 더욱 커다란 경제적 타격을 받은 것으로 추정된다. 이는 노동시장에도 영향을 주어 프랑스에서는 실업률이 증가하였으나, 독일은 다른 유럽국가와는 달리 실업자가 줄어드는 결과를 보여 주었다. 최근 유럽국가의 경제상황과 노동시장의 여건 변화는 이주인력정책의 개선에도 새로운 방향을 제시할 것으로 예상된다.

독일은 글로벌 경제위기에도 불구하고 2008~2009년 경제활동인구가 4천만 명 이상의 기록적인 수준을 유지하고 있다. 55~64세 고령인구의 경제활동 참가율은 지난 5년 동안 15%가 증가하는 놀라운 성과를 보였는데, 현재 거의 59% 수준에 달하고 있다. 이는 독일 정부가 조기퇴직 수당을 축소한 결과인데, 많은 고령 노동자들이 더욱 오랫동안 경제활동에 머무르게 하는 결과를 가져왔다. 독일청년들은 일자리 부족을 경험해 왔지만, 15~24세 청년층의 경제활동 참가율도 2003~2008년 사이에 5% 이상 증가하였다. 이는 청년고용을 위한 실업지원에 대한 모니터링과 직업소개에 대한 조기정책의 결과라고 할 수 있다. 지난 30년 동안 독일 노동시장은 전에 없었던 실업 감소 성과를 이루어 냈다. 2008년 실업자 수는 지난 호황기인 2000년의 최저 수준보다 약 60만 명이나 감소하였으며, 장기 실업수당 수혜자 수도 2006년 초보다 20%가 줄어들었다. 노동시장 여건 개선의 핵심요인은 실업지원 기준에 대한 모니터링 강화, 보다 효과적인 직업소개 및 구직자 지원서비스라고 할 수 있다. 결국, 독일 실업자는 적은 보수를 받아들이거나 노동시간 연장을 선택하게 되었다. 이는 실업기간을 줄이는 데 도움을 주었으며, 해고 후 1년 동안 실업수당을 받는 실업자의 수를 절반 정도로 줄였다.[36)]

독일 고용정책 당국은 세 가지 목표를 가지고 있다. 구체적으로 첫째, 장기실업과의 전쟁, 둘째, 미숙련 노동자에 대한 유익한 고용기회 창출, 셋째, 해외 숙련인력의 유치 및 교육이다. 유능한 인재는 경제성장을 위해서도 필요할 뿐만 아니라 미숙련 노동자에게 고용기회를 제공하기 위해서도 필요하다. 독일은 미숙련 노동자를 위해 충분한 정책적 노력을 기울이고 있다고 할 수 없다. 독일에서는 미숙련 노동자가 주로 종사하는 서비스 부문이 충분히 개발되어 있지 않으며, 서비스 부문 암시장 규모도 GDP의 6분의 1 정도로 추정되어 경제발전을 저해하고 있는 것으로 보인다. 독일은 미숙련 청년의 고용 개선을 위해 현장실습 제도를 개편하고 있다. 현장실습 기간을 3년에서 2년으로 줄이고, 이론적인 지식보다 실무적인 지식을 강조하여 청년 이주노동자들이 유리한 고용경로를 선택

---

36) Zimmermann, K. F., "Germany's Labor Market Turnaround". Opinion Europe(April 2010), p.1.

할 수 있도록 하였다. 독일은 인구의 고령화와 노동력 규모의 축소라는 도전에 직면해 있으며, 숙련인력 부족에 대해서도 적절하게 대처해야 할 필요성이 높아지고 있다.[37]

프랑스는 2007년 4분기와 2008년 4분기 사이에 경제활동인구가 7.6만 명 정도 증가하였는데, 이는 2005년 22.6만 명, 2006년 14.5만 명 및 2007년 9.3만 명이 증가한 데 비해 줄어든 수준이다. 프랑스의 경제활동인구 축소는 인구의 고령화에서 기인하는 것으로 분석된다. 인구 성장세도 둔화되고 있으며, 2005년 이후 인구 성장이 경제활동인구 증가에 주는 영향도 크게 줄어들었다. 베이비붐 세대에 해당하는 연령층의 노동자들은 2006년부터 60~64세 연령층에 도달하여 인구증가가 경제활동인구 증가로 이어지지 않는 원인이 되고 있는 것이다. 2008년 경제활동인구의 감소는 고용감소로 이어졌다. 대부분 민간부문에서 고용이 줄어들었는데, 수년 동안 일자리 창출에 크게 기여하였던 건설업과 서비스 부문도 고용감소를 경험하였다. 2006년과 2007년에 감소하였던 실업률이 2008년 말 7.6%로 다시 상승하기 시작하였으며, 실업자 수도 2.1백만 명에 달하였다. 2008년 노동시장 여건이 악화되면서 가장 커다란 피해를 본 계층은 청년층이라고 할 수 있다. 2003년부터 확대되어 오던 한시계약직 노동자와 파트타임 노동자의 고용여건도 2008년부터 상대적으로 더욱 악화되기 시작했다.[38]

<표 9>는 유럽 주요국의 최근 실업률 추이를 나타내고 있다.

---

37) *Ibid.*, pp.2~3.

38) Dares et Insee, "Le chômage repart à al hausse". *Problèmes économiques*, no 2,980(oct. 2009), pp.8~12.

OECD 국가의 실업률 저점은 2007년 12월에 기록한 5.6%였다. 하지만 2008년 6.0%로 상승한 다음 2009년 6월 현재 8.3%로 다시 저점 대비 2.7%가 증가하였다. 같은 기간 실업자도 약 1,500만 명이 증가하였다. 전체 유럽연합(EU)도 2007년 12월 6.9%를 기록하였으나, 2008년 7.0로 소폭 증가한 다음 2009년 6월 8.9%로 다시 크게 증가하였다. 이는 2007년 저점 대비 2.0%가 증가한 수치이며, 실업자는 약 5.1백만 명이 늘어난 것이다. 프랑스는 2007년 12월 독일과 비슷한 7.8%의 실업률을 보였으나, 2008년 7.9%로 증가하였다. 경제위기와 함께 2009년 6월에는 9.4%로 급증하였다.

〈표 9〉 주요 유럽국가의 실업률 추이(2006~2009년)

(단위: %, 명)

| | 저점 (2007. 12) | 2006 | 2007 | 2008 | 2009 | | | 최저점기준 실업률변동률 | 최저점기준 실업자 수 변동규모(천 명) |
					4월	5월	6월		
OECD	5.6	6.2	5.7	6.0	8.0	8.3	8.3	2.7	14,936
유럽연합	6.9	8.2	7.1	7.0	8.7	8.8	8.9	2.0	5,147
유로존	7.3	8.3	7.5	7.6	9.2	9.3	9.4	2.1	3,475
프랑스	7.8	9.3	8.3	7.9	9.1	9.3	9.4	1.6	509
독일	7.9	9.8	8.4	7.3	7.6	7.7	7.7	−0.2	−71
이탈리아	6.4	6.8	6.1	6.8	−	−	−	1.0	270
스페인	8.8	8.5	8.3	11.4	17.6	17.9	18.1	9.3	2,213
영국	5.1	5.4	5.3	5.6	7.5	−	−	2.4	777

자료: Principaux indicateurs économiques de l'OCDE

반면, 독일은 같은 시기에 실업률이 7.7%를 기록하여 경제위기를 맞아 실업률이 오히려 줄어드는 현상을 보였다. 2007년 저점 대비 프랑스는 실업률이 1.6%가 증가하고 실업자도 약 51만 명이 늘어났지만, 독일은 같은 기간 실업률이 0.2%가 줄어들고 실업자도 약 7만 명이 줄어들었다. 독일과 프랑스는 경제위기를 겪으며 노동시장여건이 상반된 결과를 보여 주면서, 이주인력정책에 서로 다른 영향을 줄 것으로 예상된다.

2. 이주인력정책의 방향

독일과 프랑스의 이주인력정책은 2차 세계대전 후 경제복구와 성장을 위해 본격적으로 미숙련 단순노동력을 유치하는 데서 시작하였다. 또 유럽의 이주인력정책은 경기성장과 밀접한 관계를 가지고 있다. 독일과 프랑스에서는 제1차 석유파동이 발생한 1970년대 초부터 경제성장이 둔화되면서 이주노동력 유입은 크게 둔화되었다. 프랑스는 불법이주자와 체류자에 대한 통제를 한층 강화하기 시작했다. 최근 프랑스의 이주인력정책은 기존 이주노동자의 가족재결합을 위한 사회통합 목적에 초점을 맞추는 소극적 정책기조를 유지하고 있다. 하지만 프랑스 국가이익에 부합하는 고급인력에게는 문호개방을 확대하고 있다. 프랑스의 이주인력정책은 국내에서 부족한 고급인력을 해외에서 유치해 오는 데 중점을 두는 방향으로 전환되고 있다. 경제발전 단계에 따라 과거에는 미숙련 노동력을 선호하였다면, 최근에는 고실업 시대를 맞아 단순노동력보다는 고급인력을 선호하는 방향으로 다문화 인적자원 전략이 변화하고 있다. 고급인재 유치 지역도 유럽지역 중심에서 동유럽 및 아시아 등으로 다양화해 나갈 것으로 예상된다.

독일은 1973년 이전에는 노동시장 수요에 따라 방문노동자를 중심으로 이주인력을 받아들였지만, 1980년대 이후에는 노동시장 요구와는 관계없는 인도주의적 이주와 동유럽 출신의 독일동포 이주를 받아들이기 시작했다. 1980년대 말과 1990년대 초에는 경제사정이 좋지 않았지만 인도주의적 이주와 독일동포 이주가 대규모로 이루어졌다. 독일은 새로운 이민법을 제정하였지만, 투명성 부족, 계량적 예측성 부족 및 선발방법 미비 등으로 한계를 보이고 있다. 새로운 법은 경제적인 요소가 취약하여 실제 노동시장 수요에 따라 효과적으로 이주를 통제하기가 어려워 보인다.[39]

프랑스의 이주인력정책은 현재 경제 및 사회 여건에 맞지 않는 여러 가지 문제점을 안고 있다. 프랑스 노동시장은 고령화, 노동시장의 경직성, 장기실업자 증가 및 청년 고실업 등 구조적인 문제로 위기에 봉착해 있다. 노동시장 여건 변화에 따라 프랑스 이주인력 개발정책도 새로운 개선방향을 모색해야 할 시점에 이르렀으며, 현재 다양한 논의가 이루어지고 있다.[40] 프랑스는 2008년 세계 경제위기를 맞아 노동시장 여건이 더욱 악화되면서 이주인력을 받아들이는 데 더욱 소극적이 될 것으로 보인다. 독일은 경제위기에도 불구하고 프랑스에 비해 노동시장 여건이 좋은 편이어서 이주인력을 받아들이는 데 상대적으로 유연성을 보일 것으로 예상된다. 최근 인구의 고령화, 경제의 세계화 진전, 동구의 개방 등 국제환경의 변화로 말미암아 독일과 프랑스의 이주인력정책은 새로운 변화가 필

---

39) Zimmermann, K. F. et al., op.cit., pp.7〜15.

40) 이남철 외, 『국제결혼 가정 및 외국인 근로자 자녀의 인재개발을 위한 기초연구』(한국직업능력개발원, 2009), pp.195〜201.

요하게 되었다. 독일과 프랑스는 세계노동시장이 고숙련 인력을 선호하고 일부 산업이 인력 부족 현상을 보임에 따라, 이주인력을 더욱 다양화하고 외국인 비정규직 이주와 불법고용에 대한 투쟁을 계속해 나갈 필요가 있게 되었다.

독일과 프랑스의 이주인력정책의 개선 방향은 다음 몇 가지로 요약할 수 있다.[41][42][43] 먼저 해외 고급인재를 확보하는 데 적극성을 보일 것이다. 프랑스는 해외 고급인재를 확보하여 세계경쟁구도에서 유리한 위치를 차지하기 위해, 외국 전문인력 유치에 필요한 재정적 지원과 사회보장 확대를 계획하고 있다. 또 외국의 숙련노동자들을 쉽게 받아들일 수 있도록 더욱 강화된 '표적채용프로그램(programmes de recrutement plus ciblé)'을 가동하였으며, 이주인력의 역량을 더욱 잘 활용하는 방안을 마련하고 있다. 독일에서도 경제성장 과정에서 고급 기술인력의 부족 현상이 대두되고 있으므로, 더욱 적극적으로 유치 노력을 할 것으로 보인다.

둘째, 임시 이주인력 수급의 유연성을 제고해야 할 것이다. 임시적·계절적으로 노동력이 필요한 분야에서는 이주인력 유입을 탄력적으로 조정할 수 있는 체계를 마련하고, 임시 이주인력을 채용할 때는 고용주를 포함한 모든 이해관계자가 참여하도록 해야 한다. 기간 연장을 위해 계약을 재조정할 수 있는 여지도 남겨 두어야 한다. 임시 이주인력정책은 불법이주 증가를 막는 데 효과적일 수 있다. 셋째, 노동시장 개방을 확대하고 불법이주 단속을 강화해

---

41) Durand M. et al., *La politique migratoire française à un tournant*(OECD, 2007), pp.7~24.

42) OECD, *op.cit.*(2007), pp.195~245.

43) 전현중 외, *op.cit.*, pp.132~136.

나갈 것이다. OECD 전체 회원국은 국경검문을 강화하고 있으며, 신분증 위조방지기술 개발을 촉진하는 동시에 인신매매 및 불법 이주노동자 고용에 대한 규제를 확대하고 있다.[44]

넷째, 이주자의 사회적 통합노력을 강화해 나갈 것이다. 독일에서는 비경제적인 요인에 의해 많은 이주인력을 받아들였기 때문에 이주자의 사회적 통합과 노동시장 진입문제는 더욱 어려운 문제로 부각되고 있다. 프랑스에서와 마찬가지로 독일에서도 입국이주자가 증가함에 따라 새로운 입국이주자와 기존 국내거주자 및 가족 구성원 간의 통합문제가 이주 및 사회정책의 중요한 목표가 되고 있다. 독일과 프랑스가 앞으로 더욱 많은 이주인력을 받아들여야 한다면, 이주자와 자녀들이 노동시장과 나아가 프랑스 사회에 더욱 쉽게 통합될 수 있도록 이주인력의 사회 · 교육정책에 더욱 많은 투자를 해야 할 것이다. 또 고용주가 더욱 개방적으로 다양한 채용방법을 채택하도록 해야 한다. 이 외에도 이주인력정책은 인구고령화 진전, 인구불균형 문제와 세계화 진전을 고려하여 수립해야 한다. 이주인력정책의 목표를 달성하기 위해서는 이주인력정책과 경제개발에 대한 국제적 협력도 강화할 필요가 있다. 독일과 프랑스는 다른 OECD회원국과 마찬가지로 유럽연합 내에서 이주인력정책 운용을 위한 다자 간 협력에 참여하는 동시에 이주인력의 출신국과 협력을 강화할 필요가 있다.

---

44) Durand M. et al., op.cit., pp.14~24.

V. 결론

독일과 프랑스의 이주인력정책은 전후 경제발전을 위해 부족한 인력을 보충하기 위해 이주 노동력을 유치하는 데서 시작하였다. 프랑스는 1970년대에 들어와 노동시장 여건이 악화되면서 이주인력정책은 신규이주자 유치보다는 이주노동자의 가족재결합에 중점을 두는 소극적인 정책으로 전환하였다. 동시에 불법이주자를 막는 데 전력을 기울이는 한편 고급인력을 유치하기 위한 정책을 병행해 왔다. 독일은 1980년대 이후 노동시장 수요를 충분히 고려하지 않고, 비경제적 요인에 의한 이주 허용을 크게 확대하였다. 경제여건이 좋지 않은데도 불구하고 경제성장에 직접적인 도움을 주지 않는 미숙련 인력을 대량으로 받아들이면서 사회적 통합문제가 중요하게 대두되었다.

고령화 사회 진전으로 인한 세계노동시장 변화에 따라 독일과 프랑스의 이주인력정책은 전환점을 맞고 있다. 프랑스는 이주인력 유동을 입국유형, 출신국 및 이주형태에 따라 더욱 다양화할 필요가 있게 되었다. 일시적·영구적 이주인력, 고숙련·저숙련 이주인력 그리고 이주인력의 유입 개방·통제에 대한 적절한 정책적 혼합이 요구된다. 독일은 향후 노동시장이 필요로 하는 숙련 이주자를 받아들이는 데 정책적 우선순위를 둘 필요가 있다. 이주자 수용과정에서 투명성을 제고하고, 계량적인 정밀한 예측을 바탕으로 필요한 인력 규모를 파악할 필요가 있다. 이주인력 선발과정도 다양화할 필요가 있다. 독일과 프랑스가 유럽 파트너국가 및 이주인력

송출국과 적극적·효율적으로 협력해 나간다면 이주인력에 대한 정책적 목적을 달성할 수 있을 것이다. 이주인력 이동 관리의 책임을 공유하고 이주와 국가 발전 간의 관계를 충분히 고려해 나간다면, 이주인력정책의 목적은 보다 쉽게 달성될 수 있을 것이다.

유럽의 이주인력정책 연구를 통해 외국인 노동자와 국제결혼 다문화가정이 늘어나고 있는 우리나라에 의미 있는 정책적 시사점을 발견할 수 있다.[45] 첫째, 경제적 요인에 의해 이주정책을 수립할 필요가 있다. 노동시장이 필요로 하는 인력 수요를 계량적으로 정밀하게 예측하여, 이주인력을 선별적으로 받아들일 필요가 있다. 국내에서 부족하고 새로운 고용을 유발할 수 있는 분야의 고급인력을 우선적으로 받아들일 필요가 있다. 북한과 중국 출신 등 재외 '한국동포' 이주인력 공급에 대한 중장기적인 예측과 활용계획도 마련할 필요가 있다. 경기변동에 따라 이주인력 수급을 유연하게 할 수 있는 체계도 마련해야 할 것이다. 둘째, 이주자와 2세가 한국사회와 노동시장에 진입하기 위해 필요한 정보를 제공하고 언어교육과 직업훈련을 강화해야 한다. 한국어를 이해하고 구사할 수 있는 능력을 갖춘다면 한국사회와 노동시장에 보다 용이하게 정착할 수 있을 것이다. 또 외국인 노동자가 한국노동시장에서 차별과 편견으로 불이익을 받지 않도록, 고용주의 인식 전환과 제도적 뒷받침도 마련해야 할 것이다. 셋째, 이주자의 통합정책은 경제·고용정책, 교육정책 및 복지정책 등과 함께 고려하여 수립해야 한다. 사회적 파트너 간의 상호 협력을 통해 다양한 사회통합 정책을 연계

---

45) 전현중 외, *op.cit.*, pp.136~137.

해 나가야 할 것이다. 넷째, 재외 한국동포, 외국인 노동자, 결혼 이주여성들을 포함하는 중장기적인 국가인력 계획과 실천방안을 마련할 필요가 있다. 한국은 경제성장기 동안 저임금·미숙련 외국인 노동자를 받아들여 왔다. 최근 사회적 계층 분화에 따라 국내에서 배우자를 구할 수 없는 한국인 남성과 결혼하면서 입국하는 결혼 이주여성이 급증하면서 새로운 사회적 문제를 야기하고 있다. 장기적인 국가인력 계획을 바탕으로 결혼 이주여성을 위한 종합적인 대책도 마련할 필요가 있다. 이러한 정책적 목적을 달성하기 위해서는 이주인력의 출신국 등 이해당사국 간의 협력을 강화하여, 국제 노동이동의 유연성을 제고해 나가야 할 것이다. 본 연구는 국제 노동 통계를 이용한 계량분석을 수행하지 못한 한계를 갖는다. 향후 OECD 국제이주 및 고용·노동시장 통계를 이용한 추가연구가 요구된다. 최근 문제가 되고 있는 한국의 결혼 이주자에 대한 실태와 대책 마련을 위한 연구도 필요하다고 할 수 있다.

참고문헌

권주언 외. "외국인 노동의 대체성 분석: 서울 지역을 중심으로". 『경제학연구』. 제44권 22호, pp.135～158. 1996.

김이선 외. 『다문화사회로의 이행을 위한 문화정책 현황과 발전 방향』. 한국여성정책연구원. 2008.

김형만 외. 『제2차 국가인적자원개발기본계획』. 교육인적자원부. 2005.

유길상 외. 『저숙련 외국인력 노동시장 분석』. 한국노동연구원. 2002.

유길상・이규용. 『외국인 근로자의 고용실태와 정책과제』. 한국노동연구원. 2002.

박단. "프랑스의 이민자정책과 공화국 통합모델". 『이화사학연구』. 이화사학연구소. Vol.35, pp.29～58. 2007.

박성혁 외. 『다문화교육정책 국제 비교연구』. 교육과학기술부. 2009.

이남철 외. 『국제결혼 가정 및 외국인 근로자 자녀의 인재개발을 위한 기초연구』. 한국직업능력개발원. 2009.

장미혜 외. 『다민족・다문화사회로의 이행을 위한 정책 패러다임 구축 Ⅱ－다문화 역량 증진을 위한 정책・사회적 실천 현황과 발전 방향』. 한국여성정책연구원. 2008.

전현중 외. "프랑스의 이주인력 고용과 정책". 한국프랑스학회. 제71집. pp.115～140. 2010.

최종렬 외. 『다문화주의의 이론적 패러다임과 국가별 유형비교』. 한국여성정책연구원. 2008.

최 홍. "금융위기와 외국인 고용환경의 변화". 『CEO Information』.

삼성경제연구원. 2010a.

최　홍. "다문화사회 정착과 이민정책". 『CEO Information』. 삼성경제연구원. 2010b.

Dares et Insee. "Le chômage repart à al hausse". *Problèmes économiques.* no 2.980. oct. 2009.

Durand M. et al., *La politique migratoire française à un tournant.* OECD. 2007.

OECD. *Trends in International Migration. 2004 Edition.* OECD. Paris. 2005.

OECD. *Jobs for Immigrants-volume 1: Labour Market Integration in Australia, Denmark, Germany and Swede.,* OECD. 2007.

OECD. *A Profile of Immigrant Populations in the 21st Century: Data from OECD country.* OECD. 2008a.

OECD. *Jobs for Immigrants-volume 2: Labour Market Integration in Belgium, France, the Netherlands and Portugal,* OECD. 2008b.

OECD. *The Future of International Migration to OECD Countries.* OECD. 2009a.

OECD. *A International Migration: The Human Face of Globalization.* OECD. 2009b.

Peracchi, F. et al., *Labor market outcomes of natives and immigrants: Evidence from the ECHP.* OECD. 2006.

Perrin-Haynes, J.. "L'activité des immigrés en 2007". *INSEE Première.* n° 1212. INSEE.

Piquet, E.. "Les conséquences migratoires du réchauffement climatique". *Problèmes économiques.* n° 2955. La documentation française. 2008.

Zimmermann, K. F.. "Germany's Labor Market Turnaround". *Opinion Europe.* April 2010.

Zimmermann, K. F. et al.. *Immigration Policy and the Labor Market: The German Experience and lesson for Europe.* Springer. 2007.

제8장 EU집행위원회의 볼로냐 프로세스 참여:
유럽고등교육정책의 유럽화

오정은

IOM 이민정책연구원 부연구위원

I. 서론

교육은 과거세대가 이룩한 전통을 미래세대에게 전달하는 역할을 한다. 이 과정에서 한 국가의 국민들은 국가정체성을 형성, 유지, 발전시킨다. 동시에 교육은 국가 구성원이 직업을 구하고 이에 종사하면서 나라의 경제·사회 발전에 동참하도록 유도하는 주요 수단이기도 하다. 이런 점에서 교육은 한 나라의 존립과 번영을 위해 중요한 요소이고, 각국 정부는 교육을 국가 주권과 관련된 민감한 분야로 이해해 왔다. 이러한 사실은 유럽통합 과정에서 교육 분야의 유럽화[1]가 다른 분야의 그것에 비해 낮은 수준에 머물고 있는 이유를 설명해 준다.[2] 비록 1970년대부터 유럽경제발전을 위한

---

1) 유럽화의 정의 대해서는 Jarle Trondal, "The Europeanisation of Research and Higher Education policies: some reflections," *European integration online papers*, Vol. 6, No. 12 (2002), http://eiop.or.at/eiop/texte/2002-012.htm (2007년 11월 23일 검색) 참조.

유럽국가들 간의 직업교육 협력 논의가 있었지만, 1990년대까지만
해도 유럽차원의 통합교육정책을 상상하기 힘들었다. 그런데 1999
년에 볼로냐 선언이 발표되고 볼로냐 프로세스가 시작되면서 상황
이 빠르게 변했다. EU집행위원회가 볼로냐 프로세스에 깊숙이 개
입하면서 EU의 역내의 고등교육은 국경을 초월한 유럽 차원의 통
합고등교육정책을 지향하게 되었다.

볼로냐 프로세스란 2010년까지 유럽 각국의 서로 다른 대학 학
제를 유럽 공통의 학제로 변화시키는 것을 목표로 추진된 유럽의
고등교육 개혁운동이다. 이 개혁은 유럽연합(EU)의 틀 밖에서, 국
가 간 합의에 따라 시작되었다. 볼로냐 선언 발표 당시 서명국가는
유럽 29개국[3]으로, EU 회원국 범위를 크게 벗어나 있었다. 그럼에
도 불구하고 EU집행위원회가 이 개혁운동에 적극적으로 개입했고,
결국 볼로냐 프로세스의 핵심 행위자가 되어 볼로냐 프로세스를
실질적으로 이끌어가게 되었다. 결국 볼로냐 프로세스는 마치 EU
의 자체적인 교육프로그램처럼 변화했고, EU집행위원회의 주도적
인 역할을 승인하면서 완성되었다.

본 연구는 볼로냐 개혁의 진행과정을 살펴보면서 국가 간 계약
에서 출발한 볼로냐 체제에 초국가 기구인 EU집행위원회가 적극
참여할 수 있었던 원인을 살펴본다. 나아가, 볼로냐 프로세스가 EU
의 자체 프로그램처럼 변하여 고등교육정책의 유럽화를 촉진했음

---

2) 진일보한 유럽통합을 지향하며 작성된 유럽헌법에서도, 교육분야는 정부간주의(intergovernmentalism)
　에 따르고 있다. 즉, 유럽헌법 I-12장 5항은 교육 분야에서 "EU는 회원국들의 행위를 지원, 조정, 혹은
　보완하기 위한 행동을 할 권한이 있으며, 회원국의 권한을 대신할 수 없다"고 규정하고 있다.

3) 독일, 오스트리아, 벨기에, 불가리아, 덴마크, 스페인, 에스토니아, 핀란드, 프랑스, 그리스, 헝가리, 아일
　랜드, 이스라엘, 이탈리아, 라트비아, 리투아니아, 룩셈부르크, 몰타, 노르웨이, 네덜란드, 폴란드, 포르투
　갈, 영국, 체코, 루마니아, 슬로바키아, 슬로베니아, 스웨덴, 스위스.

을 밝히고자 한다.

II. 볼로냐 프로세스의 진행과정

볼로냐 프로세스 혹은 볼로냐 개혁이라고 불리는 유럽의 고등교육 개혁운동은 1999년 이탈리아의 볼로냐에서 29명의 유럽 고등교육담당 장관[4]들이 볼로냐 선언을 발표한 데에서 명칭이 정해졌다. 그러나 개혁의 시작은 이보다 1년 전에 있었던 소르본 선언으로 보아야 한다. 1998년 5월, 프랑스 파리의 소르본대학 개교기념행사[5]에 참석했던 영국, 프랑스, 독일, 이탈리아의 고등교육담당 장관들이 유럽의 대학제도를 보다 '비교하기' 쉽고 '이해하기' 쉽게 조화시키기로 합의한다는 내용의 소르본 선언을 발표했었다. 이 사실이 알려지고, 유럽 차원의 고등교육체제 마련에 동의하는 국가들이 합류하면서, 1년 후 유럽 29개국의 고등교육담당 장관의 이름으로 소르본 선언을 계승한 볼로냐 선언이 발표되었다.

볼로냐 선언 이후, 유럽 각국 장관들은 볼로냐 개혁의 성과를 진단하고 개혁의 진행 방향을 제시하기 위해 매 2년마다 모임을 가졌다. 2001, 2003, 2005, 2007, 2009년에 유럽 고등교육장관회의를

---

4) 유럽의 대다수 국가들은 의무교육에 해당하는 초·중등 교육과 고등교육 분야에 각각 별도의 장관직을 두고 있다.

5) 볼로냐 프로세스를 소개하는 다수의 논문들이 1998년 행사를 소르본 대학 개교 800주년 기념식이라고 기술하고 있으나, 이는 잘못 기술된 글을 계속적으로 재인용하면서 일어난 현상으로 보인다. 파리의 소르본 대학의 공식적인 개교는 1253년 로베르 드 소르본(Robert de Sorbonne)신부에 의한 것이기 때문에 당시 행사는 745주년 기념식으로 보는 것이 정확하다.

거치며 개혁 참가자, 개혁의 목표와 내용이 지속적으로 확대 · 발전해 왔다. 그리고 2010년 3월 부다페스트-비엔나 장관회의가 개최되어 볼로냐 프로세스의 완성이 공식적으로 선언되었다. 프로세스의 진행 과정을 살펴보면 다음과 같다.

1. 1998년 소르본 선언

위에서도 언급했듯 소르본 대학에서 유럽 대학학제를 통일하자는 합의문이 발표되면서 볼로냐 프로세스가 시작되었다. 당시 소르본 선언은 다음과 같은 배경에서 나왔다.

첫째, 유럽 공동시장의 완성이다. 공동시장에서 노동력의 자유로운 이동을 보장하려면, 유럽 각지에서 몰려온 사람들이 교육받았던 내용을 이해하고 비교할 수 있어야 한다. 그러나 유럽 각국의 학위 명칭과 학업 기간이 매우 다양하여 취업 희망자의 교육정도를 판단하는 것이 쉽지 않았다.

둘째, ERASMUS 프로그램의 성공이다. ERASMUS는 European Community Action Scheme for the Mobility of University Student의 약자로, 유럽 대학들 간의 교환학생 프로그램이다. EU집행위원회의 지원을 받아 1987년부터 시행중인 이 프로그램은 유럽 학생들에게 지속적으로 큰 호응을 얻어, 2002년엔 참가자 수가 100만명을 넘어섰다. 2004년에는 국제 협력에 기여한 공로로 Prince of Asturias 상[6]을 수상하는 등 매우 긍정적인 평가를 받고 있다. 유럽

---

6) 과학, 기술, 문화, 사회 등의 분야에서 세계적으로 기여가 큰 개인이나 단체에게 수여되는 상. 모두 8개

대학제도의 통일은 행정적으로 ERASMUS 프로그램을 보다 용이하게 만들어, 유럽의 학생 이동을 더욱 촉진시킬 것이라는 기대를 낳았다.

셋째, 유럽 대학들의 우수학생 유치 전략이다. 유럽 대학들은 경쟁자인 미국 대학들에 비해 외국학생 유치면에서 열세를 면치 못하고 있었다.[7] 제 3세계 국가 출신 학생들의 미국 유학이 지속적으로 증가했을 뿐만 아니라, 북미지역으로 유학을 떠난 유럽출신 대학생의 수도 유럽에 온 북미지역 출신 대학생 수의 두 배에 달했다.[8] 더욱 중요한 사실은 미국으로 유학을 떠난 우수한 학생들의 상당수가 학업 이수 후 미국에 남아 미국 경제에 기여를 하고 있다는 점이다. OECD 보고서에 따르면 유럽 출신으로 미국 박사학위를 취득한 자의 약 50%정도가 미국에 정착하고, 그들 중 대다수는 미국에 영주하는 실정이다.[9] 특히, 2003년 현재 전체 유럽출신 인재의 약 4% (약 1100만명 중 40만명)은 유럽이 절대적으로 필요로 하는 과학과 기술 분야에 종사하고 있다.[10] 외국인 인재의 유입은 미국 경제 발달에 중요한 기여를 하고 있는 것으로 알려져 있으며,[11] 이러한 사실은 유럽인들에게 그들의 고등교육 개혁의 필요성

분야에서 시상이 이루어진다. 보다 자세한 내용은 Fundación Príncipe de Asturias, http://www.fpa.es/fra/02/index.html 참조.

7) Christina L'Homme, "Quand la mondialisation accélère la fuite des cerveaux," *Problème économiques*, No. 2731 (October 2001), pp. 14-16.

8) Thomas Straubhaar, *International mobility of the highly skilled: brain gain, brain drain or brain exchange*, HWWA discussion paper, No. 88 (Hamburg: Hamburgisches weltwirtschafts-archiv, 2000), p. 10.

9) *Ibidem*.

10) Daniel Garrigue, *La politique européenne de recherche et de développement*, Rapport d'information déposé par la délégation de l'Assemblée nationale pour l'Union européenne, No. 1095 (2003년 9월 30일), p. 24.

을 자각시키는 원인이 되었다.

이러한 배경에서 발표된 소르본 선언은 다음의 네 가지 목표를
표명했다:

- 유럽 내 대학생 교류를 촉진하여 유럽 대학졸업자가 통합된
  유럽 노동시장에 쉽게 흡수될 수 있도록 한다.
- 유럽 고등교육기관 사이의 협력을 증진한다.
- 각국 대학에서 이수한 수업에 대한 비교 인증을 수월하게 한다.
- 유럽 이외 지역에서 유럽 대학 제도를 이해하기 쉽도록 하여
  세계의 우수한 인재를 적극 유럽으로 유치한다.

소르본 선언은 나라마다 서로 다른 대학 학제를 조화시켜야 함
을 강조하면서도 구체적인 학제 통일이나 국가 간 학제 비교 방법
등에 대해서는 언급하지 않고 있다. 그럼에도 불구하고, 유럽 차원
에서 고등교육 정책을 마련하겠다는 의지를 분명하게 드러낸 첫
번째 발표란 점에서 의의가 크다.

2. 1999년 볼로냐 선언

볼로냐 선언은 소르본 선언의 목적을 계승하면서도 이전의 발표
문 내용을 확대 발전시켰다. '조화'의 목표는 '더 잘 비교할 수 있

---

11) Thomas Straubhaar, *op. cit.* pp. 13-17.

고 양립할 수 있는 유럽 고등교육제도'로 대체되었고, 유럽 대학제도의 '매력(attractiveness)'과 '경쟁력(competitiveness)'을 향상시키는 것을 우선 과제로 제시했다. 그리고 유럽 대학의 개혁의 목표는 다음의 6가지로 정리되었다:

- 나라마다 다른 학위 명칭에 대한 이해를 쉽게 한다.
- 2단계로 구성된 유럽대학학제를 도입한다.
- 볼로냐 체제에 가입한 국가의 모든 대학들 사이에 통용될 수 있는 대학 학점 제도를 도입한다.
- 대학생, 교수, 연구자들의 유럽대학 간 이동을 활성화한다.
- 대학교육의 질적 기준 마련을 위한 협력을 촉진하다.
- 유럽차원의 대학교육을 촉진한다.

이 목표 중 2단계로 구성된 대학학제 부분이 특히 대중의 관심을 끌었다. 학사 3년, 석사 2년을 기본으로 하는 3+2 학제의 도입은 유럽인들이 개혁의 영향을 직접적이고 즉각적으로 실감하게 하는 부분이다. 사실 많은 유럽인들은 볼로냐 개혁을 새로운 대학 학제의 도입으로 단순화하여 이해하곤 했다.

3. 2001년 프라하 회의

볼로냐 회의 2년 후 열린 프라하 고등교육장관 회의에서 볼로냐 체제 운영 방식에 중요한 변화가 생겼다. 우선 크로아티아, 사이프러스, 터키가 새로이 가입함으로써 볼로냐 개혁 참가국이 모두 32개국으로 늘어났고, 더불어 유럽 고등교육 분야에 중요한 영향력을 행사하는 단체인 UNESCO산하 유럽고등교육센터(European Center for Higher Education), 유럽대학협회(European University Association: EUA), 유럽고등교육기관협회(European Association of Institutions in Higher Education: EURASHE), 유럽 학생연합(National Unions students in Europe), 유럽평의회(Council of Europe) 그리고 EU집행위원회에게 조언자 자격이 부여되어 이들 단체가 볼로냐 개혁에 공식적으로 동참하게 되었다.[12] 따라서 볼로냐 개혁 추진 주체는 투표권을 행사하는 32개 회원국과, 의견 제시를 할 수 있는 6개 유럽 단체로 재구성되었다.

내용적인 면에서는, 평생교육 개념이 도입되었는데, 이는 볼로냐 개혁이 엘리트 교육만을 목적으로 하는 것이 아니라 보다 많은 사람에게 교육의 기회를 제공하는 것을 목적으로 한다는 의미다. 다시 말해, 교육 분야에서 시작한 볼로냐 개혁에 사회적 개념이 포함되었다.

4. 2003년 베를린 회의

2001년 프라하 회의에 이어 베를린 회의에서도 가입국이 늘어났다. 알바니아, 보스니아-헤르체고비나, 리히텐슈타인, 마케도니아,

---

12) "Vers l'Espace européen de l'enseignement supérieur." *Communiqué de la conférence de Prague* (2001년 5월 19일).

세르비아-몬테네그로 연방공화국, 안도라, 러시아, 교황청 등 8개국이 새로이 볼로냐 프로세스에 동참하여 볼로냐 프로세스 가입국은 40개국이 되었다.

또 다른 중요한 변화는, 이때부터 볼로냐 학제에 박사과정이 포함되었다는 것이다. 박사과정은 연구원을 양성하는 과정이라는 점에서, 볼로냐 프로세스를 통해 유럽 고등교육 정책과 연구 정책이 결합된다는 것을 의미한다.

두 분야의 결합은 리스본 전략을 추진 중인 EU집행위원회가 강조해 온 사항이다. 2000년 3월, EU이사회는 2010년까지 유럽을 지식기반 경제구조로 만든다는 목표를 담은 리스본 전략을 발표했고, 그 실현 위해 연구, 교육, 혁신이라는 지식 삼각형의 유기적 결합의 필요성을 강조하고 있다. 대학이 교육과 연구 활동을 겸하고 있는 기관이라는 점에서, EU집행위원회는 볼로냐 개혁에 연구분야를 포함시켜 고등교육과 연구의 시너지 창출의 필요성을 역설해 왔다. 볼로냐 학제에 박사과정이 포함되었다는 것은 볼로냐 개혁에서 EU집행위원회의 요구가 관철되었음을 의미하며, 볼로냐 프로세스의 성격이 정부 간 협력 프로그램에서 EU의 정책 프로그램처럼 변화된 것으로 해석할 수 있다.

5. 2005년 베르겐 회의

베르겐 회의에서는 아르메니아, 아제르바이잔, 그루지아, 몰도바, 우크라이나가 새로이 볼로냐 체제에 합류했다. 이로써 볼로냐 개혁에 동참하는 나라는 45개국으로 늘었다.

이 회의의 주된 논점은 2010년 완성을 목표로 하는 볼로냐 개혁 진행 상황에 대한 중간 점검, 유럽 대학의 제도적 조율과 함께 교육 내용과 질에 대한 유럽 차원의 기준을 설정하는 문제 등이었다. 그리고 특히 주목할 점은, EU집행위원회에게 투표권을 행사할 수 있는 정식 회원의 자격을 부여했다는 사실이다. EU집행위원회가 각 회원국과 동등한 자격을 얻었다는 것은, 참가국들이 EU집행위원회에게 중요한 영향력을 행사할 수 있도록 허락했음을 뜻한다. 볼로냐 개혁의 추진을 위해 EU집행위원회의 재정 지원이 필요했던 회원국들로서는 당연하고 합리적인 선택이었을 것이다.

6. 2007년 런던 회의

2007년 5월 17-18일에 열린 런던회의에서는 세르비아로부터 분리 독립한 몬테네그로가 가입하여 회원국이 46개국으로 늘었다.

이 회의에서는 볼로냐 체제의 세계화가 중점적으로 논의되었다. 각국 장관들은 아프리카, 남미 등지에서 볼로냐 개혁에 관심을 가지기 시작했다는데 고무되어, 볼로냐 체제를 세계무대에 적극 소개하고, 우수 인력 유치와 국제 협력을 위해 활용하는 방안에 대해 토의했다.

7. 2009년 루벵-뢰벤 회의

2009년 4월 28-29일 벨기에 루벵-루벤에서 열린 장관회담에서는 볼로냐 프로세스의 10년을 정리하면서 1년 후로 예정된 볼로냐 프로세스의 완성에 대한 논의가 있었다. 이 자리에 모인 각국 대표는 볼로냐 프로세스가 애초에 계획한 목표를 완벽히 달성한 것은 아니지만 유럽 전역에 ECTS가 정착하고, 대학교육의 질 보장을 위한 유럽 차원의 기준이 마련되었음을 높이 평가하였다. 그리고 지난 10년간의 개혁의 성과가 앞으로도 유럽차원의 고등교육 협력에 중요한 기틀로 기능할 것으로 평가했다.

이와 같은 연속적인 유럽 고등교육장관 회담을 거쳐, 마침내 2010년 3월 11-12일 부다페스트-비엔나 장관회담에서 볼로냐 프로세스의 완성이 선언되었고, 볼로냐 프로세스에 따라 유럽형 볼로냐 학제를 공유하게 된 국가들로 구성된 영역인 유럽고등교육지역(European Higher Education Area: EHEA) 완성이 발표되었다. 연속적인 장관회의를 거치며 볼로냐 개혁의 목표와 내용, 개혁 추진 주체 등에 대한 지속적인 확대·보완이 있었고, 이 과정에서 국가 간 협의로 시작된 개혁운동에 EU집행위원회가 점점 더 깊이 개입하게 되었고 볼로냐 개혁은 점차 유럽 차원의 정책을 강조하는 초국가적 성격의 개혁운동으로 변모되어 갔다.

Ⅲ. EU집행위원회의 개입

EU집행위원회는 이미 소르본 선언 단계부터 유럽 대학 개혁 운동에 적극 참여하기를 희망했다. 그러나 당시 유럽 각국은 교육을 각국 정부가 독자적으로 정책을 결정하는 신성한 영역으로 간주하고 있었고[13], 소르본 선언 당사국들 역시 자신들의 모임에 초국가기구가 참견하려는 것을 국가의 교육주권에 대한 위협으로 여기며 경계했다. 소르본 선언의 제창자이자 프랑스 교육부장관을 역임했던 클로드 알레그르(Claude Allègre)는 "EU집행위원회가 (교육 분야처럼) 로마조약에 언급되지 않은 분야에 대해 해야 할 일은, 국가 간 정책의 조화를 도모하는 것"[14]이라며 EU집행위원회의 간섭을 분명한 어조로 거부했다. 결과적으로 EU집행위원회는 소르본 선언이 발표될 때 단순한 구경꾼(Observer) 자격에 지나지 않았다. 볼로냐 회의 준비기간 동안, EU집행위원회는 자신의 영향력 향상을 위해 볼로냐 회담 참가국 수를 EU 회원국으로 한정하려 노력했지만 이것 또한 관철시키지 못했다. 게다가 볼로냐 선언 참가자들이 차기 장관회담 장소로 당시 EU 회원국이 아니었던 체코의 프라하를 지명하면서 EU와 볼로냐 체제 사이의 분명한 구분선이 생기

---

13) 실제로, EU집행위원회가 운영하는 대표적인 유럽차원의 교육프로그램인 ERASMUS의 경우도, 대학간 ERASMUS 협정 체결이나 프로그램에 포함되는 교육 내용 결정, 프로그램 홍보 등과 같이 실질적인 정책 결정과 집행은 각국의 ERASMUS 담당 부서가 주관했고, EU집행위원회의 역할은 각국 ERASMUS 담당 부서의 활동을 평가하고 재정 지원하는 데에 머물러 있었다. ERASMUS 프로그램의 행정과 관련된 보다 자세한 내용은 Commission des communautés européennes, *Programme Socrates: guide du candidat* (Luxembourg: Office des publications officielles des Communautés européennes, 2000) 참조.

14) Claude Allègre, *Toute vérité est bonne à dire: entretiens avec Laurent Joffrin* (Paris: Robert Laffont/Fayard, 2000), p. 304.

는 듯했다.

그러나 볼로냐 체제에 개입하려는 EU집행위원회의 노력은 계속되었다. 1998년 10월, 소르본 선언 발표 5개월 후에 바덴에서 열린 EU 회원국 교육부장관들의 비공식 회의에서, EU집행위원회 교육·문화총국 대표단은 볼로냐 개혁을 위한 다양한 정책 안을 제시하며, EU집행위원회와 볼로냐 참가국, 그리고 참가국의 전문가들이 협력하는 방안을 모색했다. 이어서 전문가집단인 유럽대학협회(EUA)와 EU대학총장회의연맹(Confederation of European Union Rectors' Conference)이 유럽고등교육제도에 관한 보고서를 작성하도록 지원했다. 나아가 EU집행위원회는 볼로냐 프로세스를 위한 공식 회의를 비롯하여, 관련된 학술회의, 세미나, 연구 프로젝트 등을 지속적으로 지원했다. 그 결과, 2001년 고등교육 장관 회의에서 EU집행위원회는 '조언자' 자격을 얻으며 볼로냐 개혁에 공식적으로 합류하게 되었고, 마침내 2005년 베르겐 회의에서는 회원국들과 동등하게 투표권을 행사하는 정식 회원의 자격을 획득했다. 베르겐 회의에서 EU집행위원회 교육·문화총국 집행위원 잔 피겔(Jan Figel)은 회의의 가장 중요하고 상징적인 순간인 개막식과 폐막식에서 인사말을 하게 되는데, 이러한 사실은 EU집행위원회가 볼로냐 프로세스의 핵심 행위자가 되었음을 의미한다.

개혁 초기 합류를 거부당했던 EU집행위원회가 점진적으로 볼로냐 체제에 가입할 수 있었던 이유는 무엇일까? 크게 세 가지 요인을 꼽을 수 있다.

첫째, EU집행위원회의 재정적 지원이다. 볼로냐 개혁을 추진하면서 소요되는 제반비용, 특히 전문가들의 연구, 학회, 세미나 등은 대부분 EU집행위원회의 후원금으로 충당되었다. 볼로냐 개혁을 위해 EU집행위원회가 지불하는 비용은 2005년의 경우 총 80만 유로였으나, 2006년에는 볼로냐 개혁 관련 비용으로 160만 유로가 책정했을 정도로, EU집행위원회의 개입은 매우 적극적이다. 이러한 적극적인 후원은 EU집행위원회가 개혁에 관련된 단체, 즉, 각 회원국 정부기관, 학술기관, 학생연합, 유럽대학교육평가단체, 고등교육 인증단체 등과 긴밀한 협력관계를 맺는 것을 가능하게 하였다. 요컨대, EU집행위원회의 재정적 지원이 사실상 볼로냐 개혁 추진의 원동력이 되었고, EU집행위원회의 협력 없이는 개혁이 진행될 수 없는 상황이 되었다.

둘째, 세계무대에서 EU집행위원회의 위상이 주는 상징성이다.[15] 볼로냐 개혁의 주된 목적이 국제무대에서 유럽고등교육의 우수성을 홍보하고, 세계의 우수 인재를 유럽으로 유치하는 것인데, EU집행위원회가 볼로냐 프로세스에 참가하면, 볼로냐 회원국들은 EU의 국제적인 인지도를 활용하여 보다 용이하게 유럽의 고등교육을 홍보하고, 볼로냐 개혁을 성공으로 이끌 수 있다고 판단했을 수 있다. 지난 2004년부터 시행 중인 ERASMUS MUNDUS 프로그램 덕분에, 최근 유럽 이외 지역의 고등교육계에서 EU집행위원회의 위상은 매우 높아졌다. ERASMUS MUNDUS란 EU의 ERASMUS 프로그램을 전 세계로 확장한다는 취지로 시작된 유럽과 유럽 이외 지역

---

15) Sarah Croché, "Le rôle de la Commission européenne dans le processus de Bologne: une redéfinition des rôles des États et de la Commission pour l'intégration européenne dans le domaine de l'enseignement supérieur," *Les transformations de la connaissance et de l'éducation: communautés, sociétés de l'information et mobilités, XXIIème Congrès de la CESE,* Grenade (2006년 7월 3–6일), CD-Rom, p. 3.

의 대학 사이의 교류 프로그램이다. ERASMUS 프로그램이 유럽 내 대학들 사이의 학생교류를 지원하는 반면, ERASMUS MUNDUS는 유럽 이외 지역의 대학과 유럽의 대학 사이의 학생교류를 지원하기 때문에, 유럽 이외 지역에서 유럽의 대학들을 홍보할 수 있는 좋은 기회를 제공한다. 2004년부터 2008년까지 지속된ERASMUS MUNDUS 1기 프로그램을 위해 EU집행위원회는 2억 3천만 유로의 예산을 책정하고, 이 중 약 90%를 학생들의 교통비 생활비 등과 같이 이동을 위한 비용으로 배정했다. 이 프로그램의 직접 수혜자인 대학생들은 유럽 대학에 관심을 가질 뿐만 아니라, ERASMUS MUNDUS의 운영주체인 EU집행위원회에 대해서도 많은 관심을 가지게 된다. 높아져 가는 EU집행위원회의 위상과 인지도는, 볼로냐 회원국들이 세계무대에서 볼로냐 체제를 소개하고 유럽 대학들을 홍보하는데 유용한 도구로 작용했다.

셋째, 고등교육개혁과 리스본 전략의 성공적인 결합이다. EU집행위원회는 2000년 발표한 리스본 전략에서 지식기반 사회 건설을 목표로 설정했고, 이를 실현하기 위해서는 고등교육과 연구 분야의 시너지 창출이 중요하다고 강조했다. 그리고 2010년 완성되는 유럽연구지역에서 일할 우수인재를 볼로냐 체제를 통해 확보할 계획을 세웠다.16) 고등교육과 연구의 결합 필요성은 회원국들의 공감을 얻었고, 그 결과 2003년 고등교육장관회의에서부터 박사과정이 볼로냐 학제에 포함되었다. 이러한 상황에서, 볼로냐 개혁에 참가하는 국가들은 연구 분야에서 유럽 차원의 협력을 이끌어오던 EU집

---

16) Brend Wachter, "Les objectifs du processus de Bologne", in *Politiques d'éducation et de formationanalyse et comparaisons internationales*, No. 12, 2004, p. 20.

행위원회의 경험을 고등교육분야에서 활용하면서 두 분야를 결합해 가면, 세계무대에서 유럽 대학들, 나아가 자국 대학들의 경쟁력을 향상시키는데 유리하다고 판단했을 것이다. 결과적으로 EU집행위원회 개입에 대한 볼로냐 회원국의 거부감은 점차 사라지고 오히려 회원국들은 EU집행위원회가 제공하는 실리를 회원국들은 기쁘게 받아들였다.

Ⅳ. 볼로냐 개혁의 성과

개혁의 성과에 대해서는 긍정론과 부정론이 공존한다.

긍정론자들은, 우선 볼로냐 개혁 참가국의 빠른 증가를 이야기한다. 4개국의 합의로 시작된 볼로냐 개혁은 2007년 현재 그 참가국 수가 46개국으로 늘었다. 뿐만 아니라 아프리카와 라틴 아메리카 등지에서도 볼로냐 개혁을 벤치마킹 하면서 유럽의 새로운 고등교육정책을 자국 대학 개혁을 위해 도입하고 있다.

볼로냐 개혁 가장 중요한 목표인 외국학생 유치의 측면에서도 이미 긍정적인 성과가 나타나고 있다. <표 1>은 볼로냐 개혁이 시작된 1999년과 볼로냐 개혁 5년 후, 2004년 당시 EU 25개국의 외국인 학생 수의 변화를 보여주고 있다. 비록 국가 간 차이가 있고, 일부 국가에선 오히려 감소를 기록했지만, EU 전체로 볼 때, 볼로냐 개혁 이후 비유럽 출신 외국인 학생 수가 증가했음을 알 수 있다.

〈표 1〉 EU 회원국의 외국인 학생 수

거주국＼출신국	전체외국인학생수		유럽출신 외국인학생수		비유럽출신 외국인학생수		비유럽출신 외국인학생증가
	1999	2004	1999	2004	1999	2004	
오스트리아	29819	33707	23370	27529	6449	6178	−271
벨기에	36136	37103	21000	23927	15136	13176	−1960
사이프러스	1860	6679	671	974	1189	5705	4516
덴마크	12325	9829	5407	7286	6918	2543	−4375
핀란드	4847	7361	2414	4050	2433	3311	878
프랑스	130952	237587	38978	51582	91974	186005	94031
독일	178195	260314	87485	128455	90710	131859	41149
그리스	n.a.	n.a.	n.a.	1971	n.a.	n.a.	n.a.
아일랜드	7183	12698	3467	4868	3716	7830	4114
이탈리아	23496	40641	17032	28539	6464	12102	5638
룩셈부르크	652	n.a.	580	n.a.	72	n.a.	n.a.
몰타	302	442	164	183	138	259	121
네덜란드	13619	26154	6639	7434	6980	18720	11740
포르투갈	11177	16155	2314	2874	8863	13281	4418
스페인	32954	15051	19891	6895	13063	8156	−4907
스웨덴	24412	17253	14621	7475	9791	9778	−13
영국	232540	300056	117674	102920	114866	197136	82270
체코	4583	14923	2605	9929	1978	4994	3016
에스토니아	793	830	754	695	39	135	96
헝가리	8869	12913	5120	10463	3749	2450	−1299
라트비아	1847	1298	524	1037	1323	261	−1062
리투아니아	477	738	129	420	348	318	−30
폴란드	5693	8118	3671	5757	2022	2361	339
슬로바키아	1570	1548	1070	1050	500	498	−2
슬로베니아	654	888	603	845	51	43	−8
계	764303	1062286	375603	435187	388700	627099	238399

출처: UNESCO, statistiques sur l'éducation, Tableau 17.
(http://stats.uis.unesco.org/TableViewer/tableView.aspx)
* 비교 가능한 통계자료가 제공되지 않은 그리스와 룩셈부르크는 합계에서 제외.
** 포르투갈과 슬로바키아는 1999년 자료 대신 2000년 자료, 핀란드는 2004년 자료 대신 2003년 자료.

반면에 볼로냐 프로세스의 성과에 대해 부정적 견해를 피력하는 사람들도 많다. 그들의 주된 논거는 볼로냐 학제의 난맥상이다. 실제로 개혁 초기에 3+2 로 통일된 유럽공통학제 도입을 추구했지만, 각국이 자국 여건의 특수성을 주장하면서 예외가 인정되기 시작했다. 그 결과, 볼로냐 프로세스가 완성된 현재의 유럽에는 3+1, 3+11/2, 3+2, 4+1, 4+2 등 다양한 대학 학제가 공존한다. 이러한 현상은 세계무대에서 이해하기 쉬운 유럽형 대학제도를 마련한다는 볼로냐 개혁의 이상에 어긋나는 것이다.

대학교육의 질적 비교·평가를 위한 유럽차원의 제도 정착이 난항을 겪었다는 점도 볼로냐 프로세스 성공에 대한 회의론을 불러왔다. 볼로냐 개혁이 시작되기 이전부터 유럽 대학들이 교육 내용을 서로 비교하고 평가할 수 있는 장치를 마련하기 위한 논의가 있었다. 이러한 논의는 볼로냐 개혁의 진행과 더불어 더욱 활기를 띠었다. 그러나 대학 교육의 질적 평가에 대한 단일한 기준과 방식이 정착되지는 못한 상태다.

그럼에도 불구하고 볼로냐 개혁을 실패라고 할 수는 없을 것 같다. 비록 획일적인 대학제도는 마련되지 못했지만, 유럽 대학 간 학점 인정 체제(European Credit Transfert System: ECTS)가 개선됨으로써 '비교하기' 쉽고 '이해하기' 쉬운 대학제도를 마련한다는 볼로냐 개혁의 이상에 접근했지 때문이다. 대학교육의 질적 비교·평가를 위해 볼로냐 개혁 참가국들이 협력하고 제도 수렴을 위한 회의를 지속적으로 활발히 진행하고 있다는 점도 볼로냐 개혁의 긍정적 성공을 기대하게 한다. 실제로 EU 27개 회원국과 크로아티아, 아이슬랜드, 노르웨이, 터키의 고등교육 종사자들을 대상으로 한 2007년 유로바로미터(Eurobarometer)의 한 설문조사에 의하면, 이들의 약 절반정도인 44%가 새로 도입된 볼로냐 학제가 고등교육의 질을 향상시켰고, 또 앞으로도 향상시킬 것으로 기대하고 있었다. 게다가 EU 27개국의 고등교육 종사자들 중 82%는 유럽차원의 유럽 대학교육에 대한 질적 평가 기준의 도입이 필요하다는 입장이다.[17]

요컨대, 유럽 각국은 볼로냐 개혁의 필요성에 공감하면서 볼로냐 프로세스에 동참하고 있다. 참여국들은 개혁의 긍정적 성과를 예상하고 있다. 그리고 EU집행위원회는 볼로냐 프로세스 추진을 위해 적극 나서고 있다. 이러한 상황에서, 볼로냐 프로세스를 통한 유럽 고등교육의 유럽화는 계속 진행되리라 예측하게 된다.

Ⅴ. 볼로냐 개혁과 EU의 고등교육정책과의 관계

국가 간 협의에서 출발한 볼로냐 개혁은 이미 EU 교육정책의 중요 부분으로 자리 잡았다. EU집행위원회가 볼로냐 개혁으로 완성될 유럽고등교육지역(European Higher Education Area: EHEA)과 유럽연구지역(European Research Area: ERA)의 결합 의지를 분명히 밝히고 있어 마치 볼로냐 개혁이 EU 자체 프로그램인 것처럼 착각하게 될 정도다.

볼로냐 개혁에 공식적으로 참가하기 전, EU집행위원회는 리스본 전략의 성공적 추진을 위해, 볼로냐 체제와 별도로 EU차원의 고등

---

17) *Ibidem.*

교육정책을 마련했었다. 「교육과 훈련 2010」라고 명명된 EU 프로젝트에는 고등교육을 포함하여 정규교육, 비정규교육 과정까지 아우르는 교육 전반에 걸쳐 EU차원의 계획을 세우고, EU기구가 중요한 역할을 담당하고자 하는 의지가 담겨 있다. EU집행위원회는 「교육과 훈련 2010」이 유럽인의 교육과 훈련 정책을 위한 유일한 도구로 작용하도록 의도했음을 분명히 밝혔다. 그러나 2003년 11월 11일 발표된 중간평가 보고서에 따르면, 「교육과 훈련 2010」의 초기 실적은 부진했다.

이 실망스런 결과를 만회하기 위해 EU집행위원회는 볼로냐 개혁에 더욱 적극적으로 나섰던 것 같다. EU집행위원회는 "볼로냐 선언에서 밝힌 목표들이 EU 자체 프로그램을 통해 밝혔던 고등교육정책과 많은 부분에서 공통점을 보이고 있다"[18]고 주장하면서 볼로냐 개혁에 대한 관심과 적극적인 참여 의지를 거듭 밝혔다. 그후, 「교육과 훈련 2010」은 고등교육정책에 대한 언급은 거의 없이, 볼로냐 프로세스를 모방한 코펜하겐 프로세스를 발족시켜 직업교육과 평생교육에 중점을 두고 추진되고 있다. 다시 말해, EU집행위원회는 자체적으로 준비한 고등교육정책을 발전시키는 대신 볼로냐 프로세스를 EU 고등교육정책 도구로 삼았다 할 수 있다.

2010년까지 유럽을 "세계에서 가장 역동적이고 경쟁력 있는 지역"으로 변모시키려는 리스본 전략, 그리고 2005년 개정된 신 리스본 전략의 추진과 맞물려, 현재 EU는 지식기반 경제 구조에 필요

---

18) Commission des communautés européennes, *La nouvelle génération de programmes communautaire d'éducation et de formation post 2006*, COM(2004) 156 final (2004년 3월 9일), p. 7.

한 우수인력 확보에 그 어느 때보다 정성을 들이고 있다. 이 상황에서 볼로냐 개혁은 유럽에 필요한 고급인력 양성과 외국 우수인재 유치를 위한 방안으로 떠올랐고, 유럽 각국은 유럽 공동 발전을 기대하며, EU집행위원회가 볼로냐 개혁을 EU정책의 한 부분으로 흡수하는 것을 용인했다. EU의 27개 회원국뿐만 아니라 EU 비회원국이면서 볼로냐 개혁 참여하고 있는 19개국도 EU집행위원회의 적극적 개입을 환영하고 있다.[19]

볼로냐 개혁이 EHEA 건설을 지향하고, EHEA는 ERA와 결합되면서, 이제 유럽 고등교육정책은 유럽 공동의 연구정책, 경제정책과 밀접하게 연결되어 가고 있다. 이러한 상황에서, 유럽 차원의 정책 수행의 경험을 쌓은 EU집행위원회가 볼로냐 프로세스에서 핵심 역할을 담당할 수밖에 없다. 요컨대, 볼로냐 프로세스에 EU집행위원회가 적극 개입하면서 유럽의 고등교육은 연구, 경제 분야와 밀접히 연결되고, 보다 긴밀한 유럽 차원의 협력, 즉, 유럽공동고등교육정책을 향해 전진할 수 있었다.

Ⅵ. 결론

볼로냐 프로세스의 결과에 대해 부정적인 견해는 여전히 존재한다. 그러나 볼로냐 프로세스가 유럽 대학들에게 유럽차원의 정책에 관심을 가지고 정책 조율을 도모하도록 했다는 점은 부정할 수 없

---

19) Anders Hingel과의 인터뷰 (2007년 5월 21일).

다. 2010년 볼로냐 프로세스의 완성이 선언되면서 볼로냐 회원국들은 새로운 10년간의 정책 조율을 위한 후속조지인 볼로냐 프로세스 2020을 선언하고 현재도 유럽차원의 공동고등교육정책을 향한 노력을 계속하고 있다. 이미 전 유럽의 거의 모든 대학들이 볼로냐 체제에 동참하고 있는 만큼 유럽 사회에서 볼로냐 프로세스의 영향은 크다.

본 연구를 통해, 국가 간 합의에서 출발한 볼로냐 개혁에 EU집행위원회가 점점 깊숙이 개입하면서, 볼로냐 프로세스가 EU차원의 초국가적 고등교육정책으로 변화되었음을 알 수 있었다. 유럽 고등교육정책이 초국가적 성격을 띠게 되었다는 것은, 자칫 각국 정부가 EU집행위원회라는 초국가기구와의 경쟁 구도에서 패배한 것처럼 오인하기 쉽다. 그러나 볼로냐 프로세스 참가국들은 EU집행위원회와 협력 관계를 유지하고 있음을 유념해야 한다. 각국 정부는 자국 고등교육체제의 유럽화가 국제무대에서 고등교육의 국제 경쟁력 향상에 유리하게 작용하기 때문에, 회원국 스스로의 합리적 판단 하에 고등교육의 유럽화에 동의했다고 이해해야 할 것이다. 즉, EU집행위원회는 유럽의 고등교육 관련 전문가들의 활동을 지원하면서, 유럽 각국이 고등교육정책을 유럽이라는 큰 틀에서 조율 혹은 통합 하도록 유도했는데, 각국의 전문가들은 유럽 차원의 모임에 참가하면서 '유럽'의 입장을 이해하는 동시에 '국가'의 입장을 설명해 왔다. 자국의 전문가들은 유럽 차원의 모임에 참가하면서 국가의 입장을 대변했을 뿐만 아니라, 다른 한편으로 '유럽'이라는 주제의 매력을 자국에 소개했는데, 이들 전문가의 의견은 각국 정부가 국내의 다양한 개혁 반대론자들을 설득하며 개혁을 추진하는 데에 종종 유용한 도구로 활용될 수 있기 때문에, EU집행위원회의 지원을 반대할 필요가 없었다. 반면, 초국가기구로서는 각국 형편을 고려하면서 고등교육정책을 직접 수립하고 실행하는 데에 현실적으로 많은 어려움이 있기 때문에 전문가 집단 및 각국 정부와의 협력이 필요하다. 이러한 상호 의존적인 관계에 기반하여 각국 정부와 EU집행위원회는 번영하는 유럽 건설이라는 공동의 목표 하에 협력하고 있다. 그런 의미에서, 유럽 고등교육정책의 유럽화는 EU 회원국이나 EU집행위원회 중 어느 한쪽의 승리나 패배라기보다는 상호 이익을 위한 양측의 합리적 선택이라고 보아야 한다.

참고문헌

Allègre, Claude. *Toute vérité est bonne à dire: entretiens avec Laurent Joffrin*. Paris: Robert Laffont/Fayard, 2000.

Anders Hingel과의 인터뷰, 2007년 5월 21일.

Charlier, Jean-Émile. "Qui veut encore harmoniser l'enseignement supérieur européen." *Reflets et perspectives de la vie économique*. Vol. 45, No. 2 (2006), pp. 22-30.

Commission des communautés européennes. *Programme Socrates: guide du candidat*. Luxembourg: Office des publications officielles des Communautés européennes, 2000.

Commission des communautés européennes. *La nouvelle génération de programmes communautaire d'éducation et de formation post 2006*. COM(2004) 156 final, 2004년 3월 9일.

Commission of the European Communities. *Education & Training 2010: The success of the Lisbon strategy hinges on urgent reforms*. No. COM(2003) 685 final, 2003년 11월 11일.

Croché, Sarah. "Le rôle de la Commission européenne dans le processus de Bologne: une redéfinition des rôles des États et de la Commission pour l'intégration européenne dans le domaine de l'enseignement supérieur." *Les transformations de la connaissance et de l'éducation: communautés, sociétés de l'information et mobilités*. XXIIème Congrès de la CESE, Grenade, 2006년 7월 3-6일,

CD-Rom, pp. 1-6.

Croché, Sarah. "Qui pilote le processus de Bologne." *Éducation et sociétés*. No. 18 (2006), pp. 203-217.

EU집행위원회 교육 · 문화총국 웹사이트, The Bologna Process: Towards the European Higher Education Area, http://ec.europa.eu/education/policies/educ/bologna/bologna_en.html. (2007년 11월 27일 검색).

Fundación Príncipe de Asturias, http://www.fpa.es/fra/02/index.html. (2007년 11월 23일 검색).

Garrigue, Daniel. *La politique européenne de recherche et de développement. Rapport d'information déposé par la délégation de l'Assemblée nationale pour l'Union européenne*. No. 1095, 2003년 9월 30일.

L'Homme, Christina. "Quand la mondialisation accélère la fuite des cerveaux." *Problème économiques*. No. 2731, 2001년 10월 10일, pp. 14-16.

Oh, Jung-Eun. *Le lien du processus de Bologne avec la politique de la recherche de l'Union européenne*. Louvain-la-Neuve: Presses universitaires de Louvain, 2007.

Pepin, Luce. *Histoire de la coopération européenne dans le domaine de l'éducation et de la formation*. Luxembourg: Communautés européennes, 2007.

Straubhaar, Thomas. *International mobility of the highly skilled : brain gain, brain drain or brain exchange*. HWWA discussion paper. No. 88. Hamburg: Hamburgisches welt wirtschafts archiv, 2000.

The Gallup Organization. *Survey on Higher Education Reforms: Survey among teaching professionals in higher education institutions, in the 27 Member States, and Croatia, Iceland, Norway and Turkey*, Flash Eurobarometer Series. No. 198. Luxembourg: European Commission, 2007.

Trondal, Jarle. "The Europeanisation of Research and Higher Education policies: some reflections." *European integration online papers*. Vol. 6. No. 12, 2002,

http://eiop.or.at/eiop/texte/2002-012.htm (2007년 11월 23일 검색).

Wachter, Brend. "Les objectifs du processus de Bologne." *Politiques d'éducation et de formationanalyse et comparaisons internationales*. No. 12 (2004), pp. 11-22.

UNESCO, *statistiques sur l'éducation*,

http://stats.uis.unesco.org/TableViewer/tableView.aspx. (2007년 11월 28 일 검색).

Rapport du Conseil "Éducation" au Conseil européen sur "Les objectifs concrets futurs des systèmes d'éducation et formation." No. 5980/01 EDUC18. 2001년 2월 14일.

http://register.consilium.eu.int/pdf/fr/01/st05/05980f1.pdf. (2007년 11월 29일 검색).

The Copenhagen Declaration,

http://ec.europa.eu/education/copenhagen/copenahagen_declaration_en.pdf. (2008년 4월 15일 검색).

제9장 유럽연합 다언어주의 정책의 성과와 한계:
공용어 운용을 중심으로*

이복남

수원대학교 프랑스어문학과 교수

Ⅰ. 들어가는 말

유럽연합(EU: European Union)은 한 - 유럽연합 간 자유무역협정 (FTA)의 발효 등 과거 그 어느 시기보다 우리와 긴밀한 동반자 관계에 있다. 이 시점에서 유럽연합의 공용어 운용실태는 우리의 관심을 모으는 사안이 아닐 수 없다.

유럽은 세계에서 문화적으로 가장 다양한 지역 중 하나이다. 다양한 민족과 다양한 언어가 유럽의 문화유산을 풍요롭게 장식하고 있다.

지난 1957년 유럽 6개국[1]이 모여 로마조약을 체결한 것이 EU의 모태가 됐음은 주지의 사실이다. 이후 1992년 마스트리히트조약으

---

* 본 연구는 2009년 11월 한겨레말글연구소 학술발표회 발표문을 토대로 작성된 것이다. 한겨레말글연구소와 유익한 심사평을 해주신 익명의 심사자들께 감사드린다.

1) 프랑스, 독일, 이탈리아, 벨기에, 룩셈부르크, 네덜란드.

로 명실상부한 유럽연합이 탄생하였으며 1997년 암스테르담조약은 무엇보다도 EU의 정치적 기능을 강화시켰다.

EU의 정치·사회·경제적 기능을 보완하기 위한 질주는 계속되어 2005년, '하나의 유럽'을 지향하는 EU 헌법초안을 마련하였으나 비준에 실패하자 2007년 12월 EU 27개국 회원국 정상들은 이를 대체할 수 있는 유럽연합 개정조약(EU reform treaty: 일명 리스본조약)에 서명했다. 리스본조약(Treaty of Lisbon)이 27개 전체 회원국에서 비준됨에 따라 2009년 12월 1일부터 리스본조약 체제가 출범했다.

이와 같이 거듭된 조약 체결을 통해 출범 시의 경제공동체에서 정치공동체로 또한 '시민의 유럽'으로 숨 가쁘게 변모하는 과정에서 유럽연합 신규 가입국도 계속 증대되어 왔다. 특히 2004년과 2007년에는 제2차 세계대전 이후 분단됐던 중·동부 유럽국가를 단일 유럽으로 통합하는 역사적인 유럽연합의 5차, 6차 확대가 마무리되면서 EU는 동서 유럽 판도를 아우르는 27개 회원국의 결집체가 되었다.

이와 함께 EU의 공용어 수 또한 2004년 5월 이전의 11개 언어에서 2007년 1월, 23개 언어로 배가되어 EU는 미증유의 언어모자이크를 이루게 되었다. EU와 같은 다언어 공용어 체제를 견지하는 국제기구는 인류사에서 전무후무하다. 192개 회원국을 거느린 국제연합(UN)의 공용어는 6개 언어이며, 47개 회원국의 유럽평의회(Council of Europe)와 28개 회원국이 소속되어 있는 북대서양 조약기구(NATO)의 공용어는 영어와 프랑스어 2개 언어이다.

이 글에서는 다언어체제를 유지하는 데 소요되는 고비용과 비효율에도 불구하고 EU의 가치인 '다양성'을 수호하기 위해 23개 공용어 체제를 견지하고 있는 EU 공용어의 증대 현황을 소개하고 그 운용 실태를 중심으로 다언어주의 정책 시행에 따른 그간의 성과와 한계를 검토해 본다.

Ⅱ. 유럽연합 공용어의 확대와 언어 다양성의 증대

1. 유럽연합 언어 정책의 변천과 공용어 제정 규칙

EU의 초국적인 공동체 언어정책과 프로그램은 유럽경제공동체 시기부터 시대상황에 부응해서 서서히 진전되어 왔다.

1951년의 유럽석탄·철강공동체(ECSC)조약은 프랑스어로만 작성되었다. 교육, 문화에 대한 조항이 없는 1957년의 로마조약(Treaty of Rome)은 묵시적으로 '초국적 경제활동에서 자유로운 언어사용(free language use in transnational economic activity)' 원칙을 도입하게 된다. 언어는 모든 경제활동의 매개체이므로 공동체 역내에서의 자유롭고 제약이 없는 경제활동을 위해서였다. 1987년의 단일유럽의정서(Single European Act)에는 언어권이나 사용에 대한 어떠한 언급도 없었다.

로마조약에서 명시되고 단일유럽의정서에서 반복된 '개인의 자유로운 이동'은 시민들의 언어구사능력을 전제로 한다. 언어교육이 당시 중요성을 띠기 시작했으며 링구아(LINGUA) 프로그램이 이 시기에 시행되었다. 역내시장의 실현과 시민의 자유로운 이동이라는 목표를 위해 이 프로그램은 5년간 2억 에퀴(ECU)의 예산으로 '덜 보급되고 덜 교육되는' 유럽어에 대한 양적·질적인 지식의 증진을 목표로 했다. 이 프로그램은 공동체 9개 언어와 아일랜드어[2], 룩셈부르크어[3]를 대상으로 시행되었다.

기존의 유럽경제공동체(EEC)를 개정해서 유럽공동체(EC) 설립조약으로 개명한 1992년 마스트리히트(Maastricht)조약은 교육, 훈련, 청소년 조항인 제149조에서 '회원국의 문화적, 언어적 다양성'에 대해 처음 명시했으며 유럽시민권조항이 처음으로 구체화되었다.

1999년 발효된 암스테르담조약(Treaty of Amsterdam)에서는 EU 시민권과 직결되는 '언어'와 관련된 새로운 조항이 명시되었다. 즉 "유럽연합의 모든 시민은 의회, 이사회, 집행위원회, 사법재판소 등 EU 기구에 12개 조약어로 청원할 수 있고 동일한 언어로 회신을 받을 수 있다."라는 조항이다. 이 권리는 명백히 유럽시민의 기본권에 해당하는 것이다.

이 조약에서 다언어병용에 대해 직접적으로 밝힌 조항은 상대적으로 적어 2조항뿐이다. EU의 12개 공용어를 열거한 조항인 제314조와 EU 시민은 EU 기구에 제314조의 언어 중 하나로 쓸 수 있고 동일한 언어로 답을 받을 수 있다는 제21조이다.[4] 이는 유럽의 통

---

2) 아일랜드어는 EC 공용어가 아니었으며 조약어(Treaty language)였다. 이것은 당시 아일랜드 정부가 아일랜드어는 공용어(정치 및 국민교육상 표준어로 쓰는 말)나 실무어가 아니라는 사고에서 기인한 것이었다. 이것은 이사회 규정(Council Regulation No.1)이 실무어와 공용어를 구분하지 않는다는 점을 아일랜드 정부가 간과한 결과였다. 그 결과 조약만 아일랜드어(Irish)로 번역되었으며 부차적인 문서는 영어로 번역되었다. 아일랜드어 사용자는 소수지만 아일랜드 헌법은 아일랜드어를 국어 및 제1공용어로 규정하고 있으며 반면에 다수가 사용하는 영어는 제2언어로 규정하고 있다. 아일랜드어는 유럽사법재판소에서 공용어 위상에 있으며 유럽의회에서도 사용된다.

3) 문어는 없는 구어 상태이다.

일성에 관한 새롭고 총체적인 인식이 반영되었다고 볼 수 있다. 이 원칙은 유럽연합기본권헌장 제41조에서 재차 확인되었다.[5]

2007년 회원국에서의 비준에 실패한 후 리스본조약으로 탈바꿈한 '유럽헌법설립조약'은 무엇보다 그때까지 EU조약에서 결핍된 것으로 지적되어 왔던 유럽연합 시민의 인권과 기본권의 보전을 헌법안의 중심에 위치시킨 바 있다. 즉 2000년 12월, 니스(Nice)정상회담에서 채택한 유럽연합기본권헌장(Charter of Fundamental Rights of the European Union)을 헌법안 제2장(Part Ⅱ)에 병합시킴으로써 'EU 시민권' 개념을 진일보하게 하였다.

주지하듯이 유럽연합기본권헌장은 당시 각국 차원이나 국제 또는 유럽 차원에서 표명되었던 다양한 권리들을 존엄, 자유, 평등, 연대, 시민권, 정의 6장으로 구성된 단일 문서에 담아 EU의 기본가치와 EU 시민의 정치, 경제, 사회적 권리를 정의한 것이다.

특히 "유럽연합은 문화, 종교, 언어의 다양성을 존중한다."는 유럽연합기본권헌장 제22조를 명시하였으며, 유럽유산과 문화의 주요소인 '언어 다양성'의 존중은 EU의 문화와 민주주의의 근간이 된다는 사고를 더욱 확고히 하게 하였다. 나아가 '차별'과 관련해서 이 헌법안에는 언어와 관련된 모든 차별을 금지하고 '문화, 종교, 언어 다양성을 존중'(2-21)한다고 규정되어 있다. 이와 함께 마스트리히트조약에서 '문화 다양성의 존중'으로만 표현되었던 문구

---

4) 여기 명시된 공용어는 독일어, 영어, 덴마크어, 스페인어, 핀란드어, 프랑스어, 그리스어, 아일랜드어(게일어), 이탈리아어, 네덜란드어, 포르투갈어, 스웨덴어이다. 암스테르담조약 제8조 D에서는 11개 공용어와 게일어(아일랜드어)로 명시되었다.

5) 이복남, "EU 언어 정책: 지방어·소수어의 위상과 시민의 언어적 권리", 유럽연구, 제20권 2004, p.218. 재구성.

는 새 헌법안에서는 '문화, 언어 다양성의 존중'(1-3)으로, '언어'라는 용어가 추가되어 언어권과 관련된 유럽시민권 개념이 더욱 확고해졌음을 짐작하게 한다.

공용어와 실무어는 조약에 의해 규정된 사항이 아니었으며 1958년 4월 15일의 '유럽경제공동체(EEC) 언어체제 결정'에 관한 이사회 규정(Council Regulation No.1/58)에 의한 것이었다. 당시 유럽경제공동체의 언어체제가 이 규칙에서 결정되었다.

공용어를 규정하는 최초의 공동체 법규인 이 규칙 제1조에서 당시 회원국의 공용어인 네덜란드어, 독일어, 프랑스어, 이탈리아어 4개 언어를 EU의 공용어 및 실무어로 규정했다. 이후 EU의 확대에 따라 이 규칙은 공용어 수 부분만 계속 수정되어 오늘에 이르렀다. 회원국이 추가될 때마다 공용어 또한 추가되었으며 이같이 EU 공용어의 평등주의 원칙이 지속되는 과정에서 공용어와 실무어의 공식적인 구분은 없었다.

EU 공용어 목록과 함께 그 사용에 관해 명시하고 있는 위의 공동체 규칙 제1조는 EU의 23개 언어를 공용어와 실무어로 규정하고 있다. 이 규칙의 나머지 내용을 살펴보면 다음과 같다.

제2조: 각 회원국 정부나 개인이 공동체 기관에 보내는 회원국의 법규 관련 문서는 발신자가 선택한 EU 공용어 중 하나이어야 하며 회신 또한 동일한 언어로 전달되어야 한다.

제3조: 공동체 기관이 각 회원국 정부나 개인에게 보내는 법적 문서는 그 국가의 언어로 전달되어야 한다.

제4조: 규칙이나 다른 공문서는 23개 EU 공용어로 작성되어야

한다.

제5조: EU 관보는 23개 EU 공용어로 발간되어야 한다.

제6조: EU 기관은 이 언어체제의 시행방식을 내부 규칙으로 규정할 수 있다.[6]

위에서 살펴본 바와 같이 다언어주의 또는 다중언어주의(Multilingualism) 정책은 EU조약에 명시된 EU 언어정책의 근간임을 확인할 수 있다.

EU의 다언어주의 개념은 언어학적 정의가 아닌 실무적인 의미로 정의될 수 있다. 즉 여러 다른 언어로 의사소통하는 개인의 언어 능력, 단일 지역에 상이한 언어 공동체가 공존하는 것, 한 개 이상의 언어로 운용되는 기구의 정책적 선택을 동시에 의미한다.

다언어주의 정책을 통해 언어 다양성과 문화 간 대화를 강화해 나가는 것이 EU의 목표이다. 이에 따라 EU는 언어학습의 증진을 정책 활동의 중심에 두고 있다. EU 시민 각자가 적어도 모국어 이외에 2개 외국어를 구사하도록 하는 '모국어＋2개 언어' 정책을 시행하고 있으며, EU 공용어 이외에 EU 시민 약 5천만 명이 사용하는 유럽 지방어(지역어)·소수어의 사용 또한 지원한다.

2. 유럽연합의 공용어 제정과 채택

1958년 공동체 공용어 규정 규칙의 "회원국 국어가 EU 공용어

---

6) République française, *le français dans les institutions européennes*, 2006. p.7.
http://www.dglf.culture.gouv.fr/publications/francais-europe p.7

가 된다."는 단순하고 좀 모호한 기준에 의거, 처음 6개국 4개 언어로 출범한 EU 공용어는 1973년 영어와 덴마크어 2개 공용어가 추가되었으며, 15개 회원국 시대에는 11개 공용어로, 2007년에는 27개국 23개 언어로 증가하였다. EU 가입국의 수에 비례해서 공용어의 수도 급속히 늘어난 것이다. 2007년 1월 1일부터 적용된 현재의 EU 공용어는 <표 2>와 같다.

〈표 1〉 EU 확대와 회원국

연도	회원국
1952	독일, 벨기에, 프랑스, 이탈리아, 룩셈부르크, 네덜란드
1973	덴마크, 아일랜드, 영국
1981	그리스
1986	스페인, 포르투갈
1995	오스트리아, 핀란드, 스웨덴
2004	에스토니아, 체코, 리투아니아, 헝가리, 라트비아, 몰타, 폴란드, 슬로바키아, 슬로베니아, 사이프러스
2007	루마니아, 불가리아
가입후보국	크로아티아, 마케도니아, 터키

출처: Eurobarometer, 2006 Special Eurobarometer survey 64.3 "Europeans and Languages"에서 발췌·재구성함.

〈표 2〉 2007년 1월 1일 이후 EU 23개 공용어 및 공식약호

지정 연도	공용어 수	EU 공용어 및 EU 공용어 약호
1958	4	네덜란드어(NL), 독일어(DE), 프랑스어(FR), 이탈리아어(IT)
1973	6	덴마크어(DA), 영어(EN)
1981	7	그리스어(EL)
1986	9	포르투갈어(PT), 스페인어(ES)
1995	11	핀란드어(FI), 스웨덴어(SV)
2004.5.1.	20	에스토니아어(ET), 체코어(CS), 리투아니아어(LT), 헝가리어(HU), 라트비아어(LV), 몰타어(MT), 폴란드어(PL), 슬로바키아어(SK), 슬로베니아어(SL)

2007.1.1.	23	아일랜드어(GA), 루마니아어(RO), 불가리아어(BG)
가입후보국	3	크로아티아어, 마케도니아어, 터키어

출처: Eurobarometer, 2006 Special Eurobarometer survey 64.3 "Europeans and Languages"에서 발췌 · 재구성함.

위의 표에 나타난 EU 공용어는 EU에서 화자(話者) 수가 가장 많은 언어는 아니다. EU에 가입하기 전 가입후보국은 EU 공용어를 신청한다. EU 공용어 위상을 요청하지 않은 국가도 있다. 룩셈부르크의 경우 국어인 룩셈부르크어를 EU 공용어로 신청하지 않았다.

2007년 6차 확대 이후 회원국 수는 27개국인 데 비해 공용어 수는 23개 어로 그 수가 적은 것은 벨기에의 경우 공용어가 네덜란드어, 독일어, 프랑스어이며, 사이프러스의 경우 대다수가 그리스어를 사용하고 있기 때문이다.

2007년 1월 1일자로 기존 '조약어' 위상인 아일랜드어(게일어)가 EU 공용어가 되었다.

문자에 있어서 그간 그리스 로마 알파벳에 국한되었던 EU의 기록 문자는 2007년 불가리아의 가입으로 키릴 문자를 더하게 되어 EU의 언어 다양성은 더욱 증대되었다.

3. 유럽연합의 공식적인 공용어 · 실무어 운용원칙

유럽 연합의 언어는 그 위상에 따라 EU 공용어, 각 회원국의 공용어, 공용어 위상의 지역어, 지방(지역)어와 소수어, 이민자의 언어, 상업어 등으로 분류할 수 있다.

EU는 5억 EU 시민의 정체성과 관련하여 조약에 명시된 언어적 권리를 존중해야만 한다. 즉, 자기 언어로 말하고 쓸 수 있는 자유는 EU 시민의 침해할 수 없는 언어적 권리에 속하는 것이다.

EU는 민주주의에 입각해서 회원국정부 및 기관, 개인과의 원활한 의사소통방식을 존중한다는 원칙하에 다언어주의적인 공용어 정책을 고수하고 있다. 27개 회원국 시민들은 23개 공용어를 비롯해서 EU 공식어로 편입된 언어 중 어느 언어를 통해서나 EU 기관과 의사소통할 수 있다. 이것이 EU를 보다 개방적이고 보다 유효하게 하는 것을 돕는다는 것이다.

EU 집행위원회는 '다언어주의가 유럽의 자산이요, 사회통합과 풍요의 원천'이라는 맥락에서 다언어주의를 EU 정책 활동에 통합시킴으로써 EU 시민의 상이한 언어 능력과 다양한 요구를 반영하고 있다. 투명성, 합법성, 민주주의를 제고하기 위해 현재와 같은 언어체제를 고수한다는 방침은 EU 부동의 원칙이 되었다.

왜 EU는 단일 공용어 체제를 유지하지 않는가? 이와 관련해서 EU의 공식 입장은 첫째, EU 시민이 언어 장벽으로 인해 EU 활동을 이해하지 못하는 상황이 없도록 하기 위해서이다. EU 시민이 EU 활동에 자유롭게 참여할 수 있을 정도로 특정한 언어를 숙달하기는 어렵기 때문에, 외국어를 배워야만 한다는 구속 없이 EU 시민의 알 권리와 능동적이고 적극적인 참여를 충족시키기 위해서라고 밝히고 있다. 특히 EU 시민 전체에게 적용되는 법규의 경우는 23개 공용어로 전달되어야 한다는 원칙이다.

둘째, 어떤 언어를 단일 공용어로 선정해야 하느냐의 문제가 제기된다. EU에서 모국어 화자 수가 가장 많은 언어는 독일어이다.

그러나 독일어는 독일과 오스트리아에서만 주로 사용되고 있다. EU 언어 중 세계적으로 가장 많은 화자를 갖고 있는 언어는 스페인어와 포르투갈어이다. 그러나 언어 사용자 대다수가 유럽 밖의 지역에 있다. 프랑스어는 EU 3개 회원국의 공용어이다. 또한 세계 여러 지역에서 프랑스어를 사용하고 있으며 EU 역내 많은 학교의 교육어이기도 하다. 그러나 사용자가 주로 유럽 남부와 서부 지역에 치중되어 있다. EU 언어 중 영어는 제1외국어, 제2외국어로 가장 많이 사용되고 있다. 조사결과 EU 시민의 과반수에 약간 미치지 못하는 47%가 별문제 없이 영어를 사용할 수 있다고 한다.

〈표 3〉 EU의 주요 언어7)

(단위: 백만)

언어	인구	인지인구(EU 25개국)	전 세계 화자 수
영어	62.3	224.3	328
프랑스어	64.5	130.0	67.8
독일어	90.1	132.6	90.3
스페인어	39.4	56.3	329
이탈리아어	57.6	65.2	61.7
네덜란드어	21.9	24.3	21.7
폴란드어	38.6	40.8	40

출처: Eurobarometer, 2006 Special Eurobarometer survey 64.3 "Europeans and Languages" 자료와 Ethnologue 2009년 자료를 재구성함.

이렇게 보면 EU는 앞으로도 현재와 같은 다수 공용어 체제를 유지할 수밖에 없을 것이다.

그러나 EU의 모든 문서가 23개 전체 공용어로 번역되는 것은 아

---

7) 〈표 3〉의 인구와 인지인구는 가장 최근의 자료인 2005년 6월 조사하여 2006년 2월 간행된 'Eurobarometer 63.4–EUROPEANS AND LANGUAGES'에 나타난 수치를 활용하여 작성하였다. 전 세계의 화자 수는 *Ethnologue, languages of the world*(2009년)을 참조하여 구성하였다.

니다. 입법 관련 사항 등 EU 시민에게 중요한 EU 공식 문서는 간행일부터 전체 공용어로 번역된다. 이 외의 다른 문서들은 정보 성격에 따라 영어, 프랑스어, 독일어로 서비스된다.

EU 공식 사이트는 EU 시민이 자국어나 이해 가능한 언어로 정보를 얻도록 하는 데 초점을 맞추고 있다. EU 홈페이지상의 일반 정보나 찾아보기 등은 EU 23개 전체 공용어로 게재된다. 기타 긴급한 정보나 일시적인 특수한 정보는 이들 정보와 관련해서 가장 많은 사용자의 언어로, 적어도 2개 언어 이상으로 서비스하는 것을 원칙으로 삼고 있다.

EU 회원국 당국 및 특정 단체, 개인과의 커뮤니케이션은 EU 공용어 중 하나로 할 수 있다.

EU 규칙과 법률문서, 관보는 전체 공용어 및 실무어로 간행된다. 그러나 시간과 비용상의 제약 때문에 상대적으로 적은 분량의 실무 문서만이 먼저 공용어로 번역된다.

EU는 법규로 EU 각 기관이 독자적으로 내부 언어 운용 방식을 정할 수 있도록 허용하고 있다. 이에 따라 EU 집행위원회는 일반적인 경우 영어, 프랑스어, 독일어를 사용한다. 홍보목적 등 일반 대중을 상대로 의사소통을 할 경우에만 EU 전체 공용어를 사용한다. 유럽의회는 회원국의 필요에 따라 여러 언어로 번역을 제공한다.

Ⅲ. 유럽연합 각 기관의 언어정책과 공용어 · 실무어 운용 실태

공용어가 9개 언어이던 시절 EC 기구의 공식문서는 이 9개 언어 전체로 배포되었다. 유럽의회의 회의는 참석자의 언어로 진행하였으며 이에 따라 회원국의 9개 언어를 통역하기 위해서는 72개의 언어조합이 발생하게 되었다. 그 결과 에스프리(ESPRIT)와 유레카(EUREKA)와 같은 통·번역 프로그램이 가동되어 언어공학의 발전에 기여했다는 긍정적인 측면이 있었다.

1. 유럽연합 각 기관의 언어정책

1) 유럽의회

유럽의회는 EU 27개 회원국 3억 7,500만 유권자가 직접·보통 선거로 선출한 736명의 의원으로 구성되어 있다. EU 시민을 대표하는 각 의원이 자국어 실무 문서를 필요로 하는 유럽의회는 출범 당시부터 다언어 정책을 준수하고 있다. 유럽의회는 총회, 의회 내부기관과 위원회 회의, 정당 회의 시에도 다언어주의 원칙을 고수한다. 이 원칙은 문서에만 적용되며 유럽의회의 문서는 자동적으로 22개 또는 23개 언어로 번역된다.

아일랜드어는 구어(oral)로는 전혀 사용되지 않는다. 이 외의 22

개 어는 총회에서 동시 통역된다. 의회위원회 회의의 통역은 전체 공용어가 아닌 11개 언어로 진행된다. 기자회견은 프랑스어, 영어, 발표자의 언어 등 3개 언어로 제한되어 있다.

2) EU 집행위원회

EU 집행위원회의 공식적인 실무어는 영어, 프랑스어, 독일어이다. 집행위원회는 언어 간 커뮤니케이션을 위해 통·번역 전담 부서인 번역 총국(GD Translation)과 통역 총국(GD Interpretation) 등 2개 총국을 두고 있다. 이 총국들은 2009년까지 집행위원회 다언어주의 총국 위원이 관장했으며 2010~2014년 기간에는 교육, 문화, 다언어, 청소년 총국(GD Education, Culture, Multilingualism and Youth) 위원이 관장한다. EU의 행정기관인 동시에 입법보조기관인 EU 집행위원회에는 약 2만 3천 명의 정규, 비정규 직원이 상주하며, 이 밖에도 9천여 명의 외부 직원이 있다. 집행위원회 직원의 약 15%가 통·번역사이다. 가장 규모가 큰 집행위원회 총국인 번역총국(DG. for Translation)에는 약 1,750명의 번역사와 6백 명의 지원 인력이 근무하고 있다.[8]

EU 집행위원회의 경우 23개 공용어 전체로 번역되는 문서는 일반 공문서와 중요도가 높은 입법 및 정책관련 문서이며 이는 전체 문서의 약 1/3 정도이다.

회원국 당국 및 개인과의 연락, 보고서, 내부문서 등은 사례에

---

8) 유럽연합 집행위원회 번역총국 자료.
   http://ec.europa.eu/dgs/translation/whoweare/index_en.htm(2010년 6월 10일 검색)

따라 필요한 언어로 번역된다. 내부문서는 전체적으로 영어, 프랑스어, 독일어로 번역된다. 수신하는 문서도 이와 유사한 방식으로 우선 이 세 언어 중 하나로 먼저 번역된다.

원칙적으로 EU 집행위원회는 EU의 언어 정책을 적용해서 3개 실무어를 사용해야 하나 주로 영어를 사용하는 경향이다. 영어와는 달리 프랑스와 독일어는 EU의 모든 국가의 교육어이며, EU 출범 초기부터 쌍방향 통·번역 인력이 충분히 축적되어 있음에도 불구하고 입지조건이 예전과는 판이하게 달라졌다. 영어는 통역총국에서 실무어로 사용된다. 프랑스어는 농업 총국과 같은 전통적으로 프랑스의 영향력이 큰 총국에서 주로 사용된다. 독일어는 보조적인 방식으로만 사용된다.

3) 기타 기관

유럽사법재판소는 독자적인 통·번역 체제를 갖추고 있으며 집행위원회 통역 총국과 긴밀하게 협조하고 있다. 이 밖의 EU 기관은 별도의 통·번역 운용체제를 갖추고 있다.

2. 유럽연합 통·번역 전담기관의 활동과 통·번역 비용

1) 유럽연합 통·번역 전담기관의 활동

다언어주의는 유럽 정체성의 핵심이며 경제적 성공의 수단이 된다. 유럽은 자동번역기술 등 언어공학의 발전을 선도하고 있다. EU

와 같은 다언어사용 기구는 고도의 번역 수준을 요청한다. 전문적인 소양을 갖춘 언어 능력자들에 의한 언어 서비스는 유럽 다언어 커뮤니케이션을 원활하게 하며 유럽인들이 EU 정책을 보다 잘 이해하도록 한다는 취지에서 약 4천 명의 통·번역사가 집행위원회, 이사회, 유럽의회에 포진하고 있다.

통역총국과 번역총국의 임무는 대단히 중요하고 복잡하다. 23개 공용어 전체를 다른 22개 언어로 통·번역할 경우 506개 이상의 언어조합이 파생한다. 이런 조합으로 통·번역한다는 것이 매번 가능한 것은 아니다.

상임 인 하우스(in-house) 직원, 기간제 계약직 직원(개인 프리랜서), 인턴으로 구성된 번역 총국은 EU 집행위원회의 인 하우스 번역서비스를 주로 담당한다.

이들은 EU의 모든 공용어와 가입후보국의 언어를 망라해서 작업한다. 집행위원회의 번역 총국은 경우에 따라 EU 공용어 이외에 러시아어, 아랍어, 중국어 번역을 수행하기도 한다.

EU 역내서비스 공동 통역 및 컨퍼런스 서비스를 담당하는 집행위원회 통역 총국통역사들은 점점 영어를 기축어로 사용하는 경향이다. 이에 따라 역설적으로 영어는 다언어주의를 표방하는 유럽에서 점점 더 지배어의 위상을 누리고 있는 셈이다.

통역 총국은 집행위원회와 이외에도 유럽이사회, 지역위원회, 경제사회위원회, 유럽투자은행, 회원국 사무소 등에 통역사를 파견한다. 현재 유럽이사회의 통역이 가장 많고(46%). 집행위원회(40%), 나머지가 두 위원회와 유럽투자은행이다(14%).

집행위원회 통역 총국은 상임 인 하우스 통역사 5백 명, 하루 3 ~

4백 명의 프리랜서 통역사로 구성되어 있다. 이들은 하루 50~60회, 연간 10,000~11,000회의 회의를 통역한다. 통역 자격증을 소지한 프리랜서 통역사 수는 2천 7백 명이다.[9]

EU 집행위원회 통·번역 총국과는 별도로 산재해 있는 EU 여러 기관의 번역 요청을 수행하기 위해 룩셈부르크에 'EU번역센터(The Translation Center for the Bodies of the European Union)'가 설립되어 있다. 이 센터는 1994년 이사회 규칙에 의해 설립되었으며 직원은 2백 명 이상이다. 2008년 이 센터가 수행한 번역량은 74만 7,416페이지에 달한다.[10]

이 센터는 EU 기관을 망라해서 EU 전문용어 데이터베이스 프로젝트를 수행하고 있다.

2) EU의 통·번역 비용

2004년 이전 유럽이사회, 집행위원회, 유럽의회는 연간 약 3백만 페이지 분량의 번역을 필요로 하였다.

EU 언어 정책의 수행에는 막대한 비용 문제가 발생한다. 가장 최근의 통계인 2005년도 수치로 살펴보면 통·번역 비용은 연간 총 11억 2,300만 유로가 소요되었다.[11] 이는 EU 연간 예산의 1%에 해당하며 EU 시민 일인당 연간 2.28유로에 해당한다. EU 시민 일

---

9) 통역 총국(GD Interpretation) 제시 자료임.
　http://scic.ec.europa.eu/europa/jcms/c_5204/what-we-do-faq(2010년 6월 10일 검색)
10) EU 번역센터 제시 자료임.
　http://www.cdt.europa.eu(2009년 10월 1일 검색)
11) "Foire aux questions sur la politique linguistique de l'Union Européenne"
　http://europa.eu/languages/fr/document/59(2009년 10월 1일 검색)

인당 2유로 정도인 통·번역비는 커피 한 잔 값에 불과하며 예상보다 많은 통·번역 비용이 소요되는 것이 아니라는 점을 EU는 지속적으로 홍보하고 있다.[12]

집행위원회 통역 총국만의 연간 통역 비용은 1억 유로에 달하며 이는 EU시민 일인당 0.21유로에 해당하는 수치다.[13]

이와는 별도로 5억 1,100만 유로가 언어와 관련된 인프라 비용에 지출되었다. 이에 따라 전 유럽의회 의원인 알렉산더 스터브(Alexander Stubb)는 소수가 사용하는 핀란드어, 스웨덴어, 몰타어 번역의 필요성에 대해 이의를 제기한 바 있다.

2004년의 확대 이전 회원국 15개국 당시의 11개 언어에서 회원국 27개국 23개 언어를 운용하는 데는 비용이 상당히 증가하였으나 그렇다고 해서 비용이 배가 된 것은 아니다. 2004년의 유럽연합 확대 이후에 통역 총국은 신규 EU 공용어별로 일당 15~40명의 통역사가 더 필요했으며 통역 비용은 20~40%가 더 증가하였다.[14]

여하튼 통·번역 비용 절감을 위해 EU는 나름대로 여러 방안을 강구한 바 있다. 내부 실무작업에서 EU 기관은 언어 사용을 합리화했다. 일상적으로 집행위원회는 3개 언어를 사용한다. 정책과 입법사항은 이 중에서 2개 언어를 사용하며 23개 공용어 전체 번역은 최종 문서를 작성하는 경우로 한정한다.

통·번역에서 EU는 독어, 영어, 스페인어, 프랑스어, 이탈리아어,

---

12) 2007~2013년간 EU 연간 예산의 5.8~6%가 통·번역비용을 포함한 행정비용에 할당되어 있다. 2007년 EU의 1년 예산은 1,265억 유로, 2009년 EU 연간 예산은 1,368억 유로이다. http://europa.eu/pol/financ/index_en.htm(2009년 10월 1일 검색)

13) 유럽연합 집행위원회 통역 총국(GD Interpretation), op.cit.

14) Ibid.

폴란드어 6개 기축어 시스템을 채택하고 있다. 예를 들어 슬로바키아어는 먼저 기축어로 통·번역한 후 해당 수신 언어로 재차 통·번역한다. 따라서 통·번역의 질의 유지를 조정하고 관리하는 업무가 중요할 것이다.

통·번역은 비공식회의나 실무회의 시에도 제공된다. 이 경우 EU에서 가장 많이 사용하는 언어 2~3개 언어로 통·번역한다.

2002년 12월 상주대표위원회(Coreper)는 실무어 전체로 번역해야 하는 사안별 목록을 작성했다. 2003년 이사회 통역에 관해서도 회원국 간 협상이 이루어졌다. 통역 없이 진행하는 모임의 확대와 함께 관행에 따라 대외정책이나 공동 안보 주제에 관한 회의에서 대표들은 프랑스어나 영어로 진행한다. 한편 실무그룹 대다수가 요청할 경우 통역시스템을 제공하는데 이 경우 비용은 이사회 사무국과 해당 회원국이 분담한다.

통·번역 비용을 절감하기 위해 20년 전부터 EU 기관은 자동번역 시스템을 가동하고 있다. 그러나 자동번역된 문서는 그대로 발표할 수 있을 만큼 완전하지 않다. 또한 언어조합도 소수에 그치며 언어조합에 따라 그 질도 다양하다. 그럼에도 불구하고 명료한 통·번역이 필요하지 않을 경우 전체적인 맥락을 빠르게 이해하는 데 주로 이 시스템을 사용하고 있다. 특히 전문용어 목록을 작성하는 데 자동번역 시스템을 사용한다.

보다 저비용으로 일하기 위해서 EU 기관은 사설 업체와 제휴하기도 한다. 특히 룩셈부르크의 번역 센터의 예산은 통·번역 보수를 받아 자체적으로 충당한다.

Ⅳ. 제기되는 문제들: 다언어주의 실행에 따른 성과와 한계

1. 지방어(지역어)의 공용어 위상 요구

EU 회원국은 가입 시 국어 중에서 하나를 공용어로 신청한다. 아일랜드는 가입 당시 실용성을 이유로 국어인 아일랜드어(게일어)를 공용어로 신청하지 않아 조약어로만 운용되었다. 화자 수가 2십만 명 정도에 불과했기 때문이다. 이에 따라 특별 위상으로 조약의 번역 시에만 아일랜드어를 사용했으며 지침(directive)은 아일랜드어로 번역되지 않았다.

2005년 6월 13일 이사회(Council) 및 EU 25개국 외무장관 회의에서 EU 이사회는 회원국이 인정하고 요청한 언어를 EU 차원에서 제한적으로 사용하는 것을 허가하기로 결의했다. 이에 따라 아일랜드어는 2007년부터 21번째 공용어로 채택되었다.

또한 이 회의에서 스페인 정부와의 합의에 의해 스페인의 공동 공용어인 카탈루냐어(Catalan), 갈리시아어(Galician), 바스크어(Basque)를 EU시민이 EU 기관 범주에서 사용할 권리가 있다는 결정을 내렸다. 2006년 유럽의회는 스페인 정부의 카탈루냐어, 갈리시아어, 바스크어 사용 청원요청을 받아들였다. 이에 따라 현재 EU 문서는 선별적으로 이들 언어로 번역된다. 공용어의 위상에 있지 않은 이 언어들은 다만 공식문서의 번역과 EU 여러 기관에서 부분적으로 표현하는 것을 허용하는 데 그친 것이다. 그럼에도 불구하고 관련 지역의 주정부는 장차 이 3개의 EU 지방어는 장차 EU 공용어 반열에 오르기 위한 공식적인 위상을 인정받은 쾌거로 여기고 있다.

스페인은 전 세계에 유래가 없는 대표적인 다중언어 사용 국가이다. 2008년 현재 스페인에는 약 1,900만 정도의 인구가 카탈루냐, 발렌시아, 발레아레스제도, 갈리시아, 바스크, 나바라 등 1개 이상의 공동 공용어 사용지역에 거주하며 이는 총인구의 약 41%에 해당하는 수치이다.

스페인 17개 자치주 중 하나인 카탈루냐의 공용어인 카탈루냐어는 스페인, 안도라, 프랑스 남부, 사르디니아에서 주로 사용된다. 카탈루냐어 모어(母語) 인구수는 약 9백만 명(통계에 따라 1천만 명 이상)에 달한다. 이는 EU 공용어인 에스토니아어, 아일랜드어, 슬로베니아어, 리투아니아어, 몰타어 화자 수보다 월등히 많은 것으로 EU 시민의 1.8%에 달하는 수치이다. 그럼에도 불구하고 EU 공용어 선정 원칙에 따르면 카탈루냐어는 공용어의 지위를 얻을 수 없다. 이에 따라 공용어의 기준을 일정 인구 이상이 사용하는 언어로 정하자는 주장이 대두되고 있지만 그 실현성은 희박하다.

현재 카탈루냐어로 작성된 문서가 접수될 경우 이를 스페인어로 번역하고, 이에 대한 답신을 다시 공동 공용어로 번역하여 회신하도록 하는 협약이 체결되어 있다.

카탈루냐어가 이 같은 위상을 부여받기까지 지속적인 여러 노력이 있었다. 먼저 카탈루냐 주 정부의 공격적인 언어정책을 들 수 있다. 카탈루냐는 1983년 6월 '카탈루냐 언어 상용화법'을 마련한 데 이어 1998년 1월, '언어 정책법'을 제정하여 지역어의 정식 명칭과 공용어로서의 위상을 명시하고, 헌법에서와 마찬가지로 모든 주민이 지역어를 알고 사용할 권리를 밝혔다.

2008년 8월, 카탈루냐가 '민족'임을 인정한 기존 자치주법에서 더나아가 2008년 8월 자치주법을 개정해 카탈루냐가 '국가(nation)'임을 천명했다. 이로써 카탈루냐의 자치권을 한층 강화할 수 있는 발판을 마련하였다. 법에 따라 이제 이주민과 토착민 모두에게 카탈루냐어 학습은 법으로 규정된 피할 수 없는 의무가 되었다. 인구증가에 목표를 둔 주정부의 노력도 한몫했다. 이주민을 적극적으로 수용하고 이들에게 언어를 습득할 기회를 다방면으로 제공했다. 카탈루냐 주정부는 카탈루냐어 사용 인구를 기준으로 기회가 있을 때마다 끊임없이 EU에서의 공용어 지위를 요구하기에 이르렀다.

특히 카탈루냐 주정부는 2005년 이사회 결의를 앞둔 협상에서 이 결의에 반대하는 프랑스 측의 반대 철회를 이끌어 내기 위해 반대급부로 '세계프랑스어권 국가연합(OIF)' 가입을 신청하고 교육에 있어서 프랑스어를 제2외국어로 도입한 바 있다.

여러 국가들은 에스토니아에서 사용되는 러시아어와 슬로바키아의 롬어 등과 같은 소수어도 이 같은 전철을 밟게 되지 않을까 우려하고 있다. 특히 프랑스의 브르타뉴어도 카탈루냐어와 같은 위상을 요청하고 있다. 브르타뉴어를 EU 차원에서 인정받자는 운동을 전개하는 브르타뉴지방 5개 도(道) 40여 명의 회원으로 구성된 '민주브르타뉴의원회(Askol)'와 같은 단체들은 프랑스의 완강한 언어정책을 비판하며 브르타뉴인의 결집을 호소하고 있다.[15]

---

15) "Association des élus bretons pour la démocratie",
http://www.partibreton.org/article.php3?id_article=142(2009년 10월 1일 검색)

그러나 EU는 회원국 영토의 전체 또는 일부에서 공용어의 위상에 있는 언어로 제한하는 조항을 명시하고 있다. 이는 브르타뉴어는 공용어로 받아들일 수 없다는 것을 의미한다.

더욱이 웨일스어, 사미어, 사르디니아어, 브르타뉴어의 경우 관련 당사국 정부는 이들 언어를 EU 차원의 언어로 인정할 것을 요청조차 하지 않고 있다.

그럼에도 불구하고 EU는 소수어·지방어의 위상 재고를 촉구하는 압력에 직면해서 2008년 웨일스어, 카탈루냐어, 바스크어의 통·번역 서비스를 도입한 바 있다.

이는 유럽 언어·문화 다양성 수호에는 크게 고무적인 결단이지만 공용어 운용의 복잡성을 가중시키고 비용을 증대시키는 요인이 된다.

2. 유럽연합 실무어의 사용 전망

1995년 확대 이전에는 EU 집행위원회의 공식적인 실무어는 네덜란드어를 제외한 영어, 프랑스어, 독일어 3개 언어만이 EU의 여러 회원국에서 동시에 사용되는 EU의 공용어였다. 만약 이 범주에서 EU 실무어를 상정한다면 스웨덴과 핀란드에서 공용어이고 덴마크에서 폭넓게 이해되는 스웨덴어도 실무어 위상을 요구할 수 있을 것이며, 사이프러스에서 대다수 주민이 그리스어를 사용하느니만큼 그리스어도 실무어 위상을 요구할 수 있을 것이다. EU 가입 후보국 중에서는 터키어가 이 범주에 속한다. 또한 크로아티아와 보스니아-헤르체고비나가 가입하게 되면 크로아티아어도 같은 조건에 놓일 것이다. 현행과 같은 EU 실무어 지정에 대한 불만도 만만치 않을 것이다.

3. 영어의 부상과 프랑스어의 퇴조

EU에서 가장 많은 모국어 화자 수를 갖고 있는 언어는 독일어이다. 모국어 이외에 EU에서 가장 널리 보급된 언어는 영어(34%), 독일어(12%), 프랑스어(11%)이며 이어 스페인어와 러시아어(각 5%) 순이다.[16]

EU에서 모국어 화자 수 규모나 또는 충분한 수준으로 대화를 할 수 있는 외국어 화자 수를 언어순으로 살펴보면 영어(47%), 독일어(32%), 프랑스어(28%), 이탈리아어(18%), 스페인어(15%), 네덜란드어(7%), 그리스어(3%), 포르투갈어(3%), 스웨덴어(3%), 덴마크어(2%), 핀란드어(1%) 순이다. 이 비율은 27개 회원국시대에는 좀 변화되었으나 전체적인 흐름은 유사하다.

1995년의 확대와 2004년 제5차 확대 이후 프랑스어는 퇴조의 기미를 보이고 있다. 주요 EU 기관에서 프랑스어 언어능력은 이제 더 이상 필수불가결한 것은 아니라는 지적이 일고 있다. 브뤼셀에 상주하는 EU 관리의 1/3만이 프랑스어를 구사할 수 있다는 통계는 이 같은 지적을 뒷받침한다.

이에 대해 프랑스는 '유럽 언어 다양성'을 명분으로 프랑스어의 사용을 권장하고 있다. 관련 소식에 따르면 EU 집행위원회에서 영

---

16) 'Eurobarometer 63.4—EUROPEANS AND LANGUAGES'에 나타난 수치임.

어문서의 비율은 점점 증가하여 2004년 45.4%에서 2006년에는 72%에 달했다. 이것은 1997년 40.4%에 달했던 프랑스어 텍스트가 2006년 14%로 감소한 것과 극명한 대조를 이루고 있다. EU 27개 국에서 영어를 외국어로 학습하는 중등학생의 비율은 1998년 66.7%에서 2007년에는 83.5%로 증가하였다.[17]

EU 기관에서 일자리를 구할 때 영어가 모국어가 아닌 구직자들은 차별을 받고 있다. EU 집행위원회는 구인광고를 통해 공공연히 모국어가 영어인 지원자를 찾고 있으며 이는 명백히 세계 인권선언 제2조와 유럽기본권헌장 및 리스본조약의 정신에 위배되는 것이다.

한편 메타언어(Meta Language)국제표준인 HTML(Hyper Text Markup Language: 하이퍼텍스트기능을 가진 단순한 문서형식)과 XML(eXtensible Markup Language)은 현재 영어로만 제공된다. 이 표준들은 유럽, 캐나다, 중국, 일본, 러시아가 참여해 공동으로 타 언어로의 호환을 위해 작업하고 있지만 미국에서 개발된 것이며 원천기술은 미국이 소지하고 있다. EU 집행위원회가 내놓는 문서 보급을 위한 '메타언어국제표준'은 대다수 미국단체가 결정하게 되는 체제이다. 이것은 미국에 대해 EU 집행위원회가 독립성을 유지할 수 있는지 우려를 자아내는 부분이기도 하다.

---

17) Eurostat, [tps00057] "Pupils learning English".
http://epp.eurostat.ec.europa.eu/tgm/web/_download/Eurostat_Table_tps000(2010년 7월 10일 검색)

4. 회원국 언어정책과의 갈등

영어의 보편화에 직면해서 특히 프랑스는 EU 다언어주의 정책을 명분으로 프랑스어를 수호하기 위해 여러 노력을 기울이고 있다.

2002년 1월, EU에서의 프랑스어 수호방안을 강구하기 위해 프랑스, 룩셈부르크, 벨기에의 프랑스어 공동체, 세계프랑스어권국가연합 사무국(AIF) 간에 공동 활동 계획을 체결한 바 있다. 이를 통해 EU 기관에서의 프랑스어의 위상을 공고히 하고 프랑스어의 보급을 위한 IT 기술을 발전시키는 것이 그 목적이다. 현재 프랑스어 문서 작성을 원활히 하는 것을 지원하기 위해 프랑스는 EU 기관에 프랑스어 소프트웨어를 제공하고 있다.

또한 프랑스는 'EU에서의 프랑스어 사용'이라는 편람을 발간해서 프랑스어 사용지침을 마련한 바 있다. 이 편람 내용에는 총회, 장관회의, 이사회 실무회의, 위원회회의 등 개최 일자가 확정된 회의 시에는 프랑스어 동시통역서비스를 받도록 하며, 사회를 보는 프랑스 대표는 프랑스어로, 발표자도 프랑스어로 진행하도록 권고하고 있다. 회의 시 프랑스어 텍스트가 준비되지 않았거나 최종 문서가 프랑스어로 작성되지 않았을 경우 프랑스어 문서를 강력하게 요청해야만 한다는 내용과 함께 타 회원국 대표와의 비공식적인 대화 시에도 프랑스어를 사용하며 불가피한 경우 상대방의 모국어로 대화하도록 권장하고 있다.[18]

상품의 자유이동을 최우선시하는 EU는 프랑스어 사용법을 탐탁

---

18) République française, *op.cit.*, p.11.

히 여기지 않는다. 2000년과 2002년 두 차례에 걸쳐 유럽연합 집행
위원회는 프랑스어 라벨 표기와 관련해서 프랑스 소비자 보호법을
유럽사법재판소 판례에 의거해서 개정하도록 시정조치를 취한 바
있다. 결국 시정을 했지만 당시 EU와 프랑스 정부는 프랑스 소비
자보호단체와 프랑스어 관련 단체들의 거센 반발에 직면해야 했다.

V. 맺음말

EU는 시민의 언어·문화적 다양성을 존중하는 언어평등주의를
수호할 소명이 있다. 이것은 EU 공용어가 아니라 하더라도 EU 시
민의 언어가 사용되고 그 언어를 증진시킨다는 것을 의미한다. 왜
냐하면 EU의 모든 언어가 유럽정체성의 근간이며 유럽문화유산을
이루는 요소이기 때문이다. 그러나 EU의 공용어 운용을 통해 살펴
본 EU의 다언어주의 정책은 유럽시민의 기본권에 속하는 언어적
권리와는 괴리를 보이고 있다.

이는 비단 공용어 운용에서만이 아니다. 지방어·소수어의 보호
와 증진을 위해 EU가 정책적으로 지원하는 지방어·소수어는 유
럽전통의 유산으로 보호의 대상이지만 유럽 여러 지역에 걸쳐 2백
만 명 이상이 사용하는 집시어는 집시어 매스미디어와 교육기관이
있음에도 불구하고 보호의 대상이 되지 못하고 있다. 유럽 밖에서
도래한 이민자집단과 난민이 사용하는 언어 또한 EU 다언어주의
정책의 대상이 아니다.

EU는 더 나아가 EU 시민들이 서로 이해하고 이웃과 소통하며 공동 시장에서 직업적 역량과 이동을 증대시키기 위해서 외국어교육을 적극적으로 지원하며 이 분야에서의 EU 활동은 다양하다. 특히 EU는 영어가 유럽에서 가장 많이 사용되는 언어가 되었다는 점을 인정하면서 영어가 언어 다양성을 저해하는 요소로 작용하지 않도록 '모국어＋2'라는 목표하에 EU 시민의 다언어 습득을 장려하는 활동 계획을 제시하고 있다. 조사에 의하면 EU 시민 약 26%가 2개 외국어를 구사한다고 답한 바 있으며 이 비율은 점차 높아지는 추세이다. EU는 최소한의 시간 안에 이 비율을 더욱 높이기 위해 여러 정책 활동을 시행하고 있다.

다언어를 병용하는 EU 시민이 증가했다는 점은 EU 다언어주의 정책이 거둔 가장 큰 성과라 아니할 수 없다. 그러나 언어교육 측면만 하더라도 스페인 학생이 폴란드에서, 독일 학생이 스웨덴에서 공부할 때 어떤 언어를 사용할 것인가라는 문제가 제기된다. 과다한 EU 언어는 현실적으로 에라스무스 프로그램 등을 통해 학생의 이동과 교류를 증진시켜 리스본 전략에서 표명한 바와 같은 '유럽 고등교육지대'를 실현하고자 하는 EU의 목표에 장애가 되고 있다. 그 결과 유럽에서 영어는 점점 더 링구아프랑카가 되어 가는 중이다. 그럼에도 불구하고 전문가들은 영어로 가르치는 것이 언어 다양성 수호라는 측면에서 과연 더 나은 선택인가에 대해 자문하며 계속 의구심을 표하고 있다. 이러한 문제에 대한 설득력 있는 대안은 무엇이 될 것인가?

이 밖에도 EU 다언어주의 정책과 그 운용에서 파생하는 쟁점은 무수하다. 이 같은 한계를 극복할 수 있는 적절한 대안이 떠오르지 않는 현실에서 EU의 확대가 계속 진행된다면 무엇보다 EU 공용어와 실무어를 둘러싼 갈등과 이견은 앞으로도 더욱 증폭될 것이다.

향후 EU의 공용어를 둘러싼 쟁점과 나아가 EU의 언어 상황을 보다 심도 있게 이해하기 위해서는 언어 다양성, 언어학습, 언어교육, 통·번역, 언어 공학 등 여러 관점에서 고찰하고 논의를 진전시켜야 하는 과제가 남아 있다.

참고문헌

이복남. "EU 언어 정책: 언어 교육을 중심으로". 『EU연구』. 제15호 한국외국어대학교 EU연구소, (2004), pp.241~259.

이복남. "EU 언어 정책: 지방어·소수어의 위상과 시민의 언어적 권리". 『유럽연구』. 제20권 2호(2005), pp.212~237.

Allières, Jacques. *Les langues de l'Europe*, Paris: Presses Universitaires de France, 2000.

Calvet, Louis-Jean. *Le marché aux langues*, Paris: Plon, 2002.

Calvet, Louis-Jean. *les politiques linguistiques*, Paris: puf, 1996.

Council of Europe. "European Charter for Regional or Minority Languages". 1992.
http://conventions.coe.int/Treaty/EN/Treaties/Html/148.htm(2009년 10월 06일 검색)

Delanty, Gerard. *Inventing Europe: Idea, Identity, Reality*. London: macmilan, 1995.

Doerflinger, Oscar. "Le multilinguisme dans les institutions européennes". *L'Europe parlerat-elle anglais demain?*, Institut de la Francophonie. Paris: l'Harmattan, 2001.

Eurobarometer 63.4. "EUROPEANS AND LANGUAGES". 2006.
http://ec.europa.eu/education/languages/pdf/doc629_en.pdf(2009년 10월 21 일 검색)

European Commission. "Foire aux questions sur la politique linguistique de l'Union Européenne."

http://europa.eu/languages/fr/document/59(2009년 10월 1일 검색)

Eurostat. "Pupils learning English".

http://epp.eurostat.ec.europa.eu/tgm/web/_download/Eurostat_Table_tps0
0057HTMLDesc.htm(2010년 7월 10일 검색)

Hagèe, Claude. *Halte à la mort des langues*, Paris: Odile Jacob, 2000.

Lewis, M. Paul(ed.). *Ethnologue: Languages of the World*, Sixteenth edition.
Dallas Tex.: SIL International. 2009.

http://www.ethnologue.com/ethno_docs/distribution.asp?by=size(2010년
7월 10일 검색)

République françaisaise. *"le français dans les institutions européennes"*.
2006.

http://www.dglf.culture.gouv.fr/publications/francais-europe(2010년 7월 10
일 검색)

Association des éus bretons pour la démocratie.

http://www.partibreton.org/article.php3?id_article=142(2009년 10월 1일
검색)

http://archive.partibreton.org/rubrique.php3?id_rubrique=17(2010년 6월
10일 검색)

European Commission. The Directorate General for Interpretation.

http://scic.ec.europa.eu/europa/jcms/c_6636/wha(2010년 6월 10일 검색)

European Commission. The Directorate General for Translation.

http://ec.europa.eu/education/languages/index_en.htm(2010년 6월 10일
검색)

The Translation Centre for the Bodies of the European Union.

http://www.cdt.europa.eu/cdt/ewcm.nsf/_/38C0688A2E6F1F27C1256E90
003B4A53?opendocument(2010년 6월 11일 검색)

■■■ 제3부

유럽연합의 지역 및 환경정책

제10장 유럽연합 지역정책의 추진체계와 효과

　　－ 김태연 · 황기식

제11장 EU 지역정책 패러다임의 변화 － 이종서

제12장 신생 동유럽회원국가의 유럽화 － 이무성

제13장 EU의 기후변화협약 대응정책 평가 및

　　시사점 － 유상희 · 임동순

제14장 유럽연합과 교토의정서 － 박선희

제10장 유럽연합 지역정책의 추진체계와 효과:
잉글랜드 목적1 지역 사례

김태연

단국대학교 경상학부 교수

황기식

동아대학교 동북아국제전문대학원 교수

Ⅰ. 머리말

1997년 노동당 정부가 들어선 이래로 잉글랜드의 지역발전정책은 정책의 목적, 방향, 실시방법 등 전 분야에 걸쳐 총체적인 개혁을 시도하고 있다. 노동당은 대처 정부 이래로 극명하게 나타나기 시작한 잉글랜드의 남동부지역과 기타 지역 간의 발전격차 소위 남북분리(South-North divide) 문제의 해결이라는 이유를 내세웠지만 실제 이와 같은 정책개혁을 추진하게 된 것은 EU 지역정책의 변화 때문이었다고 할 수 있다.

1957년 출범 이후 1988년까지 EU가 역내 낙후지역 발전을 위해 추진했던 정책은 농업부문에 적용된 공동농업정책(Common Agricultural Policy)과 일반 산업부문에 적용된 지역정책(Regional Policy)[1]이었다. 다른 대부분의 국가들이 그랬던 것처럼, EU는 이 정책을 통해서 농업과 일반 산업부문의 성장을 유도하고 그 경제성장의 효과가 지역 내 다른 부분, 즉 낙후지역의 사회문화적 영역의 발전으로 파급될 것이라고 기대하였다. 그러나 1970~1980년대를 거치면서 특정 대규모 산업에 대한 의존도가 컸던 산업도시들이[2] 해당 산업의 쇠퇴와 더불어 그 지역사회도 함께 쇠퇴하는 현상이 나타났다. 따라서 EU는 1988년 구조정책 관련 예산들을 통합·증액하면서 기존의 산업 성장 중심의 지역정책을 지양하고 공간적인 지역범위 내의 각 부분이 총체적으로 발전할 수 있도록 유도하는 새로운 형태의 지역정책을 추진하기 시작하였다.

중앙집권적이고 일률적인 정책이 이루어졌던 기존의 정책에 비해, 구조기금의 개혁에 따라서 도입된 EU의 새로운 지역정책은 지역 내 파트너십을 강조하고, 지역의 특성에 따라 차별적인 시행이 가능하도록 한 보다 신축적이고 지역분권적인 특성이 강조된 정책이라고 할 수 있다.[3] 5~6년간의 다년 프로그래밍 방법을 적용하여 시행되고 있는 이러한 구조기금의 지역발전정책은 현재 제3차

---

1) 공동농업정책 중 농산물 교역과 시장에 관한 부분은 EU가 직접 예산을 통제하고 일률적인 규정에 따라 회원국에 관련 예산을 지원했지만, 지역정책의 경우는 EU에서 규정이 적용되는 것은 매우 적은 부분인 반면에 대부분의 예산이 각 회원국에 정해진 비율만큼 할당되어 회원국의 독자적인 지역산업정책에 이용되었다.

2) 제조업과 철강산업의 쇠퇴에 따라 도시 자체가 쇠퇴한 곳으로는 영국의 맨체스터, 리버풀, 버밍햄, 뉴캐슬 등이 그 대표적인 지역이다.

3) 이러한 정책추진방향을 EU 차원에서 공식적으로 제기한 것이 1988년 출간된 '농촌사회의 미래(The Future of Rural Society)'이다. CEC, *The Future of Rural Society*, Commission of the European Communities, COM(88) 501 Final.

정책기간(2000~2006)이 시행되고 있으며 낙후지역의 특성과 발전 목표에 따라 구분되는 목적1, 2, 3 정책(Objective 1, 2, 3 policy)과 EU 차원에서 목표를 설정하고 주도하는 4가지 정책(Equal, Leader +, Interreg Ⅲ, Urban Ⅱ)으로 구분되어 실시되고 있다. 목적1 정책은 전체 구조기금 예산의 2/3를 차지하는 가장 대표적인 정책이며, 1인당 GDP가 EU 전체 평균의 75% 이하인 지역에 지원된다.[4] 목적 2정책은 1인당 GDP를 포함한 경제적 발전 정도가 EU 평균 수준에 근접하지만, 현재 구조적 어려움을 겪고 있는 지역을 대상으로 한다.[5] 목적 3정책은 주로 지역의 인적자원 개발을 지원한다. 직업훈련의 현대화 또는 고용촉진 프로그램의 지원 등을 주목적으로 한다. 개별지역의 특성에 따라 구체적인 지원의 목표가 결정되고 집행되는 이 세 가지 정책과는 달리 EU 차원에서 지원하는 네 가지 정책은 보다 광범위한 목적을 위해 수립되었다. 즉 노동시장 내 차별과 불균등의 해소 또는 EU 역내 다양한 지역 간 협력의 강화 등 보다 장기적이고 넓은 의미의 목표를 가진다.[6]

1989년부터 시작된 구조기금의 지역발전정책 추진규정을 따르면서 잉글랜드도 지속적으로 국내의 정책실시 체계를 변화시켜 왔으며 현재도 지역발전 계획의 수립과 예산의 사용과 관련해서 좀

---

4) EU가 규정한 목표1 지역의 경제적 특성은 다음과 같다. ⅰ. 낮은 수준의 투자, ⅱ. 높은 실업률, ⅲ. 기업과 개인의 경제활동에 대한 지원 부족, ⅳ. 열악한 사회 하부구조. "EU DG 지역 정책", http://ec.europa.eu/regional_policy/objective1/index_en.htm(2006년 9월 1일 검색)

5) 목표2 정책의 지원대상이 되는 지역의 구조적 어려움은 다음과 같은 경우이다. ⅰ. 농촌지역에서 토착적 산업이 퇴조하고 있는 경우, ⅱ. 어촌지역에서 수산업에 심한 영향을 미치는 어려움이 발생한 경우, ⅲ. 도시지역에서 위기상황이 발생한 경우. *Ibid.*

6) Equal 정책의 주요 목적은 노동시장 내 불균등과 차별의 해소 및 망명자들의 사회적응/직업훈련의 지원 등이다. Leader+는 농촌지역 주민들의 삶의 질 향상을 주목적으로 수립된 정책이고, Interreg Ⅲ 정책은 역내 지역 간 상호 교류 및 협력 지원을 주목표로 한다. Urban Ⅱ 정책은 도시지역의 성공적인 사회경제적 쇄신노력에 대한 지원이 주요 목표이다. *Ibid.*

더 많은 권한을 지역의 중심단체나 파트너십에 이전시키기 위해서 노력하고 있다. EU 지역정책 연구에서 잉글랜드가 가지는 의미는 결코 작지 않다. 2000~2006년 기간에 12개 지역이 구조기금으로부터 총 55억 유로의 지원금을 받는 잉글랜드는 EU 지역정책의 주요 지원대상국가 중 하나이다. 그중에서도 콘월과 실리 섬 지역은 남요크셔(South Yorkshire)와 머시사이드(Merseyside) 지역과 더불어 잉글랜드 내 3대 목적1 정책 대상지역으로서 같은 기간 내에 총 4억 9천만 유로를 구조기금으로부터 지원받는다. 그러나 지금까지 우리나라에서 EU의 구조기금이 개별 지역단위에서 구체적으로 어떻게 집행되고 또 그 실제적 성과는 어떤가를 실증적으로 다룬 연구는 매우 드물다. 대부분의 기존연구들은 여전히 지역단위 분석보다는 국가단위 분석을 위주로 하고 있다. 이는 Nye가 지적하였듯이, 유럽공동체의 지역정책은 지역 간의 관계라기보다는 주로 회원국들 간의 상호 관계에서 이해되어야 한다는 견해가 지배적이었기 때문이다.[7] 또한 Leonardi의 비판에 의하면, 신기능주의(neo-functinalism)로 대표되는 통합이론들은 주로 지역정책을 '하향식 과정(top-down process)'으로 가정하고 있어서 국가단위의 분석이 중요시되어 왔으며, 따라서 국가보다 하부 단위인 국가 내 개별 지역단위는 분석단위로서 가치를 크게 인정받지 못했다.[8] 그러나 개별 지역단위 분석의 중요성은 1990년대 중후반 이후 발표되는 최근 연구들에 의해서 크게 강조되고 있다. 대표적으로 Iammarino와 Santangelo[9]에 의

---

7) Joseph Nye, *International Regionalism: Readings*(Boston: Little Brown, 1968), pp.10~22.

8) Robert Leonardi, *Convergence, Cohesion, and Integration in the EU*(St. Martin's Press, 1995), pp.17~25.

9) Simona Immarino and Grazia Santangelo, "Foreign Direct Investment and regional attractiveness

하면, EU 지역정책은 고도로 지역화된 정책수립과정과 집행과정을 거치기 때문에 지역단위의 실증연구가 필수적이고, 따라서 회원국가 단위나 EU 단위의 분석은 그 적실성이 크게 떨어진다고 볼 수 있다.[10]

따라서 이 글은 구조기금 중 가장 많은 예산이 지원되고 있는 목적1 정책(Objective 1 policy)이 실시되고 있는 잉글랜드 남서부지역의 콘월과 실리 섬을 사례로 정책의 실시과정과 그 성과를 살펴보고자 한다. 제2절에서는 낙후지역으로 지정된 콘월과 실리 섬이 어떤 사회 경제적 상황에 처해 있는가를 몇 가지 통계를 통해서 밝히고 지역발전의 궁극적인 목적을 어떻게 설정했는지 살펴보고자 한다. 제3절은 예산지원의 효과와 효율성을 제고하기 위해서 어떤 정책프로그램과 실시체계를 적용하고 있는지를 살펴보고 제4절에서는 1999년부터 2001년의 3년간 경제지표상에서 어떤 변화를 있었는가를 살펴봄으로써 정책의 성과를 논의하겠다. 결론으로서 제5절에서는 콘월과 실리 섬에 대한 목적1 정책의 사례를 통해서 우리가 얻을 수 있는 시사점은 무엇인지 논의하겠다.

---

in the EU integration process", *European Urban and Regional Studies*, Vol.7, No.1(2000), pp.5~18.

10) EU 지역정책을 개별 지역단위에서 분석한 연구들이라 할지라도 지역정책의 실제적 효과에 대해서는 그 견해가 반드시 일치하지는 않는다. 즉 지역정책의 효과에 대해서는 정반대의 상반된 견해들이 도출된다. 90년대 중반 이후 집중적으로 제기되기 시작한 소위 '수렴과 일탈(Convergency vs. Divergency)' 논쟁으로서, EU 지역정책이 실제 낙후 지역의 경제 발전에 긍정적 영향을 미쳐 EU 내 지역격차가 줄어들 것(Convergency)이라는 견해와, 그 반대로 EU 지역정책의 적극적 노력에도 불구하고, EU 통합은 역내 중심지역의 발전을 집중적으로 가속화시킬 것이기 때문에, 지역 간의 격차는 점점 커질 것(Divergency)이라는 두 견해가 그것이다. 대표적으로 Leonardi(2005)는 1960년부터 1999년까지의 기간 동안 1인당 국민총생산을 기준으로 할 경우, EU 지역정책의 지원대상이 되는 낙후지역의 평균 1인당 총생산이 꾸준히 EU 평균으로 수렴하고 있다는 연구결과를 발표하였다. 이와는 반대로 Cole과 Cole(1998)은 1980년부터 1992년까지의 기간 동안 EU 역내 가장 낙후한 지역과 가장 부유한 지역의 실제 소득격차는 전혀 줄어들지 않았거나 또는 줄어들었다고 하더라도 1~2% 내의 미미한 수준이므로, EU 지역정책은 지역 간 격차를 줄이는 데 전혀 긍정적인 영향을 미치지 못한다고 주장한다.

이 연구는 콘월과 실리 섬 목적1 정책의 추진 주체인 잉글랜드 남서부지역 중앙정부 지역사무소(Government Office for South West Region: 이하 GOSW)의 문헌과 정책 담당자에 대한 면담조사를 통해서 이루어졌다. 정책사업의 내용과 각종 통계자료는 GOSW에서 발행하는 문헌을 참조하였다. 그리고 세부적인 정책의 실시과정에 대해서는 GOSW를 방문하여 관련 정책 담당자와의 면담조사 내용을 기초로 하여 작성하였다.

Ⅱ. 잉글랜드 남서부지역의 사회경제적 현황

잉글랜드는 1999년 구조기금의 개혁에 따라 시작된 제3차 정책기간(2000~2006)에 총 3개 지역이 목적1 지역으로 지정되었고, 9개 지역이 목적2 지역으로 지정되었다. 제2차 정책기간인 1994~1999년 동안 농촌발전이 목표인 목적5b 지역으로 선정되었던 남서부지역은 2000년 개혁에서 낙후지역인 목적1 지역과 산업 쇠퇴에 따른 사회경제적 발전을 지원하는 목적2 지역으로 나뉘었다. 기존 목적5b 정책지역 중 좀 더 낙후하고 격오지 지역인 콘월과 실리 섬 (Cornwall and the Isles of Scilly)이 목적1 지역으로 선정되었고 그 밖의 지역은 목적2 지역으로 선정되었다.

<표 1> 콘월과 실리 섬의 인구변화 추이

(단위: 명)

	1981	1991	1997	변화율('81~'97)
콘월지방	425,400	472,100	485,600	+14.2%
실리 섬	2,000	2,000	2,000	—

자료: GOSW, *Objective One Programme for Cornwall and the Isles of Scilly 2000~2006: Single Programming Document*(Bristol: Government Office for the South West, 2000).

콘월과 실리 섬 지역은 전형적인 낙후한 농촌지역으로 잉글랜드 남서부의 해안반도지역이다. 실리 섬을 제외한 콘월지방의 면적은 354,920ha로서 남서부지역에서 두 번째로 면적이 큰 행정구역이다. 1860년대부터 1950년대까지 콘월지방의 인구는 지속적으로 감소하였으나 그 이후 인구 유입이 시작되면서 1971년 379,800명이던 인구가 <표 1>에서 보는 것처럼 1997년에 485,600명으로 20여 년간 약 28% 정도 증가하였다. 그러나 이러한 인구 증가는 대부분 45세 이상의 연령층과 자녀들이 이주한 결과이며 20대 연령층은 교육과 고용기회의 제약에 따라서 감소추세에 있다.

<표 2> 농업 노동력의 변화 추이(1988~1998)

(단위: 명)

구분	1988	1992	1998	변화율 ('88~'92)	변화율 ('88~'98)
정규직 고용자	10,535	9,668	7,320	-8.2%	-30.5%
일용직 고용자	3,638	3,786	5,645	4.1%	55.2%
계절적 고용자	2,051	2,055	2,268	0.2%	11.5%
총 계	16,224	15,509	15,251	-4.4%	-6.0%

자료: GOSW, *Objective One Programme for Cornwall and the Isles of Scilly 2000~2006: Single Programming Document*(Bristol: Government Office for the South West, 2000).

다른 농촌지역과 마찬가지로 콘월지방은 역사적으로 농업이 지역경제에서 중요한 산업이었지만, <표 2>에서 보는 것처럼 최근 1988년부터 1998년까지 10년간 약 6%의 고용 감소가 농업부문에서 나타났다. 특히, 전업 농업노동자 비율이 큰 폭으로 감소(30%)하였으나 시간제 고용이나 계절적 고용은 오히려 증가하고 있는 추세이다. 이는 한편으로는 1990년에 들어서면서 농업보조금이 감축되는 등 농업소득이 악화됨에 따라서 농장들이 노동력 고용의 신축성을 지향하기 때문이기도 하지만 다른 한편으로는 농기계의 현대화에 따라서 필요 노동력이 감소되었기 때문이기도 하다. 그러나 이와 같은 종사인원의 감소에도 불구하고 여전히 농업은 콘월지방 전체 고용의 약 9% 정도를 차지하고 있다. 이는 영국[11] 전체에서 농업비중이 약 3% 수준인 것을 감안하면 콘월지방이 전형적인 농촌지역임을 알 수 있다.

〈표 3〉 산업부문별 고용자 수 변화 추이(1991~1997)

산업부문	콘월지방의 고용자 수(명)			남서부 변화율(%)	영국 변화율(%)
	1991	1997	변화율(%)		
광업, 어업	3,010	2,242	−25.5	−18.3	−47.3
제조업	15,072	21,816	44.7	6.6	−2.9
전기, 가스, 수자원	1,641	991	−39.6	−32.3	−36.7
건설업	4,580	7,063	54.2	17.3	−1.5
도소매업	25,080	27,290	8.8	11.0	9.5
숙박 및 음식점업	19,461	18,365	−5.6	−3.5	6.3
운송 및 통신업	6,734	5,809	−13.7	3.0	−2.3
금융업	3,777	2,558	−32.3	−11.7	−3.9
기타 사업활동	10,117	11,336	12.0	38.2	36.1

11) 이 글에서 영국은 잉글랜드, 웨일스, 스코틀랜드를 포함하는 Great Britain을 의미한다.

공공부문	8,555	8,109	−5.2	−0.7	−8.1
교육	10,118	11,431	13.0	15.3	3.3
보건 및 사회활동	19,068	21,813	14.4	12.6	6.4
기타 서비스업	5,326	7,365	38.3	26.3	20.6
총 계	132,539	146,188	10.3	9.9	5.5

주: 계절적·임시적 고용인에 대한 통계상의 불일치로 농업부문은 제외
자료: GOSW, *Objective One Programme for Cornwall and the Isles of Scilly 2000~2006: Single Programming Document*(Bristol: Government Office for the South West, 2000).

농업 이외에 콘월지방에서 중요한 산업부문은 제조업과 숙박 및 음식점업이다. 제조업은 1997년에 전체 고용의 15%를 차지할 정도로 지역경제에서 중요한 산업이다. 특히 <표 3>에서 보는 바와 같이, 영국 전체에서 제조업이 1990년대에 약 3% 정도 감소하는 불황기 동안에도 콘월지방의 제조업 고용인력이 45% 정도 증가한 것은 지역 내 제조업이 강한 경쟁력을 갖추고 있음을 반증하는 것이라고 할 수 있다. 다만, 농촌으로서의 자연경관을 이용한 관광업의 발전 정도를 알 수 있는 숙박과 음식점업에 종사하고 있는 노동력이 1991년부터 1997년 사이에 5.6% 감소한 것은 영국 전체의 추세(6.3% 증가)와 비교해 볼 때 관광객 유치의 어려움을 나타내고 있다고 할 수 있다. 이 외에 운송 및 통신업과 금융업이 큰 폭의 감소추세를 보이고 있는 것은 지역 내에서 IT 등 신기술을 이용한 산업과 이에 대한 재정적 지원기반이 매우 약화되고 있음을 나타내고 있으며, 반면에 지역의 낙후성을 극복하기 위한 재정적인 투자가 증가하면서 공적인 부분, 즉 교육, 보건 및 사회사업 활동, 기타 서비스업이 증가한 것을 볼 수 있다.

〈표 4〉 콘월지방의 실업률 추이

(단위: 명, %)

연도	콘월지방		남서부지역		영국 전체	
	실업자 수	비율(%)	실업자 수	비율(%)	실업자 수	비율(%)
1996. 1	22,650	10.3	167,998	7.4	2,224,207	8.2
1996. 7	17,872	8.1	146,422	6.2	2,067,278	7.6
1997. 1	19,520	8.6	135,786	5.7	1,836,916	6.7
1997. 7	12,626	5.6	98,680	4.2	1,520,137	5.6
1998. 1	15,515	6.9	97,160	4.1	1,419,501	5.2
1998. 7	11,189	5.0	82,135	3.4	1,307,632	4.7
1999. 1	14,275	6.3	88,926	3.7	1,330,434	4.8
1999. 7	10,572	4.8	73,073	3.0	1,210,646	4.3

자료: GOSW, *Objective One Programme for Cornwall and the Isles of Scilly 2000~2006: Single Programming Document*(Bristol: Government Office for the South West, 2000).

콘월지방의 실업률은 1996년 10% 수준에서 1999년에 약 5% 정도로 감소하였다. 이는 영국 평균과 유사한 수준이지만 콘월지방이 속해 있는 남서부지역의 평균보다는 약간 높은 수준이다. 1988년부터 콘월지방이 구조기금의 목적5b 지역으로 선정되어 지속적으로 많은 예산투자가 이루어졌던 것을 감안하면, 지역정책에 의한 지원이 지역경제의 활성화에 큰 도움이 되고 있음을 나타내고 있다고 볼 수 있다. 다만 <표 4>에서 보는 바와 같이, 1월과 7월 실업률의 차이가 약 2%의 차이를 나타내고 있는 것은 전업적인 고용보다는 임시직 고용에 의하여 통계상의 실업률이 낮은 수준을 유지하고 있다는 것을 나타내고 있으며 이는 안정적인 고용의 유지를 위한 정책이 필요함을 시사하고 있다.

콘월지방이 목적1 지역으로 선정된 것은 기본적으로 잉글랜드의 지역 중에 가장 낮은 1인당 GDP를 나타내고 있기 때문이다. <표

5>에서 보는 바와 같이 EU 평균을 100으로 했을 경우 남서부지역 전체가 약 95 정도의 수준을 유지하고 있는 데 반해, 콘월지방은 1996년에 71 수준에 있었다. 이는 남서부지역 내의 지역 간 빈부격차가 심각하다는 것을 나타내고 있고, 시장이나 경제활동의 중심지로부터 거리상 멀리 떨어져 있음을 반영한 수치이다.

〈표 5〉 1인당 GDP의 변화 추이

지역구분	1991	1993	1994	1995	1996
콘월과 실리 섬	72	71	72	71	71
남서부지역	95	96	96	96	95
EU	100	100	100	100	100

자료: GOSW, *Objective One Programme for Cornwall and the Isles of Scilly 2000~2006: Single Programming Document*(Bristol: Government Office for the South West, 2000).

콘월지방의 1인당 GDP가 낮은 이유를 좀 더 자세히 살펴보기 위해 <표 6>의 부문별 GDP 비중을 보면, 남서부지역이나 영국 전체의 평균과 비교해서 상대적으로 낮은 임금과 낮은 부가가치를 얻고 있는 광업과 어업, 농업, 유통 및 호텔업의 비중이 높다는 것을 알 수 있다. 반면에 고임금과 고부가가치 업종이라고 할 수 있는 제조업이나 금융 및 사업지원 서비스 업종의 GDP 비중이 상대적으로 낮다.

이와 같은 콘월지방의 사회경제적 상황에서 지역발전의 근본적인 문제는 오지로서의 지리적 조건을 극복하는 것이라고 할 수 있다. 이 과정에서 해결해야 할 경제적·사회적 문제는 우선적으로 농업, 어업, 광업 등 1차 산업에 대한 의존도를 낮추면서 농촌으로서의 지역 특성을 기반으로 관광업을 활성화시키는 것과 이와 동시에 지역 내 제조업의 창업과 고부가가치 제품의 개발을 유도하는 것이 중요하다는 것을 알 수 있다. 따라서 이러한 지역발전의 문제들을 해결하기 위해서 콘월지방이 목적1 정책을 어떻게 적용하고 있는지 살펴보자.

〈표 6〉 부문별 GDP 구성비율(1996)

	콘월(%)		GDP(%)	
	고용	GDP	남서부지역	영국전체
공공부문 및 기타 서비스업	30.8	23.3	25.1	22.9
유통 및 숙박업 등	30.5	19.5	14.6	14.6
제조업	11.2	14.8	20.3	22.0
금융 및 사업 지원 서비스	9.0	10.8	20.2	21.9
건설업	6.3	7.2	5.1	5.3
운송 및 통신업	3.5	6.4	6.2	8.2
농업 및 관련업종	6.7	6.3	3.7	1.9
광업 및 어업	1.3	5.0	1.6	0.8
전기, 가스 등 관련업종	0.6	2.8	3.3	2.4

자료: GOSW, *Objective One Programme for Cornwall and the Isles of Scilly 2000~2006: Single Programming Document*(Bristol: Government Office for the South West, 2000).

Ⅲ. 목적1 정책의 사업내용 및 실시체계

1. 주요 사업내용

EU 구조기금 정책의 제3차 정책기간인 2000~2006년의 7년 동안 남서부지역의 콘월과 실리 섬 목적1 정책을 위해서 배분된 EU

예산은 총 약 4억 9,800만 유로로 EU의 네 가지 구조기금(ERDF, ESF, EAGGF Guidance Section, FIFG)이 모두 지원하고 있다. 이들 각 구조기금별 비율과 실제 금액을 보면 다음의 <표 7>과 같다. 이러한 EU의 지원액과 잉글랜드 정부의 추가지원액, 민간투자액을 합칠 경우 예상되는 총 투자액은 11억 8천만 유로[12]를 상회한다.

산업 중심지와의 원거리성과 1차 산업 중심의 경제구조를 변화시키는 것이 발전의 주요 문제로 대두된 콘월과 실리 섬 지역은 목적1 정책을 추진하면서 먼저 장기적인 지역발전의 전망을 "모든 주민과 지역사회가 향상된 삶의 질을 공유할 수 있는 번영된 콘월과 실리 섬을 만드는 것"[13]이라고 밝히고 있다. 이는 과거처럼 발전이 단순히 일정한 산업의 경제적 성장만을 의미하는 것이 아니라 지역 전체가 균형적인 발전을 이루고 그 성과로서 전체적인 지역의 삶의 질 향상을 궁극적인 발전목표로 설정하고 있는 것이다. 이것은 EU 구조기금이 제2차 정책기간부터 궁극적인 발전의 지향점으로서 도입한 '지속가능한 발전'[14]이라는 추상적인 개념이 실제 정책이 집행되는 지역 차원에서 좀 더 구체적인 개념으로 반영되고 있음을 나타내고 있다.

---

12) EU에서 각 회원국의 목적1 정책에 지원하는 예산은 총 투자예산의 약 50% 정도라고 할 수 있지만 사업 분야의 공공성이나 지역 전체에 미치는 효과의 정도에 따라서 공공예산의 지원비율과 민간투자 비율이 서로 다르다.

13) GOSW, *Objective One Programme for Cornwall and the Isles of Scilly 2000~2006: Single Programming Document*(Bristol: Government Office for the South West, 2000), p.3.

14) Council Regulation(EEC) No.2081/93.

구조기금 부문	예산(백만 유로)	비율(%)
유럽지역개발기금(European Regional Development Fund)	300.9	60.4
유럽 사회기금(European Social Fund)	101.0	20.3
유럽농업지도보증기금 중 지도부문(European Agricultural Guidance and Guarantee Fund)	78.9	15.9
어업지도 기금(Financial Instrument for Fisheries Guidance)	17.0	3.4
총 계	497.8	100.0

자료: GOSW, *Objective One Programme for Cornwall and the Isles of Scilly 2000~2006: Single Programming Document*(Bristol: Government Office for the South West, 2000).

이러한 궁극적인 전망을 달성하기 위해서 콘월과 실리 섬 목적1 정책은 첫째, 지역의 절대적인 부를 증가시키는 것, 둘째, 지속 가능한 지역 공동체를 조성하는 것, 셋째, 콘월과 실리 섬의 독특한 특성을 가치화 및 자본화하는 것 등 세 가지를 제3차 정책기간 동안에 달성해야 할 주요 목표로 선정하고 있다. 그리고 다음과 같이 다섯 가지를 중점 과제로 선정하고 있다.

① 중점과제 1: 중소기업과 영세규모 사업체 지원
② 중점과제 2: 전략적인 공간 개발
③ 중점과제 3: 인적 자원 개발
④ 중점과제 4: 공동체 경제발전과 농촌구조 평가
⑤ 중점과제 5: 지역적 특성의 보존 개발

<표 8> 남서부 목적1 정책의 중점과제, 조치 및 예산지원 계획
(단위: 백만 유로)

중점과제	정책적 조치	EU	UK	민간	계
중소기업과 영세규모 사업체 지원	−경쟁력 있는 SMEs를 위한 조건 조성(ERDF) −중소기업을 위한 재정 운용(ERDF) −경쟁력 있는 사업 개발(ERDF) −농산물의 가공 및 유통(EAGGF) −기업 특성 지원(ERDF) −성장 잠재력 있는 분야 개발(ERDF) −신고용 기회 제공(ESF)	130	103	84	317
전략적인 공간개발	−산업단지의 개발(대규모 단지)(ERDF) −고용성장 센터 조성(타운 기준)(ERDF) −신규 투자수익의 내재화(ERDF)	74	89	59	222
인적자원 개발	−노동시장 정책의 활성화(ESF) −경쟁력 있는 분야를 위한 기술훈련(ESF) −평생교육(ESF) −사회적 통합의 추진(ESF) −여성의 참여 제고(ESF) −교육하부구조 개선(ERDF)	76	102	13	191
공동체 경제발전과 농촌구조 평가	−공동체 경제 개발(ERDF) −토지 기반 고용 창출(ESF) −농장투자 및 에너지 작물 지원(EAGGF) −직업훈련(EAGGF) −임업지원(EAGGF) −농촌지역의 적응과 개발 촉진(EAGGF) −수산업 구조조정(FIFG) −공동체 부흥(ERDF)	108	97	38	243
지역적 특성의 보존 개발	−예술, 문화, 유적산업으로 부터의 경제적 이득 확보 유지(ERDF) −공공재의 강화 및 개발(ERDF) −지역선도 지식 개발(ERDF) −연구와 지적 자본(ESF)	102	87	6	195
기타 기술적 지원		8	5	−	13
총 계		498	483	200	1,181

자료: GOSW, *Objective One Programme for Cornwall and the Isles of Scilly 2000~2006: Single Programming Document*(Bristol: Government Office for the South West, 2000).

각각의 중점과제는 이를 수행할 하위의 정책적 조치들을 포함하고 있으며, 이 조치들과 각 중점과제에 대한 예산지원 계획을 보면 <표

8>과 같다. 이러한 사업 분야 중 EAGGF에서 지원하는 농업 또는 농가에 대한 지원은 영국의 농촌발전정책(England Rural Development Programmes: 이하 ERDP)에서 시행하고 있는 것들을 그대로 시행하는 것이다.[15] 즉 EU 규정에서 언급하고 있는 '농촌지역의 적응과 개발 촉진에 관한 조치'들이 영국의 경우에는 ERDP의 농촌기업지원시책(Rural Enterprises Scheme)과 동일하다. 그러나 각 사업에 대한 보조금의 비율은 다른 지역에 비해 좀 더 낙후한 상황을 감안해서 ERDP에서 규정한 비율보다 약간 높은 비율의 보조금이 지원되고 있다. 즉 EAGGF에서 지원하는 분야에 대해 다른 지역에서는 통상 40%의 보조금이 지급되고 있지만 콘월과 실리 섬 목적1 지역은 50%의 보조금이 지급되고 있다.

2. 사업의 지원 및 선발과정

목적1 정책에서 지원하는 프로젝트는 기본적으로 정책목적의 달성에 기여할 수 있는 것이어야 한다. 즉 정책의 목표가 삶의 질의 지속적인 향상을 위한 기반을 조성하는 것인 만큼 새롭고 지역의 다른 부분에 통합적인 효과를 낼 수 있는 프로젝트에 우선적으로 지원하고 있다. 다시 말하면 프로젝트가 일정 지역의 특별한 문제를 해결하기 위한 것이거나 또는 한 프로젝트가 달성하려고 하는 것이 다른 프로젝트나 사업들이 하는 것을 돕는다면 좀 더 쉽게 정

---

15) EU의 규정 때문에 나타난 것으로 농촌발전정책이라고 하더라도 목적1 지역의 경우는 농촌발전정책이라는 명칭보다는 목적1 지역정책에 포함되어 실시하도록 되어 있다.

책의 목표를 달성할 수 있다는 것이다.

콘월과 실리 섬 지역에서 목적1 정책으로부터 지원을 받기 위해서는 세 가지 통로로 지원할 수 있다. 첫째는 규모에 상관없이 하나의 단체 또는 연합체가 목적1 정책의 프로그램에 직접 지원하는 형태이다. 그러나 민간 사업체는 이러한 직접 지원을 받기 어려운데, 그 이유는 EU 지원이 일정한 범위의 지역경제에 광범위한 영향을 미친다고 판단되는 경우에 한해서 지원되는 것이지 단지 한 회사의 경쟁력을 높이기 위해서 이루어지는 것이 아니기 때문이다. 그러나 개별 사업체라고 하더라도 이들이 다른 공공단체 등과 파트너십을 형성하거나 또는 다른 민간 회사들과 공동의 목적을 위해 그룹을 형성한다면 직접 지원을 받을 수도 있다.

둘째는 목적1 정책 예산에 의해서 조성된 기금(소위 Umbrella Fund (포괄기금) 또는 Key Fund(핵심기금)로 불리고 있음)을 통해서 지원하는 것으로서 목적1 정책의 예산을 지역단체의 연합체에 지원해서 이들로 하여금 개별 지원자에게 지원하도록 하는 것이다. 이를 '지역단체 주도 시책(Delegate Grant Scheme)'이라고 부르기도 한다. 이 것은 각 지역단체들이 이미 파트너십을 구성하여 직접지원의 경우와 똑같은 과정을 거쳐서 재원을 미리 확보해 둔 것이다. 따라서 예산이 이미 승인된 것이기 때문에 일반 사업자가 목적1 정책에 직접 지원하는 대신 이들에게 지원을 할 수 있으며, 이 경우 개별 사업자의 지원을 좀 더 신속하게 신축적으로 고려할 수 있다. 이러한 기금들은 일반적으로 특정한 분야의 문제점을 해결하기 위해서 지원되는 것으로 그 운영은 기금을 받은 지역의 관련 전문단체가 행한다.

남서부지역에서 현재 운영 중인 기금은 포괄기금(Umbrella Fund)

과 핵심기금(Key Fund)으로 구분되고 있다. 핵심기금은 포괄기금보다도 더욱 한정된 활동을 지원하며 보다 더 규모가 작고 한정된 기간에 이루어지는 사업을 지원한다. 이러한 핵심기금은 사업자들이 필요 예산을 신속하고 수월하게 얻을 수 있도록 하는 것이 주목표이며 이미 지역의 다른 단체들로부터 결합기금(Matching Fund)의 조성을 완료한 것들이다. 따라서 규정에 부합할 경우 사업비용의 100%를 보조받는 것도 가능하고, 주로 소규모의 공동체 프로젝트를 지원한다.16)

세 번째 형태는 지역의 통합실시계획(Integrated Action Plan)을 통한 것으로 일정한 지역에 적용되는 공동체 발전 프로젝트를 지원하는 것이다. 이 경우 지역의 통합실시계획에 사회적 · 경제적 · 환경적 측면을 모두 포함하고 있어야 한다. 승인된 통합실시계획에서 규정한 조건에 합당한 일반 사업자 그룹이나 공동체 그룹이 지원할 수 있다. 이러한 통합실시계획은 주로 지방행정기관이나 LEADER 프로그램의 지역실행 그룹(Local Action Group)이 관리한다. 현재 콘월과 실리 섬 목적1 지역에서 총 11개의 통합실시계획이 운영되고 있다.

목적1 정책은 네 가지 EU 구조기금이 모두 지원하고 있기 때문에 예산지원 신청 및 선발과정도 각 기금에 따라서 서로 다르다. 즉 어떤 분야의 예산을 신청하느냐에 따라서 신청서뿐만 아니라 신청서 접수 및 선발과정을 진행하는 기관이 서로 다르다. 예를 들면, ERDF나 ESF의 자금에 지원하는 경우는 남서부 중앙정부 지역

---

16) 콘월과 실리 섬 목적1 지역에서 현재 운영되고 있는 포괄기금과 핵심기금은 40개 이상이다. GOSW, *Mid-term Evaluation of the Objective 1 Programme for Cornwall and the Isles of Scilly, 2000~2006*, A final report to the Government Office for the South West(Birmingham: ECOTEC Research & Consulting Limited, 2003).

사무소(Government Office for the South West: 이하 GOSW)의 EU 정책 담당자(European Secretariat)를 통해서 신청서를 받고 지원하지만, EAGGF의 경우는 GOSW의 EAGGF 담당자 그리고 FIFG의 경우는 남서부 PESCA의 담당자나 정부부서인 환경식품농촌부(Department for Environment, Food and Rural Affairs: 이하 DEFRA) 런던 본부로부터 신청서를 받아야 한다. 이와 같이 서로 분리되어 있는 지원 및 선발과정을 네 단계로 나누어서 각각의 예산의 경우를 적용해서 살펴보면 <그림 1>과 같다.

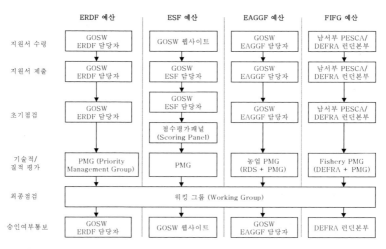

〈그림 1〉 콘월과 실리 섬 목적1 정책의 예산부문별 프로젝트 지원 및 선발과정

각 예산 분야별 선발과정의 특징을 살펴보면, ERDF 예산을 통해서 지원하는 시책에 지원신청을 할 경우 지원서의 수령과 제출은 GOSW의 ERDF 담당자가 맡고 있다. 이 담당자는 지원서 접수 후 지원자의 자격조건 그리고 신청서 및 관련 서류의 완비 여부를 점

검하는 초기점검을 행하고, 신청서의 좀 더 자세한 기술적 평가와 질적 검사를 위해서 중점과제 관리그룹(Priority Management Group) 으로 송부한다. 콘월과 실리 섬 목적1 정책에는 총 7개의 관리그룹 이 있다. 위에서 밝힌 5가지 중점과제에 따른 다섯 개의 관리그룹 과 농업부문 관리그룹 그리고 수산업 관리그룹으로 구성되어 있다. 따라서 ERDF나 ESF 예산지원 사업인 경우는 5가지 중점과제에 따른 각각의 관리그룹이 심사를 하지만, EAGGF 예산인 경우는 농업 부문 관리그룹이 '농촌발전부(Rural Development Service)'[17]의 담당 자와 함께 기술적 및 질적 평가를 시행하며, FIFG인 경우는 DEFRA 런던 본부 담당자와 수산업 관리그룹이 함께 이를 담당한다. 이러 한 관리그룹은 지역의 공공기관, 민간단체, 자원단체 등에 소속된 사람들로 구성되며 각각 해당 분야에 전문적인 식견을 갖고 있는 사람이 참여하고 있다. 이들이 심사하는 항목은 ① 프로젝트의 타 당성 및 재정지원의 효율성, ② 지원에 따른 지역경제에 대한 기여 도, ③ 공적 예산의 지원 필요성, ④ 고용창출의 가능성 및 기타 효 과, ⑤ 결합기금(매칭 펀드)의 확보 여부, ⑥ 다른 프로그램들과의 시너지 효과, ⑦ 환경보존에 대한 영향 여부 등이다.

ERDF에 대한 신청서를 심사하는 관리그룹은 한 달에 한 번씩 회 의를 개최하여 그 기간에 신청한 신청서를 점검하고, 결과에 대한 소견, 즉 승인, 거부 등에 대한 판단과 함께 워킹그룹으로 송부한다. 다만, 신청서가 불완전하다고 판단했을 경우에는 신청서에 대한 보 완을 지원자에게 요청하고 그 이후에 재신청을 권고하기도 한다.

---

17) 중앙부서인 환경식품농촌부의 지역사무소로서 잉글랜드 농촌발전프로그램의 지역 실행조직이라고 할 수 있다.

워킹그룹(Working Group)은 지원한 프로젝트에 대해 최종심사를 하는 기관으로 각 관리그룹의 대표들로 구성된다. 이들은 지원 프로젝트의 질적인 면이나 일관성 그리고 다른 분야와의 연관성 등에 관한 최종적인 판단을 내리고 이를 GOSW의 ERDF 담당자에게 통보한다. ERDF 담당자는 프로그램 관리 책임자(Programme Secretariat)의 승인하에 지원서에 대한 승인, 거부 등에 관한 결정문서를 지원자에게 최종적으로 통보하는 역할을 한다. 이때 GOSW와 지원자 간에 ERDF의 예산지원에 따라 지원자가 준수해야 할 조건, 의무 등등 제반 사항에 관한 공식적인 계약이 이루어지는 것이다.

ESF의 경우는 다른 예산 분야와는 달리 지원서 양식을 인터넷 웹사이트를 통해서 받도록 하고 있다. 즉 GOSW의 인터넷 홈페이지에 마련된 ESF 신청양식에 따라 지원서를 작성하여 인터넷상에서 일단 지원서를 제출하여야 하고 또 이를 인쇄한 것을 다시 GOSW의 ESF 담당자에게 제출해야 한다. 이후의 과정은 대부분 앞서 설명한 ERDF의 과정과 유사하지만 한 가지 차이점은 초기검사와 기술적 및 질적 평가 사이에 한 단계의 평가를 더 거친다. 소위, 점수평가 패널(Scoring Panel)이라고 하는 이 기구는 남서부지역 관련 단체의 전문가들로 구성된 것으로 신청 프로젝트에 대해서 항목별로 점수를 매기고 그 최하한선인 65% 이상을 받은 경우만을 관리그룹으로 송부한다.

EAGGF의 경우도 역시 GOSW의 EAGGF 담당자가 관여되어 있는 것을 제외하면 다른 예산 분야와 유사한 과정을 거쳐서 프로젝트를 선발한다. 다만 신청 프로젝트에 대한 기술적 및 질적 평가 단계가 지역의 농촌발전부(RDS) 담당자와 농업부문 관리그룹에 의해서 이루어진다는 점이 다르다. 이는 목적1 지역의 경우에 기타 지역에서 실시되고 있는 농촌발전프로그램(ERDP)이 구조기금의 목적 정책을 통해서, 다시 말하면 EAGGF 지도부문 예산을 통해서 이루어지도록 지원하도록 규정하고 있기 때문이다. 이는 기타 지역에서 이루어지고 있는 농촌발전정책의 목표나 프로그램들이 목적1 지역에서도 일관되게 추진되도록 하기 위함이다. 따라서 실제 프로젝트들에 지원되는 보조금의 비율이나 액수에는 차이가 있다고 할지라도 다른 지역에서 실시되고 있는 농촌발전프로그램과 동일한 프로그램들이 남서부 목적1 지역에서도 실시되고 있는 것이다.

수산업을 지원하는 FIFG의 경우는 기본적으로 DEFRA의 런던 본부에서 관리하고 있으며, 지역 수산업의 진흥을 위해서 1996년에 지자체(County/District Councils)와 지역발전단체(Regional Development Agency: 이하 RDA)가 파트너십을 형성해서 설립한 비영리회사법인인 남서부 PESCA가 지원이나 지원서 작성 등에 따른 상담이나 조언을 행하고 있다. 즉 지원서 수령과 제출은 DEFRA 런던 본부나 남서부 PESCA를 통해서 할 수 있지만, 남서부 PESCA는 지원서를 접수한 후 이를 다시 DEFRA 런던 본부로 송부하는 체계를 갖고 있다. 따라서 지원서 접수 후 지원자격과 신청서 및 관련서류의 완비 여부를 점검하는 초기점검과정은 DEFRA 런던 본부에서 실시하게 된다. 지원서에 대한 자세한 기술적 평가는 DEFRA와 남서부 목적1 정책의 수산업 관리그룹이 함께 실시하며, 그 결과를 워킹 그룹에 송부하여 최종평가를 거친 후 최종 사업승인 서류 및 지원자와의 계약은 다시 DEFRA가 주관하게 된다. 결국, FIFG는 목적1 정책에 속한다고 하더라도 실제적인 선발과정은 DEFRA에서 직접 관리하는 형태를 갖고 있다.

3. 모니터링 과정

목적1 정책에서 지원하는 프로젝트에 대한 모니터링은 보조금의 지급과 연결되어 있다. 즉 지원자가 보조금을 받기 위해서는 분기마다(3개월) 현재 프로젝트의 진행상황에 대한 보고서를 제출해야 한다. 이때 보고서에는 프로젝트가 당초 계획대로 진행되고 있는지, 재정지출은 계획에 맞게 집행되었는지, 그리고 계약서에 합의된 목표들은 달성되고 있는지에 대해서 자세히 기술하고 관련 증빙서류(비용이 지출되었다면 이에 따른 영수증 등)가 첨부되어야 한다. 이러한 서류들이 GOSW 담당자에게 보내지면 이들은 현장을 방문해서 보고서의 사실 여부를 점검하고 보조금 지급을 요구하는 서류를 상부기관에 전달한다. 이 경우도 예산 분야에 따라서 지급하는 주체가 다르다.

먼저 ERDF 예산의 경우는 규정상의 지급 주체는 중앙정부의 부총리실(Office for the Deputy Prime Minister: ODPM)이지만, 이 권한을 GOSW에 위임하였기 때문에 GOSW가 할당된 ERDF 예산을 실질적으로 관리하고 지급한다. 그러나 ESF나 EAGGF의 경우는 여전히 그 지급권한을 각각 노동연금부(Department of Work and Pension: DWP)와 환경식품농촌부(DEFRA)가 갖고 있기 때문에 GOSW의 담당자는 관련 서류를 다시 중앙부처로 송부해야 하고, 실질적인 자금의 지급은 중앙부처에서 실제 프로젝트 수행자에게 직접 지급된다.

이러한 모니터링과 보조금의 지급과정에서 앞서 언급했던 포괄기금이나 핵심기금이 개입된다면 이들 기금에 대한 지원자는 각각의 기금 운영기관들이 갖고 있는 별도의 모니터링 과정을 거치게 되고 관련 기금은 GOSW 담당자에게 이를 종합한 모니터링 보고서를 제출하고, 이 과정에서 개별 지원자들에 대한 보조금 지급신청을 한다. 이후의 실질적인 보조금 지급과정은 위에서 언급했던 것처럼, 각 예산별로 서로 다른 과정을 거쳐서 지원된다. 즉 포괄기금이나 핵심기금에 지원을 했다고 하더라도 실제 보조금은 중앙정부나 GOSW(ERDF의 경우)에서 직접 해당 프로젝트 수행자에게 지급한다.

Ⅳ. 콘월과 실리 섬의 발전성과

콘월과 실리 섬을 포함해서 남서부지역에서는 다양한 지역발전 프로그램[18]이 실시되고 있다. 따라서 이 글에서 사례로 살펴보고 있는 목적1 정책의 영향과 효과만을 독립적으로 살펴보는 것은 불가능하다. 다만 목적1 정책의 프로그램들이 적용되고 있는 기간 동안에 콘월과 실리 섬의 사회경제적 상황이 영국 전체와 비교해서 어떻게 변했는지를 살펴봄으로써 그 간접적인 영향을 판단하고자 한다.

---

18) EU 지역발전 정책인 목적1, 2, 3 정책과 각종 EU 주관 정책들, 공동농업정책의 농촌발전정책, 타 부처의 지역개발 프로그램, 각종 단체나 기관의 지원사업 등.

<표 9> 콘월과 실리 섬 목적1 정책의 사업 선발 및 지원현황(2003)

사업분야	프로젝트		지급 보조금(백만£)
	신청	선발	
중점과제 1	105	58	46.268
중점과제 2	30	20	15.334
중점과제 3	87	78	31.331
중점과제 4	250	168	25.190
중점과제 5	52	30	47.946
총 계	524	354	168.011

자료: GOSW, *Mid-term Evaluation of the Objective 1 Programme for Cornwall and the Isles of Scilly, 2000~2006*, A final report to the Government Office for the South West(Birmingham: ECOTEC Research & Consulting Limited, 2003).

콘월과 실리 섬의 목적1 정책의 지원 및 선발과정을 거쳐서 <표 9>에서 보는 바와 같이 2003년까지 총 524개의 사업신청을 받아서 총 354개의 프로젝트를 선발하였고 총 1억 6,800만 파운드를 보조 하였다. 정책사업의 특성상 소규모 사업이 많은 농업이나 농촌공동 체의 발전을 위한 분야는 사업의 수는 가장 많지만 지원 보조금은

<표 10> 콘월과 실리 섬 지역의 인구변화 추이(1999~2001)

(단위: 명, %)

	1999	2001	변화율(%)
14세 이하	86,617	86,538	-0.1
15~24세	48,763	51,146	4.9
25~44세	124,445	123,629	-0.7
45~64세	133,649	139,226	4.2
65세 이상	98,987	100,728	1.8
총 지역인구	492,461	501,267	1.8
영국 총인구	56,858,277	57,103,927	0.43

자료: GOSW, *Mid-term Evaluation of the Objective 1 Programme for Cornwall and the Isles of Scilly, 2000~2006*, A final report to the Government Office for the South West(Birmingham: ECOTEC Research & Consulting Limited, 2003).

상대적으로 적은 액수이고 반면 경관보존이나 지역문화 및 유적의 개발 분야는 사업의 수는 적지만 지원 보조금의 액수가 가장 많다.

지역발전의 정도를 나타내는 가장 기초적인 데이터인 인구변화 추이를 살펴보면, <표 10>에서 보는 바와 같이 1999~2001년의 3년간 총 1.8%의 인구증가가 있었으며, 이는 영국 전체의 인구가 0.43% 증가한 것에 비하면 타 지방으로부터 순 인구 유입이 있었음을 나타낸다. 특히, 45~64세 연령층과 이들의 자녀로 간주될 수 있는 15~24세 연령층이 지역인구 증가를 주도했다고 할 수 있다. 다만, 정규교육기간을 끝내고 경제활동을 주도하고 일자리를 찾는 연령층인 25~44세의 인구가 감소하고 있다는 것은 아직도 콘월과 실리 섬 지역에서 충분한 일자리가 공급되고 있지 못함을 반증하고 있다고 할 수 있다.

콘월과 실리 섬의 총 고용자 수는 1999~2001년간 총 12.4%가 증가하였고 이는 영국 전체 증가율(2.5%)에 비해서 상당히 높은 수치이다. 특히 <표 11>에서 보는 것처럼, 실리 섬 내의 고용이 큰 폭으로 증가하여 15.6%의 증가율을 나타내고 있다. 고용 증가의 내용을 좀 더 자세히 살펴보면 정규직과 임시직 모두 영국 전체 평균을 상회하고 있지만 정규직 고용의 증가율이 4.3%에 그친 반면에 임시직의 증가율은 26%를 기록하고 있다. 임시직 비율이 증가한 것과 일정한 상관관계를 갖는 것으로 판단되는 현상이 노동자 중 여성의 비율이 1.8% 증가하여 총 고용의 54%를 차지하고 있고, 남성 노동자의 비율이 46%로 감소한 것이다. 또한 영세규모 또는 소규모 사업체의 창업과 관련되는 자가 고용자가 영국 전체적으로는 1.9% 증가에 그친 반면에 콘월과 실리 섬 지역의 경우 35.1%나

증가한 것도 이러한 임시직 비율의 증가를 초래한 것으로 보인다. 이러한 통계수치는 한편으로 지역 내 노동시장이 신축적이라는 것을 나타내고 있지만, 장기적으로 안정적인 일자리를 공급하는 것과 노동자의 숙련도를 높이는 것이 여전히 필요함을 반증하고 있다.

〈표 11〉 형태별 고용자 수의 변화(1999~2001)

(단위: 명, %)

	콘월과 실리 섬			영국 전체		
	1999	2001	변화율	1999	2001	변화율
총 고용자 수	153,906	172,996	12.4%	24,838,965	25,456,397	2.5%
-정규직	96,307	100,416	4.3%	17,331,802	17,628,619	1.7%
-임시직	57,599	72,573	26.0%	7,507,128	7,827,736	4.3%
자가 고용자 수	37,000	50,000	35.1%	3,129,000	3,188,000	1.9%

자료: GOSW, *Mid-term Evaluation of the Objective 1 Programme for Cornwall and the Isles of Scilly, 2000~2006*, A final report to the Government Office for the South West(Birmingham: ECOTEC Research & Consulting Limited, 2003).

지역경제 발전의 현재 상황을 나타내고 있는 지표로 중요한 것 중의 하나가 지역주민에게 일자리를 제공하는 업체 수의 변화이다. 콘월과 실리 섬 지역 내에서 1999년부터 2001년까지 총 800여 개의 업체가 증가하여 총 4.4%의 증가율을 보이고 있다(<표 12> 참조). 이 중 9명 이하의 종업원을 고용하고 있는 영세규모 업체는 수적으로 가장 많은 440여 개 업체가 증가하여 2.8%의 증가율을 보이고 있고, 소규모 업체는 11.3%, 중규모 업체는 31.2% 그리고 대규모 업체는 9개가 증가하여 13.6%의 증가율을 보이고 있다.

업체 수의 변화와 함께 잉글랜드 내에서 지역발전의 정도를 판단하는 중요한 지표가 실업률 추이이다. <표 13>을 보면, 앞서 언급한 업체 수의 증가와 함께 실업자 수도 큰 폭으로 감소한 것을 알 수 있다. 1999년 11,772명이던 실업자가 2001년 6,933명으로 약 41% 정도 감소하였고, 그 결과 1999년에 영국 전체 실업률(3.5%)을 상회하였던 콘월과 실리 섬 지역의 실업률(4.1%)이 2001년에 영국 전체 실업률 2.6%보다 낮은 2.4%로 감소하였다. 최근의 통계를 살펴보아도 2003년 4월 현재 영국 전체적으로 실업자가 932,361명이고 실업률이 2.7%를 보이고 있는 것에 비해 콘월과 실리 섬 지역의 실업자 수는 2003년에 6,327명으로 감소하였고 실업률도 2.2%에 불과하다.

〈표 12〉 규모별 사업체 수의 변화(1999~2001)

(단위: 명, %)

	콘월과 실리 섬			영국 전체		
	1999	2001	변화율	1999	2001	변화율
영세규모(1~9)	15,682	16,126	2.8%	1,780,151	1,803,566	1.3%
소규모(10~49)	2,087	2,322	11.3%	272,933	282,896	3.7%
중규모(50~199)	356	467	31.2%	59,881	66,947	11.8%
대규모(200+)	66	75	13.6%	15,510	15,302	-1.3%
총 계	18,191	18,990	4.4	2,112,965	2,168,711	2.6

자료: GOSW, *Mid-term Evaluation of the Objective 1 Programme for Cornwall and the Isles of Scilly, 2000~2006*, A final report to the Government Office for the South West(Birmingham: ECOTEC Research & Consulting Limited, 2003).

GOSW에서 파악하고 있는 1999년부터 2002년까지 외부로부터 콘월과 실리 섬에 유치된 기업이 총 3개 업체, 자본 투자액이 470만 파운드이다. 이들의 고용창출 및 유지 효과가 120여 명 정도에 그치고 있는 것[19]을 감안하면, 이러한 지역 내 사업체 수와 고용자

---

19) GOSW, *Mid-term Evaluation of the Objective 1 Programme for Cornwall and the Isles of Scilly, 2000~2006*, A final report to the Government Office for the South West(Birmingham: ECOTEC Research & Consulting Limited, 2003).

수의 증가 그리고 실업률 감소 추세를 주도하고 있는 것은 지역 내 자본과 투자에 따른 성과로 보인다. 다만 1999년 이후 콘월과 실리 섬 지역경제가 이러한 경제적 성과를 나타낸 것을 목적1 정책의 성과라고만 할 수는 없으며 다양한 지역발전 프로그램의 영향이 복합적으로 나타나고 있는 것이고 특히, 잉글랜드의 전반적인 경제 자체가 상승기에 있는 것도 반영되었다고 할 수 있다.

〈표 13〉 실업자 수 및 실업률의 변화(1999～2002)

(단위: 명, %)

	콘월과 실리 섬			영국 전체		
	1999	2001	변화율	1999	2001	변화율
실업자 수	11,772	6,933	−41.1	1,212,197	922,236	−23.9
실업률	4.1	2.4	−	3.5	2.6	−

주: 연평균 통계임.
자료: GOSW, *Mid-term Evaluation of the Objective 1 Programme for Cornwall and the Isles of Scilly, 2000～2006*, A final report to the Government Office for the South West(Birmingham: ECOTEC Research & Consulting Limited, 2003).

그러나 이러한 몇 가지 경제적인 지표상에서의 발전에도 불구하고 콘월과 실리 섬에 대한 목적1 정책의 중간평가보고서[20]는 앞으로 중점을 두고 추진해야 할 몇 가지 과제를 제시하고 있다. 첫째는 앞서 언급한 것처럼, 지역 내 고용 증가가 주로 임시직의 증가에 의한 것이기 때문에 좀 더 지속적이고 안정적인 일자리를 제공하기 위해서는 많은 주민들이 노동시장에 참여할 수 있는 기회와 방법을 확대하는 사회적인 프로젝트와 사회기업에 대한 지원이 중요하다는 것을 지적하고 있다. 둘째는 보수가 좋은 일자리와 고부

---

20) *Ibid.*

가가치 경제활동을 증가시키기 위해서 부가가치가 높은 제품과 서비스를 생산할 수 있는 중소기업에 대한 육성이 필요하다고 밝히고 있다. 셋째로는 지역에 대한 투자를 유도할 수 있도록 산업기반시설을 확충하는 것이고, 마지막으로 농촌지역인 콘월과 실리 섬이 장기적으로 그 특성을 유지하고 이를 지역발전의 기반으로 활용하기 위해서는 목적1 정책의 프로그램이 농업부문의 발전과 결합될 수 있도록 해야 한다는 것이다.

V. 결론 및 시사점

EU 차원의 지역발전정책이 1974년도에 공식적으로 시작되기는 하였으나, 공간적인 의미의 낙후지역 발전정책은 1988년 구조기금의 개혁에 의해서 시행되었다고 볼 수 있다. 구조기금에 의한 정책이 과거 각 회원국에서 시행하던 정책과는 다른 방식으로 추진되었기 때문에 정책시행 초기에는 각 회원국 및 지역 차원에서의 역량 미비로 지역별로 차별적인 추진체계를 순조롭게 구성하면서 진행된 것은 아니었다. 그러나 초기 학습과정이 지난 이후에는 실제 콘월과 실리 섬의 사례에서 보는 것처럼, 지역 차원의 파트너십과 추진체계에 의해서 오히려 지역의 특성에 적합한 목표를 형성하여 추진함으로써 지역발전을 보다 장기적인 관점에서 수행할 수 있게 되었다.
이러한 잉글랜드의 지역발전정책 사례에서 주목할 필요가 있는 것은 단지 통합되는 정책 분야나 프로그램뿐만 아니라 이를 각 지역에 추진하는 실시체계, 예산지원 방법, 심의 및 평가체계 등이 지역의 다양한 요구에 신축적으로 대응하면서도 그 효과가 지속될 수 있도록 관리하고 있다는 것이다. 물론 잉글랜드의 정책실시체계를 우리나라가 그대로 도입할 필요는 없지만 공간적인 범위의 지역발전정책을 시도하고자 할 경우 최소한 다음과 같은 사항을 고려할 필요가 있다.

첫째로 지역별 상황에 적합한 지역추진 체계를 형성하는 것이다. 과도기적으로 지역적인 범위나 추진체계의 형식과 구성에 대해서 중앙정부가 개입할 수도 있지만 지역에서 이루어지는 실제 사업에 대해서는 전적으로 지역추진체계의 책임임을 명확히 할 필요가 있다. 중앙정부의 개입은 단지 중앙정부 예산의 지원범위만을 개략적으로 제시하는 것으로 충분하며 세세한 지원 조건이나 규정을 적용하는 것은 지양해야 할 것이다.

둘째로 지역 내 전문가 그룹의 육성과 참여이다. 지역의 경제단체뿐만 아니라 지역의 사회적·문화적 발전 및 환경보존에 관련된 기관이나 단체들이 지역발전의 수요와 방향에 대한 전문적인 식견을 갖도록 유도·육성해야 하며, 이들을 중심으로 낙후지역 발전계획이 작성되고 실시되도록 해야 한다.

셋째는 예산이 지원되는 사업에 대한 모니터링과 평가 시스템의 구축이다. 콘월과 실리 섬의 사례에서 본 것처럼, 보조금의 지급과 모니터링을 연계하는 것도 고려해 볼 필요가 있다. 만약 사업자의 자기자금 투자가 계획에 포함되어 있다면 초기에는 사업자의 개인자금을 투자하도록 하고 사후에 사업의 성과를 판단하고 지급하는 것도 한 방법일 수 있다. 이러한 모니터링 이외에 정책의 효과에 대한 평가작업은 지역 외부기관에 의해서 이루어질 필요가 있다. 이는 정책의 지역발전에 대한 평가를 단지 한 사업의 결과로만 판단할 수 없기 때문이다. 따라서 모니터링을 수행하는 기관이나 단체의 상위기관에서 지역발전에 대한 영향을 종합적으로 평가하는 시스템을 형성할 필요가 있다.

마지막으로 콘월과 실리 섬의 사례로부터 우리나라에서 낙후지역 발전정책을 실시할 경우 낙후지역의 경제적·사회적·문화적·환경적인 특성이 서로 차별적이라는 인식하에 '다양성(Diversity)'과 '신축성(Flexibility)'을 정책의 기본원칙으로 도입할 필요가 있다. '다양성'은 두 가지 차원의 의미를 지닌다고 할 수 있다. 첫째, 지역발전의 형식·내용·방향이 지역별로 다양할 수 있다는 것이고 둘째, 농업과 비농업 부문을 포함하여 다양한 산업부문과 사업체가 낙후지역 내에서 유기적인 관련을 맺을 수 있는 지역경제의 다양성을 궁극적인 발전의 목표로 선정할 필요가 있다는 것이다. '신축성' 역시 두 가지 차원의 의미가 있다. 첫째는 지역의 특성에 의거해서 정책적 지원이 각 지역의 다양한 요구뿐만 아니라 중점지원 부분에 대해서도 서로 합의를 도출할 수 있는 신축적인 체계를 갖추어야 한다는 것이고, 둘째는 지역경제가 외부 및 국제경제의 변화에 신축적으로 대응할 수 있도록 지역경제의 한 가지 산업부문에 대한 의존도를 줄이고 동시에 지역 내의 일정한 산업부문에 대한 외부경제의 충격이 다른 부문에서 흡수·완화하여 연착륙할 수 있는 경제체계를 구성할 필요가 있다는 것이다. 결국, 다양성과 신축성은 동전의 양면과 같은 것으로 서로 간에 필요충분조건이고 지역의 지속적인 발전을 도모하는 발전정책에 필수적인 요소라고 할 수 있다.

참고문헌

Cappellin, R. and Molle, W. "The co-ordination problem in theory and policy". Molle, W. and Cappellin, R.(eds.). *Regional Impact of Community Policies in Europe*. Avebury: Aldershot, 1988.

CEC. *The Future of Rural Society*. Brussels, Commission of the European Communities, COM(88) 501 Final.

CEC. "Council Regulation(EEC) No.2081/93 on the tasks of the Structural Funds and their effectiveness and on coordination of their activities between themselves and with the operations of the European Investment Bank and the other existing financial instruments. Brussels". *Official Journal of the European Communities*. L 193: 5~19(1993).

Cole, J. and Cole, F. *A Geography of the European Union*, 2nd Ed. London: Routledge, 1998.

GOSW. *Objective One Programme for Cornwall and the Isles of Scilly 2000 ~ 2006: Single Programming Document*. Bristol: Government Office for the South West, 2000.

GOSW. *Objective One Programme for Cornwall and the Isles of Scilly 2000 ~ 2006: Programme Complement*. Bristol: Government Office for the South West, 2000.

GOSW. *Mid-term Evaluation of the Objective 1 Programme for Cornwall and the Isles of Scilly, 2000 ~2006*. A final report to the Government

Office for the South West, Birmingham: ECOTEC Research & Consulting Limited, 2003.

GOSW. *Cornwall and the Isles of Scilly Objective 1 Programme 2000 ~ 2006: Annual Implementation Report*. Bristol: Government Office for the South West, 2004.

Immarino, S. and Santangelo, G. "Foreign Direct Investment and Regional Attractiveness in the EU Integration Process". *European Urban and Regional Studies*. Vol.7. No.1(2000), pp.5 ~ 18.

Leonardi, R. *Convergence, Cohesion, and Integration in the EU*. St. Martin's Press, 1995.

Leonardi, R. *Cohesion Policy in the European Union: the Building of Europe*. New York: Palgrave Macmillan, 2005.

Nye, J. *International Regionalism: Readings*. Boston: Little Brown, 1968.

제11장 EU 지역정책 패러다임의 변화:
구조기금 개혁과정을 중심으로

이종서

한국외국어대학교 EU센터 상임코디네이터

Ⅰ. 서론

최근 유럽통합과정과 관련하여 가장 중요한 문제 중 하나로 부각되고 있는 것은 유럽공동체/연합 차원의 사회문제 해결방안과 더불어 지역 간 발전격차의 심화 문제를 어떻게 해결할 것인가이다. 유럽연합의 지역정책은 공동체 내 저발전 국가 및 저발전 지역의 후진성을 줄임으로써 회원국 경제의 조화로운 발전을 모색하기 위한 수단이라 할 수 있다.

1970년대에 들어서면서 유류파동과 통화위기로 인한 주변지역 기업들의 도산과 실업 확산, 그리고 아일랜드의 유럽공동체 가입은 빈곤지역을 확대시켰다. 유럽공동체 내의 중심지역과 주변지역 간의 격차와 지역 불균형 문제는 1980년대에 스페인, 포르투갈, 그리스 등 남부유럽 3개국이 회원국으로 가입하면서 통합을 위해 해결해야 할 중요한 과제로 부각되었고 공동체의 적극적인 개입 없는 지역문제 해결은 요원할 것이라는 인식이 회원국들 사이에 팽배해지기 시작했다.

이러한 인식하에 유럽연합은 3차례에 걸쳐 지역정책의 수단인 구조기금 개혁(1988년, 1993년, 1999년 어젠다 2000)을 단행하면서 기금들의 통합과 효율성 증대를 위한 노력을 지속해 왔다. 그러나 구조기금(Structural Fund)의 개혁에도 불구하고 1990년대에 들어서면서 유럽연합 내 중심국가와 주변국가의 지역격차는 실업률, GDP 등에서 현 상태를 유지하거나 오히려 확대되었다. 이는 첨단산업이 우선적으로 특정지역에 집중되는 것에 근본적인 원인이 있었다. 세부요인으로는 지역기금이 낙후지역의 발전을 촉진시키기에는 충분치 못했다는 것과 지역기금의 상당액이 상대적 부국으로도 흘러들어간 것을 들 수 있다.

이와 더불어 유럽연합의 지역정책은 통상정책, 경쟁정책과 부조화를 이루면서 진행되었다는 데 문제가 있었다. 유럽연합은 유럽단일시장을 목표로 미국과 일본의 다국적기업에 맞서는 '유럽 챔피언'이 될 만한 기업을 육성한다는 목표하에 1980년대 중반부터 역내 산업에 중복조정정책을 펴 왔다. 그 결과 역내 기업들은 효율성 및 이익 증대를 목표로 기업 간 인수합병을 활발히 진행시킴으로써 동일업종 내 기업수를 줄이기 시작하였다.

구조조정에 바탕을 둔 유럽연합의 경쟁정책은 통상정책으로 인해 주춤할 수밖에 없었는데, 가장 큰 문제가 무역규제에 따른 다국적기업들의 역내진입이었다. 1980년대 초반 이후 공동체의 빈번한 무역구제수단의 적용으로 인하여, 이를 피하고자 일본기업들이 역내로 대거 진출하기 시작했고, 1980년대 후반에는 한국 및 대만기업들이 역내로 진입하기 시작했다. 그 결과 유럽연합 기업들의 수는 줄어들고 경쟁자인 역외기업들의 수가 상대적으로 늘어나게 되었던 것이다. 게다가 이와 같은 역외기업들의 역내유입에는 낙후지역 개발에 초점을 둔 유럽연합의 지역정책도 한몫을 담당하였다.

낙후지역들의 발전을 돕기 위한 유럽연합의 지역정책은 그 수단인 막대한 구조기금을 경쟁정책으로 인한 구조조정의 어려움을 겪고 있는 지역에 분배하였다. 그 결과 관련 중앙 및 지방정부들은 여타 경제정책 간 긴장과 갈등 및 다국적기업의 기술적·경영전략적 특성을 고려하지 않은 채 구조기금 쟁취전쟁에 매몰되었고, 이 전쟁의 성과물인 구조기금은 고스란히 다국적기업들에 제공되었다.

세계화라는 물결과 함께 이러한 과정을 통한 사적 행위자의 정책결정과정에서의 기반 확보는 2000년 이후 유럽연합의 정책을 결정하는 행위자들 사이에서 규제자본주의에 대한 선호가 신자유주의 경향으로 바뀌게 되는 계기가 되었다. 이에 본 연구는 지난 50년간 발전해 온 유럽연합의 대내외적인 정책들 중 지역 간 물리적 격차를 해소하고 공동체적 결속을 이루기 위한 수단인 지역정책의 개혁과정 및 패러다임의 변화를 중점적으로 검토해 보고자 한다.

Ⅱ. 유럽연합 지역정책의 역사와 발전

1957년 3월 25일 유럽석탄철강공동체(ECSC) 6개국에 의해 이탈리아 로마에서 서명된 유럽경제공동체(EEC)와 유럽원자력공동체(EURATOM)

창설을 위한 조약, 일명 로마조약은 지역 간의 '조화로운 발전 (harmonized development)'을 공동체의 목표로 규정하고 있다. 특히 공동체의 조화로운 발전은 낙후지역(least-favored regions)의 수준 향상을 통해 실현될 수 있음을 명시하고 있다. 유럽연합이 공동체 차원에서 구조정책을 시행하는 이유는 저개발지역과 이미 개발된 지역 간의 물리적ㆍ심리적ㆍ경제적 차이를 좁히고 공동체의 사회ㆍ경제적 결속을 위함이라 할 수 있다. 특히 저개발지역의 발전에 우선순위를 둠으로써 동등한 기회를 제공하는 데 그 목적이 있다.

유럽연합은 1962년 각료이사회 규정(Regulation 25/1962)에 의해 설립된 공동농업정책(CAP)의 실현을 위한 기금인 유럽농업지도보증기금(EAGGF)[1]을 시작으로 공동시장 내 취약지역들의 사회간접자본시설 건설을 위한 유럽투자은행(EIB)을 설립하였다. 이후 유럽연합은 지역개발을 위한 기금으로서 1975년 3월 18일 공동체 역내의 낙후지역개발과 사양산업(석탄, 철강, 섬유, 조선 등) 지역을 지원하기 위해 설립된 유럽지역개발기금(ERDF)[2]을 사용했을 뿐만 아니라 유럽투자은행, 광산지역의 재전환을 위한 유럽석탄철강공

---

[1] 유럽농업지도보증기금(EAGGF)은 지도(Guidance) 부분과 보증(Guarantee) 부분이 별도의 기금으로 나뉘어 실행되었다. 이 기금의 대부분을 차지하는 보증 부분은 공동농업정책의 핵심인 농산물 가격의 안정과 가격지지 제도의 유지를 위해 지원을 담당한다. 반면, 지도 부분은 구조기금의 하나로 생산도구의 향상을 위해 농업구조 개혁과 농촌지역 발전 지원을 담당한다. EAGGF는 과도한 지출로 인하여 수차례 걸친 공동농업 개혁에 따라 변화하여 왔다. 특히 어젠다 2000을 통해 유럽연합 농산물의 국제경쟁력 강화를 위해 보조금 제도의 개혁과 예산안 조정 등의 개혁이 이루어진바 EAGGF의 지도 부분은 2005년 이사회 규정(Regulation 1290/2005)에 의해 유럽농업보증기금(EAGF)과 유럽농업농촌발전기금(EAFRD)으로 대체되었다. 한국유럽학회 유럽연합 학술용어사전 편찬위원회, 『유럽연합(EU) 학술용어사전』(서울: 높이깊이, 2007), p.168.

[2] 지역개발기금은 1970년대 오일가격 상승과 영국, 덴마크, 아일랜드의 공동체 가입으로 인한 역내 경제력 회복이 목적이었으나 그 내면에는 예산의 분담금 문제로 불만이 많았던 영국을 달래기 위함과 유럽통화동맹(EMU: European Monetary Union) 설립에 반대하는 영국, 아일랜드, 이탈리아를 설득하기 위함이었다. 따라서 기금의 지원이 영국과 이탈리아에 70% 이상 집중되었다. 회원국들이 자체적으로 순위를 정해서 자국에 할당된 금액을 받아 가는 경우가 대부분이었다.

동체(ECSC)기금, 청년의 실업문제를 해소하고 지역의 고용창출을 지원하기 위한 유럽사회기금(ESF) 등도 재정에 활용하였으며 유럽 지역개발기금에 따른 지원금도 1975년 2억 7천 5백만 유로에서 1987년에는 33억 1천백만 유로로 크게 증액되었다.

1987년 7월 단일유럽의정서(SEA)의 발효와 함께 지역정책이 본격적으로 추진되면서 유럽연합은 종전까지 국가가 해 오던 기능의 일부를 담당하게 되었고 보충성의 원칙(principle of subsidiarity)에 따라 해당 지역과 직접 접촉하게 되면서 지역정책을 위한 초국적 기구의 역할은 더욱 강화되었다.

1. 1988년 개혁의 목표 및 대상

1980년대 들어서면서 공동체 내 지역 간 불균형의 시정 없이는 단일시장이 추진되더라도 통합을 이룰 수 없다는 인식이 확산되었다. 1987년 7월 1일자로 발효된 단일유럽의정서는 이 문제의 확산 가능성을 예상하고 유럽경제공동체조약 제130조 a에서 e항을 신설하여 낙후지역의 경제를 발전시키고 역내 지역 간 격차를 해소하는 것을 공동체의 기본 목표로 삼게 되었다.[3]

---

3) 단일유럽의정서 130a조는 지역 간 격차의 감소를 비롯하여 공동체의 경제적 사회적 결속을 위한 정책 개발을 필요로 하는 문구를 삽입했으며, 13d조는 개별 구조기금의 통합 개정안을 각료이사회에 제출할 것을 지시하였다. 이에 집행위원회는 공동농업정책 부문 지출삭감과 구조기금의 증액(1989~1993년까지 4년간 약 600억Ecu), 파트너십 강화(지역 및 지방정부협의체 설립) 등을 주요 제안으로 하는 들로르안(案)을 제출하였다. 이에 따라 과거 개별국가가 정한 프로젝트에 단지 공동체 기금을 이전시켜 주었던 수동적인 지역정책이 공동체 역할의 강화로 변경되었고, 회원국 정부당국이 아닌 지방자치단체와의 직접대화를 통해 구조기금을 조정할 수 있게 함으로써 회원국 정부의 영향력을 약화시켜 문제지역으로의 효율적 지원이 가능하게 되었다. Commission of the European Communities, Council Regulation(EEC) No 2052/88 of 24 June 1988 on the tasks of the Structural Funds and

지역정책의 대상인 목표지역들(Objectives)의 선정 여부는 구조기금의 사용과 관련된 것이기 때문에 유럽연합 각 회원국들 및 지역들에게는 매우 중대한 관심사였다. 따라서 목표대상지역 선정과정의 투명성이 부각되었고, 1988년 개혁으로 그 기준이 마련되었다. 제1목표 지역은 일인당 국민소득이 유럽연합 평균 GNP의 75% 이하인 지역으로 대부분의 유럽연합 주변지역이 이에 해당되었다. 1990～1994년까지 5년간 지역개발기금의 70%가 제1목표 지역에 투입되었고 목표의 대상이 된 지역들은 주로 투자에 대한 지원(생산을 위한 투자와 교통, 통신, 교육, 건강, 에너지 등 하부구조)과 직업교육 및 지역 차원에서 자원 활용을 위한 개발 지원계획의 대상이 되었다.[4]

　　구산업지대로서 지역경제 활성화가 목표인 제2목표 지역은 회원국 전역에 골고루 분포되어 있었다. 특히 석탄·철강·섬유 등과 같은 전통적인 산업이 사양화되면서 경제적으로 쇠퇴하고 실업률이 유럽연합 평균보다 높은 지역을 대상으로 하여 지역의 선정은 실업률, 제조업 취업자 비율, 지역 총생산 등을 유럽연합 평균과 비교하여 결정하였다. 구조기금의 일반 조항에 의하면, 이 지역은 제조업 지역의 경우 유럽연합 인구의 10% 정도, 농촌지역의 경우 5%, 도시지역의 경우 2%, 수산업 지역의 경우 1% 정도가 해당되었다.

their effectiveness and on coordination of their activities between themselves and with the operations of the European Investment Bank and the other existing financial instruments, *Official Journal of the European Communities*, L185, 15 Jul. 1988b.

4) 유럽연합 지역경제 활성화를 위한 중요한 정책수단은 유럽지역개발기금이라 할 수 있다. 1975년에 창설된 이 기금은 지난 20년(1975～1994년) 동안 약 40억 유로(약 52억 달러)가 지역경제 분야에 투입되었다. 이 중 약 80%는 사회간접자본 시설 마련(도로, 발전소, 다목적 댐 등)에 투자되었고, 14%는 기업투자 등 직접생산 부문에, 나머지 6%에 해당하는 투자재원은 교육 등 기초연구 분야에 집중되었다. Peter Aitken, *The European Regional Development Fund(ERDF)—one year on: The local authority experience(Briefing note)*(Planning Exchange, 1986).

제2목표 지역의 전체 인구는 유럽연합 전체 인구의 18%를 초과할 수 없도록 규정되었다. 이 규정에 따라 집행위원회는 구조기금의 일반조항에 의거하여 고정된 특정 기준, 즉 "제조업 및 서비스업 분야에서 사회경제적 변화를 겪고 있는 지역의 경우 실업률이 유럽연합 평균보다 높고, 제조업 및 서비스 분야의 비중이 유럽연합 평균보다 높으며, 제조업 및 서비스 분야의 고용이 최근 수년간 감소추세에 있어야 한다."는 특정 기준을 기초로 각 회원국별로 인구를 할당하였다.

제3목표와 제4목표는 12개월 이상의 장기실업과 청년실업을 해소하고 노동시장에서 배제될 상황에 있는 노동자를 동화시키며, 산업기술의 변화에 노동자들이 좀 더 잘 적응할 수 있도록 하는 재교육을 지원하는 것이 목적이었다. 제5목표는 농업구조의 현대화(5a)와 취약한 농촌경제의 다변화(5b)가 필요한 지역을 대상으로 하였다. 우선 제5a목표는 공동농업정책의 개혁을 도모하면서 농업과 임업에서는 물론 어업에서 생산 및 가공산업의 현대화와 산업화를 추진하는 것을 지원하는 것이었다. 제5b목표는 취약한 농촌지역을 개발하기 위한 재정 지원을 하는 도구로서 농촌인구의 도시 이동을 막고 농업 이외의 분야인 관광이나 중소기업 부문에서 고용창출을 지원하는 것이었다.

1987년 공동체의 지역발전 기금이 예산의 17.8%에서 1992년 에든버러(Edinburgh) 정상회담의 결과 사회·경제적 결속을 위한 노력이 한층 강화되어 구조기금에 할당된 예산이 28% 정도로 늘어나게 되었으며, 1994~1999년 말까지 142억 유로가 책정되었다.[5] 이는 이전 기금 예산 책정의 거의 2배에 해당되는 수치로서 142억 유로 중 70%가 제1목표 지역에 할당되었다. 제1목표 해당 지역으로는 그리스, 스페인, 아일랜드, 포르투갈이 선정되었으며 기금은 주로 이 지역들의 사회간접자원 확충 및 환경정책에 쓰였다.[6]

이 당시 유럽연합 차원의 지역정책은 각 회원국 정부 또는 지방정부가 다년간 개발계획을 수립하면 이를 각 회원국 정부가 집행위원회에 제출하는 절차를 따랐다. 지역개발계획이 채택되는 과정은 지방정부, 회원국, 집행위원회 등이 함께 관여했다. 한편, 지역정책과 관련한 집행위원회의 역할은 구체적인 계획을 입안하고 집행하는 것이라기보다 단지 지역개발을 위한 기금을 조성하는 데그쳤으며, 회원국 정부가 제출한 개발계획이 공동체 차원에서 채택되면 자금을 지원하는 형태를 띠게 되었다.[7]

한편, 1992년 12월 에든버러 회담 이후 지역정책 목표가 약간 수정되었다. 그 내용을 살펴보면 새로운 제3목표는 이전의 제3목표와제4목표 지역을 포함한다. 이는 특히 장기실업자, 실직자를 위한정책기금의 성격을 띤다. 새로운 제4목표는 지역 구조 개선에 따르

---

5) 1989년 합의된 구조기금의 회기가 끝남에 따라 집행위원회는 1994〜1997년까지 공동체 운영계획을 담은 들로르 Package II를 1992년 2월에 제출하였다. 이 안은 1992년 12월 에든버러 유럽이사회에서 심의되었고 제안된 기간보다 2년이나 더 늘어난 1994〜1999년까지의 공동체 예산이 결정되었는데 지역정책부문의 구조기금은 들로르 Package II의 제안을 거의 받아들였다. 이러한 결정에 따라 1988년부터 1999년까지 10년 동안 지역정책에 할당된 공동체 기금의 규모는 4배로 증가되었으며, 1999년에는 전체 공동체 예산 중 지역정책에 지출된 비중은 약 35%를 차지하게 되었다. 정홍렬, "유럽연합 지역정책의 발전과 전망", 『유럽연구』, 통권 제13호(2001년 여름), p.109.

6) 1991년 마스트리히트조약이 체결됨에 따라 공동체의 목표가 단일시장을 넘어 경제통화동맹, 나아가서 경제통합으로 바뀌게 되었다. 이에 경제력이 약한 국가들의 불만 해소를 위해 마스트리히트조약은 130d조에 결속기금 조항을 삽입했고 1인당 GNP가 공동체 평균의 90%가 안 되는 스페인에 52〜58%, 그리스와 포르투갈 16〜20%, 아일랜드에 7〜10%가 할당되었다. European Commission, *Communication from the Commission to the Member States on the links between regional and competition policy: Reinforcing Concentration and Mutual Consistency*(Brussels: European Commission, 1998).

7) Kenneth Hanf and Ben Soetendorp, *Adapting to European Integration: Small States and the European Union*(London: Longman, 1998), pp.123〜134.

는 교육훈련 및 정보화사회 적응기금이라 할 수 있으며 새로운 제6
목표는 스웨덴이 가입함에 따라 인구밀도가 극히 낮은 지역(1㎢당
8명 이하의 거주민이 있는 지역)의 구조 개선이 목표였다. 제2목표
는 해당 지역이 어촌지역까지 확대되었고, 유럽연합 전체 인구의
16.8%가 이 목표에 해당되었다. 제5b목표는 어촌 및 낮은 인구밀
도지역의 구조 개선이 목표이며, 유럽연합 전체 인구의 약 8%가
이에 해당되었다<표 1>.

〈표 1〉 유럽연합의 지역정책 목표대상지역(1989~1999년)

목표대상지역	1989~1993년	1994~1999년
제1목표	EU 내 저개발지역으로 항구적인 낙후지역으로 인정되는 지역으로 1인당 GNP가 EU 평균의 75% 미만인 지역의 구조조정	좌동
제2목표	산업기반이 현저히 침체된 구산업지역으로, 구산업 및 서비스업 침체지역의 경제전환	어촌지역까지 확대
제3목표	장기실업 및 청년실업 문제해결	제3, 4목표 통합
제4목표	청소년 직업교육: 산업구조 변화에 직면하고 있는 노동자 및 예비 실업자	지역 구조 개선에 따르는 교육훈련 및 정보화사회 적응지원
제5a목표	농업구조의 현대화: 농·임산물의 생산, 가공, 유통업 구조개편	농업＋어업
제5b목표	농촌경제의 다변화: 농촌인구의 도시이동을 막고 농업 이외의 분야인 관광이나 중소기업 부문에서 고용창출을 지원	어촌 및 낮은 인구밀도지역의 구조 개선
제6목표	-	어촌을 포함한 극저 인구밀도 지역의 구조 개선

출처: http://ec.europa.eu/regional_policy/funds/prord/sf_en.htm 참조 작성(2007년 5월 14일 검색).

이 개혁에서 특이할 만한 점은 집행위원회와 회원국들이 지원
프로그램을 시행하기 전후, 그리고 시행 중간에 과정을 반드시 평
가해야 하는 규정을 포함시켰다는 점이다. 사실상 1988년 개혁의

목표 중 하나는 지역정책의 목표대상지역의 범위를 제한하는 것이었다. 그러나 정치적인 이유로 광범위한 지역에 분산된 지원이 이루어졌다. 따라서 대상지역을 줄임과 동시에 집중된 지원이 필요하다는 문제가 지속적으로 제기되었다.

2. 1999년 개혁과 파트너십

낙후한 지역발전을 위한 목표들을 설정한 이래로 국가 차원에서 해결할 수 없는 새로운 사회적인 문제점들이 발생함에 따라 회원국 간에는 정치적 해결의 필요성이 제기되었다.[8] 1997년 집행위원회는 지역적 불균형 감소와 사회·경제적 결속이라는 목표를 달성하기 위한 도구(ERDF, ESF, EAGGF)의 내용을 포함한 암스테르담 조약 제130a의 내용을 강화하려는 시도로서 첫째, 구조기금의 전반적인 개혁을 위해서 새로운 예산체계의 확립하고, 둘째, 프로그램 기획과 시행의 간소화하며, 셋째, 낙후 지역의 지원을 강화하고, 마지막으로, 과거 15개 회원국 및 당시 가입 예정국인 동유럽 국가들과의 협력을 강화하기 위한 노력을 할 것을 제안하였다.

제안서의 구체적인 내용을 부연설명하면 다음과 같다. 첫째, 최대

---

8) 이와 같은 상황을 모라브칙(A. Moravcsik)의 자유주의적 정부간협상론(Liberal Intergovernmentalism)의 관점으로 설명하면 회원국의 유럽통합에 대한 정책선호는 기본적으로 경제적 이익에 대한 고려에 의해 크게 좌우되며, 회원국 간의 협상의 결과는 국가들 간의 비대칭적 상호 의존성에 의해 결정되는 바가 크고, 제도적 선택은 정책 분야에 따라 회원국들 사이에서 어느 정도의 신뢰가 필요한가에 따라 달라진다. 회원국들이 약속을 위반하고자 하는 동기가 큰 정책 분야일수록 초국가적 기구에 좀 더 많은 권한을 부여함으로써 회원국들이 약속이행의 의지를 표현한다는 것이다. Andrew Moravcsik, *The Choice for Europe: Social Purpose and State Power from Messina to Maastricht*(Ithaca: Cornell University Press, 1998), pp.18~85.

한의 효율성을 위해 지원은 가장 빈곤한 지역에 집중한다. 둘째, 지역개발 지원 총액은 감축하되 스페인, 그리스, 포르투갈, 아일랜드와 이보다 잘사는 지역 간 배분을 보다 효율적으로 한다. 셋째, 2000～2006년까지의 총 예산은 1999년 예산(286.4억 유로) 수준을 유지하며 사회·경제적 결속을 위한 목표들은 유럽연합의 GDP의 0.46%를 유지한다. 넷째, 에든버러 회담 결정사항 준수를 위한 지속적인 노력을 한다. 다섯째, 집행위원회와 회원국들 간의 상호 협력을 강화한다. 여섯째, 개혁된 구조기금은 반드시 다양한 방법과 체계적인 역할 분담을 통해서 감시체계를 강화하고 공정한 평가를 하며, 법률체계의 단순화를 통한 비용 및 효율성을 증대시킨다 등이다.

이러한 지역정책의 문제점 및 개혁방안들을 종합한 어젠다 2000은 보충성의 원칙을 강조하여 프로그램 관리의 책임을 회원국과 지방정부에 두고, 집행위원회가 이를 보완하는 형태를 갖추게 하였다. 또한 한 명의 운영위원을 두어 집행위원회에 매년 수행결과를 보고하도록 하였고 공동체의 규정을 준수하는지를 감독하는 책임을 맡겼다. 사전, 중간, 사후 평가에 대한 책임을 회원국과 공동체 양쪽에 두었던 것을 개정하여 사전평가는 회원국이, 중간평가는 운영위원이, 사후평가는 공동체에 더 많은 책임을 부여하였다.[9]

한편, 유럽연합의 구조기금 분야 최대 수혜국인 스페인, 아일랜드, 포르투갈 및 그리스는 유럽연합의 확대계획에 따라 현행 구조기금이 주로 신규 가입국에게만 집행된다면, 기존 수혜국들과 북부 지역 선진 회원국 간 격차가 더욱 벌어지게 될 것이라는 점을 우려

---

9) 정홍렬, *op.cit.*(2001), p.115.

하였다. 따라서 결속기금(Cohesion Fund)의 수혜기준(유럽연합 평균 GNP의 90% 이하 국가)은 존속되어야 한다고 주장하였다. 그러나 독일의 주장은 구조기금 목표(Objective) 해당 지역(그리스, 포르투갈, 아일랜드 등 1인당 GNP가 유럽연합 국가 평균 75% 이하 지역)이 부유회원국들보다 적은 분담금을 내고 있고 동 지역의 1인당 GNP가 부유회원국 내 저개발지역보다 많음에도 불구하고, 구조기금 제1목표 대상지역보다 많은 혜택을 받는 것은 비합리적이며 공정하지 않다고 주장하였다.

유럽연합 구조기금 정책의 통합 추진체계로의 개편 노력은 두 가지 방향으로 진행되어 왔는데 하나는 부문별 구조기금을 지역 단위의 종합계획 아래 통합하려 한 것이고, 다른 하나는 유럽연합과 개별국가, 중앙과 지방, 공공부문과 민간부문 간의 파트너십(partnership)[10]과 연계를 강화하려 한 것이다. 이 원칙은 어젠다 2000 개혁에서 특히 강조되어 목표대상지역범위를 축소하고 목표대상지역의 유형도 6개에서 3개로 변경하고, 유럽연합이 직접 주도하는 공동체 프로그램의 종류를 줄이는 것이 합의되었다. 또한 유럽연합의 초국가기구

---

10) 파트너십이란 회원국과 회원국에 의해 지명된 국가, 지역, 지방의 각 기관이 공통의 목표달성을 위해 파트너로서 긴밀히 협의하는 것을 말한다. 이 원칙에 따라 유럽연합은 단지 일반적 원칙과 범위를 정하는 역할에 그치고, 각 지역의 발전계획 수립과 사업의 집행은 개별국가 및 대상지역의 지방정부 책임하에서 수행한다. 각 지역별로 단일종합계획을 수립할 시에도 지역의 관련 단체나 주민들이 참여하고 민간부문이 소요 예산을 일정 부분 분담하기도 한다. 이러한 파트너십의 영향으로 지방정부 차원에서 지역개발정책을 통괄하는 독자적 기관의 출범이 늘고 있고 영국의 지역개발청이 하나의 예이다. European Commission, *Eur-Lex: The Portal to the European Union Law*(Brussels, 2006). http://www.europa.eu.int/eur-lex/en/index.html(2007년 4월 20일 검색) 파트너십 실행에 대한 당위성은 다음과 같은 요인에 기인한다고 할 수 있다. 첫째, 파트너십은 유럽연합 기존 15개 국가들이 안고 있는 공통의 문제들에 대한 집합적인 이익을 창출하기 위한 미천한 자원들의 이동통로를 제공한다. 둘째, 파트너십은 행위자가 자발적으로 그들의 행위를 결정할 수 있는 능력을 허용한다. 셋째, 파트너십은 결속을 위한 강력한 목소리를 낼 수 있는 당위성을 지역위원회에게 제공한다. 넷째, 파트너십은 민주주의 원동력이다. Liesbet Hooghe, "A House with Differing Views: The European Commission and Cohesion Policy", Neill Nugent(ed.), *At the Heart of the Union: Studies of the European Commission*(London: MacMillan, 2000), pp.89~108.

는 단지 일방적인 규칙 제정과 범위만을 정하고, 각 지역의 발전계획 수립과 사업 진행은 개별국가 및 대상 지역의 지방정부 책임하에서 수행할 수 있게 되었다. 이 원칙에 따라 구조기금의 배정, 사업의 선정 등은 유럽연합과 개별국가, 지역이 상호 협력을 통해 결정하며 유럽연합의 일방성이 배제되었다. 이러한 주장이 반영된 어젠다 2000에서의 지역정책 개혁의 내용은 <표 2>와 같다.

〈표 2〉 어젠다 2000 이후 목표대상지역 적용 기준 및 기금형태

지원대상지역		적용기준 및 기금 형태(2000~2006년)	기존 지원유형 (1999년 이전)
제1목표	낙후지역의 개발 및 구조조정 지원(낙후지역)	· 적용기준 −1인당 GNP가 유럽연합 전체 평균의 75% 이하인 NUT Ⅱ 지역 −이전 제6목표(핀란드, 스웨덴) −오지 지역(프랑스령 카나리섬 등) · 기금형태: ERDF, ESF, EAGGF, Guidance Section, FIFG · 지원대상 지역: 유럽연합 전 인구의 22.2%에 해당 · 재정지원: 1,400억 유로, 구조기금의 65% 집행위원회는 구조기금의 10% 정도를 보유금(reserve)으로 유지하자는 제안	제1목표 제6목표 지역에 따라서 기존 제5a목표는 새로운 제1목표 또는 제2목표 지역에 흡수됨
제2목표	구조적 문제지역의 경제·사회적 지원 (구조전환지역)	· 적용기준 −산업지역: 평균 이하 실업률, 평균 이상으로 산업부문의 높은 고용비중, 산업고용 쇠퇴지역 −농업지역: 낮은 인구밀도 및 농업부문의 노동력 비중이 높은 지역, 실업률이나 인구 유출이 심한 지역 등 −도시지역: 높은 장기실업률, 높은 빈곤수준, 환경문제, 높은 범죄율지역, 낮은 교육수준 등 5개 기준 등 1개 이상 해당 지역 −어업지역: 어업부문 고용감소 및 어업부문 고용비중이 높은 지역 · 기금형태: ERDF, ESF · 지원대상지역: 유럽연합 전체 인구의 18% 차지(영국은 전체 인구의 24%가 해당) · 재정지원: 매년 5억 유로 지원	제2목표 제5(b)목표

제3목표	교육, 훈련 및 고용정책의 현대화 지원 (지역 제한 없음)	· 지원대상 －실업 감소를 위한 노동시장정책의 활성화 －사회적 배제집단의 노동시장 진입 향상 지원 －교육프로그램 및 평생교육을 통한 고용기회 증진 －사회, 경제적 변화에 적응할 수 있는 조치 지원 －남녀평등 고용 촉진 · 기금형태: ESF · 제1목표를 제외한 지역에 지원 · 재정지원: 600억 유로	제3목표 제4목표
어업 및 도시외곽 지역발전	농촌개발 및 어촌지역의 구조 개선 지원	· 농촌개발 －제1목표: 일부 시책을 제외하고 EAGGF를 통한 재정 지원 －제1목표 이외: 모든 정책들은 EAGGF에 통해 재정지원 · 어업부문의 구조적응 －제1목표 및 특수한 국가프로그램 지역에서 FIFG에 의해 재정지원	제5(a)목표
지역사회 발전	－	· Interreg Ⅲ : 유럽지역 내 균형적 개발 및 공간계획을 촉진하기 위한 범국경, 초국가 간 및 지역 간 협력시책(ERDF) · Leader＋: 지방자치단체 간 협력 및 통합프로그램을 통한 농촌개발(EAGGF) · Equal: 노동시장 접근과 관련한 차별과 불평 등 해소를 위한 초국가 간 협력시책(ESF) · Urban: 지속 가능한 도시개발을 위하여 위기에 처한 도시 지역의 사회 · 경제적 회생시책(ERDF)	Interreg Ⅱ (A, B, C), Employment, Leader Ⅱ, Adat, AMEs, Urban, Regis Ⅱ, Konver, Retex, Rechar Ⅱ, Peace, Pesca

출처: 강현수 외, 『유럽의 지역발전정책』(서울: 한울, 2003), p.27 참조 재구성.

한편 집행위원회는 2004년 2월 18일에 2007～2013년 기간 동안 시행될 지역정책안을 발표했는데 이 기간 동안의 정책을 과거 2006 년까지의 정책과 비교하면, 제1목표는 집중(Convergence)으로 대체 되었으며, 제2목표와 제3목표가 통합되어 지역경쟁력 향상과 고용 (Regional competitiveness and employment)으로 명칭이 바뀌게 되었 다. 그리고 회원국의 국경 간 상호 협력 및 연계사업이 보강되었다 는 데 차이점이 있다.[11]

Ⅲ. 유럽연합 지역정책 주체의 변화

1960년대 중반까지 구조기금은 지역 간의 발전격차(development lag) 해소, 지속적인 산업성장, 고용창출을 위한 도구로서 사용되었다. 당시만 해도 실업문제는 공동체 차원의 문제가 아니었다고 할 수 있다. 그러나 1980년대에 들어서면서 실업문제가 사회적인 문제로 등장하게 되었고 실업은 공동체의 결속을 가로막고 지역 간의 불평등을 심화시키는 요인으로 작용하기 시작하였다. 실업문제가 공동체 차원의 정책 부재에 기인한다는 사실을 인식하기 시작한 것은 1986년 단일유럽의정서가 발효된 이후였다.

구조기금의 개혁이 중요한 이유는 유럽연합의 회원국 및 각 지역 간의 발전격차가 유럽의 진정한 사회 · 경제적 통합을 방해하는 요인이라고 인식되었기 때문이었다. 유럽연합의 3단계 목표인 경제통합은 주로 '수렴(convergence)' 범주인 반면, 지역정책은 주로 '결속(cohesion)'의 범주로서 정당성을 부여받았던 것이다. 유럽연합이 지역정책을 경제통합과 함께 강조할 수밖에 없었던 것은 첫째, 유럽연합이 경제통합만을 목적으로 하는 공동체가 아니라 정치통합을 목표로 하고 있고, 정치통합은 지역격차가 심화되는 한 달성하기 어렵다는 점이다. 둘째, 현실적 필요성으로 단일통화동맹에 상대적 저발전 국가들을 참여시킬 유인이 필요하다는 점이다. 셋째, 회원국 간 국경을 넘나들어야 하는 인적 자본의 자유로운 이동

---

11) 보다 상세한 내용은 http://ec.europa.eu/regional_policy/funds/2007/index_en.htm(2007년 6월 10일 검색)을 참조할 것.

을 보장하는 데도 필수적이라 할 수 있다. 넷째, 유럽통합으로 인해 산업경쟁력이 약한 주변지역에서 발생 가능성이 있는 불이익에 대한 불만을 완화시킬 요인이 필요했기 때문이었다.[12]

1988년 지역정책의 개혁 이후 유럽연합의 지역정책을 주도하는 주체에 관한 논란이 지속되었다. 이는 어떠한 방식으로 유럽이 지역정책을 수행하는 것이 가장 효율적일 것인가라는 문제와 관련이 있다. 사회·경제적 결속과 함께 유럽연합의 동등성 문제는 끊임없는 논란의 대상이 되어 왔고, 규제자본주의자들의 재등장은 외부로부터의 정치압력을 잠재우고 유럽연합의 동등성 문제를 해결하기 위하여 다양한 정책을 모색해 왔다.

1980년대 중반까지의 지역정책은 다음과 같은 심각한 문제점을 노정하였다. 첫째, 회원국들은 그들에게 할당된 쿼터를 모두 사용하기 위하여 때때로 프로젝트의 경제적 효율성을 훼손하였고, 둘째, 구조기금은 회원국가가 지출해야 할 비용을 줄이기 위해 사용되었다. 이와 같은 이유로 유럽공동체 차원에서 지역정책 체계를 바꾸기 위한 시도가 1978년부터 1985년 사이에 여러 차례 진행되었다. 그중 하나는 집행위원회가 유럽연합 지역정책에서, 회원국가보다 더 큰 권한을 지니도록 하는 것이었다. 이를 위해 지역개발기금의 국가별 쿼터를 없애려는 시도가 진행되었다. 그러나 각 회원국들은 유럽연합 지역정책기금을 국가 지출을 줄이는 데 사용하고자 했고 지역정책 주도권을 유지하고자 했다.[13]

1986～1988년까지 진행된 구조기금의 개혁은 회원국들이 자체적

---

12) *Ibid.*, p.18.
13) *Ibid.*, pp.21~22.

으로 지역개발계획을 수립하여 집행하는 것에는 공동체의 추가적 지원이 가능하나 원래 계획을 취소 또는 지원금을 축소하는 경우에는 공동체 지원을 중단한다는 추가성 원칙(the principle of additionality)이 지켜지지 않은 결과로 구조기금의 효용성이 의심받은 것에 대한 집행위원회의 결단으로 볼 수 있다. 즉 1988년의 구조기금 정책의 개혁은 유럽공동체 차원의 가장 중요한 분배 도구를 재구성한 것이라 할 수 있다. 개혁 결과 구조기금은 유럽연합 예산의 거의 35% 가까이 되었으며 구조기금의 흐름도 공동체 내의 저개발 국가로 향하기 시작하였다. 당시 그리스, 포르투갈, 아일랜드는 구조기금이 자국 GDP의 3%가 넘었다.

결과적으로 1988년 구조기금의 개혁은 지역정책을 관리함에 있어서 집행위원회의 역할을 부각시켰으며 기금 사용에 있어서도 집행위원회는 자치권을 획득한 시기라고 볼 수 있다. 집행위원회의 자치권 획득과 함께 지방자치정부와의 유대가 강화되었고 지역정책의 계획 초기단계부터 지역위원회(Committee of Regions)[14]의 참여가 허락되었다. 각 회원국 내에서 오랫동안 소극적 입장에 머물고 있었던 지방자치정부가 지역정책의 계획단계부터 참여가 가능해짐에 따라 집행위원회와 회원국, 그리고 지역위원회의 공조를 통

---

14) 지역위원회의 실질적 업무의 시작은 1994년부터이다. 지역위원회 창설 이전에도 오래전부터 유럽 차원에서 지역적 연합이 결성되어 유럽연합과 밀접한 협력관계를 형성하고 있었다. 1957년에 만들어진 지방정부상설회의(Permanent Conference of Local and Regional Authorities)가 대표적 예이다. 그러나 이러한 많은 지역연합 기구들은 유럽연합조약 체결 이후 지역위원회로 대체되었다. 지역위원회는 각료이사회에 의해 임명된 각 지역과 지방정부를 대표한 344명의 위원으로 구성되며, 위원의 임기는 4년이다. 지역위원회는 각 국가나 지방정부의 규모 그리고 정치적 중요성 등을 반영하여 인적 배분이 이루어진다. 유럽연합조약에서는 경제·사회적 결속을 위한 범유럽 네트워크, 보건, 교육 및 문화정책 등은 반드시 지역위원회의 자문을 거쳐 결정을 행하도록 명시하고 있다. 지역위원회는 각 지방의 대표성이 결여된다는 문제점을 갖고 있다. 대개의 경우 지역위원회 위원들은 유럽의회와 같이 선거절차를 거치지 않고 중앙이나 지방관료들 중에서 임명된다. 이러한 이유는 지역위원회가 강제력이 없는 자문기능만을 갖기 때문이다. 김시홍 외, op.cit.(2007), p.69.

한 수혜지역 선정, 기금의 적용·평가와 감시활동 등을 공동으로 집행할 수 있게 되었다.

지역위원회의 지방자치정부 정책결정자들의 다양한 의견 제시로 인하여 자신이 속한 지역의 이익을 향한 목소리가 커지게 되었다.[15] 한편, 지역행위자의 정치적 목적, 즉 그들의 존재가치를 집행위원회에 각인시키려는 노력이 지나침으로 인해서 공동의 이익 추구가 방해받았다. 그 결과 집행위원회는 다시금 회원국이 조정자로서의 역할을 해 주기를 기대하였고 국가라는 단일 채널을 통한 의견 수렴을 원하였다. 이러한 이유로 1993년 개혁에서는 구조기금의 분배와 관련한 국가의 역할이 재인식되었다.

주지하다시피 마스트리히트조약이 체결됨에 따라 공동체의 목표가 단일시장을 넘어 경제통화동맹을 나아가서 경제통합으로 바뀌게 되었고, 이에 경제력이 약한 국가들의 불만 해소를 위해 마스트리히트조약은 130d조에 결속기금 조항을 삽입했다. 사실상 구조기금은 결속기금을 제외한 나머지 기금을 통칭한다. 양 기금을 합쳐서 통상 '구조조정자금'이라고 부르기도 하는데 구조기금이 기본적으로 지원대상이 국가가 아니라 유럽연합 전체를 300여 개 지역 (NUTⅡ)으로 나눈 지역이라면, 결속기금은 환경, 수송 인프라 구축 등과 관련하여 신규가입국으로서 인프라가 취약한 국가들을 대상으로 지원되며, 구조기금과 달리 지원대상이 아닌 국가라는 차이

---

15) 로위(Theodore J. Lowi)는, 재분배정책은 강한 리더십을 필요로 하나 강한 리더십은 특히 여성문제, 노인문제, 소수 민족문제들이 다루어졌던 경험에 비추어 보아 중앙의 우선권에 의한 정책결정은 큰 효율성을 보여 주지 못하며, 특히 이러한 문제들은 유럽연합의 정책결정에 참여하는 행위자들의 관심을 끌지 못한 대상들이었다는 점을 지적한다. 이와 같은 이유로 지역위원회의 정책결정참여는 반드시 필요하다고 주장한다. Theodore J. Lowi, "American Business, Public Policy, Case-Studies and Political Theory", *World Politics*, Vol.16(1964), pp.677~715.

점이 있다.

회원국 내 빈국의 환경 및 교통부문의 개발지원 사업을 위한 결속기금 창출의 계기가 된 1993년 개혁 이후 각국의 중앙행정부는 국토관리 및 지역사업 대표부를 설치하였고, 이어서 국가 차원의 유럽연합 지역정책을 관리하는 하부조직이 생겨났다. 회원국 정부로의 권한 이전은 비용낭비뿐만 아니라 집행위원회의 권한 강화보다 정치통합을 방해할 소지가 커졌다. 국가 차원의 구조기금 대상 지역 선정은 가난한 지역 내의 부유층을 더욱 증가시키는 결과를 낳았으며, 실제로 소외된 집단의 의견을 반영할 기회가 급격히 감소되었음을 의미하였다. 무엇보다도 국가로의 역할 분배 확산은 유럽연합 내 부국 간 구조기금 할당 및 분배 문제와 관련하여 의견 일치를 어렵게 만들었다.

예를 들면 독일, 덴마크, 프랑스, 벨기에, 룩셈부르크, 네덜란드는 유럽공동체 예산에 순수 기여국으로, 이들 회원국은 유럽공동체의 사회 · 경제적 통합을 목적으로 한 결속기금을 사실상 제한하기를 원하였다. 구조기금의 적용에 있어서도 영국은 공동농업정책 자금의 축소를 원했던 반면, 프랑스는 공동농업정책의 현상 유지를 원하였다. 남유럽 국가들은 이와는 전혀 반대의 입장에서 가능한 한 기금의 혜택을 많이 받을 수 있는 수혜지역의 확대를 요구하였다. 특히 집행위원회에 대한 비난의 원인 중에 하나인 집행위원회의 권력 강화에 따른 행정조직의 방대화는 국가로의 권한 이전 시에도 변함이 없었다. 이후 암스테르담조약 이전까지의 구조기금 분배정책은 국가 통제적 정책결정방식에 따라서 집행되어 왔다고 할 수 있다. 한편 암스테르담조약은 고용정책과 관련하여 회원국들이 매년 자국의 고용상황을 집행위원회에 보고하는 절차를 규정하였다. 이에 따라 집행위원회는 회원국들에게 자국 국가고용 정책을 마련함에 있어 공동체 지침을 채택하게 하였고, 우선지원 대상지역을 선정한 후 구조기금 분배를 통하여 그 지역의 노동시장을 개혁할 수 있었다.

한편 1995년 유럽연합이 중동부 유럽국가들의 가입을 예고한 이래 확대의 구체적인 절차 및 과정을 포함한 어젠다 2000은 규제자본주의 지지자들에 의한 지역정책을 제고하는 계기가 되었다. 회원국 확대 예고로 유럽연합에는 신자유주의 지지자들의 의견을 반영할 수밖에 없는 새로운 세력의 결집현상이 나타났으며 이들의 주도하에 유럽연합의 지역정책 목표를 수정하지 않으면 안 될 처지에 놓이게 되었다. 아래 <표 3>은 시기별 개혁과정에 따른 지역정책 프로그램의 책임소재와 평가절차의 주요 변화를 요약한 것이다.

〈표 3〉 지역정책 개혁과정에 따른 프로그램 평가절차의 변화

시기별	책임소재 및 평가절차의 변화
1988년 개혁	집행위원회와 회원국이 지역정책 지원 프로그램을 시행하기 전후, 그리고 시행 중간에 프로그램의 시행과정을 반드시 평가해야 하는 규정이 포함됨.
1993년 개혁	각 회원국 정부 또는 지방정부가 다년간 개발계획을 수립하면 이를 각 회원국 정부가 집행위원회에 제출해야만 하는 절차가 포함됨. 한편 지역정책과 관련한 집행위원회의 역할은 계획의 입안, 집행이 아닌 지역개발기금 조성에 그침.
1999년 개혁	보충성의 원칙이 강조됨. 프로그램의 관리책임을 회원국과 지방정부에 두고, 집행위원회가 이를 보완하는 형태를 갖추게 하고 공동체의 규정을 준수하는지 감독하는 책임을 맡게 됨. 사전, 중간, 사후 평가에 대한 책임을 회원국과 공동체 양쪽에 두었던 규정을 개정하여 사전평가는 회원국, 중간평가는 운영위원, 사후평가는 공동체에 더 많은 책임을 부여함.

지역정책 가운데 도시 관련 정책도 동일한 변화과정을 겪었다.

벨기에 출신의 학자인 스윙에다우(Erik Swyngedouw)는 "경제적 상호 의존이라는 특성을 지닌 세계화가 도시들 간의 경쟁은 유발시켰으나 도시는 더 이상 노동과 자본으로부터 발전하는 도시외곽과의 통합의 결과로서 성장하지는 않는다."라고 주장한다.[16] 다시 말하자면 세계경제와 도시는 국가 간의 연계와 다른 성장기둥과의 수평적 관계로서 또는 그러한 국제적인 도시와 도시 간 상호 의존의 결과가 지역적 차원까지 연계된 결과 성장한다는 것이다.

르갈(Patrice Le Gal)은 "지역은 기술의 중심부로서 그들 자신을 규정짓는 도시들의 집합이므로 지역 차원의 발전 정책은 단지 상징적이다."라고 주장한다.[17] 즉 진정한 경제발전은 도시를 중심으로 이루어지며, 지방자치정부 결정권자는 구조조정의 결과 도시에 빼앗긴 지방의 관심을 되찾기 위해 국가보다는 오히려 국제관계에 신경을 쓰게 된다. 이를 위해 지역정책 정책결정과정에 참여함으로써 자신의 존재를 각인시키려 든다는 것이다.

도시지역의 결속은 유럽경제에서 가장 중요한 역할을 담당한다고 할 수 있다. 도시는 통신, 상업, 문화유산, 소비의 중심이라 할 수 있는 반면, 도시는 재생 불가능한 자연자원의 소비와 공해요인 배출의 원천지이다. 도시와 농촌의 조화로운 발전을 위하여 유럽지역개발기금의 제10조에 의해서 재정적 지원을 받고 있는 도시 시범사업에도 적지만 의미 있는 예산이 할당되었다. 초기의 두 개의

---

16) Erik Swyngedouw, "The Mammon Quest: Localization, Interspatial Competition and the Monetary Order: The Construction of New Scales", M. Dunford and G. Kaflakis(eds.), *Cities and Regions in the New Europe*(London: London Belhaven Press, 1992), pp.39~67.

17) Patrice Le Gal, "Gouvernement et fouvernance des rigions: faiblesses structurelles et nouvelles mobilisiations", P. Le Gal and C. Lequesne(eds.), *Les paradoxes des regions en Europe*(Paris La douverte, 1997), pp.237~263.

시범사업 지역인 런던과 마르세유 지역은 제2목표 지역으로서 인정되지 않았던 것에 대한 보상의 개념이었다.

1990년대 초부터 도시지역 결속을 위한 예산이 증가하여 1995~1999년까지 5년간 집행위원회는 문화·경제 발전, 새로운 직업, 정보화 사업, 지방권위체들 간의 경험 교환과 이와 관련된 다양한 계획을 수행하기 위해 도시 시범사업에 4억 유로를 할당하였다. 사실 1993년 첫 번째 녹서(Green Paper)는 집행위원회의 제안을 포함하고 있으나 공동체 사업에서 도시에 관한 언급은 없었다. 유럽의회와 다양한 협력기구의 개입으로 집행위원회 위원이었던 밀란(Bruce Millan)은 사업계획목록에 도시를 포함하는 결정을 내렸다.

한편, 집행위원회는 회원국 정부가 중요한 역할을 담당하는 구조기금의 특성에서 벗어나서 지방 행정기관이 직접 프로젝트를 집행위원회에 제출할 것을 요구하였다.[18] 그 결과 유럽연합 회원국들 다수의 지방자치정부들은 유럽연합 내의 영향력이 있는 인물에게 접근을 시도했으며 몇몇 유럽의 대도시들은 자발적으로 공직에서 물러난 시장들을 영입하여 유럽연합 내의 인맥을 이용하여 자국 도시의 이익을 가져오려는 노력을 하였다. 하나의 예로 바르셀로나와 리스본과 같은 도시들은 유럽과 국가 차원에서 가장 강력한 정치인 몇몇에 의해서 이끌어진다 할 수 있다. 리스본의 전임 시장은 포르투갈의 대통령이 되었으며, 전 바르셀로나 시장이었던 마라갈(Pascal Maragall)은 비록 스페인의 중도우파로 인해서 정치적 입지를 상실했지만 브뤼셀의 정책결정에 막대한 영향을 끼치는 지역위원회 의

---

18) European Commission, *Toward an Urban Agenda in the European Union Communication from the European Commission*(Brussels: European Commission, 1997).

장직에 추대되었다. 또한 이탈리아의 토리노, 베네치아, 로마, 나폴리, 볼로냐 시장들은 지역발전정책에 그들의 능력을 보여 주었고 국가전략 계획에 중요한 행위자로서의 역할을 수행할 수 있었다.

Ⅳ. 지역정책 패러다임의 변화

지역 간 경제력 격차의 원인 및 해결방안에 대한 가설은 현실주의적 가정과 자유주의적 가정으로 나누어 볼 수 있다. 첫 번째는 경제발전의 초기로부터 시간이 경과함에 따라서 경제력의 격차가 커져서 일단 초기에 경쟁력을 확보한 지역은 지속적으로 경쟁력을 강화해 나갈 수 있다는 것이다. 그러므로 초기에 경쟁력을 확보하지 못한 지역은 국가의 개입만이 지역의 불균형을 해소할 수 있다는 것이 현실주의적 입장이다. 두 번째는 지역 간 격차는 일시적인 현상이므로 자유로운 시장경제체제의 강화와 생산요소의 자유로운 이동에 따라서 지역격차는 자연스럽게 해소될 수 있다는 것이 자유주의적 입장이다.[19)

유럽연합의 지역개발정책은 시장통합으로 지역 간 격차를 줄이려는 입장과 유럽연합 집행위원회의 다양한 정책개발기금의 분배를 통하여 지역발전을 이루고자 하는 입장의 조화를 추구하고 있다고 할 수 있다. 시장의 확대는 규모의 경제(Economies of Scale)로

---

19) Wolfgang Wessels, "An Ever Closer Fusion? A Dynamic Macropolitical View on Integration Processes", *Journal of Common Market Studies*(June 1997), p.271.

인한 경쟁력 강화를 가져올 수는 있으나 이러한 경쟁력의 강화가 지역 간 불균형을 해소할 수 있을는지는 불확실하다. 그러나 확실한 것은 1993년 마스트리히트조약 이후 지금까지도 지역 간 소득 격차는 큰 폭으로 존재하고 있으며, 이것이 유럽연합의 정치통합에 큰 장애요소로서 작용하고 있다는 사실이다.

1. 1988년 구조기금 개혁과 규제자본주의의 재등장

마조네(Giandomenico Majone)는 현재 유럽 내에서 수행되고 있는 결속정책은 특정지역 중심의 정책인 반면, 집행위원회가 추구하고자 하는 재분배 정책과는 거리가 있다고 주장한다. 부유한 자와 가난한 자가 혼합되어 있는 지역의 특성상 재분배를 위한 지역선정의 어려움 때문에 재분배 및 지역 결속의 효율성이 떨어진다는 것이다. 만약 결속의 조건이 개인들 간의 불평등에 있다면 재분배는 반드시 지역이 아닌 개인에게 초점을 맞춰야 한다. 그러나 집행위원회가 정책목표의 대상을 개인에 둔다면 분명히 회원국들의 반대에 부딪힐 것이다. 왜냐하면 구조기금이 개인을 위해 쓰인다는 것은 역내 상대적으로 가난한 국가로의 기금분배 액수가 줄어들 것임을 쉽게 예상할 수 있기 때문이다.[20]

따라서 집행위원회 주도의 1988년 지역정책의 개혁은 지역 내의 공간적 경제 불균형을 해결하는 데 초점을 맞추었지 유럽연합 참

---

20) Giandomenico Majone, "The European Community Between Social Policy and Social Regulation", *Journal of Common Market Studies*, Vol.31, No.2(1993), pp.153~170.

여 국가 내에서의 개인이나 사회적 취약집단들 사이의 불균형 문제에는 무관심하였다.[21] 더욱이 사회·경제적 결속정책은 유럽시민권을 마련하려는 노력에는 실패하였다고 볼 수 있다.[22] 왜냐하면 1988년 개혁에서 나타난 정책의 변화는 단지 경제적 기능성을 회복하고 참여국가에 대하여 재정긴축을 요구하는 프로그램을 지원하였기 때문이다. 유럽의 규제자본주의는 유럽 차원의 전통적 사회정책을 모방하려 한 것이 아니라 비효율적인 국가복지정책과 신자유주의 지지자들이 입안하는 정책에 대한 대응책 마련이 주된 목표였다. 유럽통합을 위하여 규제자본주의를 통한 제도 개혁을 주장했던 핵심적 인물은 들로르(Jacques Delors)였다. 1986년 유럽연합에 가입한 포르투갈과 스페인 정부가 그들이 기대했던 만큼 구조기금의 할당을 받게 되자 들로르는 구조기금을 규제자본주의 맥락에서 개혁하는 기회로 활용하였다.[23]

지역정책의 개혁에 있어서 특히 주목해야 할 것은 지역정책의 주체가 누가 되느냐에 대한 주도권 다툼으로도 이해가 가능하다는 점이다. 규제자본주의 지지자들에 반기를 든 신자유주의적 결속정책은 유럽의 규제자본주의자들에게 있어서 극복해야 할 가장 중요한 요소였다. 유럽연합의 정치와 정책에 대한 압력, 말하자면 어떤

---

21) Robert Leonardi, "The Regions and the European Community", *The Response to the Single Market in the Underdevelopment Areas*(London: Frank Cass, 1993).

22) 후기(Liesbet Hooghe)는 결속정책의 구조와 집행위원회의 유럽 사회모델에 대한 비전 제시와 연계를 강조한다. "경제 환경을 변화시키는 것이 사회결속 목표의 끝도 아니고 수단의 끝도 아니며 복지유럽의 창조는 반드시 기회를 보장하고 시민 삶의 질을 향상시켜야 한다."라고 주장한다. Liesbet Hooghe and M. Keeting, *EU Cohesion Policy and Competing Models of European Capitalism*, Paper prepared for delivery at the 1997 Annual Meeting of the American Political Science Association(Washington, 1997).

23) George W. Ross, *Jacques Delors and European Integration*(Oxford: Oxford University Press, 1995), pp.25~27.

사상과 논리로 지역정책을 수행할 것인가에 대하여 결정을 내리는 데 어려움을 겪을 수밖에 없었다. 그러나 유럽연합의 정책결정자들은 그들이 규제자본주의를 선호하기 때문에 규제자본주의 지지자들과 제휴한 것은 아니었다. 유럽연합 내에서는 유럽통합 모델에 관한 논쟁이 시작되었고, 이러한 논쟁은 유럽연합의 기능적인 의무에 대한 역할을 무시하지 않고 기능주의자들과의 정책결정과 정책결과 사이의 관계를 정치적으로 해결하자는 것으로 의견이 좁혀졌다. 그 결과 1988년 구조정책과 결속정책에 대한 지원이 증가하게 되었고, 이는 규제자본주의 지지자들의 의견이 반영된 결과라고 볼 수 있다.[24]

1980년대의 유럽공동시장의 완성은 유럽의 전반적인 정치경제 체제의 개편을 가져왔다. 그 결과 경제에 있어서 지역이 의미하는 것이 무엇이든지 간에 어느 정도 시장의 힘이 유럽연합 차원에서 규제되어야 한다는 것과, 재분배 수준에 관한 것이 논의의 대상이 되었다. 이는 유럽인들이 원하는 자본주의의 형태는 어떤 것인가에 대한 문제였다고 볼 수 있다. 신자유주의자들은 시장통합의 완성으로 정치적 간섭으로부터 자유로워질 수 있다는 입장이었고, 국가는 단지 생산 요소들의 유동성을 확보하고 규제환경만을 제공함으로써 지방정부들 간 경쟁을 유도하여 생산력 향상을 이룰 수 있다는 것이었다.[25]

---

24) 1988년 개혁이 비록 유럽연합의 합리성과 관련된 문제 제기로부터 시작되었다 할지라도 이는 시장 효율성 문제와 혁신적인 통치를 강조하는 신자유주의 지지자들의 의견도 반영한 결과이다. Liesbet Hooghe, "Making of A Polity, The Struggle over European Integration", Herbert Kitschelt, Gary Marks, Peter Lange and John Stephens(eds.), *Continuity and Change in Contemporary Capitalism*(Cambridge: Cambridge University Press, 1999), pp.70~97.

25) Fritz F. Scharpf, "Negative and Positive Integration in the Political Economy of European

반면, 규제자본주의 지지자들은 시장의 규제를 통하여 자원의 재
분배와 공공 및 민간 분야의 상호 협력, 즉 파트너십을 강조하는
입장이었다. 이들의 주장은 정치행위자가 유럽 전역에 걸친 교통망
과 통신망, 작업수행능력과 같은 복합적인 이익을 유럽연합 국민에
게 제공하기 위하여서는 단일시장이 단지 시장과 경쟁의 논리만을
고집하기보다는 그 효율성에 초점을 맞추어야 한다는 것이었다. 규
제자본주의는 실용주의적인 이유로 재분배에 대한 공동체 주도의
정책들이 약한 행위자가 자유화된 시장에서 경쟁을 할 수 있게끔
힘을 부여할 수 있다고 주장하는 입장으로 공공과 민간 행위자들
사이의 지속적인 협력은 사회갈등을 감소시킬 수 있다는 것이다.
즉 민간과 공공이 상호교류를 통해서 경험을 공유할 가능성을 증
가시킴으로써 규제의 긍정적인 측면과 사회정책과 결속정책을 시
행함에 있어서 규제를 윤리적으로도 정당화할 수 있다는 것이다.

　　1988년 구조정책과 결속정책의 개혁은 이전까지 신자유주의 지
지자들에 의해서 계획되고 실행되어 온 모든 정책 프로그램에 새
로운 원칙을 만들기 시작하였다. 비록 구조정책과 결속정책의 목표
가 유럽연합의 지역적 불균형을 감소시키려는 의도에서였다고 할
지라도 이들 정책이 암시하고 있는 보다 근본적이고 중요한 목표
는 유럽연합의 발전 방향은 규제자본주의라는 틀 속에서 진행되어
야 하며 제도화되어야 한다는 것이었다.

　　규제자본주의의 대두는 구조기금의 증액을 가져왔으며 기금 사용
에 있어서의 적용범위 및 법칙이 제고되었다. 이러한 구조기금은 유

Welfare States", Marks G., Scharpf F., Schmitter P. C. and Streek W.(eds.), *Governance in Emerging Euro-Polity*(London: Sage, 1996), pp.15~39.

럽연합이 사회·경제적 결속을 추구함에 있어서 시장의 힘을 대체하려는 의도는 아니었으며 지역정책에서 배제된 자들에 대한 보상을 위함도 아니었다. 다만 유럽연합이 집합적이고 복합적인 이익을 공유하고 민간 및 공공 행위자들을 부추김으로써 산업이 지체된 지역에 경제성장 및 실업을 막아 보려는 의도로 해석할 수 있다.

유럽연합의 사회·경제적 결속을 위한 본격적인 지역정책과 사회정책의 개혁은 어떠한 단일한 제도적 틀 안에서 행하여진 것이 아니었다. 주도 사업과 기금의 분배는 단편적이었고 사회정책을 포함한 공동농업정책과 같은 유럽연합 예산의 상당 부분을 차지하는 정책조차도 단편적인 수준에 머물렀다고 할 수 있다. 이에 단편적인 정책을 보완하고 정책의 효율성을 높이기 위하여 집행위원회와 회원국들은 특정 정책을 계획하고 수행함에 있어서 지역행위자들을 포함하는 것을 결정하였다. 지역행위자들의 정책결정 참여는 이 시기부터 본격적으로 시작되었다고 볼 수 있다.

1990년대 중반까지도 유럽의 규제자본주의 지지자들은 유럽연합이 추진하고 있었던 지역정책과 사회정책을 수행함에 있어서, 각 회원국의 지역행위자들로부터 지원을 받았으며 규제자본주의에 대한 지지의 덕택으로 결속정책은 부분적인 성공을 거두었다고 볼 수 있다. 이는 말하자면 신자유주의 정책결정론자들에 의한 지역정책 및 사회정책의 추진 움직임을 압도한 결과로 분석할 수 있다.[26]

---

26) 하나의 예로 1995~1997년까지 집행위원회와 관련된 부처에서 종사하는 피고용인 140명의 상위직 공무원 대한 조사를 한 후기(Liesbet Hooghe) 연구를 살펴보면 42%는 재분배 지역정책, 복지제도, 시장경제 내에서의 산업정책 관련 규제자본주의에 대하여 절대적인 지지를 보낸 반면 39%는 의사표명을 안 했으며 14%는 반대 의사를 분명히 하였고, 사회·경제적 결속정책의 수행평가에 있어서는 46%는 규제자본주의 정책에 완벽한 지지를 표명하였으며, 30%는 부분적인 지지를 표명하였고 5명 중 1명은 반대하였다는 결과가 나타났다. 만약 집행위원회의 리더십이 규제자본주의 적용에 있어서 명백하게 분열되었다면 이러한 결과는 유럽의회 전반에 걸쳐서도 동일하다는 결론을 내릴 수가 있다.

집행위원회와 지역행위자들 간의 파트너십은 수혜금을 지원받는 회원국 정부로 하여금 유럽연합으로부터 제공된 기금을 활용할 계획을 수립하고 이행할 것을 요구하게 되었다. 지역정책의 급진적인 혁신과 변화는 지역정책을 수행함에 있어서 과거에는 없었거나 미약했었던 회원국 지방자치정부의 역할에 변화를 가져왔다.[27] 이에 정책을 수립하는 주요 행위자인 집행위원회와 국가는 감시체계라는 규칙 적용의 틀을 만들기 시작하였다. 이와 같은 규제자본주의의 득세는 1997년 어젠다 2000이 나오기 전까지 지속되었다. 이후 어젠다 2000에서의 지역정책과 구조기금, 특히 <표 4>을 통해 알 수 있듯이 유럽지역개발기금의 감소는 지역정책을 적용함에 있어서도 시장과 경쟁의 논리를 앞세운 신자유주의 지지자들에 대한 의견이 다시금 정책에 수렴되었다고 볼 수 있다.[28]

〈표 4〉 유럽지역개발기금(ERDF)과 사회결속기금(ESF) 예산(2000~2006년)

(단위: 백만 유로)

연도	2000	2001	2002	2003	2004	2005	2006
구조기금	32,045	31,455	30,865	30,280	29,595	29,595	29,170
ERDF	29,430	28,840	28,250	27,670	27,080	27,080	26,660
ESF	2,615	2,615	2,615	2,615	2,515	2,515	2,515

http://ec.europa.eu/budget/index_en.htm(2007년 4월 19일 검색)

Hooghe, *op.cit.*(1999), pp.70~97.

27) Gary Marks and Marco R. Steenbergen(eds.), *European Integration and Political Conflict* (Cambridge: Cambridge University Press, 2004), pp.26~38.

28) 1975~1984년 기간 동안 ERDF 지출은 여전히 큰 액수가 못 되었고 여러 부분에 산만하게 분산되어 사용되었다. 이 기간 117억 ECU가 할당되었는데 ERDF 재원은 고정 쿼터로 회원국에게 사용이 할당되었고, 1970년대와 1980년대에 걸쳐 이 기금의 85%가 사회간접자원 개선에 사용되었다. 1980년대 중반까지 ERDF는 전체 유럽연합 예산의 7.3%, 1989년 17%, 1992년 26%로 점차 증가하였다. 그러나 톰슨보고서가 원래 제안하였던 것보다는 훨씬 적었다. 강현수, *op.cit.*(2003), p.12.

2. 규제자본주의 vs 신자유주의

1988년 실시된 구조기금에 대한 전반적인 개혁과정을 돌이켜 보면 파트너십이 지역 불균형을 감소시키는 데 필수불가결한 요소로 받아들여졌다. 이 당시 구조기금 정책의 개혁으로 사회·경제적 결속의 원칙들이 확산되었고 적절한 규제장치와 다차원적인 정책결정을 수행할 수 있는 장치가 마련되었다. 파트너십은 이 시기부터 유럽연합의 직접적인 실행도구가 되었다. 그러나 시간이 흐름에 따라 파트너십이 외부로부터 논쟁의 대상이 된 주요 원인은 비효율적인 정책수행과 관련이 있다. 사실상 1989년 이래 지역정책의 상당 부분이 지역 및 지방조직에 의해 지원되었다. 이는 국가정책을 통제하는 지역행위자들의 과도한 개입에도 문제가 있었다고 보인다.[29]

1988년과 1993년 유럽연합의 지역정책과 결속정책의 개혁을 시장경제를 왜곡시키는 것으로 보았던 신자유주의자들은 1980년대 후반부터 유럽연합의 사회·경제적 결속정책의 확산을 막기 위한 노력을 기울였다. 이러한 과정을 거쳐서 신자유주의 지지자들은 1990년대 말부터 국영기업의 민영화, 기업에 대한 세금 감면, 노동시장의 유연성 확보와 같은 프로젝트를 성공적으로 수행함에 따라 자유경쟁시장에서의 지역정책을 새로이 마련하기 위한 정책결정과정에 전반적인 개입을 하기 시작하였다.[30]

---

29) Liesbet Hooghe, *op.cit.*(2000), pp.38~49.

30) 유럽연합 지역정책과 관련하여 간과할 수 없는 사항은 경쟁정책과의 관계이다. 유럽연합 경쟁정책의 기본 3원칙은 경쟁제한행위금지, 독점적 지위남용 금지, 국가보조금 및 국영기업 문제인데 특히, 국영기업 또는 정부 보조금에 의한 기업의 지원 등은 원칙적으로 경쟁정책과 양립할 수 없다(마스트리히트 조약 제92조). 그러나 사회정책적 성격의 보조금, 재난과 관련된 원조, 저개발지역의 지역개발 보조금, 특정지역 또는 특정 활동의 지원 등은 경쟁정책의 예외로 인정하고 있다(동 조약 제85조). 따라서 유

게다가 사적 행위자들의 기반 확보는 유럽연합의 정책을 결정하는 행위자들 사이에서 규제자본주의에 대한 선호도가 점점 신자유주의 경향으로 바뀌게 되는 계기가 되었다고 할 수 있다. 사적 행위자가 강력한 힘을 발휘하게 된 원인은 세계화라는 물결도 중요하지만 유럽연합 자체의 통상정책, 지역정책, 경쟁정책이 부조화를 이루면서 진행되었던 것이 문제였다. 지역정책에는 사실상 산업정책이 포함되어 운영되고 있다. WTO 규정상 산업에 직접적인 지원은 불가능한 대신 지역단위로는 분명한 기준과 절차가 선행될 경우는 지원이 가능하다는 점을 활용하고 있다. 따라서 유럽연합은 특정지역을 대상으로 지원하는 형식을 통해 사실상 특정산업지역의 구조조정 등 산업정책적인 지원을 하고 있다. 한편 경쟁정책은 정책목표가 전혀 다르기 때문에 산업정책이나 통상정책을 경쟁정책과 동시에 추진할 경우 경쟁정책은 제대로 이행되기 어렵다.

유럽연합은 유럽단일시장을 목표로 유럽 챔피언이 될 만한 기업을 육성한다는 명목하에 1980년대 범유럽적인 산업 내 중복조정정책을 폈다. 이에 따른 생산성 및 수익성 증대를 목표로 기업 간 인수합병을 활발히 진행시킨 결과 역내 동일업종의 기업 수가 줄기 시작했다. 이와 같이 구조조정에 바탕을 둔 유럽연합의 경쟁정책은 통상정책으로 인해 주춤할 수밖에 없었는데, 가장 큰 문제가 무역규제에 따른 다국적기업의 역내진입이었다.[31]

럽연합 지역 내, 지역 간 경쟁력 격차를 해소하기 위한 각종 정책적 수단들은 경쟁정책과는 양립한다고 할 수 있다. Liesbet Hooghe and Gary Marks, "The Making of a Polity: The Struggle over European Integration", Kitschelt H., Lange P., Marks G. and Stephens J.(eds.), *Continuity and Change in Contemporary Capitalism*(Cambridge: Cambridge University Press, 1998).

31) 다국적기업들의 유입배경에는 낙후지역개발에 초점을 둔 유럽연합의 지역정책이 있었다. 즉 통상정책, 경쟁정책, 지역정책과 같은 공동정책이 백화점식으로 나열되어 그 실효성을 생각지 못한 데 원인이 있

이러한 유럽연합의 경제환경에서 등장한 것이 구조기금 분배를 통한 낙후지역들을 살리기 위한 지역정책이었다. 유럽연합은 지역정책의 수단인 막대한 구조기금을 목표대상지역에 할당하게 되었고, 관련 중앙 및 지방정부들은 역내진입을 희망하는 다국적기업의 특성은 고려하지 않은 채 구조기금 쟁취전쟁에 매몰되었다. 그 결과 전쟁의 성과물인 구조기금은 다국적기업들에게 제공되었다. 따라서 1990년대 다국적기업의 입김이 커지게 된 원인 중 하나는 생산기지 이전을 볼모로 고용문제를 들고 나온 다국적기업을 정책결정과정에 포함시킬 수밖에 없게 된 데 그 원인이 있다고 볼 수 있다.

이러한 경향은 파트너십에서 더욱 민감해졌는데 신자유주의 지지자들은 동등성 혹은 사회 · 경제적 결속과 같은 유럽연합의 목표를 경쟁이라는 맥락에서 지역정책을 마련할 것을 주장하였고 정책결정자에게 접근하여 제약을 가하였다. 앞서 설명한 바와 같이 유럽연합의 구조기금의 운영에서 꾸준히 지적되어 온 문제는 정책수단과 내용이 복잡하고 그 추진체계가 지역정책을 수행하는 데 비효율적이라는 점이었다. 이는 각 기금들이 상황에 따라, 필요에 따라 만들어져 특정 목적을 가지고 개별적으로 쓰여 각 기금 간의 상호 연계와 통합성이 부족하였기 때문이었다.

어젠다 2000에서는 기금의 효율성을 증대시키기 위한 상호 협력 체제 강화를 목표로 하였다. 이는 1988년 구조기금 개혁 시 마련된 원칙을 심화 · 확대시킨 것으로서 회원국, 수혜지역, 집행위원회가

다. Mick Dunford, "Regional disparities in the EU through the lens of official statistics", Petrakos G. Maier G. & Gorzelak G.(eds.), *Integration and Transition in Europe*(London: Routledge, 2000).

구조기금의 지원 상황 및 집행과정을 상호 감시함으로써 투명성을 확보하려는 의지에서 비롯된 것이라 할 수 있다. 앞선 <표 3-1>서 설명한 바와 같이 어젠다 2000에서는 보충성의 원칙을 강조하여 프로그램 관리의 책임을 회원국과 지방정부에 두고, 집행위원회가 이를 보완하는 형태를 갖추게 하였다. 사전, 중간, 사후 평가에 대한 책임을 회원국과 공동체 양쪽에 두었던 것을 개정하여 사전평가는 회원국이, 중간평가는 운영위원이, 사후평가는 공동체에 더 많은 책임을 부여하였다.

이후 2000년 니스조약은 국가 주도의 지역정책을 초월하여 유럽연합 차원의 지역정책을 추구해야만 하는 이유를 다음과 같이 분명하게 명시했다. 첫째, 유럽연합 회원국이 이미 1999년 1월 1일을 기점으로 단일통화체제로 들어갔기 때문에 실물경제의 차이가 더욱 분명해졌으며, 어느 국가도 다른 국가의 낙후나 불행으로 인한 이탈현상을 원하지 않는다는 것이고, 둘째, 낙후지역 문제를 당사국에만 맡긴다면 낙후지역 문제를 안고 있는 당사국은 재정문제로 인한 또 다른 문제를 야기할 것이 분명하며, 셋째, 유럽연합 차원의 범국가적인 지역정책의 도입은 다른 정책과의 연계를 통한 효율적인 정책수행을 가능하게 만든다. 말하자면 다국적 프로젝트의 운영을 통한 유럽연합기구, 각 정부기구, 지방정부기구 간의 유기적인 협조체제의 강화로 긍정적인 효과가 발생하며, 넷째, 시장통합 및 경제통합은 특정 산업으로의 편중화와 소비자 물가의 하향을 가져옴으로써 지역 간 불균형을 심화시킬 수 있으므로 유럽연합 차원의 대처가 효율적이라는 것이다.

니스조약 이후 유럽연합은 이러한 상호 협력체제 구축을 위해서 지방자치정부, 국가, 집행위원회의 상호 결속강화를 강조하고 있는데 상호 결속강화로 인한 시간의 지체가 기금의 수행과정에 있어서 로비를 통한 부정과 같은 또 다른 문제를 불러일으킬 가능성이 커졌다.[32) 한편, 집행위원회의 정책결정 방식은 회원국들과 집행위원회가 구조기금에 대한 상호 의견 교환 후 집행위원회가 이를 정책에 수렴하는 방식으로 전환되었다. 이 과정에서 각 회원국은 발전전략과 우선 선정의 당위성을 입증할 만한 보고서를 집행위원회에 제출해야 하는 절차가 추가되었다. 이러한 절차를 이용하여 각 회원국들은 프로그램의 운영 · 통제 · 평가뿐만 아니라 프로그램의 적용과 결정에도 참여할 수 있게 되었다.[33)

또한 동유럽 국가들과 지중해 연안 국가들에 대한 정책적 접근은 하부구조 개선을 위한 펀드배분 등 주로 재정적 지원에 초점을 두고 있다. 이와 같은 재정적 지원을 통한 유럽연합은 지원대상 후보 국가들의 자유시장 경제의 활성화를 상정하고 있는데, 이는 전형적인 신자유주의적 접근이다. 유럽연합은 초국적기업들에 지역을 개방하고 기술이전과 같은 동력도 동시에 제공하고 있다.[34) 하지만 유럽연합의 신자유주의적 지역정책은 오히려 유럽연합 - 동유럽 및 유럽연합 - 지중해 국가들 간 사회 · 경제적 격차만 확대시킬 것이다.[35)

---

32) European Commission, "Communication from the Commission: Third progress report on cohesion—Towards a new partnership for growth", *jobs and cohesion*(Brussels: European Commission, 2005).

33) Tomas Christiansen, "Legitimacy Dilemmas of Supranational Governance: The European Commission between Accountability and Independence", *European University Institute*, Working Paper RSC No.97/74(1997), pp.1~30.

34) James R. Markusen, *Multinational Firms and the Theory of International Trade*(Cambridge: MIT Press, 2004), pp.125~176.

신자유주의 지지자들은 지역정책 및 사회·경제적 결속정책 역시 낮은 곳에서부터 높은 곳으로의 통합을 기대할 수 있다는 가정에서 출발한다. 그러나 지역정책 및 사회·경제적 결속정책의 개혁에 관한 문제는 통합의 문제인 동시에 많은 다른 정책 모델들 간의 경쟁에 관한 문제이며 유럽통합에 대한 헤게모니 싸움으로도 해석할 수 있다. 신자유주의 지지자들의 저변확대는 유럽연합 참가국들의 입장에서 보면 제로섬게임(Zero Sum Game) 성격에 가까울 것이다. 또한 아직도 빈곤층 및 지역 불균형 문제해결이 요원한 남유럽 국가들의 경우 점차 수혜금의 상대적 규모가 줄어들고 있다. 게다가 동유럽 국가의 유럽연합 가입은 남유럽 국가들의 입지를 더욱 약화시키고 있다. 이러한 상황에 더해서 유럽연합의 시장자유화는 상대적 부국인 서유럽 국가들도 재정적 적자를 메우기 위한 수혜금을 필요로 한다.

이렇듯 유럽연합 내의 신자유주의자들의 득세가 가져올 지역정책의 변화와 그들이 지역정책의 축소를 바라는 이유는 다음과 같다. 첫째는 시장정책과 경쟁정책을 통한 국가의 경쟁력 확보가 재분배정책에 앞서야 한다는 것이고, 둘째는 규제자본주의 지지자들의 의도대로 지역적 불균형이 좀처럼 좁혀지지 않았다는 것이며, 셋째는 수혜금 지급은 기여자와 수혜자 간 권한 또는 권력관계의 이동을 가져왔다는 것이다. 이상의 논의를 정리하여 유럽연합 지역정책의 주요 행위자와 보조행위자를 시기별로 나누어 보면 아래 <표 5>과 같다.

---

35) 정성훈·믹 던포드, "유럽연합의 지역정책의 의의", 강현수 외, *op.cit.*(2003), p.148.

<表 5> 패러다임 변화에 따른 주요 행위자 **vs** 보조 행위자

시기별	주요 행위자	보조 행위자	패러다임
1988년 이전	회원국		신기능주의
1988년 단일유럽의정서	집행위원회	하위행위자 (지방정부)	규제자본주의
1993년 마스트리히트조약	국가 역할의 재인식	집행위원회 + 지방정부 + 지역위원회	규제자본주의
1999년 어젠다 2000 이후	집행위원회 + 지방정부 + 사적 행위자	회원국	신자유주의

V. 결론

유럽연합 27개 회원국의 공통된 의견을 반영하기 위해서는 실용성이 우선시될 수밖에 없다. 규제자본주의 지지자들은 첫째, 지역정책의 효율성을 측정하는 방법, 둘째, 분산된 기금 지원의 범위, 셋째, 기금 할당의 불충분함을 이유로 신자유주의자들의 의견에 반대한다. 규제자본주의자들의 이와 같은 생각은 1988년 이래로 좁혀지지 않고 있는 지역 불균형과 답보상태에 있는 실업률로 인하여 신자유주의자들로부터 공격의 빌미를 제공하였다.

구조기금의 예산배정 관련 논란은 주로 규제자본주의에 대한 외부의 도전인 반면, 예산 집행의 원칙에 대한 논쟁은 규제자본주의 지지자들 사이에서 일어났다. 이러한 논쟁의 원인은 기금 배분계획이 지역 불균형 및 실업문제를 해결하지 못한 것에 기인한다. 즉 구조기금을 지역 간 불균형을 해소하기 위한 제도적 장치로서 인식한 규제자본주의 지지자들은 이를 가장 필요로 하는 집단에게

기금이 집중되지 않았기 때문에 재분배라는 목적이 희석되었다고 생각한 것이다.

어젠다 2000이 나오기 전까지의 유럽연합의 지역정책은 남유럽 국가들의 지역결속력을 높였다. 이는 이러한 정책들이 국가라는 단위를 초월해서 지역적 협력에 초점을 맞춘 결과이며 규제자본주의 지지자들이 전략적으로 파급효과를 결속정책에 이용한 결과로 볼 수 있다. 구조기금의 할당은 환경, 직업훈련, 고용창출, 사회간접자본 확충, 새로운 신기술 협력 등과 같은 새로운 정책들을 제공하였다. 그러나 시간이 흐를수록 정책의 비효율성이 나타났고 국가와 지역 간, 국가와 집행위원회 간의 다양한 이해관계가 결속을 해치기 시작했다. 그 결과 지역정책과 사회·경제적 결속 정책을 시장의 경쟁논리에 맡기자는 신자유주의자들의 목소리가 높아지기 시작했다. 또한 세계화 과정을 통한 사적 행위자의 정책결정과정에서의 기반 확보는 2000년 이후 유럽연합의 정책을 결정하는 행위자들 사이에서 규제자본주의에 대한 선호가 신자유주의 경향으로 바뀌게 되는 계기가 되었다.

어느 지역을 막론하고 지역은 항상 공공재정의 확충을 희망한다. 만약 시장자유화에 의한 지역정책만이 시행된다면 기존의 규제자본주의 지지자들에 의한 지역정책 시행 시 예산부족 때문이라는 핑계는 없어질 것이다. 하지만 지역정책과 관련해서 집행위원회와 같은 초국적 기구의 권한 또한 약화될 것이다. 한편, 지역정책과 결속정책에 배정된 예산을 확보하기 위한 동유럽 및 남유럽 국가들과 서·북부 유럽국가들 사이의 갈등은 지역 간 갈등을 초래할 뿐만 아니라 이데올로기적인 문제를 야기할 수 있다. 또한 경쟁정책과 산업정책, 통상정책 등 백화점식의 공동정책을 동시에 시행함으로써 유럽연합이 사회적 유럽이라는 목표와 기업주도형 시장환경이라는 목표를 달성하고자 하는 공동체의 시도는 공동정책목표들 간의 상충성과 우선순위의 변화로 인해 일정한 한계를 보일 것만은 분명해 보인다.

참고문헌

강현수. "유럽연합(EU)의 지역정책 개관". 『유럽의 지역발전 정책』.
2003.

심상필·황두현. "EC 내의 지역 간 경제격차". 『지역연구』. 제3권. 2
호(1994년 여름).

이종서. 『유럽연합(EU), 국가, 신자유주의』. 서울: 한국학술정보(주),
2006.

정성훈. "정부 간 거버넌스체제의 구축: EU 접경지역발전 프로그램을
중심으로". 『국토』(2002년 10월).

정홍렬. "유럽연합(EU) 지역정책의 발전과 전망". 『유럽연구』. 제13호
(2001년 여름).

차미숙. "세계화 시대의 지역균형발전과 EU의 구조기금". 『현대사회
와 행정』. 제11호(2001년 여름).

한국유럽학회 유럽연합 학술용어 편찬위원회. 『유럽연합(EU) 학술용
어사전』. 서울: 높이깊이, 2007.

Aalberts, Tanja E. "The Future of Sovereignty in Multi-level Governance
Europe-A Constructivist Reading". *Journal of Common Market
Studies*. Vol.42. No.1(2004).

Acconcia, A. & A. Del Monte. "Regional Development and Public
Spending: The Case of Italy". *Studi economici*. Vol.72(2000).

Aitken, Pete. *The European Regional Development Fund(ERDF)-one year on:
The local authority experience(Briefing note)*. Planning Exchange,

1986.

Almond & Gabriel A.(eds.). *European Politics Today*. New York: Longman, 2002.

Armstrong, H. W. "What future for regional policy in UK?". *Political Quarterly*. Vol.69(1998).

Armstrong, H. W. "Regional Policy". Ali, El-Agraa.(ed.). *The European Union: Economics & Policies*(6th Ed.). Pearson Education Limited, 2001.

Armstrong, H. W. & Taylor, Jim. *Regional Economics and Policy*. 3rd Ed. Blackwell: Oxford, 2000.

Armstrong, H. W. & Read R. "Trade and growth in a small states: The impact of global trade liberalization". *World Economy*. Vol.21 (1998).

Artobloevskiy, S. *Regional Policy in Europe*. Jessica Kingsley Publishers, 1997.

Backer, C. Larry. "Forging Federal Systems Within a Matrix of Contained Conflict: The Example of the European Union". *Emory International Law Review*. Vol.12. No.3(1998).

Balchin, P. et. al. *Regional Policy and Planning in Europe*. Routledge, 1999.

Bristow, G. & Gore, Tony. "Mainstreaming the European Employment Strategy: Multi-dimensional Institutional Relationships and Multi-level Governance". *Paper for the PERC Conference on Multi-level Governance: Interdisciplinary Perspective*. University of Sheffield, 2001.

Christiansen, Tomas. "Legitimacy Dilemmas of Supranational Governance: The European Commission between Accountability and Independence". *European University Institute Working Paper*. RSC No.97/74(1997), pp.1~30.

Chryssochoou, Dimitris N. "New Challenges to the Study of European Integration: Implications for Theory-Building". *Journal of Common*

Market Studies. Vol.35. Iss.4(1997).

Commission of the European Communities. "Council Regulation(EEC) No.1260/1999 of 21 June 1999 on the European Regional Development Fund". *Official Journal of the European Communities*. L161, 21(Jun 1992).

Danson, M. Henrik Haliker & Greta Cameron. *Governance, Institutional Change and Regional Development*. Urban and Regional Planning ad Development. Ashgate Publishing Company, 2000.

Dunford, Mick. "Regional disparities in the EU through the lens of official statistics". Petrakos, G., Maier, G. & Gorzelak, G.(eds.). *Integration and Transition in Europe*. Routledge, 2000.

Dunford, Mick. "Catching up or falling behind?: Economic performance and the trajectories of economic development in an enlarged Europe". *Economic Geography*. 2000.

European Commission. *Toward an Urban Agenda in the European Union Communication from the European Commission*. Brussels: European Commission, 1997.

European Commission. *Communication from the Commission to the Member States on the links between regional and competition policy: Reinforcing Concentration and Mutual Consistency*. Brussels: European Commission, 1998.

Farrell, Henry and Hritier, Adrienne. "Formal and Informal Institutions Under Codecision: Continuous Constitution-Building in Europe". *Governance*. Vol.16. Iss.4(2003).

Hanf, Kenneth and Soetendorp, Ben. *Adapting to European Integration: Small States and the European Union*. London: Longman. 1998, pp.123~134.

Hirst, Paul. "Democracy and Governance". Pierre, Jon.(ed.). *Debating Governance*. Oxford: Oxford University Press, 2000, ch.2.

Hooghe, Liesbet. "Making of A Polity. The Struggle over European

Integration". Herbert Kitschelt, Gary Marks, Peter Lange and John Stephens.(eds.). *Continuity and Change in Contemporary Capitalism.* *Cambridge*: Cambridge University Press, 1999, pp.70~97.

Hooghe, Liesbet. "A House with Differing Views: The European Commission and Cohesion Policy". Neill Nugent(eds.). *At the Heart of the Union: Studies of the European Commission.* London: MacMillan, 2000, pp.89~108.

Hooghe, Liesbet. "Types of Multi-Level Governance". *University of North Carolina at Chapel Hill, European Union Center, Conference Papers.* 2000, pp.1~45.
http://www.unc.edu/depts/europe/conferences/mlg/papers/mlgtypes _final.doc(2007년 6월 1일 검색)

Leonardi, Robert. "The Regions and the European Community". *The Response to the Single Market in the Underdevelopment Areas*(1993).

Lowi, J. Theodore. "American Business, Public Policy, Case-Studies and Political Theory". *World Politics.* Vol.16(1964), pp.677~715.

McAleavey, Paul and De Rynck, S. "Regional or Local? The EU's Future Partners in Cohesion Policy". *Paper presented at the Biannual Conference of the European Community Studies Association*(1997).

Majone, Giandomenico. "The European Community Between Social Policy and Social Regulation". *Journal of Common Market Studies.* Vol.31. No.2(1993), pp.153~170.

Marks, Gary and Marco R. Steenbergen.(eds.). *European Integration and Political Conflict.* Cambridge: Cambridge University Press, 2004.

Martin, Reiner. "Regional Policy". Frank McDonald(ed.). *European Economic Integration*(3rd Ed). Addison Wesley Longman Ltd, 1999.

Markusen, James R. *Multinational Firms and the Theory of International Trade.* Cambridge: MIT Press, 2004.

Moravcsik, Andrew. *The Choice for Europe: Social Purpose and State Power from Messina to Maastricht.* Ithaca: Cornell University Press,

1998, pp.18~85.

Ross, W. George. *Jacques Delors and European Integration*. Oxford: Oxford University Press, 1995, pp.25~27.

Scharpf, Fritz W. "Die Problemlsungsfhigkeit der Mehrebenenpolitik in Europa". Beate Kohler-Koch(ed.). *Regieren in entgrenzten Räumen*. Opladen: Westdeutscher Verlag, 1998.

Scharpf, Fritz W. "Negative and Positive Integration in the Political Economy of European Welfare States". Marks, G., Scharpf, F., Schmitter, P.C. and Streek, W.(eds.). *Governance in Emerging Euro-Polity*. London: Sage, 1996, pp.15~39.

Sinnott, Richard. "Integration Theory, Subsidiary and the Internationalization of Issues: The Implication for Legitimacy". *European University Institute, Robert Schuman Centre Working Paper*, 94/13(1995).

Swyngedouw, Erik. "The Mammon Quest: Localization, Interspatial Competition and the Monetary Order: The Construction of New Scales". Dunford, M. and Kaflakis, G.(eds.). *Cities and Regions in the New Europe*. London: London Belhaven Press, 1992, pp.39~67.

Syrpis, Phil. "Legitimizing European Governance: Taking Subsidiarity Seriously within the Open Method of Coordination". *European University Institute, Law Department. Working Papers*. 02/10(2000), p.19.

Waters, R. & Lawton-Smith, H. "Regional Development Agencies and the Local Economic Development: Scale and Competitiveness in High-technology Oxfordshire and Cambridgeshire". *European Planning Studies*. Vol.10. No.5(2002).

Wessels, Wolfgang. "An Ever Closer Fusion? A Dynamic Macropolitical View on Integration Processes". *Journal of Common Market Studies* (1997), p.271.

Whitley, Richard and Peer Hull Kristensen. *Governance at Work: The*

Social Regulation of Economic Relations. Oxford University, 1997.

http://www.europa.eu.int/eur-lex/en/index.html(2007년 4월 20일 검색)

http://ec.europa.eu/regional_policy/funds/prord/sf_en.htm(2007년 5월 14일 검색)

http://ec.europa.eu/budget/index_en.htm(2007년 4월 19일 검색)

http://ec.europa.eu/regional_policy/funds/2007/index_en.htm(2007년 6월 10일 검색)

제12장 신생 동유럽회원국가의 유럽화:
지역정책을 중심으로

명지대학교 정치외교학과 교수

Ⅰ. 서론

유럽연합은 21세기에 들어 전대미문의 대규모 확장을 경험하였다. 10개의 신생회원국이 2004년에 가입하였고 불가리아와 루미나아는 2007년에 그 대열에 합류하였다. 최근 발생한 확장은 과거 확장들과 비교할 때 여러 면에서 차이점이 있다. 경제적·정치적 그리고 사회적 경험과 처지가 다른 이들 신생 회원국들은 가입 후 유럽연합의 기능에 어떤 여파를 미칠지가 초미의 관심사였다.[1] 특히 몰타와 사이프러스를 제외한 모든 신생 회원국들은 자신들만의 공통점이 있었다. 이들은 모두 구 공산권 지역 출신 국가들이며, 기존

---

1) 보다 자세하고 개괄적인 논의는 Jackie Gower and John Redmond(eds.), *Enlarging the European Union*(Aldershot: Ashgate, 2000); Neill Nugent(ed.), *European Union Enlargement*(Houndmills: Palgrave, 2004) 참조.

유럽연합의 주류를 이루고 있는 서유럽 회원국들과 비교해 보았을 때 사회적·경제적으로 낙후되었을 뿐만 아니라 정치적으로 전혀 다른 체제 속에 발전하였다.

따라서 정치적 민주화와 함께 유럽연합의 시장경제하에 발생하는 경쟁에 잘 대처하기 위한 경제적 체질 개선이 필요했다. 기존의 결속기금의 대상자였던 그리스, 스페인, 포르투갈과 아일랜드처럼 이들 신생국들도 자국 내 낙후한 지역발전이 급선무이다. 따라서 지역 간 불균형 해소를 위해 이행되는 지역정책에 거는 기대는 그 어느 때보다 높다. 그러나 이들 국가들의 지역정책의 수렴 정도에 대한 의견은 그리 곱지만은 않다. 2004년에서 2006년까지 첫 번째 구조기금프로그램(the Structural Fund Programme)이 실시되는 기간 동안 지역 및 지방정부의 적극적 참여의 중요성을 강조하였다. 그럼에도 불구하고 가입을 전후해서 이루어진 연구에 의하면 아직 지역정책의 원활한 이행에 필요한 준비가 미비하다고 나타났다.[2] 이에 따라 본 연구는 2004년 이후 가입한 동유럽국가들이 지역정책에 미치는 함의를 고찰하고자 한다. 이를 위해 2004년 유럽연합의 확장 이후 첫 단계로 시행된 구조기금프로그램 수혜국 중 중·동구권 출신 국가들의 유럽화(europeanization)란 시각에서 접근하고자 한다.

지역정책 이행에 있어 유럽화가 지역화(regionalization)와 분권화(decentralization)를 의미한다.[3] 다양한 정부의 층과 이 층 속에서

---

2) John Bachtler, Ruth Downes, Grzegorz Gorzelak(eds.), *Transition, Cohesion and Regional Policy in Central and Eastern Europe*(Ashgate: Aldershot, 2000); Hugh Grabbe, "How does Europeanization affect CEE governance? Conditionality, diffusion and diversity", *Journal of European Public Policy*, Vol.8, No.6, pp.1013~1031.

다양한 정치적 행위자의 상호작용 속에 중첩되는 능력이[4] 얼마나 축적되었는가를 고찰할 필요가 있다. 그러나 본 연구는 다층적 통치(multi-level governance)가 어느 정도 발생될 수는 있지만 실질적인 다층적 개입(multi-level involvement)은 한계가 있다고 주장한다.[5] 따라서 제1단계 구조기금프로그램이 추구했던 국민소득이나 실업률 해소를 통한 지역 간 격차 해소도 기대에 못 미쳤다고 볼 수 있다.

본 연구를 위해 2004년 가입한 신생 회원국들 중 폴란드, 체코 그리고 에스토니아를 분석대상으로 선별한다. 이들 국가들은 기타 신생 국가들이 지역정책을 이행하면서 일반적으로 직면하게 될 문제점을 공유하고 있을 뿐 아니라 회원국 크기에 따른 특징도 잘 보여 주기 때문이다.[6] 이 세 국가 모두 구조기금프로그램의 해당국이면서, 체코와 폴란드는 상대적으로 대규모 국가에 속하고 에스토니아는 상대적으로 작은 국가에 속하는 특질을 보여 준다.

제2절에서는 동유럽국가의 특질과 지역정책에 가지는 함의를 고찰한다. 제3절에서부터 제5절까지는 사례 조사로 선택된 폴란드, 체코 및 에스토니아의 지역정책의 이행 정도를 조사한다. 이를 위

---

3) Commission of the EU, "Proposed Regulations Governing the Reform of the Structural Funds 2000~2006", *Inforegio*, March 18, 1998.

4) Gary Marks, Liesbet Hooghe and Kermit Blank, "European Integration from the 1980s: State-Centric v. Multi-Level Governance", *Journal of Common Market Studies*, Vol.34, No.3(1996), pp.341~378; Liesbet Hooghe(ed.), *Cohesion Policy and European Integration: Building Multilevel Governance*(Oxford: Oxford University Press, 1996).

5) Jens Blom-Hansen, "Principals, agents, and the implementation of EU cohesion policy", *Journal of European Public Policy*, Vol.12, No.4(2005), p.628.

6) 구조기금의 지역화에 대한 논의에서 한 국가의 크기는 행정적 구조와 정치적 요소와 함께 주요 분석 변수로 인식된다. John Bachtler and Irene McMaster, "EU Cohesion policy and the role of the regions: investigating the influence of Structural Funds in the new member states", *Environment and Planning C: Government and Policy*, forthcoming, p.2.

해 이들 세 국가들이 유럽연합 회원국 자격을 얻기 위해 요구되는 유럽화를 유럽연합 가입 이전에서부터 2006년 제1차 구조기금프로 그램이 마무리되는 시기까지 고찰의 대상으로 포함한다. 이 과정에 서 이 세 국가들이 얼마나 지역정책에서 요구되는 지역화와 분권 화로 대변되는 유럽화를 진행하였고, 그에 따른 타 지역이나 국가 와의 경제적 격차 해소를 이루었는가를 고찰한다. 제5절에서는 지 금까지 논의를 바탕으로 지역화 분권화를 통한 유럽화와 그 함의 를 알아보며 본 연구의 결론을 내린다.

Ⅱ. 동유럽국가의 특질이 지역정책에 주는 함의: 통념적 시각

2004년 이후 가입한 모든 신생 국가는 구조기금(the structural funds)과 결속기금(Cohesion funds)의 수혜대상자이다. 그러나 유럽 연합이 제시하는 요구사항(acquis)을 신생 회원국들이 효과적으로 이행할 수 있을지에 대한 의구심이 생겼다. 특히 구조기금과 결속 기금의 최대 수혜자가 된 신생회원국들이 지역정책을 효율적으로 이행할 것인가는 초미의 관심대상이 되었다. 즉 문제의 핵심은 할 당된 기금(<표 1>)을 효율적으로 이용함에 있어 이들 국가의 법률 적·제도적 준비가 미흡하다는 것이다.[7]

---

7) Heather Grabbe, *Enlarging the EU Eastwards*(London: The Royal Institute of International Affairs, 1998); David Bailey and Lisa De Propris, "EU structural funds, regional capabilities

〈표 1〉 구 공산권 출신 신생회원국에게 할당된 기금(2004~2006년)(10억 유로)

국가	목적(Objective)			지역 간 (Interreg)	평등 (Equal)	결속기금 (Cohesion Fund)	총계
	1	2	3				
체코	1,454.27	71.30	58.79	68.68	32.10	936.05	2,621.19
에스토니아	371.36	0	0	10.60	4.07	309.03	695.06
헝가리	1,995.72	0	0	68.68	30.29	1112.67	3,207.36
라트비아	625.57	0	0	15.26	8.03	515.43	1,164.29
리투아니아	895.17	0	0	22.49	11.87	608.17	1,537.70
폴란드	8,275.81	0	0	221.36	133.93	4178.60	12,809.70
슬로바키아	1,041.04	37.17	44.94	41.47	22.27	570.50	1,757.39
슬로베니아	237.51	0	0	23.65	6.44	188.71	456.31
총계	14,896.45	108.47	103.73	472.19	249.00	8419.16	24,249.00

출처: European Commission(2004)

지역정책의 원활한 이행을 위한 준비가 미비하다는 점을 고려하여, 법적·제도적 개선 작업을 통한 유럽화는 가입 이전부터 시작되었다. 우선 유럽연합의 가입 조건으로 지역정책에 필요한 준비작업과 이를 활성화하기 위한 유럽연합 차원의 지원이 있었다. 이들 지원을 통해 유럽연합 내부에서 효율적 지역정책을 이행하기 위한 법률 및 행정 기조를 갖추는 데 도움을 주고자 했다. 이에 대한 대표적인 예가 바로 폴란드와 헝가리에 경제구조 재건기금(PHARE)과 가입 전 구조정책을 위한 기제(ISPA)와 지역 및 농업발전 특별가입프로그램(SAPARD)이었다. 그러나 가입 전 대부분 신생 회원국들의 상황을 살펴보면 지역정책의 효율적 이행에 주요한 중앙과 지방정부 수준의 행정적·정치적 조직이 충분히 갖추어지지 않았

and enlargement: towards multi-level governance", *European Integration*, Vol.24, No.4 (2002), pp.303~324; Panayiotis Getimis, "European Briefing: Improving European Union Regional Policy by Learning from the Past in View of Enlargement", *European Planning Studies*, Vol.11, No.1(2003), pp.77~87.

다고 보고되었다. 이에 대한 여러 의견 중 설득력을 갖는 입장이 바로 신생회원국들의 과거 공산주의 시절 지역화에 대한 소홀한 입장과 무관하지 않다. 특정 지역의 차별 및 소외와 그로 인한 지역적 편차는 공산주의 시절 균형적인 지역발전을 부차적인 것으로 이해하였기 때문이다.[8] 이뿐만 아니라 탈냉전시대의 대부분 신생 회원국들의 관심은 지역 행정조직 정비보다는 기본적인 거시경제 지표의 개선이나, 정치, 법 및 사회 개혁을 통한 경제 개발에 중점을 두었다는 점을 유념할 필요가 있다.[9]

둘째, 효율적인 지역정책 이행을 위해서 정부 간 협력이 필요하다. 그러나 정부 간 협력을 보다 원활히 하는 데 필요한 제도적 기반이 미비하다는 지적이 있었다. 특히, 목적1형의 프로그램(Objective 1 type programme)을 이해함에 있어, 인력 개발, 산업 전환 및 지역발전과 같은 광범위한 프로젝트 이행이 하부구조에서부터 필요하다.[10] 따라서 효율적인 지역정책을 이행하기 위해서는 수평적 분화(horizontal fragmentation)를 통한 정부 부처 간 의견이나 업무 조율이 필수적이다.[11] 그러나 정부 부처 간 협력이나 의견 조율이 그리 만족할 만하지 않다는 것이 가입 희망국에 대한 준비 단계를 평가하는 집행위의 일반적 의견이었다.[12]

---

8) Bachtler, Downes, and Gorzelak, *op.cit.* p.363.

9) Jonh Bachtler and Ruth Downes, "Regional Policy in the transition countries: a comprehensive assessment", *European Planning Studies*, Vol.7, No.6(1999), pp.793~807.

10) Jean-François Drevent, "Regional Policy in Central and Eastern Europe: The EU Perspective", John Bachtler, Ruth Downes, Grzegorz Gorzelak(eds.), *op.cit.*, p.347.

11) Getimis, *op.cit.* p.79.

12) 집행위의 신생 회원국의 준비 상황에 대한 설명에 대한 구체적 논의는 Moosung Lee, *How do small states affect the future development of the EU*(New York: Nova Science Publishers, 2006) pp.76~77를 참조.

마지막으로 신생 회원국 중 상당수는 소규모 국가로 분류된다. 이들 소규모 국가들은 자신의 작은 지역을 보다 세분화할 충분한 이유를 찾지 못했다. 예를 들어 에스토니아의 경우 전체 인구수가 140만에 불구한데, 이런 경우 사실 지역을 구분한 지역화에 대한 요구는 크지 않을 수 있다.[13] 과거 아일랜드의 지역화에 대한 논의를 살펴볼 경우 이 논의는 더욱 설득력을 가진다. 아일랜드는 전통적으로 국토의 크기나 인구수가 유럽 내의 한 지역보다도 작은 경우가 많다. 그로 인해 지역을 구분한 발전보다는 더블린을 중심으로 한 중앙집권적 정치·경제 구조를 발전시켜 왔다. 따라서 아일랜드는 지역에 대한 정치적·문화적 요구가 없었을 뿐 아니라, '지역'과 관련된 정체성도 큰 의미를 가지지 않았다.[14] 이런 점을 고려해 보았을 때, 소규모 국가로 간주될 수 있는 신생 회원국들의 지역에 대한 개념 및 발전이 미비한 것은 또 다른 특징으로 사려되고 이는 지역정책 운용에 나름대로 의의를 가진다.

이런 특질에 따라, 2004년 이후 유럽연합에 가입한 신생 회원국이 지역정책을 얼마나 효율적으로 이행할지에 대한 의견은 그리 긍정적이라고 볼 수 없다. 이런 정황 속에서 현재까지 유럽연합의 결속 프로그램을 통한 지역 균형 발전을 모색하는 과정에서 권한의 분권화와 함께 지역화를 통한 유럽화가 얼마나 발생했는지 실제 2004년 이후 유럽연합에 가입한 회원국들의 구체적 사례를 통해 논의해 보자.

---

13) Bailey and De propris, *op.cit.*, p.319.

14) Etain Tannam, "Influence or Power? European Regional policy and the Irish Administrative System", *Governance*, Vol.6, No.2(1993), p.280.

Ⅲ. 폴란드

폴란드는 약 3천 8백만의 인구를 가진 중앙집권국가이다. 현재의 행정적 지방조직은 1989년에 설립되었고 이후 1999년에 국가행정개혁(the State Administrative Reform)에 따라, 지역과 지방 수준의 자치조직이 설립되어야 한다고 결정되었다. 이런 자치조직들의 구성은 지역화에 어느 정도 기여를 하였다. 특히 2000년부터는 NUTS 구분법[15]을 채택하여 2,489개의 시(municipality, NUT Ⅴ), 373개의 지구(powiats, NUTS Ⅳ), 44개의 지구의 연합(groups of powiats, NUTS Ⅲ) 그리고 16개의 지역(voivodship, NUTS Ⅱ)으로 구분되었다. 2000년에는 지역개발법(the Law of Regional Development)을 채택하여 지역 관련 프로그램 수립 및 관리 그리고 관련 제도 구축 등과 같은 지역정책을 관장하는 주요 원칙을 상세히 명시하였을 뿐만 아니라, 지역정책 자금 공급 토대로 활용될 지역연락망(voivodship contracts)을 구축하였다. 또한 폴란드는 제도 구축을 위해 2000년 전까지 잠시 동안 지역정책 입안 책무를 맡았던 내무부(the Ministry of Interior)와 함께 지역개발부(the Ministry of Regional Development)를 설립하였고 지역개발부는 지역 개발에 관한 평가와 감시의 업무도 동시에 수행하였다.[16]

---

15) NUTS 구분법이란 Nomenclature of Territorial Units for Statistics의 약자로 NUTS 1, 2, 3의 구분 기준은 대상 지역의 인구규모인데 NUTS 1은 인구규모가 300~700만 명이며, NUTS 2는 인구규모가 80~300만 명에 해당하며, NUTS 3은 인구규모가 15~80만 명에 해당한다.

16) David Bailey and Lisa De Propris, "EU Structural Funds, Regional Capabilities and Enlargement: Towards Multi-level Governance", *European Integration*, Vol.24, No.4(2002), pp.315~316.

따라서 폴란드는 민주적 선거에 의해 선출된 지역정부와 중앙정부가 존재하는 다층적 통치의 구조를 갖추기 시작했으며, 관련 기관들 간의 업무 분담도 일어나기 시작했다.[17] 구체적으로 언급하면, 지역 차원에서 신설된 자치정부는 지역과 관련한 업무를 계획하며, 또한 지대 관리 및 환경 보호에 관한 업무에도 관여하게 되었다. 이처럼 폴란드의 지역 통치 구조는 중앙행정부와 자치정부 당국의 공존하는 것이 특징이다. 총리에 의해 임명된 행정관(Voivod)은 중앙정부의 대리자로서 지역에서 운영되는 국가기관의 기능을 담당하였다.

선거에 의해 선출된 지역의회(sejmiks)와 집행관(Marshal)이 주도하는 관리위원회가 자치정부를 구성하고, 지방자치정부는 중앙정부의 지역정책 목적에 비추어 지역의 관심을 고려한 지역전략 개발 등 개발기능을 주 업무로 삼았다. 총리와 행정관이 지방자치정부의 법적 관리를 하였고, 지역 회계국(Regional Audit Chambers)은 제정 분야 업무를 담당하였다. 직접 선거에 의해 선출된 군(County)의회가 군 단위의 입법 기능을 수행하며, 관리 기능은 군의회가 지명한 군관리단(County Management Boards)이 담당하였다. 지역과 지방자치행정구(gminas)와 같은 자치정부처럼 군 단위 자치정부에서도 자체 법률 인력과 소득원이 있고 소득원의 구성은 다음과 같다. 첫째는 개인소득세이고, 둘째는 경찰 및 소방서와 같은 군 단위 서비스 및 관리 업무 이해에 필요한 자금 및 보조금이다. 그리고 군 밑에 있는 지방자치행정구는 지역의 요구에 대한 대응과 그에 따른 서비스 제공에 있어 가장 중요하고 기초적인 지방정부조직이

---

17) Grzegorz Gorzelak, "Poland", John Bachtler, Ruth Downes, Grzegorz Gorzelak(eds.), *Transition, Cohesion and Regional Policy in Central and Eastern Europe*(Aldershot: Ashgate, 2000).

다. 비록 지방자치행정 관리단이 정부 행정과 같은 행정기능을 수행하지만, 지방자치행정구의 군들은 직접 선거로 지방 법률을 통과할 수 있는 권한을 부여받았다.[18]

그러나 폴란드가 지역, 시, 군 그리고 지방자치행정구 순의 자치정부조직을 가지고 지역정책 이행의 효율성을 높이고자 했지만, 중앙정부와 지방정부 간의 불분명한 권한 배당과 이에 따라 발생되는 정부 간 조율 실패는 유럽연합의 지역정책을 이행함에 심각한 문제로 간주되었다. 또한 유럽연합 가입 과정에서 중앙정부의 행정능력 향상에만 집중한 유럽연합 집행위의 선택은 이 문제를 보다 복잡하게 만들었다. 한편 지역정부의 재정 자립도도 문제로 인식되었다. 충분한 지방 재원을 조달하기 어려운 상황하에서 중간 단위 수준의 지역정부는 재정적인 면에서 중앙정부에게 과도하게 의존하였고 이에 따라 법적으로 지역정부에게 주어진 업무를 수행하는 데 제약을 받았다. 따라서 폴란드가 지역 개발계획 수립단계에서 지역 행정부에 자체 프로그램 내용을 개발할 수 있는 권한을 부여했으나, 이는 계획단계에서만 가능했지 실제 프로그램 관리나 통제 그리고 이행에서는 극히 제한되었다.[19]

유럽연합 가입 이전부터 지역 차원의 정부 수립을 통한 법적 · 행정적 준비가 있었으나, 그 수준에 있어서는 개선의 여지가 많다. 실제 유럽연합에 가입한 후 지역화 및 분권화나, 당초 희망했던 정

---

18) Aleksandra Jewtuchowics and Malgorzata Czernielewska-Rutkowska, "Between Institutional Legacies and the Challenges of Europeanization: Governance and Learning in Regional and Environmental Policies in Poland", Chritos J. Paraskevopoulos, Panagiotis Getimis and Nicholas Rees(eds.), *Adapting to EU Multi-Level Governance: Regional and Environmental Policies in Cohesion and CEE Countries*(Aldershot: Ashgate, 2006), p.142.

19) John Bachtler and Irene McMaster, *op.cit.*, forthcoming, pp.9~19.

도의 경제 격차 해소에도 한계를 드러낼 수 있다. 따라서 2004년 유럽연합 가입 후의 폴란드의 지역정책 이행 수준과 그에 따른 경제적·정치적 그리고 사회적 지표에 대한 고찰이 필요하다.

<가입 후>

2007년부터 시작될 새로운 예산 계획에 따라 2004년부터 시작된 1차 연도 구조기금프로그램은 2006년도에 마무리되었다. 이에 따라 1차 연도 구조기금프로그램의 이행 평가가 필요하다. 즉 지역정책의 원활한 이행을 위한 폴란드의 유럽화가 얼마나 발생하였고 그 과정에서 지역적 불균형은 얼마나 해소되었는가를 살펴보자.

폴란드의 지역정책 제반 의무 충족도는 미흡하다고 본다. 상당한 진적을 보였음에도 불구하고, 가입 후 2년간 폴란드의 지역기금 수용 정도를 측정해 보았을 때 부정적 시각이 팽배하다. 2006년까지 폴란드에게 할당된 자금을 충분히 활용하지 못했다는 평가가 나왔고 지방행정조직의 비효율성이 주된 이유였다.[20] 폴란드에게 최초로 할당된 구조기금과 결속기금은 약 110억 유로였으나 2006년 당시 실제 이 액수의 약 24.5%인 27억 유로가 집행되었다.[21] 특히 기술, 경험 및 대응 투자의 부족과 함께 제도적 능력 및 인적자원의 부족이 주요 이유로 간주되었다.

실제 지역정책 이행에 있어 다층적 통치를 통한 유럽화도 한계

---

20) Tony Vreheijen, "Administrative Capacity in the New EU Member States: The Limits of Innovation", *World Bank Working Paper*, No.115(Washington D.C.: The World Bank, 2007), p.4.

21) European Parliament, *Report on the role and effectiveness of cohesion policy in reducing disparities in the poorest regions of the EU*, Final A6-0241/2007, p.13.

를 보였다. 지역정책이 효과적으로 이행되기 위해서는 재정적인 문제를 넘어서 유럽연합의 초국가적 기구(집행위)와 중앙정부 및 지역정부 간의 파트너십이 필요불가결하다. 이에 대한 폴란드의 입장은 상반되게 나타났다. 2007년에서 2013년까지 국가개발계획(National Development Plan)을 위한 각 분야와 지역의 이해 단체들을 포함한 광범위한 자문과정이 있었다. 지역정책에 관여한 주요 행위자들의 시각이 프로그램 이행에 주요하다는 인식을 반영한 것이다. 또한 2007년에서 20013년까지의 국가개발계획은 민간사회를 위한 운영 프로그램을 제안했고 비정부단체들은 본 프로그램의 최종 수혜자가 자신들이라는 인식 속에 프로그램 개발에 적극적으로 참여했다.[22] 이로써 운용 프로그램(Operational Programmes)과 가용할 수 있는 자금의 증가에 따른 실용적인 대응도 있었다.

그러나 행정조직의 취약점은 지역정책 이행에서 문제점으로 대두되었다. 오래된 조직 및 관리 체계로 인해 제도의 비효율성은 무시할 수 없게 되었고 중앙정부와 지역 및 지방정부 간의 조율이 취약하다고 지적되었다. 따라서 양질의 행정 서비스 결핍이나 그에 따른 부패의 위협도 간과할 수 없게 되었다.[23] 한편 중앙과 지역 간의 공유영역에 관한 문제점도 심각하게 대두되었다. 예를 들어 중앙정부와 선거에 의해 선출된 지역정부 간의 책임 공방을 두고 혼선이 발생했고 이로 인해 지역정책을 이행함에 있어 책임을 조

---

22) Irene McMaster and John Bachtler, "Implementing Structural Funds in the New Member States: Ten Policy Challenges", paper presented for Open Days Seminar, European Policies Research Centre, October 12, 2005, p.11.

23) Ministry of Regional Development, "Poland: National Strategic Reference Framework 2007–20013 in support of growth and jobs", *National Cohesion Strategy*, adopted by the European Commission, May 7, 2007, p.18.

율하기가 복잡하게 되었다.[24]

지역 균형 발전을 모색하는 지역정책의 성과도 중요하다. 특정 지역에만 경제성장이 집중되는 경향이 있다. 낙후한 농촌이나 산업 지역 개편을 위한 일정액의 기금이 할당되어 있지만, 지역기금의 상당량이 주요 대도시 지역이나 지방 중심 지역과의 교통망 확충에 집중적으로 투자되었다.[25] 물론 이런 형태의 도시 지역의 빠른 성장이 주변 농촌 지역의 발전에 촉매 역할을 해 왔음을 부인할 수 없다. 그럼에도 불구하고, 경제적 발전이 더딘 지역이 다수로 판명되어 지역 불균형을 심화시켰다. 따라서 도시 내 빈민지역 문제로 인해 발생하는 사회적 소외를 해결할 효과적 도시정책이 필요하다. 또한 경제적으로 빈곤한 지역들은 하부구조가 부족하여 공공 서비스의 접근이 제한되었으며, 이로 인해 실업률이 높아지고 인구 유출 현상도 빠르게 진행되었다.[26]

마지막으로 경제통합의 측면에서 볼 때, 현재까지의 경제적 수렴 정도는 그리 흡족하지 않다. 국내 총생산이 지역 경제통합의 좋은 지표가 되지만, 이것을 사회적 격차가 줄어들고 있다는 결정적 증거로는 볼 수는 없다. 상대적으로 낙후한 지역이 겉보기에 만족할 만한 경제성장률을 보인다고 할지라도 실업률 문제나 일인당 국민소득의 격차는 여전히 남아 있고 이는 지역 개발에 부정적 여파를 끼쳤다. 2006년 유럽연합 25개국의 평균 실업률이 7.9%인데 폴란드의 실업률은 14%로 여전히 높은 수준이었다.[27] 폴란드의 일인당

---

24) Irene McMaster and John Bachtler, *op.cit.*, 2005, p.10.

25) *Ibid.*, 2005, p.5.

26) European Parliament, *op.cit.*, p.14.

국민소득은 유럽평균에 비해 낮았다. 2000년에 46.8%에서 2004년에는 48.4%로 또한 2005년에는 49.8%로 여전히 큰 변화를 보여주지 못하고 있다.[28] 따라서 앞서 언급한 것처럼, 유럽연합의 지역자금의 이행이 여전히 실제 필요한 분야에서는 잘 이행되고 있지 않다는 점을 알 수 있다.

Ⅳ. 체코

유럽연합 가입에 대한 기대와 함께 내부로부터 발생하는 압력으로 인해 1997년 12월 체코 공화국은 14개의 자치지역(kraje)으로 재편되었고 각 자치지역은 지역의회를 만들게 되었다. 자치지역의 탄생은 1992년 설립된 헌법에 기초한 것으로 유럽연합 가입 과정 이전에 발생한 내부 정치 발전의 결과이다.[29] 물론 지역정책의 근간이 된 논의는 공산권이 몰락한 후 체코공화국 설립과 함께 시작되었으나, 실질적 행보가 시작된 것은 유럽연합의 가입이 가시화된 후부터였다.

1997년 집행위가 체코 중앙정부와 지방정부 사이에 선거로 선출된 기관의 부재를 비판하였다. 이런 비판이 있은 후 체코는 지역정

27) Ministry of Regional Development, *op.cit.*, p.18.

28) European Commission, *Implementing the renewed Lisbon strategy for growth and jobs* (Luxembourg: Office for Official Publications of the European Communities, 2007), p.155.

29) Michael Baun and Dan Marek, "Regional Policy and Decentralization in the Czech Republic", *Regional and Federal Studies*, Vol.16, No.4(2006), p.412.

부 창설을 위한 신생 법안을 초당적 합의로 성사시키는 등 본격적 행보를 시작하였다.30) 새로운 지역 창설을 규정하는 법률에 따라, 14개의 지역은 지역의회를 직접 선거를 통해 선출하였고 이를 바탕으로 한 지역지사(hejtman)와 운영 이사회를 선출하고자 했다. 그러나 이 계획은 2000년 1월에 새로운 지역 창설에 관한 법안이 제정된 후 가능해졌다. 또한 이 법률은 향후 구조기금을 집행함에 있어 기존 17개 지역을 보다 넓은 결속지역으로 구분하여 8개의 NUT II 지역으로 재편하였다. 8개 NUTS II 지역은 지역의회 대표로 구성된 지역 이사회를 가지며 지역 이사회는 지역 경영자 역할을 수행하였다. 또한 구조기금지원을 수령하는 데 필요한 지역운영 프로그램(Regional Operational Programmes)을 준비시키는 책임도 부여받았다.31)

그러나 체코 중앙정부는 지역으로 정책 권한 이행을 반대하였다. 따라서 2003년 1월이 되어서야 중앙정부 통제하에 있는 행정단위 (okresy) 네트워크가 공식적으로 폐지되었다. 한편 지역정부 재정 자립도가 낮고 이에 따른 자치권과 효율성이 침해받았다. 지역정부가 징수하는 소규모의 세금 소득을 제외하고는 중앙정부 기금에 전적으로 의존해야 하는 등 지역정부 재원의 부족 현상은 심각했고,32) 지역정부에 새롭게 부여된 권한을 잘 이행할지가 의문시되었다. 또한 지역개발 프로젝트에 필요한 공동 출자가 어려웠고 구조

---

30) European Commission, "Commission Opinion on the Czech Republic's Application for Membership in the European Union", *Bulletin of the European Union*, Supplement 14,97(Luxembourg: Office for Official publications of the European Commission, 1997).

31) Michael Baun and Dan Marek, *op.cit.*, p.413.

32) *Ibid.*

기금도 효과적으로 이용할지 의문시되었다.[33]

14개의 지역을 다시 소수의 NUTⅡ 체제의 결속지역으로 병합시키는 것도 여러 가지 문제를 유발시켰다. NUTⅡ 지역 내 동질성이 높은 지역을 결속지역으로 편입시키는 것과 비교해 이질의 둘 또는 그 이상의 행정지역을 구조기금 운용의 편의에 따라 재편하는 것은 여러 가지 문제점을 낳았다. 예를 들어 북서부의 NUTⅡ 지역의 크라로브라드스키(Kralovehradecky) 지역과 팔듀비스키(Pardubicky) 지역은 역사적으로 경쟁관계에 있었다. 그런데 이 행정지역을 합쳐서 구조기금정책을 이행하여서 득보다 실이 많았다는 견해를 간과할 수 없다. 또한 행정지역과 결속지역의 구분은 구조기금 관리에 있어 자치지역정부의 역할을 약화시켰다.[34]

체코 정부는 구조기금 운용의 효율성을 위해 중앙집권체제를 선호하였고 유럽집행위도 이를 지지하였다. 이에 따라 지역정부가 가질 수 있는 정치적 중요성이나 영향력이 제한되었다. 구체적으로 살펴보면 유럽연합 가입의 일환으로 체코 정부는 국가개발계획(National Development Plan)을 수립할 것을 요구받았다. 그러나 2002년 1월 체코지역개발부(the Czech Ministry of Regional Development)가 선호한 공동지역운영프로그램(Joint Regional Operational Programmes)이 채택되었다. 체코지역개발부는 중앙집권적인 공동지역프로그램 선정의 정당성을 브뤼셀이 주창하는 지역화와 분권하의 논리보다는

33) Martin Ferry and Irene McMaster. "Regional Governance in Industrial Regions in Central and Eastern Europe: A Polish–Czech Comparison", Iwona Sagen and Henrik Halkier(eds.), *Regionalism Contested: Institution, Society and Governance*(London: Ashgate, 2005). pp.20~22.

34) Michael Baun and Dan Marek, *op.cit.* p.414.

유럽집행위가 지지하는 효율성과 편의의 논리에서 찾았다.

결론적으로 유럽연합의 가입은 체코의 지역화에 두 가지 서로 상반되는 영향을 끼쳤다. 우선 가입 신청국이 준수해야 할 의무사항에 따라 지역정부라는 새로운 통치체제가 창출될 수 있었다. 그러나 효율성을 강조하는 중앙집권적 접근법은 가입과정에서 선호되었다. 그로 인해 새롭게 탄생한 체코 내의 지역자치정부들의 역할은 축소될 수밖에 없었다. 새로 구성된 지역정부는 구조개발정책의 관리에 있어 제한된 역할을 하게 되었고 이들의 정치적 중요성과 미래의 영향력도 약화되었다.[35]

<가입 후>

체코도 폴란드와 같이 지역정책의 제반 의무를 얼마나 충족시켰는지가 논란의 대상이 되었다. 가입 후 2년간 체코의 지역기금 수용 정도를 측정해 보았을 때 체코에 할당된 자금을 충분히 활용하지 못했다고 평가되었다. 체코에 최초로 할당된 구조기금과 결속기금은 약 22억 2천 4백만 유로였으나 2006년 당시 이 액수의 약 23.5%인 5억 2천 1백만 유로가 집행되었다.[36] 이처럼 구조기금의 이용이 부진한 이유는 기술, 경험 및 대응 투자의 부족 등과 함께 지방행정조직의 비효율성 때문이라고 보고되었다.[37]

지역정책 이행함에 있어 다층적 통치를 통한 유럽화도 한계가 있었다. 지역정책의 효과적 운용에는 재정적인 문제와 함께 실제

---

35) Michael Baun and Dan Marek, *op.cit.* pp.409~428

36) European Parliament, *op.cit.*, p.13.

37) *Ibid.*, p.13; Tony Vreheijen. *op.cit.*, p.4.

행위자들 - 초국가적 기구(집행위), 중앙정부 그리고 지역정부 - 간의 연대나 공조가 필요하다. 이에 따라 지역정책의 관리 당국인 체코지역개발부는 체코 개발 프로그램과 결속기금 및 구조기금에 관한 협의과정에서 주요 역할을 수행했다. 그러나 중앙과 지역정부 간의 수직적 협력이 미약할 뿐만 아니라 정책 책임을 가진 중앙정부와 지방의 이행 집단 간의 효과적인 커뮤니케이션이 부재했으며,[38] 관계 부서 간의 협력도 미약한 것으로 파악되었다. 이는 지역 개발에 관여하는 기관의 재정 자립도 취약과 함께 주요 개선점으로 대두되었다.[39]

또한 폴란드의 경우와 유사하게 체코의 경우도 특정 지역에만 경제성장이 집중되는 경향이 나타났다. 체코의 경우 수도 프라하에만 집중하기보다는 기타 주요 지역에도 분산시켜 균형 발전을 추구하고자 했다. 그러나 프라하는 국내 총생산의 약 25%를 차지하였다. 또한 프라하의 실업률은 타 지역의 절반 수준밖에 되지 않는다.[40] 이에 따라 경제적 발전이 더딘 지역이 다수이고 발전의 중심인 대도시 내부의 경제적 차별도 주요 문제로 대두되었다.

마지막으로, 기초경제지표도 폴란드와 비교하여 상당히 개선되었다. 우선 2006년 취업률은 67.4%로 유럽연합 25개국 평균보다 높은 수치를 보였고 실업률도 2006년의 경우 7.4% 떨어져 유럽연합 평균보다는 낮은 수치를 보였다. 그러나 장기 실업률은 여전히

---

38) Jiří Blažek and Vozáb Jan, "Ex-ante evaluation in the new member states: the case of the Czech Republic", *Regional Studies*, Vol.40, No.2(2006), pp.44~65.

39) Jiří Blažek and David Uhlíř, "Regional Innovation Policies in the Czech Republic and the Case of Prague: An Emerging Role of a Regional Level?" *European Planning Studies*, Vol.15, No.7(2007), pp.878~879.

40) Jiří Blažek and David Uhlíř, *op.cit.*, p.881.

높게 나타났으며, 이는 체코가 부과하는 높은 세금에 따른 구조적 부작용이라고 사려되었다.[41] 체코의 일인당 국민소득은 폴란드보다는 높게 나타났으나 여전히 유럽연합 25개국 평균에는 미치지 못했다. 2000년 가입 전 체코의 일인당 국민소득은 유럽연합 평균의 64.9%였는데 2004년에는 70.5% 그리고 2005년에는 73.8%로 향상되었다. 약 10%의 향상률을 보이고 있으나 아직 유럽연합의 평균치에는 미치지 못한다.

V. 에스토니아

1989년 11월에 실시된 민주적 지역정부의 출범이 에스토니아 정치 개혁의 일환 중 하나였다. 1989년 법안은 지역정부 설립을 규정하였고 이에 따라 이중 정부체제가 형성되었다. 지자체(vallad), 자치구(alevid)와 시(linnad) 구성이 그 첫 번째 단계이고, 15개 군(maakonnad)과 6개의 독립시(vabariiklikud) 형성이 두 번째 단계이다.[42]

그러나 1993년 에스토니아 헌법 채택과 지방정부 입법에 관한 변동 후 이중 정부체제의 변화가 발생했다. 지역자치정부 조직은 군수(maavanernad)가 이끄는 일반적 국가 행정조직으로 변경되었다. 군수는 개별 군의 지역정부 대표들과 국무총리의 제안에 따라

---

41) European Commission, op.cit. p.34.

42) Sulev Mäeltsemees, "Local Government in Estonia", Tamás M. Horváth(ed.), *Decentralization: Experiments and Reforms*(Budapest: Local Government and Public Service Initiative, 2000).

중앙정부가 지명하였다. 프랑스 관선도지사(prefet)처럼, 군수의 가장 주요한 업무는 군에 소재한 지방정부의 이익을 대변하고 지역정부의 업무를 관장하는 것이었다. 또한 군 정부 이외에도, 타 중앙정부가관들이 세무, 이민, 시민권, 통계와 같은 분야에서 관할권을 가졌다. 지자체 간의 지역협회들도 존재한다. 이 협회들은 명확한 법적 근거 없이 자발적으로 형성되는 지자체 차원의 대표이다. 이런 종류의 지자체 차원 협회들의 업무 범주는 협소하지만, 지역 공무원에 대한 평가를 하고, 군수 임명에 있어 중앙정부와 협의를 하는 등 법에 근거한 일정한 임무를 수행하였다.[43]

에스토니아는 약 140만의 인구와 4만 5227제곱킬로미터의 협소한 국토를 가진 소규모 국가이다. 따라서 유럽연합 가입 협상이 시작될 때부터, 에스토니아 전체가 NUTS II로 간주되었다. 이런 구분 하에 하르주 군을 포함하는 북 에스토니아 지역, 중앙 지역, 북동 지역, 서부 지역 및 남부 지역 등 5개 지역은 NUTS III로 세분화되었고 군은 NUTS IV에 포함되었다. 이처럼, 유럽연합 가입 협상이 시작될 때부터 에스토니아의 지역정부 활성화를 위한 기본 틀이 형성되었다. 특히 2003년 3당이 설립한 연립정부가 집권한 이후, 지역정부 개혁을 위한 구체적 준비가 시작되었다. 이에 따라 지방정부 협회들보다 한 단계 발전한 모습인 지방정부 대표들로 구성하는 지역자치정부(maakogu)를 형성하고자 하는 움직임이 있었다.[44]

그러나 효율적 지역정책 운용을 위해 상대적으로 중앙정부의 역

---

43) *Ibid.*, pp.67~71.

44) Pekka Kettunen and Tarvo Kungla, "Europeanization of Sub-national Governance in the Unitary States: Estonia and Finland", *Regional and Federal Studies*, Vol.15, No.3(2005), p.364.

할이 강조되었다. 지역기금을 관리 · 관장하는 주요 역할을 중앙정부 부처인 재무부가 수행했다는 점이 그 실례이다. 또한 지역화보다는 중앙집권체제에 도움이 되는 개혁이 당시 유럽연합의 정책방향에 부합하다는 논리가 우세하였다. 물론 지역 행정 및 지역화에 대한 개혁의 필요성을 인정하였지만 넓은 층의 실질적 지지는 미미했다. 특히 정부 내에서 지역정부 활동에 도움이 되는 법률 제정과 같은 업무에 관한 타결이 쉽지 않았다. 지역발전에 관한 많은 논의들이 관련 정부 부서의 사안으로 묶여 있을 뿐 아니라 연정의 적극적 지지도 끌어들이지 못하였다. 이처럼 제도권 내에서 발생하는 제약은 지역 개혁에 대한 국내의 미미한 지지와 함께 에스토니아 지방정부 조직의 유럽화에 걸림돌이 되었다. 사실 경제 개혁이 에스토니아의 주안점이었다. 따라서 지역자치를 원하는 소수민족들의 요구가 초래할 수 있는 여러 가지 문제를 증폭시키기보다는 중앙집권 통제하에 지역정책을 관여하고자 했으며 지방정부의 지도자들도 지역 차원의 권력 강화를 반대하였다.[45]

<가입 후>

체코나 폴란드처럼 에스토니아의 지역정책 제반 의무의 충족도도 논란의 대상이 되었다. 2006년까지 에스토니아의 지역기금 수용 정도는 기대에 부응하지 못했고 폴란드나 체코의 경우처럼 지방행정조직의 비효율성이 가장 큰 이유라고 논의되었다.[46] 에스토니아에게 할애된 구조기금과 결속기금은 약 6억 440만 유로였으나

---

45) *Ibid.*, pp.353~378.
46) European Parliament, 2007, *op.cit.*, p.13.

2006년 이 액수의 약 29.4%인 1억 7770만 유로가 집행되었다.[47]

또한 지역정책의 효율적 운용에 필요한 다층적 통치의 한계성도 부인할 수 없다. 유럽연합 차원의 기구들과 에스토니아의 중앙정부 및 지역정부 간의 공조가 필요하였다. 이에 따라 에스토니아 도시연합(Estonian Union of Cities)이 지역정책의 이행과 관리에 파트너로 활동하였다.[48] 그럼에도 불구하고 에스토니아의 경우 폴란드나 체코와 달리 소규모 국가로 전 국토가 NUTSⅡ로 규정되었고 이에 따른 구조적 제약이 지역화에 걸림돌이 되었다.

반면 폴란드나 체코와는 달리 에스토니아 내의 지역적 불균형에 따른 문제점은 상대적으로 미약하였다. 또한 가입 후 보여 준 경제적 격차 해소의 성과는 상당히 고무적이었다. 전환기 경제를 처음 시작할 때는 고전했으나, 이후 괄목할 만한 경제성장을 이루었다. 지난 10년간 연평균 7% 성장을 구가하였으며, 실업률도 2006년 5.4%를 보이며 유럽연합 25개국 평균보다 낮은 수치를 보였다.[49] 물론 일인당 국민소득은 폴란드나 체코에 비해 다소 낮은 수준이었다. 2000년 일인당 국민소득은 유럽연합 평균의 42.1%로 폴란드나 체코에 비해 다소 낮은 수준으로 시작했으나, 이후 빠른 성장을 보였고 2004년에는 53.0%로 2005년에는 60.1%로 성장하였다.[50]

---

47) *Ibid.*

48) Irene McMaster and John Bachtler, *op.cit.*, p.11.

49) European Commission, *op.cit.*, p.49.

50) *Ibid.*, p.55.

Ⅵ. 결론

2004년 이후 새롭게 가입한 중·동부 유럽국가들 중 폴란드, 체코 및 에스토니아를 선정하여 유럽연합 내 지역 간 차별을 완화하기 위한 지역정책과 이에 수반된 구조 및 결속기금을 이용한 지역 불균형 해소가 얼마나 이루어졌는가를 고찰하였다. 이와 더불어, 지역화·분권화와 같은 지역정책을 통한 유럽화의 정도도 고찰하였다. 특히 이들 국가들이 안고 있는 제도적·법적 한계로 지역정책의 수렴과정에 문제가 있을 것이라는 학제적 통념이 본 사례 조사를 통해 볼 때 타당한 것으로 나타났다. 그럼에도 불구하고 이들 국가들이 타 지역과의 격차 해소를 위한 지속적인 지원이 필요한데 그 제언과 함의를 항목별로 정리해 볼 필요가 있다.

폴란드, 체코 및 에스토니아의 경우 행정 및 법률적 미비가 기존의 지역정책 수행에 걸림돌이 되고 이는 실제 유럽연합 가입 이후 구조 및 결속기금을 수용 이행하는 데 문제점으로 대두되었다. 오랫동안 공산주의적 중앙집권체제 속에 있던 이들 국가들의 지역화 및 분권화가 기대만큼 이루어지지 않았다는 것이 그 첫 번째 이유였다. 사실 이들 국가들이 가입을 전후하여 지역화와 분권화에 대한 원론적인 개선 작업이 있었음에도 불구하고 중, 단기적으로 효율성이란 논리에 밀려 지역화보다는 중앙집권적 접근법이 선호되었다. 그러나 과거 결속기금의 수혜자들의 경험을 비추어 보았을 때, 상명하복식 전략은 한계가 있다고 사려된다. 그럼에도 불구하고 중앙정부와 지방정부 모두 자신에게 부여된 책무와 책임을 소

화하기 위한 적합한 방식을 찾는 데 상당 시간이 필요한 것으로 사려된다.[51]

둘째, 지역정책 이행에 직접 관련된 부서 및 정부 간의 협조 및 조율이 미비한 것으로 논의되었다. 이런 현상은 유럽연합의 집행위가 원론적으로 요구하는 파트너십의 원칙과 배치되는 현상이다. 이에 따라 구조기금의 효율적 사용과 그 효과를 최대화하기 위해서는 중앙정부 또는 지역정부의 관리 구조 단순화와, 관련 부서 간의 협력을 신장하는 것이 중요하다. 또한 기금의 효율적 관리를 위해 관련 당사들에게 필요한 '노하우'를 잘 전이하는 것도 중요하다고 사려된다.[52]

마지막으로, 1단계 구조기금프로그램을 통한 지역 간 격차 해소도 성취하려고 했으나, 기대만큼 달성되지 못했다. 이런 점을 고려해 보았을 때, 중앙정부 주도의 프로그램과 관리체제를 선택하는 것이 현재 상황에서는 최선이라는 논의가 설득력 있어 보인다. 물론 이런 논의가 중앙집권적 체제가 성공의 길이며 반대로 지역화가 실패로 귀결된다는 논의는 아니다. 사실 중앙정부 중심의 발전 전략이 대도시 중심의 특정 지역 편중 발전이라는 부작용을 낳았다. 그럼에도 불구하고 국가 전반적 발전과 이에 따른 분배 정책이라는 일각의 주장[53]을 받아들일 경우 단기적으로는 중앙정부 중심의 지역정책이 지속될 것이라 전망하며 본 연구의 결론을 짓는다.

---

51) David Bailey and Lisa De Propris, *op.cit.*, p.318.

52) Panayiotis Getimis and Leeda Demetropoulou, "Europeanisation Towards New Forms of Regional Governance in Greece", Iwona Sagan and Henrik Halkier(eds.), *Regionalism Contested: Institution, Society and Governance*(Aldershot: Ashgate, 2005) pp.152~153.

53) William Dillinger, "Poverty and Regional Development in Eastern Europe and Central Asia", *World Bank Working Paper*, No.118(Washington, D.C: World Bank, 2007), pp.39~43.

참고문헌

Bachlter, Jonh and Downes, Ruth. "Regional Policy in the transition countries: a comprehensive assessment". *European Planning Studies.* Vol.7. No.6(1999). pp.793~807.

Bachtler, John et al.(eds.). *Transition, Cohesion and Regional Policy in Central and Eastern Europe.* Ashgate: Aldershot, 2000.

Bachtler, John and McMaster, Irene. "EU Cohesion policy and the role of the regions: investigating the influence of Structural Funds in the new member states". *Environment and Planning C: Government and Policy*, forthcoming, pp.1~30.

Bailey, David and De Propris, Lisa. "EU structural funds, regional capabilities and enlargement: towards multi-level governance". *European Integration.* Vol.24. No.4(2002), pp.303~324.

Baun, Michael and Marek, Dan. "Regional Policy and Decentralization in the Czech Republic". *Regional and Federal Studies.* Vol.16. No.4(2006), pp.409~428.

Blažek, Jiří and Jan, Vozáb. "Ex-ante evaluation in the new member states: the case of the Czech Republic". *Regional Studies.* Vol.40. No.2(2006), pp.237~248.

Blažek, Jiří and Uhlíř, David. "Regional Innovation Policies in the Czech Republic and the Case of Prague: An Emerging Role of a Regional Level?" *European Planning Studies.* Vol.15. No.7(2007), pp.871~888.

Blom-Hansen, Jens. "Principals, agents, and the implementation of EU cohesion policy". *Journal of European Public Policy.* Vol.12. No.4 (2005), pp.624~648.

Dillinger, William. "Poverty and Regional Development in Eastern Europe and Central Asia". *World Bank Working Paper.* No.118. Washington, D.C: World Bank, 2007.

Dreven, Jean-François. "Regional Policy in Central and Eastern Europea: The EU Perspective". Bachtler, John et al.(eds.). *Transition, Cohesion and Regional Policy in Central and Eastern Europe* Ashgate: Aldershot, 2000.

European Commission. "Commission Opinion on the Czech Republic's Application for Membership in the European Union". *Bulletin of the European Union. Supplement* 14.97. Luxembourg: Office for Official publications of the European Commission, 1997.

European Commission. "Proposed Regulations Governing the Reform of the Structural Funds 2000~2006". *Inforegio.* March 18, 1998.

European Commission. "Structural Fund Strategies for the new member states: 24billion euro to ensure growth and cohesion between 2004~2006". press release, MEMO/04/156, June 23, 2004.

European Commission. *Implementing the renewed Lisbon strategy for growth and jobs.* Luxembourg: Office for Official Publications of the European Communities, 2007.

European Parliament. *Report on the role and effectiveness of cohesion policy in reducing disparities in the poorest regions of the EU.* Final A6-0241. 2007

Ferry, Martiny and McMaster, Irene. "Regional Governance in Industrial Regions in Central and Eastern Europe: A Polish-Czech Comparison". Sagen, Iwona and Halkier, Henrik.(eds.). *Regionalism Contested: Institution, Society and Governance.* London: Ashgate, 2005.

Getimis, Panayiotis. "European Briefing: Improving European Union Regional Policy by Learning from the Past in View of Enlargement". *European Planning Studies.* Vol.11. No.1(2003), pp.77~87.

Getimis, Panayiotis and Demetropoulou, Leeda. "Europeanisation Towards New Forms of Regional Governance in Greece". Sagan, Iwona and Halkier, Henrik.(eds.). *Regionalism Contested: Institution, Society and Governance.* Aldershot: Ashgate, 2005.

Gorzelak, Grzegorz. "Poland". Bachtler, John et al.(eds.). *Transition, Cohesion and Regional Policy in Central and Eastern Europe.* Aldershot: Ashgate, 2000.

Gower, Jackie and Redmond, John.(eds.). *Enlarging the European Union.* Aldershot: Ashgate, 2000.

Grabbe, Heather. *Enlarging the EU Eastwards.* London: The Royal Institute of International Affairs, 1998.

Grabbe, Heather. "How does Europeanzation affect CEE governance? Conditionality, diffusion and diversity". *Journal of European Public Policy.* Vol.8. No.6(2001), pp.1013~1031.

Hooghe, Liesbet.(ed.) *Cohesion Policy and European Integration: Building Multilevel Governance.* Oxford: Oxford University Press, 1996.

Jewtuchowics, Aleksandra and Czernielewska-Rutkowska, Malgorzata. "Between Institutional Legacies and the Challenges of Europeanization: Governance and Learning in Regional and Environmental Policies in Poland". Paraskevopoulos, Chritos J. et al.(eds.). *Adapting to EU Multi-Level Governance: Regional and Environmental Policies in Cohesion and CEE Countries.* Aldershot: Ashgate, 2006.

Kettunen, Pekka and Kungla, Tarvo. "Europeanization of Sub-national Governance in the Unitary States: Estonia and Finland". *Regional and Federal Studies.* Vol.15. No.3(2005), pp.353~378.

Lee, Moosung. *How do small states affect the future development of the EU.*

New York: Nova Science Publishers, 2006.

Marks, Gary et al. "European Integration from the 1980s: State-Centric v. Multi-Level Governance". *Journal of Common Market Studies.* Vol.34. No.3(1996), pp.341~378.

McMaster, Irene and Bachtler, John. "Implementing Structural Funds in the New Member States: Ten Policy Challenges". paper presented for Open Days Seminar, European Policies Research Centre, 12, October, 2005.

Ministry of Regional Development. "Poland: National Strategic Reference Framework 2007~2013 in support of growth and jobs". European Commission. *National Cohesion Strategy.* May 7, 2007.

Nugent, Neill.(ed.). *European Union Enlargement.* Houndmills: Palgrave, 2004.

Mäeltsemees, Sulev. "Local Government in Estonia". Horváth, Tamás M.(ed.). *Decentralization: Experiments and Reforms.* Budapest: Local Government and Public Service Initiative, 2000.

Tannam, Etain. "Influence or Power? European Regional policy and the Irish Administrative System". *Governance.* Vol.6. No.2(1993), pp.275~283.

Vreheijen, Tony. "Administrative Capacity in the New EU Member States: The Limits of Innovation". *World Bank Working Paper.* No.115. Washington D.C.: The World Bank, 2007.

제13장 EU의 기후변화협약 대응정책 평가 및 시사점

유상희
동의대학교 경제학과 교수

임동순
동의대학교 경제학과 교수

I. 서론

경제 및 산업 활동에 의하여 악화되는 것으로 알려진 기후변화가 지구환경문제의 핵심으로 부상한 이후 이에 대한 대응책 마련을 위하여 국제적 협의가 지속되고 있다. 온실가스 배출량을 줄이기 위해서는 산업 및 최종소비에 필수적으로 사용되는 화석에너지 소비 저감이 불가피하다. 이러한 경제활동과 온실가스 저감의 연계성으로 인하여 EU 주요국에서는 비용 효과적인 대응정책 마련, 저감의무부담의 공평한 배분, 기술진보 및 적응 체계의 전환에 따른 경제적 편익의 극대화 등을 포괄적인 정책체계에서 모색하고 있다.

이에 따라 공동해결책으로서 국제적 규범인 기후변화협약이 등장하였으며, 회원국 간의 논란과 이해 대립에도 불구하고 다자간 국제환경협약으로서 매우 중요한 국제적 정책 접근으로 진행되고 있다.

EU 기후변화 관련 정책의 기본 목표는 EU 회원국의 지속 가능한 발전을 위하여 설정된 기본 정책목표 및 전략에 의거하여 개별 회원국의 특성에 적합한 정책수단을 개발하고 적용하는 것이다. 과거에는 기후변화협약의 경제적 효과, 효율적 저감 수단의 개발과 선택 등을 중심으로 연구와 정책분석 및 적용이 수행되었고, 1997년 교토의정서 채택을 전후하여 신축성 체제관련 연구인 배출권 거래제, 공동이행, 청정개발체제 등 교토메커니즘의 현실적 적용에 대한 분석이 강조되었다. 이후 대부분의 EU 회원국이 포함되어 있는 부속서 I 국가의 주요 현안인 저감기술협력, 의무부담 구조 및 내역의 변화 등 장기적 현안과 함께, 배출권 거래제도의 실제 도입 및 운영, 프로젝트 기반 협력 체제, 개별국 내 기후변화정책 및 조치에 대한 분석과 정책조언이 활발하게 이루어졌다.[1] 최근 들어 포스트 - 교토체제 논의와 관련하여서는 기후변화의 본질적인 속성인 환경과 경제의 상생이라는 관점에서 보다 폭넓은 개념인 지속 가능한 발전체계와 기후변화에 대한 논의가 강조되고 있다. 특히 산업 및 경제 활동의 주요 요소인 에너지 부문과의 연계성에 대한 정책분석과 대응방안 마련에 대한 관련 정책연구가 꾸준히 진행되고 있다.

---

1) 부속서 I 국가(Annex I Parties)는 1992년 기준 OECD 회원국과 러시아, 발트 해 연안국 등 체제전환국 등을 포함하며, 2차 공약기간인 2008년~2012년 기간 중 1990년 온실가스 배출량 대비 평균 5.7% 배출저감 의무를 부담하고 있다. 부속서 II 국가(Annex II Parties)는 부속서 I 국가 가운데 OECD 국가만을 포함하며, 개도국과 체제전환국에 대하여 재정적·기술적 지원을 수행하여야 하는 국가들이다.

본 연구에서는 EU 및 주요 회원국의 기후변화 관련 연구동향 및 정책수단, 정책수행 분석결과 및 정책권고의 주요 내용을 교토메커니즘의 활용과 기후변화적응을 중심으로 살펴보고 시사점을 제시하고자 한다. 이 연구는 다음과 같이 구성되었다. 제2장에서는 EU 전반의 기후변화정책 동향과 전망을 제시한다. 제3장에서는 각국의 기후변화 대응을 위한 국가정책체계, 주요 정책수단, 관련 제도와 의미를 살피고자 한다. 제4장은 결론과 정책적 시사점을 정리한다. 이 장에서는 향후 EU 및 주요 회원국이 강조하는 기후변화 대응정책의 방향에 대하여 전망하고, 우리나라에 대한 시사점과 대응과제를 제시하고자 한다.

Ⅱ. EU 기후변화 대응정책 현황과 전망

1. EU 기후변화정책 논의과정

EU의 기후변화 대응전략은 1991년 최초로 수립되어 2000년 유럽기후변화프로그램(The European Climate Change Programme: ECCP) 설치를 통하여 총괄적으로 운영되고 있다. ECCP는 정부, 기업, NGO 등 다양한 이해관계자 참여를 기반으로 하고 있다. ECCP 최초의 중장기 계획인 2000~2005 대응정책은 11개 워킹그룹을 구성하여 배출권거래제, 에너지 수요, 수송 및 농업부문의 전략 등을 수립하였다. 특히 2003년 EU ETS와 2004년 연계정책(Linking

Directive)에서는 교토메커니즘의 적극적 활용을 위한 정책적 토대를 마련하였다.

EU의 두 번째 핵심정책 대응은 에너지 효율 개선에 관한 것이다. 특히 2002년 건물 에너지 효율 증대 정책과 2005년 에너지 사용 제품에 대한 에코디자인 의무화 정책은 매우 실효성 있게 수행되고 있다. 세 번째로 ECCP는 신재생에너지의 보급 확대에 주력하고 있다. 2001년 신재생에너지 이용 전력 공급의 확대, 2003년 수송부문에서 바이오 연료의 확대 등이 대표적 사례이다. 정책목표에 따르면 2010년까지 수송부문의 바이오 연료 비중을 약 5.75%까지 확대하는 것으로 되어 있다. 또한 2010년까지 EU-15 기준으로 전체 에너지 소비의 12%를 신재생에너지로 충당하는 것을 목표로 하고 있다. 예를 들어 독일은 1997년 4.5%에서 12.5%로, 네덜란드는 3.5%에서 9%의 목표를 설정하고 있다. 2007년 발간된 REALISE-Forum 보고서에 따르면 EU 회원국이 개별 국가의 에너지 수급구조에 근거하여 최적의 신재생에너지 구조를 구축하도록 지원하고 있다. 핵심 내용으로는 신재생에너지로 생산된 전력에 대한 보조, 프리미엄 가격의 보장 등이 있다. 벨기에, 이탈리아, 스웨덴, 영국, 폴란드는 신재생에너지 전력에 대한 할당시스템을 도입하여 운영하고 있다.

2005년 시작된 ECCP 2차 프로그램은 EU의 지식기반 경제성장과 일자리 창출 계획인 '리스본 전략' 및 당해 연도 채택한 유럽 공동에너지 정책과 병행하여 비용 효과적인 온실가스 저감 수단을 발굴, 적용하는 것을 목표로 하고 있다. 주요 분야로는 탄소 흡착 및 지질학적 저장, 저탄소 수송수단 개발, 항공배출 저감, 기후변화

적응 강화 등이 있다. 또한 EU ETS에 대한 검토와 발전방안 제시에도 주력하고 있다. 2007년 3월 EU 총회에서는 2020년에 대한 정량적 목표를 설정한 통합적 기후변화 대응정책을 선언하였다. 핵심내용은 2020년까지 EU의 온실가스 배출량을 1990년 대비 20% 저감, 주요국의 적극적 노력에 따라 최대 30%까지 감축하는 전략이다. 주요 정책목표로는 EU 전체 관점에서 에너지 효율을 현재 수준에서 20% 제고하고 현재 6.5% 수준의 신재생에너지 사용 비중을 20%까지 증대하고, 수송부문 바이오 연료 소비 비중을 현재 1% 수준에서 10%까지 증대하는 것을 포함하고 있다.

시기적으로 살펴보면 1990년대 중반 교토의정서 채택을 전후하여 EU는 에너지와 기후변화협약의 관련성 및 정책 대응, 기후변화 프로그램의 개발, 핵 관련 정책과 기후변화협약의 영향에 대한 논의를 심도 있게 이어 갔다. 이는 EU를 구성하는 주요 선진국 그룹이 기후변화협약으로 인한 사회경제적 영향 가운데 에너지 관련 부문이 가장 크게 부각되는 데 따른 것으로 판단된다. 특히 1995년 9월 개최된 기후변화협약 및 에너지 포럼에서는 EU가 기후변화협약에 대응하기 위한 사전여건 분석, 기후변화의 비용편익 분석, 정책 개발 방식, 탄소세, 배출권거래제, 공동이행 등 주요 대응정책 방향 등을 제시하였다. 또한 FCCC 체제하에서 회원국들이 준비하는 국가보고서 내용 협의, 국가 온실가스 인벤토리 작성 등도 동 포럼에서 주요 논의주제로 다루어졌다.

기후변화협약에 따른 경제사회적 영향을 측정하고, 정책 효과를 사전적으로 도출하기 위한 모형접근인 EU-GREEN 모형의 작성과 운용도 회원국 재무장관대표의 관리하에 경제정책위원회(Economic

Policy Committee)에서 수행하게 되었다. 1995~1996년 기간 동안 EU의 대표적인 기후변화협약관련 대응은 기존의 경제적 효과 분석에서 점차 구체적인 정책 분석으로 이동하게 된다. EU는 경제적 효과 분석이 대체로 너무 세분화된 부문별 대응과 특정 국가의 효과 분석으로 이루어져, 일반적인 정책 제언을 위한 결과로 한계가 있다는 점을 지적하면서, 기후변화에 대한 보다 일반화된 국가적·국제적 정책 대응을 마련하기 시작하였다.

1997년은 교토에서 개최된 COP3과 교토의정서의 채택으로 상징되는 해였다. EU는 교토의정서 채택으로 부각된 선진국 그룹의 구체적인 저감 의무부담을 주시하고 개별 국가 간의 정책 경험의 교류 및 협력 증대, 모니터링 기능 강화, 향후 의무부담 구체화 방안 설정 등 국가정책 수준의 주제를 강조하는 한편, 의무부담으로 인하여 직접적인 저감 노력의 당사자인 산업부문을 포함한 주요 경제 주체의 역할과 효율적 대응에 대하여 본격적으로 논의하기 시작하였다. 한국, 일본, 헝가리, 러시아 등 주요국의 대응정책 방향에 대한 논의와 경험 교류가 이루어졌고, 개도국과의 기술이전문제가 주요 과제로 부상하였다.

EU 내의 개별 경제 주체와 관련된 사항으로는 특히 산업부문을 중심으로 시장기구 역할의 강화, 기후변화를 고려하는 보험, 투자 및 경영전략의 변화, 환경문제와 경제성장의 상생, 개발도상국 산업 및 금융부문의 역할 증대 필요성 등이 정책 대응수단으로 부각되었다.

2000년대 초반 들어 EU는 회원국에 대하여 보다 구체적인 기후변화협약 대응정책 수립을 권고하였다. 특히 중장기적 관점에서 기후변화협약에 따른 회원국의 경제적 손실을 최소화하기 위한 거시경제 및 구조조정정책에 대한 입장을 강화하였다. 기후변화협약 대응정책 강화보고서(ECO/CPE/WP1(99)5, ENV/EPOC(99)11)에서는 기후변화현상에 대한 과학적 견해 정립과 함께, 교토의정서에서 제시한 신축성 체제의 활용방안 및 효과에 대하여 EU의 입장을 제시하였다. EU는 기본적으로 경제적 메커니즘의 적용이 회원국에 대하여 매우 효율적인 정책수단임을 강조하였다. 또한 교토의정서 체제 이후의 지속적인 온실가스 저감 논의도 제기하였다. EU 환경위원회는 교토의정서 이후의 논의가 매우 큰 불확실성을 내재하고 있으나 대체로 현재 부속서 Ⅰ 국가의 의무 저감수준은 미래의 기후변화현상과 대기 중 온실가스 집약도를 크게 개선시키기에는 어려운 점이 있다고 판단하면서 보다 획정적인 저감의무 목표 설정과 수행방안을 지속적으로 제시하였다. 이러한 논의는 미국 등 기술진보에 의한 비구속적 저감활동 강화를 주장하는 그룹과 크게 대립되었으나 2007년 12월 제13차 기후변화협약 당사국회의를 통하여 장기적으로 높은 목표수준을 설정하지만 개별 국가의 온실가스 저감노력의 특성을 충분히 반영하는 방식으로 합의되었다.

기후변화 및 협약 대응정책과 개발의 조화에 대한 EU 논의가 본격적으로 시작된 이후 2002~2004년에는 지속가능발전체계에서 기후변화와 관련된 회원국의 정책 대응이 보다 효율적이고 적극적으로 수행되어야 한다는 정책 접근으로 강조되었다. 특히 그동안 상대적으로 EU EPOC(환경정책위원회) 입장에서 강조되지 않았던 자연환경과 기후변화 대응정책의 관련성에 대한 포괄적 정책 접근의 필요성과 지정학적·사회적 측면의 연계성 및 중요성이 제기되었다. 농업부문, 식량자원부문, 생태계 변화 등에 대한 연구와 개발 도상국에 대한 지원에 대한 정책 분야 확대 등도 주요 현안으로 포함되었다. 한편 기후변화에 대응한 핵심정책으로 에너지 기술 및 관련 R&D에 대한 개별 회원국 정책 접근 강화도 새롭게 강조되었다. 특히 기술 관련 국제 협력을 통하여 전체적인 온실가스 저감 효율성을 제고하는 방향이 중요하다고 제시되었다.

2005년 들어 러시아의 비준에 의하여 교토의정서가 발효되면서 기후변화에 대응한 EU의 정책 권고도 보다 현실성 있는 접근을 중심으로 강화되었다. 특히 IEA를 중심으로 한 에너지 기술 및 에너지 안보, 각국 간 기술이전 등이 지속적으로 강조된 현안이었다. 또한 기후변화 취약성과 적응에 대응하는 정책 접근도 이전에 비하여 보다 구체성을 갖게 되었다. EU는 기후변화로 인하여 발생하는 환경 변화가 미치는 취약성, 탄력성, 적응과정, 적응능력에 대한 분석을 강조하고 있다. 기후변화 적응은 경제사회체계가 기후변화의 영향에 따라 재조정되는 일련의 과정을 의미하며, 이러한 과정은 대체로 기후변화에 따른 피해와 편익감소를 완화하는 경제사회체계의 재조정을 중심으로 파악되고 있다. EU는 기후변화 적응을 시점에 따라 예비적 적응과 대응적 적응, 적응 주체에 따라 민간부문 적응, 공공부문 적응으로 구분하고, 특정한 경제사회체계가 적응을 위한 전체적인 능력을 강화하여야 한다고 강조하고 있다. 또한 미국이나 일본에 비하여 상대적으로 사회 전반적인 관점에서 환경정책을 수행하는 한편 환경기술, 기술의 운용 측면에서 우위를 보이고 있다.

2. EU 기후변화 관련 주요 현안 논의 및 전망

온실가스 저감과 관련하여 국가 간 가장 첨예한 현안인 저감의 무와 관련하여 EU는 미국, 일본 등에 비하여 보다 적극적인 자세를 견지하고 있다. EU 회원국은 주로 선진국으로 구성되어 있어, 다른 국제기구에 비하여 의무부담에 대한 논의가 매우 활발하다. 물론 회원국마다 다양한 기후변화 관련 전략이 수행되기 때문에 일반적인 원칙을 설정하는 것은 매우 어렵지만, 대체로 주요 이슈와 접근방법에 대해서는 꾸준히 협의가 진행되고 있다. EU는 기존에 논의되었던 기후변화 의무부담방식을 종합하고 선택 가능한 정책적 접근 및 정책결정 가이드라인을 제시하고 있다.

EU의 의무부담에 대한 기본 정책 접근은 기후변화의 장기적 속성과 함께 기후변화 피해 및 적응에 대한 기본적 비용을 고려해야 하는 것을 강조한다. 또한 기후변화의 비용이 지역의 경제발전수준 및 취약성 여건에 따라 불균등하게 분포하고 있는 점을 고려하여야 한다. 한편 장기적 관점에서 의무부담 논의는 적정한 선의 저감량 결정 혹은 안전한 수준의 저감량 결정(safe-level)이라는 가치 판단이 필요한 문제로 인하여 더욱 복잡하게 된다. 저감 정책의 수행 시기와 같은 시간적 변수를 고려할 경우 기술진보의 속도, 미래 경제여건의 변화 등 미래 비전과 관련된 판단이 필요하다. 따라서 EU 관점에서 초장기적인 의무부담 논의는 지속적으로 이어지는 중간 혹은 단기적 의무부담의 연속이라는 측면으로 해석되고 있다.

이에 비해, 단기 의무부담(near term commitments) 논의는 정량적 목표 설정, 국가 특성을 반영한 대안적 목표, 배분 등 주제를 중심으로 구체적으로 진행되고 있다. EU에 따르면 정량적 목표의 설정은 고정목표 설정(fixed targets), 동태적 목표 설정(dynamic targets), 가격 통제(price cap), 비구속 목표 설정(non-binding targets) 등으로 구분할 수 있다. 고정목표는 교토의정서의 1차 공약기간 의무부담과 같이 국제환경협약에서 전통적으로 채택하는 방식이다. 물론 다양한 방식으로 고정목표의 재조정이 가능하지만, 일반적으로 배출량에 대한 확실한 목표를 설정하여 정책수행을 단순명료하게 하는 장점을 갖고 있다. 동태적 목표는 경제성장률 등 협의 가능한 여타변수와 연계하여 시간에 따라 목표를 변화시키는 방식이다. 즉 경제변수의 방향에 따라 보다 형평성을 부여하여 저감목표를 조정하는 방식이다. 이 방식은 경제변수와 연동됨으로써 상대적으로 비용효과적인 정책 접근을 가능하게 한다. 그러나 EU의 정책연구 결과에 따르면, 동태적 목표 설정의 최대 문제점으로는 결과적으로 빠른 경제성장이 지속될 경우 온실가스 배출량이 절대적인 관점에서 증가할 가능성이 있다는 점이다. 동태적 목표 설정의 단점을 보완하는 설정방식으로 경제성장에 대한 직접 비율보다 낮은 수준(less-than-directly-proportionate)의 연계목표 설정과 고정 설정 및 집약도 설정을 혼용한 방식이 주장되기도 한다.

비구속적 목표 설정은 기본적으로 온실가스 저감비용의 불확실성을 감소시키기 위한 접근방식이다. 예를 들어 교토의정서에서 제시된 선진국의 의무부담의 경우 목표 초과분의 온실가스 배출에 대하여 특별한 제재가 존재하지 않는 경우이다. 이러한 목표 설정방식은 주로 고정 혹은 동태적 목표 설정방식도 참여하지 않는 개발도상국의 저감의무부담 참여를 촉진시키기 위하여 채택된다. 그러나 기본적으로 환경적 편익에 대한 불확실성이 크기 때문에 EU 회원국의 대부분인 Annex I 국가에 대해서는 적당하지 않은 방식으로 분류된다.

그 외에 정량적 목표 설정의 대안으로서 개별 국가 수준으로 고려되는 접근 방식으로 정책과 조치가 있다. 정책과 조치는 개발도상국과 선진국이 모두 편익을 향유하는 상생적 정책대안을 마련하는 것이다. 기술협약과 탄소세가 대표적인 정책 사례이다. 기술협약은 경제성장과 기술 파급을 제고하기 위하여 국제적 협약을 통하여 새로운 저감기술의 보급을 강화하는 정책이다. 이러한 기술협약은 발전부문과 같은 구체적인 산업을 대상으로 하거나, R&D에 대한 지원을 강화하거나, 신재생에너지와 같은 기술에 대한 시장을 확대하는 방식을 채택할 수 있다. 그러나 기술협약 역시 다양한 현실적 제약이 존재한다. 우선 기술채택과 관련된 시간상의 문제이다. 향후 전망되는 다양한 기술군에 대하여 특정 분야와 산업에 적용하기 위한 협약은 매우 어려운 사항이다. 다음으로 정량적 온실가스 저감목표 설정에 비하여 기술협약은 매우 제한적이고 특정 분야에 치중하는 측면이 있기 때문에 비용 효과성 측면에서 취약할 가능성이 있다.

탄소세는 교토체제의 대안으로 그동안 EU를 비롯하여 다양한 국제기구와 국가에서 논의되어 왔다. 대체로 국내 탄소세 정책은 국제적인 정책 협조를 통하여 충분히 조화될 수 있는 것으로 제시되고 있다. 또한 다른 정책대안에 비하여 비교적 즉시 경제 주체의 행위 변화를 유도하여 온실가스 저감을 수행할 수 있다. 그러나 정치적 측면에서 정량적 목표 설정에 비하여 합의되기 어려운 측면이 있다. 특히 개발도상국 입장에서는 세수환류를 통하는 보전방식을 적용함에도 불구하고 구체적인 정책으로 실행되기 매우 어렵다.

마지막으로 산업부문별 목표 설정이다. 이는 제한된 형태의 정량적 목표 설정이다. 이러한 방식은 특히 개발도상국에서 포괄적인 저감정책을 수행하는 첫 번째 접근으로 매우 효과적인 방식이 된다. 그러나 차등적인 온실가스 저감목표가 설정될 경우, 국가 간의 동일 산업에 대한 경쟁력 문제와 한 국가 내에서 다른 산업과의 경쟁력 격차 문제가 발생할 수 있다.

저감목표 설정과 관련하여 EU는 우선 단기 혹은 중기의 목표 설정은 보다 장기적·예시적 접근방식이 매우 중요하다고 주장한다. 또한 기후변화의 불확실성으로 인하여 목표 설정이나 정책 접근방식은 정기적으로 포괄적인 검토를 통하여 수정 및 보완되어야 한다고 지적한다. 고정국가 의무부담 설정에 대한 다양한 대안적 목표 설정방식은 비용 효과적인 설정방식이 될 수 있다. 그러나 환경적 편익을 고려하여 보완적인 정책으로 수행하는 것이 바람직하다. 일부 선진국과 많은 개발도상국이 상대적으로 불충분한 제도적 장치와 정책적 의지로 인하여 온실가스 저감에 적극적으로 나서지 않는 점에서 보다 실용적인 목표 설정방식을 고려하여야 한다. 특히 신축성 체제를 목표 설정방식과 적절히 혼합하여 정책을 수행하는 EU의 기본 접근은 우리에게도 시사점이 매우 크다.

온실가스 저감을 위한 신기술은 기후변화협약의 성공적 수행을 위하여 필수적인 사안이다. EU는 기본적으로 인간의 생활습관을 급격하게 변화시키지 않으면서 온실가스에 대응하는 대표적 방식으로 무탄소 에너지 기술의 개발을 지지하고 있다. EU는 특히 의무부담국 그룹의 전문가 협의체인 AIXG(Annex I Expert Group on the UNFCCC, UN기후변화협약 부속서 I 국가 전문가그룹)의 에너지 및 온실가스 기술 접근과 정책적 논의를 같이하고 있다. EU의 기술 관련 정책 제언은 핵심 기술의 파악과 해당 기술의 온실가스 저감 잠재력 평가, 기술진보의 변화 내역, 특히 경험학습과정을 통한 기술의 파급 및 정책결정자의 역할, 기술진보를 촉진하는 국제협력과 기술이전의 강화 등을 중심으로 이루어지고 있다.

이러한 기술진보는 정책적 측면에서 온실가스 저감 기술 등에 대한 기술협약의 강화보다는 정량적 목표의 설정 및 개별 국가의 배출권 거래제 등 방식(cap-and-trade)을 통하여 보다 효율적으로 추진될 것으로 전망된다. 그러나 장기적으로는 무탄소 에너지 자원의 활용이 기후변화 대응정책의 주도적 역할을 수행할 것으로 제시된다. 따라서 지속적으로 이러한 기술의 도입 및 상용화 가능성을 점검하는 정책 접근이 요청된다. 또한 온실가스 저감 기술과 에너지 이용 기술이 막대한 자본스톡의 변화를 수반하기 때문에 정책적인 측면의 가격 인센티브 활용도 필요하다.

EU는 기후변화에 대응하는 각국의 제도 및 능력을 현재뿐만 아니라 미래의 기후변화정책에 있어서도 핵심적인 요인으로 파악한다. 능력 배양은 EU가 기후변화 관련 논의 초기부터 효율적인 대응을 위하여 가장 중요한 분야로 강조하고 있다. EU의 일반적 분석에 따르면 각국의 기후변화 대응체계와 능력은 다양하게 형성되어 있으며, 일부 국가는 상대적으로 미흡하다. EU는 향후 개별 국가의 대응능력 강화 노력과 국제적 협력을 통하여 기후변화 대응능력이 크게 개선될 것으로 전망하고 있다. 기후변화협약의 진전과 각국의 국내적 온실가스 저감목표 설정은 이러한 대응능력을 강화하는 중요한 계기가 될 것으로 예상한다.

기후변화 대응능력은 기후변화에 대응하여 체계적인 기능을 수행하고, 제반 문제를 해결하며, 설정된 목표를 달성하는 총체적 목표로 정의하고 있다. EU에 따르면, 기후변화의 경제·사회·환경적 속성을 고려하면, 이러한 대응능력은 에너지 및 환경 분야 이외에 경제사회 전체의 포괄적인 측면에서 주요 주체의 긴밀한 협력을 통하여 배양하여야 한다. 또한 정책의 전반적인 과정인 정책 입안, 모니터링, 보고, 정책성과 검토 등이 일관성 있게 관리되어야 하며, 기후변화 대응전략 및 개별 주체의 구체적 활동이 지속적으로 유지되어야 한다. 또한 공통 이슈로서의 기후변화 속성을 고려하여 기후변화와 간접적으로 관련된 분야의 능력 배양도 요청된다.

EU는 개별 국가의 최소한 수준의 기후변화 직접 대응능력을 강조한다. 기후변화정책 수립과 대응전략 논의 핵심기관을 중심으로 인력과 조직을 강화하는 한편 여타 정부부처, 컨설팅 회사, 비정부기구 등 관련된 여타 기관과의 원활한 협력이 필수적이라고 지적하고 있다. 기후변화 대응능력 강화와 관련하여 EU는 구체적인 접근으로 다양한 저감방식과 이에 대응하는 제도적 능력의 배양을 제시하고 있다. 앞서 제시된 의무부담 설정의 주요 내용과 같이 교토 형태의 고정 의무 저감목표 설정, 동태적 목표 설정, 가격상한 목표 설정, 비구속적 목표 설정 등에 따라 국가 전체적으로 현황 파악 및 평가, 전략 및 목표 수립이 수행되어야 한다. 마지막으로 각국 정부는 현재의 대응능력 수준과 충분한 대응능력에 필요한 능력수준에 대한 평가를 통하여 향후 능력 배양이 요청되는 분야와 방향을 설정하여야 한다.

향후 EU 기후변화 관련 논의는 그동안 개별 회원국의 경험을 바탕으로 한 기후변화 적응 및 온실가스 감축 전략의 재검토, CDM (Clean Development Mechanism, 청정개발체제) 등 신축성 체제의 현실적 적용 확대, 기술협력 강화와 미래의 국제협력체제 강화 등을 중심으로 이루어질 전망이다. 우선 개별 회원국 경험에 의거한 적응 및 온실가스 감축 전략은 개별 회원국이 실천하고 있는 정책 수립 및 실행과정에 대한 검토와 시사점 파악, 가이드라인의 작성, 산업부문별 전략의 수립 등이 중심주제로 논의될 전망이다. 적응과 저감의 주요 문제로는 산업 및 공공의 인식 부족, 기후변화 취약성 및 영향, 적응 수단에 대한 정보 부족, 적응 및 저감을 위한 인력의 증진 등이 제기되고 있다. 한편 EU와 UNFCCC에서 이러한 분야에 대해 주도적 정책 제언 및 연구 분석 결과 발표는 매우 유용할 것으로 나타나고 있다.

한편 EU는 지속적으로 신축성 체제 특히 CDM에 대한 정책 접근을 강화할 것으로 전망된다. EU의 자료수집 및 관리체계에서 파악하는 CDM 사업은 현재 51개국의 284개 사업으로 1차 공약 기간 중 약 69.7백만 CO_2톤의 배출저감이 달성될 것으로 전망된다. 향후 EU의 CDM 관련 주요 논의는 낮은 탄소 가격에 대한 문제, 거래비용의 조정, 1차 공약기간 이후의 시장 형성, 추가성 문제, 방법론 승인 소요 기간 단축 등이 주요 의제로 검토될 전망이다.

기후변화협약 관련 국제적 협력 분야도 EU가 핵심적으로 수행하는 정책 분야이다. 향후 연구주제는 1차 공약기간에 수행되는 개별 회원국의 목표 달성 및 저감수단의 개발과 함께, 1차 공약기간 이후의 기후변화협약 체계에 대한 EU 혹은 선진국 입장에 대한 정책 접근이 활발해질 것으로 전망된다. 관련된 주요 논의주제는 교토체제와 유사한 의무부담방식의 연장, 탄소집약도 의무부담 목표 설정방식 도입, 인구 및 사회변수의 고려, 총 배출량과 부문별 배출량에 대한 검토, 산업부문별과 연계된 기술기준 혹은 성과기준의 도입가능성 등이 있다.

EU는 그동안 진행되어 온 기술 협력에 대해서는 대체로 긍정적으로 평가하고 있다. 특히 R&D 수준에서의 성과는 특기할 만한 사항으로 분석하고 있다. 그러나 개별국에서 이러한 성과가 확산되는데에는 기존 기술과의 융합, 미래 기술과의 조화 등 문제와 함께, 기술이전의 포괄적 측면의 확산(know-how 이전 등), 지적 재산권 문제의 정립 등에 대한 정책 접근이 요청되는 것으로 제시하고 있다.

Ⅲ. EU 주요국의 기후변화 대응정책 비교 분석

1. EU 주요국 기후변화 대응정책 현황과 체계

EU는 2007년 1월 기준 27개 회원국, 4억 9천만 명 이상의 인구를 갖고 있는 거대 국가연합체이다. EU 지역의 GDP는 약 11조 유로에 달하고 있고, 2004년 기준 이산화탄소 환산 온실가스의 배출량은 약 5억 2,017만 톤을 기록하고 있다. EU는 UNFCCC(UN 기후변화협약 당사국 회의)의 협약 당사자로서 회원국을 대표하는 주체로 활동하고 있다. 이는 개별 회원국이 교토의정서의 부속서Ⅰ 국가 여부에 상관없이 기후변화 대응을 위한 다양한 EU 주관의 활동인 신재생에너지 비중 증대, 에너지 효율성의 향상, 배출권거래제 등에 적극적으로 참여함을 의미한다.

2004년 EU 확대로 인하여 1997년 15개 회원국은 교토의정서에 따른 직접 저감 의무를 수행하여야 하며, 의정서상 Annex B에 속하여 있는 10개 구동구권 국가(Slovenia 제외)는 경제구조변화와 관련하여 교토의정서 부담 이상의 저감의무 및 활동이 진행되고 있고, 몰타와 사이프러스는 명시적 의무부담이 없는 다양한 구성을 나타내고 있다.2) 그러나 모든 EU 회원국은 EU 전체의 기후변화정책에 구속되어 있다. EU 전체 수준의 기후변화협약 대응은 다양한 경제 주체가 적극적으로 기후변화정책에 참여하도록 유도하고 있다는 점이 특징이다. 특히 국가배출량할당계획(the National Allocation Plans)은 이해당사자에게 충분히 공지되어 각종 산업협회, 노동조합, NGOs, 대기업 등이 초기 단계에서부터 정책결정에 직간접적으로 참여하도록 하고 있다. 본 절에서는 EU 주요국가 가운데 기후변화 대응정책의 성격이 비교적 구분되는 독일, 영국, 네덜란드를 중심으로 정책 비교를 제시하고자 한다.

독일은 2005년 기준 인구 8,250만 명의 EU 내 최대 국가로서 GDP 규모는 약 2조 2,400억 유로로 추정되고 있다. 2004년 기준 독일의 총 온실가스 배출량은 약 10억 153만 이산화탄소톤으로

---

2) 15개 교토의정서 의무부담회원국은 Austria, Belgium, Denmark, Finland, France, Germany, Greece, Ireland, Italy, Luxembourg, Netherlands, Portugal, Spain, Sweden, UK을 포함하고 있다.

1990년 대비 17.5% 하락한 수준이다. EU의 의무분담 규약에 따르면 독일은 2008~2012년 기간 중 1990년 수준의 약 21%를 감축하기로 되어 있다. 독일의 기후변화 대응정책은 중앙정부와 개별 지방정부가 일정 부분 구분된 책임 및 권한을 갖고 운영하고 있다. 독일정부의 온실가스 감축정책은 환경, 자연보호 및 핵안전 관리부(the Ministry for Environment, Nature Conservation and Nuclear Safety)가 주도하며 여타 정부 부처와 협력하에 운영되고 있다. 각 부처의 온실가스 관련 정책은 범부처적인 정책협의회를 통하여 포괄적으로 검토, 협의하여 결정된다.

영국은 2007년 인구 약 6천만 명, 2020년 약 6천 6백만 명이 예상되는 국가로 2005년 기준 GDP는 1,979십억 미국달러의 경제대국이다. 총 에너지 소비는 약 2억 3,100만 오일환산톤(toe: tone of oil equivalent)이며, 신재생에너지는 총 에너지 소비의 약 1%를 차지하고 있다. 영국의 에너지 소비에 따른 이산화탄소 배출은 약 5억 4,000만 톤으로 전 세계 배출량의 약 2%를 차지하고 있으며, 1인당 배출량은 개도국에 비하여 월등히 높은 수준이다. 영국은 현재 교토의정서 Annex I 국가로 관련된 제 규정에 구속되어 있다. 교토의정서 관련 제반 업무는 영국환경부로 알려진 영국 환경, 식품, 지역개발부(UK MoE, Department for Environment, Food and Rural Affairs: Defra)가 관장하고 있다. 영국 정부 내 기후변화 대응체계는 영국 환경부(UK MoE, Department for Environment, Food and Rural Affairs: Defra)를 중심으로 산업부(DTI, 현재 BERR), 수송부(DfT), 농림부(DfA) 등과 협조하여 운영하고 있다. 영국환경부의 환경, 식품, 지역 담당은 기후변화 대응체계의 최종적 책임과 의사결정 및 조율 권한을 갖고 있으며, 주요 정부부처 및 공공기관과의 협력을 관장한다. 한편 영국의 정부 차원 대응은 민간부문과의 협력과 상호 피드백을 매우 중요한 과정으로 강조하고 있다. 예를 들어, UK ETS의 경우 정부 주도로 설치 운용되지만 영국산업협회(CBI), 기업환경자문위원회(ACBE) 등의 대표가 배출권거래제 운용과 평가에 긴밀하게 참여하고 있다.

네덜란드는 1,630만 명의 인구의 국가로 2004년 기준 온실가스 배출량은 218만 이산화탄소톤으로 1990년 대비 1.6% 증가한 수준이다. EU 의무분담에 따르면 1990년 배출량 대비 6%를 감축하기로 되어 있다. 정책결정은 중앙정부와 17개 지방정부, 600여 개의 기초자치단체에 배분되어 운영된다. 중앙정부 내에서는 주택, 지역계획 및 환경부(the Ministry of Housing, Spatial Planning and Environment)가 기후변화 대응정책에 주도적 역할을 하고 있으며, 경제부, 재무부, 농업, 자연식품부, 운송 및 수도부, 경제협력부, 유럽담당부 등이 참여하고 있다. 독일의 경우와 중앙정부 내 부처 운영은 유사하지만, 경제 관련 부처가 보다 적극적으로 기후변화정책에 대응하고 있다.

2. EU의 교토메커니즘 정책 접근

배출권 거래제(ETS: Emission Trading System), 공동이행(JI: Joint Implementation), 청정개발체제(CDM: Clean Development Mechanism) 등 교토메커니즘을 통한 정책 접근은 환경보호를 위해 가장 비용효과적인 방식을 목표로 한다. 특히 상대적으로 온실가스 저감을 위하여 추가적으로 소요되는 비용이 높은 EU 회원국들은 이러한 제도의 도입을 통하여 전체적으로 온실가스 저감에 따른 부담을 완화하고자 한다(Dudek, D. J. EU/GD(96)173, 1996; Cedric P. COM/ENV/EPOC/ IEA/SLT(2005)6, 2005). 이론적인 측면에서 교토메커니즘과 같은 신축성 체제의 도입은 비용 저감 효과가 크게 나타나는 것으로 제시하고 있으나, EU에서는 실제 도입과 관련된 다양한 거래비용의 유무에 따라 비용 효과성에 차이가 있음을 강조하고 있다. 따라서 거래비용과 관련 리스크를 적게 하는 제도적 접근, 정책 인프라의 구축을 주요 고려사항으로 정책결정과정에서 포함하고 있다.

EU의 교토메커니즘 활용은 2004년 회원국이 국가할당계획에 의거하여 결정된 최대 배출량 목표를 준수하는 수준까지만 CDM의 CER(Certified Emission Credit)과 ETS의 ERU(Emission Reduction Unit)를 활용하도록 허용하는 것으로 명기하고 있다. 이러한 제한적 규정은 온실가스 저감의 추가성을 EU 수준에서 준수하려는 노력의 일환으로 볼 수 있다. EU는 또한 ETS에 참여하는 경우 신축성 체제를 통한 저감에 대한 제한을 보다 강화한다. 이는 UNFCCC와 교토의정서의 결정과 상응하는 것으로 원자력발전, 토지이용 등을 통한 배출권 확보를 제한하고 있다. 20MW 이상 수력발전의 경우에는 관련 협회의 국제적 기준과 가이드라인을 충족하는 경우에만 허용하고 있다. 또한 ERU의 경우에는 EU 회원국 내에서 사용으로 제한되며, 회원국 내의 국내적 조치 등 저감 프로젝트에서 발생한 ERU는 동일한 양이 회원국 내에서 취소되는 경우에만 한하여 발행이 가능하다.

신축성 체제 접근 가운데 배출권 거래제가 기본적으로 다자간 협약에 의하여 온실가스 저감 비용을 국제적으로 낮추는 것을 목표로 하는 것에 비하여, 공동이행과 청정개발체제의 경우 양자 간 협약 형태인 투자국과 투자대상국 간의 협의에 의하여 온실가스 저감활동 및 저감량에 대한 배분, 획득된 편익의 분배가 이루어진다.

EU는 CDM과 JI에 따르는 거래비용으로 탐색비용, 협상비용, 승인비용, 모니터링비용, 수행비용, 보험비용을 제시하였다. 이러한 비용은 시장기구의 작용을 통하여 온실가스 저감을 비용 효과적으로 달성하고자 하는 목표에 영향을 미친다. 즉 수요자(investor)와 공급자(host)에게 비용 부담을 추가함으로써, 아래 그림에서와 같이 수요자의 시장참여의사는 축소되고(곡선 DD에서 DDtc로의 이동), 공급자 역시 공급규모를 축소시키게 된다(곡선 SS에서 SStc로의 이동). 따라서 온실가스 저감시장의 규모는 거래비용이 없는 경우인 Q*에서 거래비용이 존재하는 경우인 Q_3로 축소된다. 또한 거래비용의 규모와 수요 및 공급탄력성에 따라 단위당 온실가스 저감비용도 상승하게 된다.

EU는 이러한 거래비용의 문제에 대하여 지속적으로 제도적 접근을 통하여 완화시키는 정책을 주장하였다. 우선 거래와 관련된 통화단위(currency)의 설정을 통하여 탐색비용과 협상비용을 완화시키는 것이다. 통화단위의 설정과 관련하여 EU는 초기 정책연구에서 IMF의 주도적 역할을 강조하였고, 획득된 저감성과는 UNFCCC에서 통화 형태로 관리하는 것을 주장하였다.

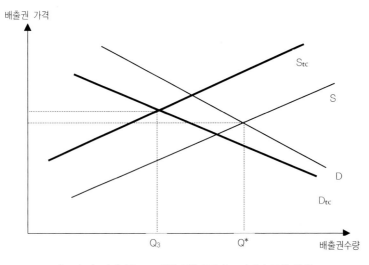

배출권 가격

S_{tc}

S

D

D_{tc}

Q_3 Q^* 배출권수량

〈그림 1〉 거래비용으로 인한 **EU** 온실가스 시장의 균형 변화

    거래비용에 대한 두 번째 접근방식은 뱅킹(banking)의 허용이다. 여기서 뱅킹의 첫 번째 의미는 온실가스 저감에 대한 것이 아니라 실제 금융부문의 역할인 은행업무와 같은 방식을 통하여 예치된 자금을 온실가스 저감 프로젝트에 활용하는 방식이다. 즉 프로젝트 파이낸싱과 유사한 방식을 말한다. EU에 따르면 뱅킹은 시장의 안정과 정보의 통합을 통하여 신축성 체제 운용에 따른 탐색비용을 저감시키며, 다양한 온실가스 저감 프로젝트를 고려한다는 점에서 보험비용도 저감시킨다고 강조하였다. 한편 EU는 초기에 기후변화 협약 체제에 도입 가능한 뱅킹 시스템에 대해서도 긍정적으로 평가하였다. 즉 온실가스 저감 의무부담국들이 일정한 기간 내에 온실가스 누적저감을 목표로 설정하고 개별국의 기술발전, 에너지 수급 등 실정을 감안하여 효율적으로 전체 저감목표를 달성하는 방

식이다. 이러한 방식은 시간적으로 개별 국가의 비용최소화 접근이 가능하다는 측면에서 꾸준히 논의되는 사항이다.

EU는 신축성 체제의 성공적인 운영을 위하여 다음의 정책 접근을 강조하고 있다. 우선 온실가스 저감과 관련된 제반 권리와 의무에 대한 명확한 규정의 중요성을 강조한다. 이는 각국 정부, 민간 기업, NGO, 기타 국제기구의 책임과 역할에 대하여 분명하게 규정하고, 신축성 체제의 운영으로 발생하는 권리를 배분하는 것이 승인비용, 수행비용, 모니터링비용을 저감할 수 있다는 주장이다. 둘째, 협약당사국 및 여타 참여자 간의 정보교류의 활성화를 강조한다. 공공게시판 등 공공 정보교환기구의 설정을 통하여 탐색비용을 저감하는 것이다. 또한 온실가스 저감 정보관리 및 체계의 표준화, 단순화, 표준 보고서의 작성 등을 통하여 시장규모를 증대시키는 것도 필요하다고 제시한다. 셋째, 당사국 회의를 통하여 사전적인 저감량 분석보다는 사후적으로 국가보고서의 평가 등을 통하여 온실가스 저감 실적에 대하여 모니터링을 하는 것이 필요하다. 이러한 신축성 체제 관련 정책 접근은 향후에도 온실가스 저감 사업의 수행, 평가 등에 있어서 거래비용의 저감과 관련하여 중요한 기준으로 활용될 것으로 예상된다.

3. EU 주요국의 교토메커니즘의 활용과 전망

독일은 2005년 국내법 제정을 통하여 JI와 CDM 등 교토메커니즘의 활용을 법제화하였다. 이에 따르면 독일환경부가 JI와 CDM

을 관장한다. 또한 독일 외무부 및 호스트국의 대사관, 경제부, 경제협력 및 개발부가 함께 참여한다. 실무 수행기관은 독일 환경부의 JIKO(Joint Implementation Coordination Group)에서 국제협력, 당사국과의 협력을 수행하고 있으며, DNA는 독일 배출권거래위원회(German Emissions Trading Authority: GETA)에서 담당하고 있다. 이에 따라 사업의 수행여부 결정은 사전에 JIKO와 GETA의 협의에 의거하여 최종적으로 GETA가 담당한다. 2007년 말 현재 GETA는 JI 59개 사업, CDM 54개 사업을 포함하여 약 120개의 신청서를 접수하고 있으며, 약 1/3이 승인되었으며, 나머지는 검토과정에 있다. 대부분의 사업은 JI 사업 가운데 광산업 프로젝트(46개 신청)이며, CDM 상대국으로는 인도가 18개 신청사업으로 가장 많다. 한국 프로젝트도 1개 사업이 신청된 상태이다.

독일 정부는 기본적으로 교토의정서 의무부담 목표 이행을 국내 조치에 의하여 달성한다는 입장이다. CER과 ERU의 창출은 의무부담 이행 이외에 상대국과의 협력, GETA의 승인 절차비용의 저감, ETS 활용 여지 강화, 국내 및 국제 탄소펀드 참여 확대 등을 목표로 수행되고 있다. 현재 독일 정부가 정부재원으로 직접 참여하고 있는 탄소펀드는 발트해 연안 에너지협력(Baltic Sea Region Energy Cooperation: BASREC)의 기초펀드(Testing Ground Facility: TGF) 1개이다. TGF는 2004년 독일 정부가 5백만 유로를 투입하고 여타 스칸디나비아 국가들이 5백만 유로를 투입하여 설정되었으며, 이후 민간부문의 참여로 현재 35백만 유로 규모로 성장하였다. 한편 독일 국영 은행인 KfW 탄소펀드는 약 180백만 유로 규모를 목표로 설정되어 운용되고 있다. 이 펀드는 초기에는 독일 정부가 JI와

CDM으로 창출된 배출권을 구매하기 위하여 설정되었다. 독일 정부는 신재생에너지 프로그램 등을 지원하기 위하여 8백만 유로를 투입하였고 이후 10백만 유로를 추가 투입하여 공공자금이 18백만 유로가 투자된 상태이다. 2006년 26개 민간기관이 약 60백만 유로를 투자하여 펀드규모가 급성장하게 되었다. 동 펀드는 2006년 하반기 다양한 프로젝트에 약 43.5백만의 유로로 4.8백만 탄소배출권의 구매계약을 체결하였다(아시아의 온실가스저감 사업이 50% 수준). 2007년 들어 유럽투자은행(EIB)이 참여하여 펀드 규모는 1,000백만 유로 수준에 달하게 되었다.

교토메커니즘 가운데 하나인 배출권 거래제와 관련하여 독일은 2004년 온실가스 거래법을 국내적으로 제정하여 환경부 주도로 관리 운영하고 있다. 2004 국가할당계획을 작성하였으나, 데이터의 부족, 미래에 대한 불확실성 등으로 개별 기업의 자발적 자료 및 정보 제공 등을 동원하여 2,400개의 대상 기업 가운데 1,849개의 기업이 할당체계에 포함되었다. 독일의 국내 할당방식은 무상 할당(grandfathering)을 기본으로 하고 있고, 신규 설비와 기존 설비 일부는 옵션방식으로 최적저감기술 벤치마크 방식을 적용하였다. 최적저감기술 방식은 현재보다 미래의 기술 진보와 가동률 변화에 상응하여 보다 정확한 배출량과 저감량 예측이 가능하다는 장점이 있다. 또한 최적기술방식을 적용함에 따라 연간 자연 저감목표는 CO_2 2백만 톤을 저감하는 약 2.91%의 매우 낮은 수준을 적용하고 있다. 제2차 국가할당계획 II 에 따르면, 독일의 배출권 거래제도는 여타 온실가스 저감수단과 매우 밀접하게 연계되고 있으며, 독일 경제의 국제경쟁력 및 산업경쟁력 유지, 투자와 혁신 인센티브의 제공, 원활한 국가 에너지 공급체계 유지 등과 조화되어 운영되는 것을 목표로 하고 있다. 물론 배출권거래제가 초기 시행단계이어서 개별 설비와 참여자와 관련된 투명성, 형평성 등 문제가 존재하고 있으며, 이를 보완하기 위하여 58개의 다양한 기준과 조항이 적용되고 있다. 현재 독일에 할당된 총 배출권 수량은 4억 9,900만 탄소 톤으로 이 가운데 4억 9,500톤은 기존 설비에, 4백만 톤은 신규 설비를 위하여 유보된 배출권 수량이다.

네덜란드는 독일과는 달리 저감량 목표의 50% 수준인 연간 약 20백만 탄소배출권을 자국의 교토의정서 의무부담 이행을 위하여 활용할 계획이다. 이 경우 개별 할당 기업의 경우 교토의정서상의 보조성 조건(supplementary condition)으로 인하여 민간기업이 참여하는 ETS에 의한 배출저감 일부가 인정받지 못하는 제약에 직면하게 된다. 따라서 네덜란드 정부는 프로젝트 수행에 따른 저감목표 이행을 최대 10% 이내로 제한하고 있다.

네덜란드는 EU 여타국에 비해 초기 JI 및 CDM 사업 참여로 CER과 EUA 확보에 있어서 큰 진전을 나타내고 있으며, 관련 시장에서 매우 우호적이고 신뢰할 만한 파트너 국가로 알려져 있다. 현재 1차 공약기간 총 목표인 100백만 탄소배출권 획득 목표는 JI에 34백만, CDM에 66백만이며, 이미 관련 프로젝트 및 탄소 펀드(ERUP, CERUPT) 등의 참여를 통하여 안정적으로 확보하고 있다. 2006년 현재 약 목표수준의 50%가 프로젝트 계약 체결을 통하여 결정된 상태이나, 러시아와 우크라이나 프로젝트의 계약 및 수행관련 제도적 문제 등 몇 가지 문제도 상존하고 있다. 네덜란드는 JI 목표를 보다 확고하게 하기 위하여 녹색 AAU 획득도 고려하고 있다.

녹색 AAU는 해당 배출권에 의하여 창출되는 여력이 기후변화와 관련된 환경 친화적 사업에 투입되도록 지정되는 경우를 의미한다. 녹색 AAU는 현재 개발 중이기는 하지만, 일반적인 배출권과는 달리 1차 공약기간 이후에도 활용이 가능한 것으로 제시되고 있다.

네덜란드의 배출권 거래제는 환경부와 경제부 협력하에 네덜란드 배출권 위원회(Dutch Emission Authority)에서 주도하고 있다. 네덜란드 배출권 위원회는 연료 소비 설비에 대한 일반적 정의 규정, 1차 기간 중 배출권 거래제 관련 정책 제안, 배출권 할당기준의 설정, 온실가스 저감 보고서 작성 및 관리 등을 담당한다.

네덜란드의 기존 배출권 할당방식은 배출권 할당방식이 공정에 대한 고려와 세부부문별로 상이하게 설정됨에 따라 경우에 따라서는 과다 배출권 할당 등 문제가 발생할 수 있다. 또한 네덜란드 자발적 협약 프로그램에 참여하여 15%의 에너지 효율개선을 시현한 기업에 대해서는 배출권 할당 및 거래제 참여가 면제됨에 따라 할당 총량의 관리의 어려움이 가중된다. 또한 독일과는 다르게 신규 기업의 진입에 대한 할당량 여분이 없는 대신 선착순 방식으로 배분한다는 점이다. 네덜란드의 2차 국가할당계획에 따르면 2005년 EC 가이드라인에서 제시하는 연료소비 설비 정의를 그대로 따르는 한편 임시적으로 예외조항을 적용하였던 설비도 모두 배출권 할당 및 거래제에 포함시키고 있다. 이에 따라 약 203개 설비가 추가적으로 참여하여 8,400만 CO_2톤이 새롭게 배출권으로 인증된다. 또한 EC의 권고를 수용하여 다음과 같이 보다 투명하고, 단순한 설비별 할당 방법론을 적용할 예정이다.

개별 설비 할당량 = 역사적 배출량(2001~2005년 배출량)×성장계수(부문별 차등화 없이 2006~2010년 기간 중 1.7% 적용)×효율계수(벤치마크)×준수계수(산업부문은 0.87, 공정은 0.92, 전력은 0.73 적용)

　영국 중앙정부는 교토메커니즘인 CDM과 JI의 효율적 운용을 위하여 공식 DNA인 CCPO(Climate Change Projects Office)를 활용하고 있고, 이의 원활한 운용을 위하여 영국 환경부와 산업무역부가 공동으로 협력하고 있다. 매년 CCPO는 교토의정서 가입국가 및 중국, 캐나다 등 CDM 잠재국가인 기타 국가의 DNA 사무소와 특별 세미나를 개최하고 있다. CCPO는 기본적으로 온실가스 저감 프로젝트에 대한 구체적인 조사와 일반 자문을 제공하고 있으며, 영국 기업에 대하여 웹사이트 등의 운영을 통하여 정보를 제공하고 있다. 또한 개별 기업이 프로젝트와 기업 정보에 대한 보고를 하는데도 공식적인 기구로 활동한다. CCPO의 주요 업무는 온실가스 저감 사업에 대한 지원, 배출권의 적법성 판단, 신규 사업 정보제공, 사업 심사 등이 포함된다. 중앙정부도 CCPO를 통하여 해외의 관련 국가 정보를 제공한다. 현재 약 11개국과의 CDM 프로젝트가 수행되고 있다.

　영국의 배출권 거래제도 EU ETS의 경우와 마찬가지로 기본적인 방식은 '총량설정 및 거래(Cap-and-trade)'라는 일반 방식을 따르고 있으며, 개별 국가는 NAP에 의거하여 배출 총량을 할당받게 된다. 영국 정부는 국내 배출권 거래제 활성화를 위하여 세계 최초로 정부 주도의 배출권 거래 체계를 확립하였다. 영국 배출권 거래제(UK ETS)는 2002년 4월 2일 영국산업협회(CBI), 기업환경자문위원회(ACBE) 등의 대표가 참여하는 배출권 거래 그룹(UK Emissions Trading Group: ETG)의 제안으로 시작되었다. 영국 배출권 거래제에 참여하는 대부분의 기업(총 6,000여 개)들은 CCA와 CCL 협약에 가입하여 기업별 저감목표를 준수하기 위하여 상대적으로 비용효율적인 배출권 거래제에 적극 참여하고 있다. 영국 배출권 거래제 제1차 기간은 2002년 3월에서 2006년 12월 말까지이었으며, 2007년 3월 최종적으로 조정 및 정산이 완료되었다. 33개 기관(직접 참여자)이 참여하여 1998~2000년 탄소배출량에 대한 자발적 목표로 약 3.96백만 탄소 톤을 설정하였다. 이 제도에는 약 6,000여 개의 CCA&CCL 기업에 대해서도 개방되었으며, 개별 기업은 영국 환경부와 협약에 의거한 에너지 저감목표 수준에 도달하였을 경우 80%의 에너지 관련세 감면 혜택을 받게 된다. 따라서 개별 기업은 배출권 거래시장을 통하여 에너지 저감을 통한 탄소배출권을 판매하거나 목표 미달성 시 구매하게 된다. 이 제도는 또한 영국 재무부에서 설정한 2억 1,500백만 파운드의 탄소펀드와 함께 운용되었으며 일부 지방정부도 직접 참여하였다. 영국 배출권 거래제의 기본적 정책수립과 운영은 Defra가 수행하고 있지만, 관련 기술과 구체 사업에 대한 분야는 산업기술부(DTI)가 주관한다.[3] 특히 할당 방법론, 신규 참여 및 종료 등은 DTI의 주요 업무로 명기되어 있다. 또한 영국은 배출권 거래제와 탄소 금융수단의 연계 운용에 적극적으로 참여하고 있다.

---

3) 1983~2007년 DTI(Department of Trade and Investment) 체제로 운영된 후 2007년 행정조직 개편과 함께 BERR(Department for Business, Enterprise & Regulatory Reform)로 변경되었다.

Ⅳ. EU 기후변화 대응정책의 시사점

　EU의 기후변화 대응정책은 개별 회원국의 다양한 입장을 고려하는 한편 효율적인 저감수단의 도입 및 확산, 신축성 체제의 강화, 능력 배양 등을 중심으로 진행되어 왔다. 앞서 설명된 것과 같이 주로 EU와 IEA에 의하여 구성된 AIXG(부속서Ⅰ 국가 전문가 그룹)를 통하여 기후변화에 대응하는 정책 수립 및 개발에 주력하여 왔다. 또한 UNFCCC에서 부속서Ⅰ 국가의 협상전략과 의견조정에 있어서도 전문가적인 역할을 수행하고 있다. 그동안 EU의 기후변화협약 논의가 미치는 국제적 · 국내적 영향은 우선 부속서Ⅰ 국가의 전략 및 정책 개발에 관한 것이 있다. 대부분의 EU 국가가 선진국 회원국을 중심으로 구성되어 있는 만큼 보다 효율적인 저감의무 달성을 위한 정책 수단의 도입을 강조하였다. 특히 배출권 거래제, 공동이행, 청정개발체제 등 신축성 체제의 적극적인 활용을 통하여 회원국의 온실가스 저감비용을 완화하는 노력이 지속되어 왔다.

　둘째, EU의 정책 접근은 회원국 모두의 의견이 일치되는 기후변화관련 대응정책을 마련하기보다는 기본적인 정책 접근에 대한 합의를 바탕으로 개별 국가의 특수성이 반영되는 정책수단을 적용하는 방식을 채택하고 있다. 이는 EU가 주요 선진국을 중심으로 구성되어 있으나 개별 국가마다 상이한 경제 · 사회 · 환경적 여건으로 인하여 특정한 국제협약상의 입장을 공동으로 제시하기 어려운 점에 기인한다. 셋째, 그럼에도 불구하고 시장 지향적 대응정책논의, 온실가스 저감 및 에너지 효율 기술의 개발, 보급, 확산에 관련된 논의는 매우 중요하게 논의되고 있다. 특히 초기에 개별적인 온실가스 저감기술 논의에서 점차 에너지 이용 기술의 혁신에 대한 강조가 두드러지고 있다. 마지막으로 유럽의 기후변화 대응노력은 유럽 공동에너지 정책 관점에서 상호 보완적인 측면에서 논의된다는 점이다. 즉 중장기적인 에너지 수급계획과 기후변화문제를 포함한 환경문제의 대응 차원에서 신재생에너지 정책 등 공급구조 정책이 병행되어 진행되는 측면을 주시하여야 한다.

EU 기후변화 대응정책 동향과 전망, 개별 회원국의 접근 등을 살펴본 결과, 국내 대응은 다음의 정책 접근을 중심으로 수행되어야 할 것이다. 우선 EU는 그동안 온실가스 저감 정책에서 개별 회원국의 기후변화 적응과 관련된 다양한 현안을 강조하고 있다는 점이다. 즉 기후변화 적응과 관련된 개별 국가의 특수한 상황에 대한 검토, 성공한 사례에 대한 분석과 회원국별 적용가능성에 대한 평가가 진행되고 있다. 우리의 대응도 그동안 연구나 정책 접근에서 미흡하였던 적응 현안에 대한 사전 준비가 필요하다.

둘째, 그동안 꾸준히 수행되었던 저감 정책에 관한 정책 접근 평가와 회원국별 성공사례 교환 및 적용에 관한 사항이다. 우선 회원국별로 특정한 정책과 분야에 대한 저감 정책의 사례 분석이 광범위하게 평가될 전망이다. 또한 기후변화 이외의 목적으로 수행된 정책이 온실가스 저감과 관련되는 경우 경험한 정책 조화의 문제에 대한 것이다. 이는 기후변화에 대응하는 정책이 여타 정책과 어떻게 연계되어야 할 것인가에 대한 평가 및 최적 정책 조합을 위한 접근방식이다. 우리도 향후 이러한 정책 연계의 필요성과 유효성에 대한 평가와 대비가 필요하다.

셋째, EU 내에서 우리나라 입장에 대한 명확한 분석이 선행되어야 한다. 특히 1차 공약기간 이후 첨예하게 논의되고 있는 각국의 기후변화협약상 입장과 관련하여 우리나라의 내부적 합의 도출이 필요하다.

넷째, EU에서 지속적으로 강조하고 있는 신축성 체제의 현실적 적용에 대한 대비가 매우 필요하다. EU는 CDM 등 신축성 체제가 아직도 초기 단계이며, 프로젝트의 형태, 거래비용의 감소 등을 통하여 신축성 체제의 활성화를 위하여 노력할 예정이다. 특히 추가성 등 논란이 되는 CDM 운용상의 문제에 대한 의견 조율과 CDM 수행 주체인 기업이 보다 적극적으로 참여하도록 유도할 전망이다. 그동안 우리나라는 정부, 관련 산업계 등을 중심으로 CDM 등에 대한 이론적·실증적 연구가 많이 진행되고 있으며, 일부 파일럿 형태의 성과도 나타나고 있다. 향후 지구 전체적인 온실가스 저감 부담에 따라 사업의 중요성이 달라질 수 있으나, 우리나라도 새롭게 협의되는 기후변화협약 체계에 대비하여 CDM 사업을 보다 현실적으로 운용하여야 한다.

다섯째, 기술협약, 기술이전 및 수용 등 온실가스 저감 기술 및 에너지 이용 및 보전기술에 대한 논의는 꾸준히 강조되는 사항이다. 우리나라도 정부를 중심으로 동북아, 동아시아 환경협력, 다양한 양자 간 협력 등 적극적으로 수행하고 있는 분야이나, 향후 보다 규모가 확대될 전망이어서 이에 대한 정책적 접근의 강화가 필요하다. EU는 그동안 기술협력 등의 특징과 다양한 협력사례의 강점 및 약점을 분석하여 미래 온실가스 저감을 위한 국제협력을 강화할 예정이다. 특히 협상에서 개별 경제 주체 간의 현실적 거래가 이루어질 경우 발생할 수 있는 기술이전 및 수용의 정도, 효과 극대화, 지적 재산권의 문제 등은 주시하여야 할 사안이다.

참고문헌

Aldy, Joseph E. et al. *A Comparison of Global Climate Change Policy Architectures.* RFP Discussion Paper 03-26, Resource for the Future; Washington, DC, 2003.

Barrett, S. *Towards a Better Climate Treaty.* Policy Matters, 01-29. Washington, DC: AEI Brookings Joint Center for Regulatory Studies. November. Reprinted in World Economics. Vol.3. No.2 (September 2001), pp.35~45.

Barrett, S. "Consensus Treaties". *Journal of Institutional and Theoretical Economics.* Vol.158, No.4(December 2002), pp.529~547.

BMU(Bundesministerium fuer Umwelt. *Naturschutz und Reaktorsicherheit.* National Allocation Plan 2008~2012 for the Federal Republic of Germany, Federal Ministry for the Environment, Nature Conservation and Nuclear Safety, 2006.

Bradford, D.F. *Improving on Kyoto: Greenhouse Gas Control as the Purchase of a Global Public Good.* Princeton University Working Paper. April 30, 2002.

DEHSt(Deutschen Emissionshandelsstelle). *Emissions Trading in Germany.* German Emissions Trading Authority at the Federal Environment Agency, Berlin, 2006.

DIW(Deutsches Institut für Wirtschaftsforschung). *Die ökonomischen Kosten des Klimawandels.* Wochenbericht 42/2004 des DIW, http://www.diw.de/deutsch/produkte/publikationen/wochenbericht e/docs/04-42-1.html 2004.

EEA(European Energy Agency). *Application of the Emissions Trading Directive by EU Member States.* Technical Report No.2/2006. European Environment Agency, 2006.

EEA(European Energy Agency). *Application of the Emissions Trading Directive by EU Member States.* Technical Report No.4/2007. European Environment Agency, 2007.

European Commission. *Communication from the Commission on guidance to assist Member States in the implementation of the criteria listed in Annex Ⅲ to Directive 2003/87/EC establishing a scheme for greenhouse gas emission allowance trading within the Community and amending Council Directive 96/61/EC,* and on the circumstances under which force majeure is demonstrated, COM(2003)830; Brussels, 2004.

European Commission. *Commission Decision of 29 January 2004 establishing guidelines for the monitoring and reporting of greenhouse gas emissions pursuant to Directive 2003/87/EC of the European Parliament and of the Council, Commission Decision 2004/156/EC,* Brussels, 2004.

European Commission. *Communication from the Commission on further guidance on allocation plans for the 2008 to 2012 trading period of the EU Emission Trading Scheme,* COM(2005)703, Brussels, 2005.

European Commission. The European Climate Change Programme. EU Action against Climate Change. Brochure; Brussels, 2006a.

European Commission. *Report from the Commission-Progress towards achieving the Kyoto objectives(required under Decision 280/2004/EC of the European Parliament and of the Council concerning a mechanism for monitoring Community greenhouse gas emissions and for implementing the Kyoto Protocol),* COM(2006)658, Brussels, 2006.

European Commission, *Commission Decision of 16 January 2007 concerning the national allocation plan for the allocation of greenhouse gas emission allowances notified by The Netherlands in accordance with Directive 2003/87/EC of the European Parliament and of the Council*, Brussels, 2007.

European Commission. *Commission Decision of 26 February 2007 concerning the national allocation plan for the allocation of greenhouse gas emission allowances notified by Spain in accordance with Directive 2003/87/EC of the European Parliament and of the Council, Brussels*, 2007.

European Commission. *Commission Decision of 15 May 2007 concerning the national allocation plan for the allocation of greenhouse gas emission allowances notified by Italy in accordance with Directive 2003/87/EC of the European Parliament and of the Council*, Brussels, 2007.

European Commission. *Commission Decision of 2 April 2007 concerning the national allocation plan for the allocation of greenhouse gas emission allowances notified by Austria in accordance with Directive 2003/87/ EC of the European Parliament and of the Council*, Brussels, 2007.

Goulder, L. H. "Central Themes and Research Results in Global Climate Change Policy". Paper prepared for the Intergovernmental Panel on Climate Change, Working Group Ⅲ, Third Assessment Report. Mimeo, Stanford, California, May, 2000.

Kaivo-oja, Jari and Luukkanen, J. "The European Union balancing between CO2 reduction commitments and growth policies: decomposition analyses?" *Energy Policy*. Vol.32(September 2004), Elsevier, pp.1511～1530.

Nordhaus, W. D. *After Kyoto: Alternative Mechanisms to Control Global Warming*. Paper prepared for presentation at the annual meetings of the Allied Social Science Associations, Atlanta, Georgia, 2002.

Schelling, T. C. "What Makes Greenhouse Sense? Time to Rethink the Kyoto Protocol". *Foreign Affairs*. Vol.81. No.3(September 2002), pp.2～9.

UmweltBundesAmt(Federal Ministry of Environment, Natural Conservation, and Nuclear Safety). *Time to Adapt-Climate Change and the European Water Dimension*, Berlin, 2007.

Vesterdala, Morten and Svendsenb, G. "How should greenhouse gas permits be allocated in the EU?" *Energy Policy.* Vol.32(December 2004), Elsevier, pp.961~968.

VROM(the Dutch Ministry of Housing, Spatial Planning and the Environment). *Netherlands National Allocation Plan for Greenhouse Gas Allowances 2008~2012*, Dutch Ministry for Housing, Spatial Planning and the Environment; the Netherlands, Amsterdam, 2006.

제14장 유럽연합과 교토의정서:
교토의정서의 비준과 이행 과정 속에서 보여 준
유럽연합의 역할과 위상변화 중심으로

서울대학교 국제대학원 연구교수

Ⅰ. 서론

오늘날 지구온난화 및 환경문제는 직접적인 위협으로 다가와서 이제 소극적인 논의에서 벗어나 구체적인 실행방안들이 모색되어야 한다. 더욱이 환경정책은 개별 국가의 대응능력에는 한계가 있을 수밖에 없는 초국경적 문제로 다자적인 접근 방식이 무엇보다도 요구되는 분야다. 이렇듯 전 지구적인 문제가 되어 버린 환경정책은 다층적 차원에서 다뤄져야 하는 글로벌한 거버넌스가 요구되는 대표적인 영역으로 유럽연합(European Union: 이하 EU)[1]의 공동

---

1) 엄밀한 의미에서 EC(European Community)는 공동정책이 가능한 무역 분야만을 일컬으며 EU(European Union)는 마스트리히트조약 이후 공동안보와 내무사법 기둥까지도 포함하는 개념이다. 하지만 본고에서는 시대적으로 이치에 맞지 않거나, EC가 전권을 행사한다는 것을 분명히 해야 할 때만 구분 지어 사용했다. 일반적인 경우에는 두 용어를 구분하여 사용하지 않았음을 밝힌다.

498 유럽의 사회통합과 사회정책

대응방식은 교토의정서의 비준과 이행과정을 통해서 좋은 모델로 여겨지고 있다. 이미 1972년 개최된 첫 번째 유엔 환경회의(UN Conference on the Human Environment 일명 스톡홀름회의) 이후로 지구환경문제에 대한 우려가 고조되었지만 구체적인 성과를 가져오는 데는 한계가 있었다. 1997년에[2] 채택되어 2005년 2월 16일에 발효된 기후환경변화에 관한 국제협약인 교토의정서(Kyoto protocol)는 법적 구속력을 지녔다는 점에서 그 의의를 찾아볼 수 있다.

기후변화에 대한 대책을 마련하는 시각 차이는 책임론을 둘러싼 선진국과 개도국(즉 G77국가, 중국, 인도 등) 간의 갈등뿐만 아니라 미국을 중심으로 한 선진국(캐나다, 호주, 일본 등)과 EU를 중심으로 한 선진국의 입장으로 양분되었다. 2001년도에 미국이 교토의정서 비준을 거부한 것은 교토의정서 발효[3]에 중대한 장애였다. 하지만 EU는 미국과 비슷한 입장을 견지하고 있었던 일본과 캐나다의 비준을 이끌어 내었으며 무엇보다도 러시아가 비준할 수 있도록 외교력을 총동원함으로써 EU를 중심으로 한 선진국은 마침내 교토의정서의 발효를 이끌어 냈다.

환경정책은 유럽연합의 가장 최근 정책 중의 하나다. 이는 1987년 단일의정서의 채택을 통해서 확고한 법적 기반을 마련하여 유럽연합의 공식적 정책으로서 인정되었다. 교토의정서 이전에는 유럽연합이 UN의 환경프로그램 속의 수동적인 역할을 맡았었다면 기후변화협약을 배태한 1992년의 환경회의 이후서부터는 점차로

---

2) 교토의정서 이외에 유럽연합의 환경정책이 발전되어 온 과정에 대해서는 다음을 참조할 것. 정홍열, "유럽연합 환경정책에 대한 소고", 『국제지역연구』, 제8권, 제2호(2004년 여름), pp.451~470.

3) 교토의정서 발효를 위해서 필요한 세 가지 조건 중에 하나는 비준국의 1990년 CO_2 배출량 합계가 선진국 전체 CO_2 배출량의 55%를 초과해야 된다는 것이다.

능동적인 역할을 맡기 시작하였다. 2001년도 3월 부시 정권이 집권하면서 미국이 자국 산업에 미칠 악영향을 이유로 의정서 비준을 거부하여[4] 교토의정서가 위기에 처하게 될 때, 그 구원수[5]는 EU였다. 더욱이 환경정책에서 선구적인 역할을 담당하고자 유독 심혈을 기울이는 것은 미국이 교토협약 비준을 거부하고 난 이후라는 지적이 지배적이다.[6] 처음 협상단계에서는 스페인, 포르투갈, 그리스, 이탈리아와 영국 같은 나라들이 온실가스 감축 강제의무에 대해서 주저하는 입장을 보였었다.[7] EU가 아니었다면 '92년도 기후변화협약 채택 이후 9년 동안 이어졌던 온실가스 감축노력을 구체적으로 이루려던 노력이 수포로 돌아갈 수 있는 상황이었다.

교토의정서의 비준과 이행되는 과정에서 보여 준 EU의 면모는 환경정책의 리더로서의 역량을 보여 주었다. 교토의정서의 발효가 미처 이뤄지지 않은 상황인 2003년 10월 유럽연합 간의 배출권거래제를 실시하겠다고 결정한 점과, 실제로 교토의정서의 1차 감축 기간인 2008년 이전인 2005에 배출권거래제를 시작한 것이 이를 증명한다. 여기서 주목해야 할 사항은 EU가 독보적인 역할을 담당

---

4) "We'll be working with our allies to reduce greenhouse gases. But I will not accept a plan that will harm our economy and hurt American workers(우리는 온실가스 감축을 위해 우방국과 같이 협조할 것이다. 그러나 우리의 경제에 위협이 되고 미국의 노동자들을 해치는 계획을 받아들이지 않을 것이다)." http://www.cnn.com/SPECIALS/2001globalwarming(2008년 8월 29일 검색)

5) European Parliament, "Report on the Proposal for a Council Decision concerning the approval, on behalf of the European Community, of the Kyoto Protocol to the United Nations Framework Convention on Climate Change and the joint fulfillment of Commitments thereunder", Final A5-0025/2002, January 24, 2002, p.8.

6) Sibylle Scheipers and Daniela Sicurelli, "Normative Power Europe: A credible Utopia", *Journal of Common Market Studies*, Vol.45, No.2(June 2007), p.446. John Vogler and Charlotte Bretherton "European Union as a Protagonist to the United States on the Climate Change", *International Studies Perspectives*, Vol.7, No.1(February 2006), p.9.

7) Sibylle Scheipers and Daniela Sicurelli, *op.cit.*, p.466.

한 시점이 미국이 교토의정서를 거부한 시점과 일치된다는 것이다. 즉 미국의 교토의정서 거부는 오히려 EU로 하여금 환경정책에 심혈을 기울이는 계기를 마련했다는 설명이다. 이뿐만 아니라, 이는 EU로 하여금 미국의 경성권력(hard power)과 대비되는 연성권력(soft power)을 부각시킴으로써 국제적인 행위자로서 기능할 수 있는 가능성을 실험할 수 있는 장으로 삼을 수 있었다.

하지만 EU는 마스트리히트조약을 통해 공동외교안보 기둥의 설립에도 불구하고 단일한 국제행위자로서 기능하기에는 부족한 점을 안고 있다. 경제적으로는 단일한 초국가적 행위자의 역할을 수행하지만, 정치 · 군사적으로는 여전히 개별 국가들 간의 협력에 의하여 행동하는 경향 때문이다. 또한 EU의 환경정책이 이상적인 모습을 반영하여, EU가 설정하고 있는 목표가 실현 가능하지 않은 EUtopia(즉 유럽연합의 유토피아)와도 같은 발상이라는 지적을 하기도 한다.[8] 더욱이 환경문제는 구체적인 성과나 실효성에 있어서 아직 판단하기가 어렵다는 문제점을 안고 있다. 즉 EU는 자신이 설정한 감축률을 달성하는 데 있어서 내부적이며 외부적인 장애요인을 갖고 있는 것이 사실이다.

본고는 이와 같은 점들을 감안하면서 유럽연합이 교토의정서의 비준과 이행과정에서의 중심적인 역할을 고찰하는 한편, EU가 선언한 것과 구체적으로 적용할 수 있는 것과의 간극에 대해서 살펴볼 것이다. 이와 같은 환경정책을 통해서 EU는 외교무대에서 연성권력을 강화할 수 있었으며 뿐만 아니라 국제적인 행위자로서의 기능을 실험

---

8) Kalypso Nicolaidis and Robert Howse, "'This is my EUtopia…': Narrative as Power", *Journal of Common Market Studies*, Vol.40, No.4(November 2002), p.784.

할 수 있는 실험장으로 사용하였음을 중점적으로 고찰할 것이다.

Ⅱ. 교토의정서와 유럽연합의 역할

1. 교토의정서란?

1997년에 채택되어 2005년 2월 16일에 발효된 기후환경변화에 관한 국제협약인 교토의정서는 법적 구속력을 지녔다는 점에서 중요한 의의를 찾아볼 수 있다. 지구의 오염으로 새들의 소리가 더이상 들리지 않는 침묵의 세상이 도래할 것임을 경고한 레이첼 카슨의 『침묵의 봄』(Silent Spring, 1962)은[9] 환경오염에 대한 관심을 촉발시켰으며, 1972년 스톡홀름에서 환경오염의 인간생존 위험을 경고하는 인간환경회의가 개최되었지만, 범지구적인 합의를 통한 구체적인 이행 계획을 세우고 법제화하는 데는 많은 시간이 필요했다. 1959년과 2000년 사이에 370개에 달한 국제협약이 체결되었지만, 오존층 보호를 위한 비엔나 협약(1985)과 오존층 파괴물질에 관한 몬트리올 의정서(1987)와 같은 가장 효과적인 국제환경협정조차도 역시 법적 구속력을 지니지 못하였다.[10]

교토의정서는 1992년도 6월에 개최된 유엔환경개발회의(United

---

9) Rachel L. Carson, *Silent Spring*(Boston: Houghton Mifflin, 1962).

10) 이신화, "글로벌 환경거버넌스의 이론과 실제", 이승철 외(편), 『글로벌 거버넌스와 한국』(서울: 한양대학교 출판부, 2007), pp.321과 327.

Nations Conference on Environment and Development: UNCED)인 리우(Rio)회의(일명 지구정상회의 Earth Summit)에서 채택된 기후변화기본협약(United Nations Framework Convention on Climate Change: UNFCCC)의 후속 부속 의정서(protocol)다. 유엔환경개발회의에 대한 준비작업은 1989년과 1990년 1, 2차 세계기후회의를 통해 추진되었다. '88년에는 세계기상기구(World Meteorological Organization: WMO)와 유엔환경계획(United Nations Environment Programme: UNEP)이 공동으로 전문가 협의체인 '기후변화에 관한 정부 간 패널(Intergovernmental Panel on Climate Change: IPCC)'을 설립하여 국가 간 환경논의의 확대를 심화시키면서 기후협약의 협상을 적극 주도할 수 있는 여건을 만들었다. 이러한 경로를 통해서 체결된 UNFCCC의 주요목적은 화석연료를 연소할 때 발생하는 이산화탄소(CO_2) 외 다섯 가지 온실가스, 즉 메탄(CH_4), 아산화질소(N_2O), 수소화불화탄소(HFCs), 불화탄소(PFCs), 육불화황(SF_6)의 대기 중 농도 증가에 따른 지구온난화 현상을 방지하는 것이다. 이는 환경문제를 직접적으로 국제무역과 연관 짓는 것을 의미한다. 왜냐하면 이산화탄소를 감축한다는 것은 화석연료의 사용을 제한하는 것이기 때문에 경제활동과 직접적으로 연관된다. 하지만 UNFCCC는 이산화탄소 방출에 관한 구체적인 목표치나 일정을 부과하고 있지 못하여서 이를 보완하기 위해 교토의정서가 체결되었다. 이렇게 교토의정서는 당사국들의 의무와 구체적인 감축수치를 규정함으로써 리우회의를 보완하는 역할을 한다.

교토의정서의 가장 중요한 결정사안으로는 선진국(즉 교토의정서의 부속서1 국가)들이 2008년과 2012년(1차 공약기간) 사이에 온실가스 방출을 1990년 수준인 5.2%까지 낮추는 데 동의한 것에 있다. 각국별로는 −8%에서 +10%까지 차별화된 배출량을 규정하였다(EU-8%, 미국 −7퍼센트, 일본 −6 등). 1차 공약기간에는 감축이행국가를 선진국만으로 한정지었다. 이는 UNFCCC 제3조에 명기한 차별적 공동책임원칙(common but differentiated responsibility)에 의거하는 것으로,[11] 선진국과 개발도상국이 지구환경보존에 대해 공동의 책임을 지는 동시에 차별적인 책임을 진다는 것을 의미한다. 이는 각국이 개별적인 능력에 따라 기후환경변화에 대처하지만 선진국이 보다 선도적인 역할을 담당하는 원칙으로 공평성(equity)을 앞세운 원칙이다. 더욱이 퓨(Pew) 세계기후변화센터가 2004년도에 내놓은 연구는 이 원칙에 힘을 실어 줬다.

〈표 1〉 주요국의 기온상승 책임량과 현재 배출량(단위: %)

국가	책임량(1850~2000)	현재 배출량
미국	29.8	20.6
유럽연합(25개국)	27.2	14
러시아	8.3	5.7
독일	7.5	2.9
중국	7.3	14.8
영국	6.5	2.0
일본	4.1	4.0
프랑스	3.0	1.5
캐나다	2.1	2.1
인도	2.0	5.5
선진국 전체	77	52
개도국 전체	22	48

출처: Kevin Baumert and Jonathan Pershing, "Climate data: Insights and Observations", Pew Center on Global Climate Change(December 2004), pp.4와 13.

---

11) 정회성 · 변병설. 『환경정책의 이해』(서울: 박영사, 2006), p.348.

퓨센터의 연구에 의하면 1850년부터 2000년까지의 지구온난화에 대한 책임비중을 수치화했을 때, 선진국의 책임 비중은 77%이고 개도국은 22%만을 차지하며, 미국이 29.8%로 가장 많으며, 25개국의 유럽연합은 27.2%로 나타났다. 이와 같은 분석은 지구온난화에 대한 책임비중이 높은 나라에게 그에 걸맞은 책임을 져야 한다는 주장에 힘을 실어 주는 것으로 가장 책임비중이 많은 나라면서 교토의정서 비준을 거부한 미국에 대한 교토의정서 복귀 압박을 가할 수 있는 근거 자료 역할을 하기도 한다.

교토의정서에서 설정한 목표치에 도달하기 위한 방편으로는 온실가스 배출 의무를 융통성 있게 이행할 수 있도록 3대 신축성 체제(flexibility mechanism), 즉 배출권거래제도(emission trading scheme), 공동이행제도(joint implementation), 청정개발체제(clean development mechanism)를 도입했다. 이를 교토메커니즘이라 부르는데, 이는 온실가스에 경제적 가치를 부여하여 거래할 수 있도록 하는 것을 골자로 하는 것으로 시장 메커니즘의 이점을 살려 보다 효율적이며 신축적으로 온실가스 삭감을 가능하게 하려는 체제다. 또한 이는 환경 개선을 위해 경제적 이행 수단의 도입이 적극적으로 작동되기 시작한다는 것을 의미하는 것으로 구체적인 방법은 다음과 같다.

1) 배출권거래제

온실가스 감축의무가 있는 국가에 배출량을 할당한 후 동 국가 간 배출 쿼터의 거래를 허용하는 제도를 말한다. 즉 선진국 전체의 온실가스 배출 총량을 설정하고 각국에 일정량의 배출 쿼터를 부여한 뒤, 각자 할당된 쿼터를 초과한 국가는 타국으로부터 배출권을 구매하고 할당된 쿼터에 미달된 국가는 타국에 그 쿼터 잉여분을 판매할 수 있도록 한 제도다.[12] 이렇게 시장을 전제로 한 배출권의 거래는 정부의 규제 시스템보다 적은 비용으로 환경목표를 달성하기 위한 체제로 정치적으로 지지를 받고 있다. 영국, 미국 등 많은 선진 국가들이 이미 배출권 시장을 형성하고 있지만, 배출권 거래시장의 80%를 차지[13]하고 있는 EU는 가장 모범을 보여 주고 있다.

2) 공동이행제도

선진국들 사이에서 온실가스 감축 사업을 공동으로 이행하는 것을 인정하는 제도로 선진국인 A국이 B국에 투자하여 발생된 온실가스 감축실적의 일부분을 투자국인 A국의 배출삭감 실적으로 인정하는 제도다. 현재 EU는 동유럽과의 공동이행제도를 활발히 추진 중이다.

3) 청정개발체제

선진국인 A국이 개발도상국인 B국(즉, 강제감축국이 아닌 국가)에 투자하여 발생된 온실가스 배출 감축실적을 자국의 감축실적에 반영할 수 있는 제도로 이 체제에 대한 대부분의 이행방안은 2001

---

12) 배출권 거래제에 대해서는 다음을 참조할 것. 한국과학기술정보연구원(KISTI), "유럽연합(EU)의 온실가스 배출권 거래제 개발 동향 한국과학기술정보연구원"(December 2005).

13) "The Bali Roadmap: Towards a New Global Climate Change Agreement", http://ec.europa.eu/ environment/climat/campaign/news/news09_en.htm(2008년 9월 1일 검색)

년 11월 마라케시 당사국회의(Conference of Parties: 이하 COP)에서 결정되었다. 청정개발체제는 적극적으로 활용되고 있는데, 실례로 는 일본 굴지의 기업인 신일본제철과 미쓰비시상사는 공동으로 중 국에서 연간 약 1,000만 톤의 탄소배출권 획득이 가능한 청정개발 체제 사업을 벌여 각각 배출권 일부를 구입하거나 판매하는 방식 을 도입했다.[14]

이러한 3대 신축성제도는 국가 간의 이견을 적절히 반영하려는 것으로 특히 공동이행제도와 청정개발체제는 경제활동이 위축되는 것을 최대한 막기 위해 온실가스 배출에 관한 규제에 신축성을 주 고자 한 것이다. 미국을 비롯한 선진국들이 이 제도의 도입을 강력 히 추진하였는데[15] 이산화탄소 감축여력이 한계에 도달한 선진국 들이 상대적으로 감축여력이 큰 개발도상국에 재정 및 기술을 지 원, 공동사업을 추진함으로써 자국의 감축목표를 저렴한 비용으로 달성할 수 있는 수단이 될 수 있다.

2. 교토의정서 비준을 위한 노력

2001년 3월 부시 행정부가 교토의정서 비준 거부를 밝히자, EU 는 이를 계기로 환경정책에서 중심적인 역할을 차지하는 데 더 심 혈을 기울인다. 유럽연합은 2001년 6월 고텐부르크(Gothenburg) EU정상회담에서 교토의정서의 발효를 위해 적극적으로 방법을 모

---

14) 『주간한국』, 2007년 12월 24일.
15) 정회성 · 변병설, *op.cit.*, p.349.

색할 것이라고 밝힘으로써,[16] 미국이 없이도 의정서를 이행하겠다는 의사를 분명히 표명하였다. 이는 미국이 거부한 상태에서 교토의정서의 발효를 위해서 선진국 전체 이산화탄소 배출량의 55%를 초과해야 한다는 조건을 충족시켜야 한다는 것을 감안한다면 일본과 캐나다 그리고 기온상승에 8.3%에 대해 책임이 있는 러시아와 같은 선진국의 참여가 필수적이다.

동년 7월과 11월에는 두 차례의 COP가 개최되었다. 두 번의 회의는 미국 없이도 교토의정서를 이행하겠다는 강력한 정치적인 신호로 이해될 수 있으며, 더욱이 중요한 사안들을 결정함으로써 교토의정서의 이행을 위한 중요한 토대를 마련하였다. 미국이 참여하지 않은 상태로 7월 본(Bonn)에서 개최된 COP는 EU의 트로이카가 중심이 되어서 회의가 진행되었으며, 이 회의를 통해서 본 협약(Bonn Agreement)이라는 구체적인 결과물을 이끌어 낼 수 있었다. 이는 1998년 부에노스아이레스(Buenos Aires)에서 발표된 교토의정서 이행을 위한 행동강령(Action Plan on implementing Kyoto)을 재개했다는 의의가 있는 것으로 1999년 개최한 COP에서는 진척사항을 보지 못했었다. 미국이 부재한 상태에서 본 협약문을 이끌어 낸 것은 유럽이 환경정책의 명실상부한 리더 자리에 올랐음을 드러내는 것이다. 더욱이 일본과 캐나다와 같이 온실가스 대량 배출국가이면서 '우산국가(Umbrella group)'[17]에 속하는 국가가 본 협약이

---

16) Council of the European Union, *Göteberg European Council: Presidency Conclusions*, Göteberg(15~16 June, 2001), point. 28.
http://ue.eu.int/ueDocs/cms_Data/docs/pressdata/en/ ec/00200-r1.en1.pdf(2008년 9월 20일 검색)

17) 교토의정서가 채택되는 시기에 환경협약에 대한 선진국의 입장이 두 중심축으로 나뉘었다. 하나는 유럽연합 중심이며 또 하나는 '우산 그룹'이라는 명칭의 미국 중심축(일본, 호주, 캐나다 등을 포함)이다.

체결될 수 있게 대폭적인 양보를 했다는 점은 매우 의미가 크다. 왜냐하면, 이는 EU와 대립되는 축으로서의 미국이 중심이 되는 축의 분열을 의미하기 때문이다.

이어서 11월에 열린 제7차 COP에서는 본 협약을 법문서로 만든 마라케시 협약(Marrakech Agreement)을 도출해 냄으로 본 협약을 완결 지었다. 이는 교토의정서를 이행할 수 있는 준비작업을 마무리한다는 것을 의미한다. 마라케시 협약은 교토메커니즘, 의무이행체제, 온실가스 흡수원(sinks) 등에 대한 구체적인 운영방안을 규정함으로 교토의정서가 출범할 수 있는 중요한 토대를 마련함을 의미한다. 그 예로서 배출권거래제 실시를 위한 기본적인 합의가 이루어져, 국가 배출량 계산 체제 구축, 크레디트 보유 및 이전 등을 처리할 수 있는 국가 등록 인증체제 구비 등에 대한 구체적인 규정이 마련되었다.[18] 마라케시 협약이 도출되기까지는 유럽연합의 역할이 주요했는데, 유럽연합은 G77과 중국 등 개도국과 관계를 공고히 함과 동시에 일본과 러시아가 바라는 바대로 흡수원을 인정하는 것을 양보함으로써 협약을 도출해 내는 데 커다란 역할을 담당했다.[19] 이산화탄소를 흡수하는 산림지역이나 토양이 선진국으로 하여금 이산화탄소 배출량을 증가할 수 있는 구실이 되는 것을 원치 않았던 것이 EU의 기존 입장이라면, 러시아와 일본의 가입을

교토의정서의 1차 감축기간 동안에는 선진국에게만 강제감축의무를 부여했는데, '우산 그룹'은 개발도상국도 똑같이 강제감축의무가 있어야 한다고 생각했다. '우산 그룹'의 또 다른 회원국가인 호주는 2007년 12월 발리 COP가 개최되는 동안 교토의정서를 발효시켰다.

18) European Commission "Climate Change: COP7 Marrakech", Final Report(November 10, 2001), p.1. www.ec.europa.eu/environment/climat/pdf/marrakech_report.pdf(2008년 8월 25일 검색)

19) *Ibid.*, p.2.

유도하기 위해 양보를 감행하기도 했다.

한편, 2001년도 후반부 의장국인 벨기에도 중심 역할을 담당했는데, 특히 장관급, 전문가급 등에서 열리는 각종 회의에서 유럽연합이 일치된 의견을 내놓음으로써 단결된 모습을 보일 수 있도록 심혈을 기울였다. 여기에 EU 환경담당위원인 월스트룀(Wallström)과 일본 장관과의 긴밀한 관계가 핵심적인 역할을 해냈는데, 이는 미국을 중심으로 일본과 캐나다 등 기후변화에 대한 이해를 같이 하는 선진국 모임인 '우산국가'의 분열을 갖고 오는 결정적인 요소로 작용하였다.[20]

10월에는 집행위의 보고서를[21] 통해서 유럽공동체(EC)의 이름으로 교토의정서를 비준할 것과 각국은 교토의정서의 비준에 대비하여 준비할 것을 권고하였다. 12월의 레켄(Laeken) EU 정상회담에서는 유럽연합이 2002년도 9월에 개최할 '지속 가능한 발전을 위한 세계정상회의(World Summit on Sustainable Development: WSSD)'[22]에 앞서 교토의정서를 비준하기를 희망한다고 선언하였다. 이어 이사회는 2002년 4월 25일의 결정(Decision)[23]을 통해서 비준을 승인하였으며 마침내 5월 31일에 교토의정서를 비준하기에 이르렀다.

---

20) *Ibid.*, p.2.

21) Commission of the European Communities. "Proposal for a Council Decision concerning the approval, on behalf of the European Community, of the Kyoto Protocol to the United Nations Framework Convention on Climate Change and the joint fulfillment of Commitments thereunder", Com(2001)579final, October 23 2001.

22) 이 회의는 2002년 9월 리우회의의 10주년을 기념하는 것으로 1992년의 '지구회의' 이후 10년간 '지속 가능한 발전'의 성과를 평가하고 향후 새롭게 실천할 목표와 전략을 채택하는 것이 목적이었으나 회의에 대한 평가는 상당히 부정적이다. 교토의정서에 관해서는 "의정서 비준을 강력히 권고한다." 는 문구를 이행계획에 담는 선에 그쳤다.

23) Council Decision 2002/358/EC, *Concerning the approval, on behalf of the European Community, of the Kyoto Protocol to the United Nations Framework Convention on Climate Change and the joint fulfilment of commitments thereunder*(April 25, 2002).

또한 일본과 캐나다가 마침내 2002년에 교토의정서를 비준하였는데, 이는 '우산국가'에 속한 두 나라가 미국을 따르지 않고 EU의 설득에 의해 입장을 선회했음을 의미한다.

하지만 EU의 가장 큰 외교적 결실은 러시아의 비준을 이끌어 낸 것으로 2004년 11월 18일의 러시아 비준은 2005년 2월 16일 교토 의정서가 발효되는 데 가장 결정적인 역할을 하였다. 러시아는 교토의정서에 대해서 처음에는 불분명한 입장을 견지하였다. 교토의정서를 채택하는 것이 러시아에게 아무런 불이익을 주지 않는다는 것을 감안한다면,[24] 러시아가 왜 애매한 입장을 취했는지에 대해서 설명이 필요할 것이다. 교토의정서의 가입이 러시아에게 아무런 제약을 주지 않는 상황에서 교토의정서의 가입을 결정하는 문제는 경제적 사안이 아닌 정치적 사안으로 검토되었다. 즉 이는 미국과 거리를 두느냐, 아니면 EU와 거리를 두느냐의 문제였던 것이다. 실제로 2003년 부시와의 회동 후에는 교토의정서에 대해서 회의적인 반응을 보이기도 했다.[25] 하지만 결국 푸틴은 EU에게 선물을 주기로 결정을 내렸다. 이러한 푸틴의 정치적 계산에는 EU와의 동조를 통해서 러시아의 WTO 가입이 힘을 얻을 수 있다는 생각이 중요한 요인으로 작용하였다. 1993년에 WTO에 가입의사를 밝힌 러시아는 10년이 지나서도 아직 회원국 지위를 얻지 못하고 있는 상황이

---

24) 기준연도인 1990년에는 러시아가 비효율적인 공장을 갖고 있어서 많은 양의 가스를 배출했기 때문에, 그해를 기준연도로 삼는 것은 오히려 배출권 거래제의 체제 속에서는 돈을 벌 수 있는 효과가 있을 수 있었다. 실제로 러시아는 1990년에 비해서 2000년도의 온실가스 배출량을 보면 오히려 30%가 감소했음을 볼 수 있다. Dan Dudek, Alexander Golub, Elena Strukova, "Economics of the Kyoto Protocol for Russia", *Climate Policy*, Vol.4, No.2(2004), p.132.

25) Laura A. Henry and Lisa McIntosh Sundstrom, "Russia and the Kyoto Protocol: Seeking an Alignment of Interests and Image", *Global Environmental Policy*, Vol.7, No.4(November 2007), p.58.

었다. 이뿐만 아니라 EU의 편을 듦으로써 얻을 수 있는 이익, 즉 국제적 문제에 협조적인 파트너로서의 이미지를 굳힐 수 있는 두 가지 효과를 노린 것이다.

또한, EU는 환경담당집행위원, 유럽의회 그리고 EU – 러시아와의 양자적인 관계 등 다각적인 채널을 통한 외교력으로 러시아의 비준 동의를 이끌어 내기 위해 주력했다. 2003년 3월 10일 유럽의회장은 유럽의회의원이 교토의정서 문제를 상의할 수 있도록 모스크바 의회(Duma) 방문을 허락해 달라는 서한을 보냈으며 마침내 9월에 유럽의원의 특별방문이 이루어졌다. 이는 2002년 9월에 푸틴 대통령이 WSSD 세계회의에서 교토의정서 비준을 약속했지만 시간이 지나도 진척을 보이지 않자, 러시아의 비준을 촉구하기 위함이었다. 유럽의원 방문에 앞서 미국 측 사절로 키신저가 방문하여 교토의정서에 대해서 비판적인 입장을 견지한 것은 교토의정서의 발효에 있어서 러시아의 입장이 얼마나 결정적임을 알 수 있게 해준다. 이뿐만 아니라, 유럽의원의 방문을 통해 러시아가 교토의정서의 비준과 WTO의 가입을 연결하려는 의도가 명확해지면서 유럽연합이 러시아의 비준을 이끌어 내기 위해서 사용할 수 있는 카드가 무엇인지가 확실해졌다.[26] 두마 방문 며칠 후에 개최된 EU – 러시아 정상회담에서는 당시 의장국을 수행하고 있던 프랑스의 시라크 대통령이 러시아의 비준을 종용했으며,[27] 그다음 해인 2004년 5월

---

26) European Parliament, *Summary Note: Kyoto Protocol visit to Moscow 17–19 September 2003*, Committee on the Environment, Public Health and Consumer Policy(October 1, 2003), p.4. http://www.europarl.europa.eu/comparl/envi/pdf/delegations/1999–2004/moscow.pdf (2008년 9월 15일 검색)

27) "Chirac presses Putin to ratify Kyoto", *Agence France Presse*, September 29, 2003.

21일 개최된 EU - 러시아 정상회담에서 러시아의 WTO 가입문제와 함께 교토의정서를 조속한 시일 내에 비준할 것을 재차 촉구했다.[28]

한편 EU 환경담당 집행위원인 월스트룀은 2003년 3월 당시 의장국인 그리스의 환경장관과 하반기 의장국인 이태리 환경장관과 러시아의 교토의정서 비준 촉구를 위해 모스크바를 방문했다. 월스트룀은 배출권 허용량이 상대적으로 높게 책정될 러시아가 교토메커니즘의 세 가지 방식에 의해서 오히려 배출권의 매매국이 되어 경제적인 효과를 누릴 수 있다는 점을 강조하면서 교토의정서를 비준함으로 얻을 수 있는 장점에 대해서 언급했다.[29]

3. 교토의정서 이행을 위한 역할

미국이 교토의정서 비준을 거부한 2001년에 집행위원회는 EU의 배출권거래제의 도입을 2005년부터 시행하겠다고 발표했다.[30] 더욱이 교토의정서 발효가 가능한지에 대해서 아직 알 수 없는 단계인, 2003년 10월에는 배출권 거래제가 입법화되기에(Directive 2003/87/EC) 이르렀다. 이는 EU가 교토의정서 발효와 관계없이 자체적으로도 배

---

28) Council of the European Union, *Brussels European Council: Presidency Conclusions*(June 17~18, 2004).
   http://europa.eu/rapid/pressReleasesAction.docreference=DOC/04/2&format=HTML&aged=1&language=EN&guiLanguage=en(2008년 9월 16일 검색)

29) *Newsletter of the european environmental press*, Issue 42,(March 19, 2003).
   http://www.eep.org/ newsletters/newsletter030319.htm(2008년 9월 15일 검색)

30) Commission des Communautés européennes, "Proposition de directives du Parlement européenne et du Conseil établissant un système d'échange de quotas d'émission de gaz à effet de serre dans la Communauté et modifiant la directive 96/61/CE du Conseil", Com(2001)581final, Bruxelles, October 23, 2001.

출권거래제를 도입할 용의가 있음을 보여 준 것이다. 마침내 2005년 1월 1일 EU는 첫 국가 간 배출권 시장을 출범시켰는데, 이는 광범위한 지역을 대상으로 한 최초의 지역 배출권 거래시장의 출범을 의미하는 것으로 EU의 1만 2,000개 이상의 발전소와 공장들이[31] 배출할 수 있는 이산화탄소의 허가량을 부여하는 것을 의미한다.

유럽연합의 배출권 거래제는 2단계로 이루어지는데, 1단계는 2005~2007년으로 교토의정서가 이행되기 전으로 교토의정서상의 6개 온실가스 중 CO_2만을 대상으로 한다. 각국은 저감목표 및 할당방법 등을 포함하는 국가 할당 계획(National Allocation Plan: NAP)을 EU에 제출하여야 하며, NAP은 EU의 승인을 거쳐 최종적으로 확정된다. 2단계는 교토의정서 강제의무 이행기간인 2008~2012년과 동일하며 교토의정서상의 6개 온실가스를 모두 대상으로 한다. 배출목표를 이행하지 못하는 경우 제재조치로서 2007년까지는 $40/tCO_2$의 벌금이 부과되며, 2단계인 2008년부터는 $€100/tCO_2$로 벌금이 인상된다. 이와 같은 EU의 배출권 거래제도의 운영은 다른 국가의 배출권 거래 시장의 형성에 도움이 될 것이며, 온실가스 배출량의 측정과 평가 방법은 배출권 거래시장을 준비하는 국가에 가치 있는 근거 자료가 될 것이다.

유럽이사회는 교토의정서의 1차 공약기간이 시작되기 전인 2007년 3월 소위 '202020(2020년까지)'이라는 선언을 한다.[32] 이는 교

---

31) 에너지 사용량이 20MWh 이상인 업체들이 의무적으로 참여해야 한다. 1단계까지는 포함시키는 것이 간단한 소각장, 정유공장, 코크오븐, 제철소, 시멘트/유리/석회/벽돌/세라믹/제지생산 공장 등 몇몇 분야만을 다루고 있다. 교통 및 항공은 제외되었다. European Directive 2003/87/EC, *of the European Parliament and of the Council of the 13 October 2003 establishing a scheme for greenhouse gas emission allowance trading within the Community and amending Council Directive 96/61/EC,* October 13, 2003, Annex Ⅰ 참조.

토의정서보다 더 포괄적이며 대폭적인 감축을 이루는 것으로 환경 정책에 있어 획기적인 전환점이 되며 그 내용은 다음과 같다. 첫째, 온실가스 감축목표로 교토의정서가 2012년까지 EU에 요구한 온실가스 감축목표가 8%였다면, 2020년까지 20% 수준으로 높인다. 둘째는 바이오연료의 사용률을 2020년까지 20%로 올리며 그중에서도 자동차 연료의 10%를 바이오연료로 충당하겠다는 것이다. 셋째로는 에너지 효율성을 20%까지로 올린다는 계획이다. 더욱이 만약 미국과 중국, 인도와 같은 주요 온실가스 배출국들이 EU의 온실가스 규제노력에 동참할 경우 20%에서 30%로 감축 목표를 높이기로 합의했다. 이와 같이 높은 목표를 달성하겠다는 결정은, 유럽연합이 환경문제의 리더 역을 담당할 수 있는 의지만이 아니라 능력까지도 있음을 보여 줬다고 할 수 있다. 이뿐만 아니라 '202020' 선언은 EU의 지휘하에 같은 해 6월 G8 정상회담의 중요한 어젠다로 논의되었으며, 9월에는 UN에서 그리고 마침내 12월에 발리에서 열린 COP의 발리 로드맵의 초안이 되어 전 세계적인 감축목표율을 조절하는 데 견인차 역할을 담당했다.[33] 하지만 2020년까지 20%의 온실가스감축을 목표로 하는 것은 실행 가능성에 의문이 있다는 지적이 있다. 1990~2007년도까지 유럽연합 국가들이 보인 평균 감축률이 10%가 안 된다면 2020년에 가서 20%의 감축률을 보인다는 것은 힘든 목표처럼 보이기 때문이다.[34]

---

32) Council of the European Union, *Brussels European Council, Presidency Conclusions*, 7224/ 1/07, REV 1(May 2, 2007).

33) "The Bali Roadmap: Towards a New Global Climate Change Agreement", http://ec.europa.eu/ environment/climat/campaign/news/news09_en.htm(2008년 9월 1일 검색)

34) *Le Monde*, June 30, 2008.

4. 교토의정서 이행의 문제점과 유럽연합의 감축률 목표 달성 전망

　2008년도 프랑스는 하반기 의장국을 수행하면서 네 가지 주력사업으로 공동농업정책, 방위, 이민자 문제와 함께 환경문제를 꼽았다.[35] 이는 환경정책이 가장 최근에 만들어졌으면서도 가장 심혈을 기울이는 정책 중에 하나임을 알 수 있게 한다. 하지만 유럽연합의 환경정책이 지나치게 이상적인 유럽연합(EUtopia)을 반영하고 있기에, EU가 설정하고 있는 목표가 실현 가능하지 않다는 비난을 듣기도 한다. 유럽연합이 선언한 것과 구체적으로 적용할 수 있는 것과의 간극이 크다는 주장이다. 더욱이 환경문제는 구체적인 성과나 실효성에 있어서 아직 판단하기가 어렵다는 문제점을 안고 있는 것도 사실이다. 즉 유럽연합은 자신이 설정한 감축률을 달성하는 데 있어서 외부적이며 내부적인 장애요인을 갖고 있다.

　먼저, 외부적 요인으로는 지구환경문제에 대한 대처 방식에 대한 실효성 문제다. 새로운 바이오 연료의 개발은 기후변화에 대한 적극적인 대응방식으로 인식되었지만 최근 보고서에 의하면 바이오 연료를 생산하고 연소시키면서 발생하는 온실가스는 화석연료보다 70퍼센트 정도 더 많은 연료를 소비한다는 연구가 나왔다.[36] 그뿐만 아니라 차세대 청정연료로 각광받던 바이오 연료가 이제는 곡물가 폭등의 주범으로 비판받고 있다. 세계은행의 보고서에 의하면

---

35) *Ibid.*
36) *Die Spiegel*, September 26, 2007.

미국과 유럽에서 진행되는 바이오 연료개발은 2002～2008년 사이에 곡물가격을 70%나 급등시킨 주범이라고 지적했다.[37] 화석연료에 대한 의존도를 낮춰 온난화 방지에 도움이 될 것으로 기대를 모았지만, 이는 식량부족현상과 같은 뜻하지 않은 결과를 초래했다. 식량을 태워서 차를 모는 것은 식량과의 전쟁을 벌여야 하는 재해지역주민에게는 인류에 대한 범죄로 여겨질 수밖에 없기 때문이다. 사실상 2020년도까지 자동차 연료의 10%를 바이오연료로 충당하겠다는 목표 수정이 불가피해졌다. 2008년 7월 4～6일 파리에서 열린 EU 27개국 환경·에너지장관 회의가 끝난 직후, 의장국인 프랑스의 장 루이 보를루(Borloo) 환경장관은 "EU의 목표는 비단 바이오 연료만이 아니라 모든 재생에너지 사용률을 10%로 하겠다는 의미"[38]라며 기존 입장에서 크게 물러섰다. 바이오연료뿐 아니라 태양에너지, 풍력에너지 등도 넓게 포괄한다고 말을 바꾼 것이다. 이어 바로 다음 날 유럽의회 에너지위원회는 표결을 통해 바이오연료 사용비율을 줄이는 내용의 법 제정을 추진키로 결정했다.

내부적인 장애물로는 두 가지 문제점에 주목할 필요성이 있다. 첫째는 EU의 동유럽으로의 확대와 연관된 문제로, 이미 막대한 재정적자뿐만 아니라 재정사용처에 대한 이견이 제기되는 상황 속에서 환경지원기금에 많이 할애할 수 없다는 점을 지적할 수 있다. 둘째는 유로화의 도입이다. 1999년 경제화폐동맹의 출범은 참여국가들이 수렴조건(convergence criteria)을 준수해야 함을 의미한다. 수렴기준 중에서 가장 중요한 기준으로 인식되는 것이 공공부채(당해

---

37) *Le Monde*, July 7, 2008.
38) *Ibid*.

연도 GDP의 60%를 넘지 않을 것)와 재정적자 수준(각 연도의 재정적자가 그해 GDP의 3%를 넘지 않을 것), 즉 국가의 건전성의 기준을 지켜야 하는 규정이다. 이는 환경정책의 하부구조를 구축하는데 있어서 재정적 비용이 많이 필요하다는 점을 감안한다면 직접적인 장애요인으로 꼽을 수 있다.

한편, 2007년 발행된 집행위원회의 보고서에 따르면 교토의정서의 1차 감축이행 기간 동안 목표치 달성 전망은 긍정적이다.[39] 이에 의하면 2010년에 영국, 독일, 스웨덴은 자국정책만으로 감축목표를 달성할 수 있을 것으로 내다보고 있다. 그 외의 8개국은 흡수원의 이용과 도쿄메커니즘까지 감축률 분에 포함시켰을 때 목표치를 달성할 수 있다고 전망했다. 덴마크, 이태리, 스페인이 가장 어려운 상황이지만, 이 세 나라도, 배기권 대출거래제에 의한 2008~2012년도 국가할당량(NAP)과 도쿄메커니즘의 제도를 얼마나 유용하게 사용하느냐에 따라서 결과가 긍정적으로 나올 수 있다고 했다.[40] 더욱이 만약 아직 충분히 활용하지 않는 공동이행제도와 청정개발체제를 포함하면 추가 삭감이 가능하므로 2012년까지 목표치를 훨씬 웃도는 11.4퍼센트까지 삭감할 수도 있다고 낙관적으로 전망하기도 했다.[41]

하지만 유럽연합의 감축률 달성이 독일(21%)과 영국(12.5%)의 감축분에 의지한다는 사실에 주목한다면 유럽연합의 온실가스배출 감축 의지에 대해서 반신반의할 수밖에 없다. 독일 통일로 인해 낙

39) Commission of European Communities, *Progress towards achieving the Kyoto Objectives*, Com(2007) 757final, October 27, 2007.

40) *Ibid.*, p.4.

41) *Ibid.*, p.10.

후한 공장들이 문을 닫았고 영국에서의 에너지 시장 자율화 정책으로 탄광촌이 폐쇄되면서 이 두 나라에서 대폭적인 배출량 감소가 가능했다. 또한 북해유전 발견에 의한 연료 전환이 EU 전체의 배출량 감소를 가능하게 한 요인이다. 한편 독일과 영국 다음으로 배출량이 많은 이탈리아는 2004년에 90년 대비 12%가 늘었고 스페인은 2004년에 90년 대비 48%나 증가하면서 오히려 온실가스 배출량을 늘이고 있다.[42]

Ⅲ. 연성권력으로서의 유럽연합

이미 세계 제1의 개발원조(총액의 55%)를 담당하며 대외조약에서 인권조항을 삽입하는 등 EU는 강성한 군사력을 발휘하기보다는 인권보호, 민주주의의 확장 그리고 제3세계의 개발 원조 사업에 적극적으로 참여함으로 연성권력(Soft Power)으로서의 효과적인 행위자 면모를 보여 왔다. 더욱이 교토의정서에 대한 국제적 동의 획득 및 비준을 이끌어 내는 과정 속에서는 국제법의 이행을 가능하게 한 규범권력으로서(Normative Power)의 면모가 부각되었다.

뒤셴(Duchêne)은 이미 1972년에 EU를 '민간권력(Civilian Power)'이라고 일컬으면서 경성권력과 대비되는 유럽연합의 특별한 역할에 주목한 바 있다. 이는 전통적인 파워를 일컬을 때 기준이 되는

---

42) 노부오카 요오코, "해외의 온난화 대책 추진동향과 장래 기구를 둘러싼 논의", 『전기평론』(2006년 11월), p.2.

군사적인 역량보다도 전쟁 없는 유럽으로 만든 유럽의 건설적인 힘과 또한 그것의 파급효과를 부각시킨 것이다.[43] 30년이 흘러서 '시빌리언 파워'가 나이(Nye)의 연성권력과 매너스(Manners)의 규범권력으로 용어상의 쇄신을 거듭하지만[44] 이는 다름 아닌 비군사적인 '또 다른' 힘의 중요성을 한층 더 강조하는 것이다. 나이가 정의하는 연성권력이란 "협력을 이끌어 내기 위해(무력이나 강제력이 아닌) 색다른 통용수단을 활용하는 것"[45]으로 강제나 보상보다는 사람을 끄는 힘으로 원하는 것을 획득할 수 있는 힘을 말한다. 다시 말하면 유럽국가들의 제반 정책이 다른 많은 국가들의 눈에 매력적으로 비쳐서, 바람직한 정책을 파급시켜 국제질서 형성에 긍정적으로 작용한다는 의미에서 유럽연합의 연성권력에 주목할 수 있다. 더욱이 테러리즘과 극단주의자들과의 싸움에서는 군사조치와 법 이행만의 문제가 아니라 문화와 아이디어와 같이 비군사적인 힘의 중요성에 더 한층 힘이 실리면서 연성권력은 더 큰 공감대를 얻을 수 있다. 이는 다른 사람을 매력으로 이끌리게 하며 설득하는 역할뿐만 아니라 더 나아가 세계화 시대가 요구하는 규범을 제시할 수 있는 능력을 일컫는 것이기도 하다. 실제로 EU는 일찍부터 보편적 이익과 가치를 수호하는 것이 EU의 중요한 원칙인 것처럼 보이길 원해 왔다. 이는 유럽공동체의 정체성(European Identity)에

---

43) François Duchêne, "Europe's role in world peace", Richard Mayne(ed.), *Europe Tomorrow* (Fontana/Collins: Chatham House & PEP), 1972, pp.43과 47.

44) 매너스는 옳고 그른 판단 근거에 의거해서 정책을 취하는 것을 일컬어 규범적인 파워(Normative Power)라고 한다. 규범을 증진하고 보편적인 가치를 중시하는 것은 EU의 도덕적인 외교정책(ethical foreign policy)의 핵심을 이루며 규범적인 파워의 작동방법도 연성파워처럼 강제가 아닌 설득력과 남을 사로잡을 수 있는 매력에 의한다고 한다. Ian Manners, "Normative Power Europe: A Contradictions in terms", *Journal of Common Market Studies*, Vol.40, No.2(2002), pp.235~258.

45) 조지프 S. 나이, 『소프트 파워』(서울: 세종연구원, 2004), p.33.

대해서 민주주의의 원칙, 법치, 사회정의, 인권 수호와 같은 가치를 공유하는 것이라고 처음으로 정의한 1973년 코펜하겐 선언문 속에서 그 기원을 찾을 수 있다.[46] 또한 1990년 더블린 정상회담의 선언에서는 유럽연합이 경제적이며 정치적 권위체뿐 아니라 도덕적 권위체임을 강조하기도 한다.[47]

EU가 일방적으로 '202020' 계획과 같은 거대한 목표를 이행하겠다고 선언한 것은 뚜렷한 경제적인 이득이 목전에 없더라도 기후변화를 막기 위한 환경정책을 실행하겠다는 의지로 해석될 수 있다. 경제적 손실이 예고되고, 기업의 반발이 있어도 기후변화를 막는 정책에 동참하고 더 나아가 리더의 역할을 하겠다는 의지를 보여 주는 것이다. 집행위 보고서의 표현대로라면 환경정책에 대한 EU가 느끼는 당위성은 "부자나라들이 짊어져야 하는 역할과 책임에 대한 의식"에 기초하고 있다.[48] 즉 교토의정서는 EU가 오랫동안 내세우던 가치와 원칙을 담아내고 있음을 보여 주는 것이다. 더욱이 미국이 교토의정서의 거부 의사를 발표한 후에도 미국과 의견을 같이했던 일본과 캐나다와 같은 나라의 비준을 이끌어 냄으로써 교토의정서의 발효를 위해 충분한 국가를 모을 수 있었다는 것은 EU의 연성권력으로서의 역량을 증명하는 것이다. EU는 자신이 믿는 가치를 다른 곳으로 파급할 수 있는 역량을 충분히 발휘해 보였다.

그런데 여기서 주목할 사항은 연성권력으로서의 EU에 대해서

---

46) *Declaration on European Identity*, Copenhagen, 14 December, 1973.
   http://www.ena.lu/declaration_european_identity_copenhagen_14_december_1973-02000
   2278.html(2008년 8월 29일 검색)

47) Bulletin of the EC, *Declaration of the Dublin Council: Presidency Conclusion*, June, 1990.

48) Commission of European Communities, *Environment 2010: Our Future, Our Choice*, Com
   (2001) 31final, January 24, 2001, p.11.

본격적으로 논의되는 시기가 경성권력으로서의 미국과의 대비가 부각되는 시점과 일치하다는 점이다. 미국이 일련의 일방적인 정책[49]을 펼치는 시기에 EU는 바로 미국과의 차별성 속에서 연성세력의 이미지를 굳힐 수 있었다. 부시도 2000년도 선거유세기간에는 지구온난화에 대한 책임을 지겠다고 했지만[50] 실제로 부시 집권 이후로 미국은 지구온난화 감축 노력에 아무런 역할도 하지 않았다. 2001년 3월에 교토의정서의 비준을 거부한 것을 시작으로 해서 2008년 7월 11일에는 부시 재임기간 동안에는 감축노력을 하지 않겠다는 발표까지 일관된 방식으로 교토의정서를 거부하였다.[51]

분명 미국은 군사력과 경제적 측면뿐만 아니라 연성파워 면에서도 세계최강이기도 했다.[52] 더욱이 미국과 EU는 똑같이 다자 간 전통을 중요시 여겨 왔으며 인권 및 환경정책과 같은 가치 중심의 정책을 중요시 여겨 왔었다. 하지만 1990년대 말부터 미국이 취하는 일련의 정책이 우방국의 의견을 무시하고 미국의 국익만을 고집하는 데다 경성권력에 경도한다는 비난을 받고 있다. 교토의정서의 비준과 이행과정 속에서 볼 수 있었듯이 연성권력으로서의 EU가 설득력을 얻을 수 있었던 것은 바로 이러한 미국의 일방적인 방식의 대결적인 양상에 의해서 획득된 것이다. 즉 미국이 참여를 거부한 정책 속에서 미국과 '구별되는' 전략을 취하므로 경성권력과

---

49) 1998년 국제형사재판소(International Criminal Court) 설치 규정 채택 거부, 1999년 포괄적 핵실험금지조약(Comprehensive Test Ban Treaty) 비준 거부, 1999년 대인지뢰금지협약(International Campaign to Ban Landmines) 즉 Ottawa 조약 서명 거부, 2001년 탄도미사일 방어조약(Anti-Ballistic Missile Treaty)에서의 일방적 탈퇴 등을 들 수 있다.

50) *The Guardian*, August 4, 2008.

51) *The Guardian*, July 11, 2008.

52) 조지프 S. 나이, *op.cit.*, 머리말 p.11.

구분되는 연성권력으로서의 EU의 이미지를 굳힐 수 있었다. 미국은 단순히 의정서 비준을 거부한 국가가 아니라 방해꾼[53]으로까지 인식되기까지 했다. 반면에 EU는 교토의정서의 리더와 구원자의 역할을 담당함으로써 미국과 구별되는 유럽적인 방식을 강조할 수 있는 좋은 기회로 삼을 수 있었다.

Ⅳ. 국제적인 행위자로서의 유럽연합

마스트리히트조약과 함께 국제적인 행위자에 대한 외연을 갖춘 유럽연합은 아직도 국가도 아니고 전형적인 국제기구도 아닌 이종 형태(hybrid form)라는 다소 모호한 정의로 만족해야 하는 것이 현실이다. 이처럼 EU가 국제적인 행위자인지는 아직도 많은 논란이 있다. 1973년 나이(Nye)와 커헤인(Keohane)은 '혼합행위자체제(mixed actor system)'라고 일컬었다.[54] '80년대에 집행위원장을 맡았던 들로르(Delors)는 Unidentified Flying Object(UFO)에 빗대어서 Unidentified Political Object(정체불명의 정치적 물체: UPO)라고 말하기도 했다. 1982년 국제관계이론의 영국학파 대가인 불(Bull)은 EU가 자체적인 군사력이 없다는 점에서 국제적인 행위자로서 성장할 가능성은 없다고 선언하기도 했다.[55]

---

53) John Vogler and Charlotte Bretherton, *op.cit.*, p.9.

54) Robert O. Keohane and Joseph Nye(eds.), *Transnational Relations and World Politics*(Cambridge, MA: Harvard University Press, 1973).

55) Hedley Bull, "Civilian Power Europe: Contradiction in terms", *Journal of Common Market*

하지만 마스트리히트조약 이후 국제적인 행위자로서의 EU에 대한 논의는 한층 더 활발히 전개되었으며[56] 그중에서도 교토의정서 수행을 위한 정부 간 합의 도출과정(COP)에서 EU의 역할은 국제적인 행위자로 기능할 수 있는 가능성을 보여 주었다. 스브라지아(Sbragia)가 언급했듯이 EU는 교토의정서를 통해서 "비엔나에서 뒤처져 있던(유럽연합이) 교토의 지도자가 되었다(Vienna laggard to a Kyoto leader)."[57] 즉, 비엔나 협약(1985년)에서는 미국이 국제환경정책에 있어서 리더십의 자리에 있었다면 교토의정서(1997년)부터는 EU가 지도자의 자리를 차지했다는 것이다. 즉 교토의정서의 발효와 이행과정을 통해서 이룩한 EU의 역할 변화는 상당하다. 물론 여기서 간과할 수 없는 것은 '85년과 '97년이라는 12년이라는 기간 동안에 단일의정서와 마스트리히트조약의 체결과 같이 EU의 자체적인 제도 강화가 점진적으로 이루어졌다는 점이다. 하지만 마스트리히트조약 이후에도 국제적 행위자의 위상에 대한 논란이 있는 점을 감안할 때, 교토의정서를 통한 유럽연합의 국제적 행위자로서의 위상 변화를 살펴보는 것은 흥미로울 수 있을 것이다.

그렇다면 국제적인 행위자(International Actorness)는 어떻게 정의할 수 있을까? 먼저 행위자라고 얘기할 때, 법인격적인 권한을 갖고 있는지로 고찰할 수 있을 것이다. 즉 국제협정을 체결하는 데 있어

Studies, Vol.21, No.2(1982), p.151.

56) Michael Smith, "The EU as an international actor", Richardson Jeremy(ed.), *European Union : Power and policy-making*, 3rd Ed.(London: Routledge, 2006), pp.287~310. Franck Petiteville, "L'Union européenne, acteur international global? Un agenda de recherche", *Revue internationale et stratégique*, No.47(Automne 2002), pp.145~157.

57) Alberta M. Sbragia and Chad Damro, "The Changing role of the European Union in International environmental politics: institution building and the politics of climate change", *Environment and Planning C: Government & Politics*, Vol.17, No.1(1999), pp.53~68.

서 EU의 협상 대표가 EU의 대표성을 갖느냐의 문제다. 현재 유럽연합은 WTO, 즉 무역담당 국제기구에서는 무역이 공동정책의 범주에 해당되기에 통상담당관이 유럽연합의 27개 회원국의 대변자의 역할을 수행한다. 이는 EU 통상담당위원이 체결한 조약이 각 나라에 직접적으로 효력을 발한다는 것을 의미한다. 하지만 무역 분야가 아닌 다른 분야의 국제협약에서 EU 그 자체를 서명 당사국으로 인정하지 않는다. 왜냐하면 아직 공동정책으로 결정할 수 있는 것이 아니기에 집행위원의 담당관이 전권을 갖고 있지 못하기 때문이다.

바로 이러한 이유로 환경 분야 국제협정인 1985년과 1987년에 조인된 비엔나 협약과 몬트리올 의정서에서는 EC가 아닌 각 회원국의 대표만이 서명당사자가 될 수 있었다. 그런데 1992년 UNFCCC에서 변화가 일어났다. UNFCCC는 지역경제기구체(Regional Economic Organization Institution: REOI)라는 항목을 따로 만들어서[58] 다른 회원국과 동일한 지위로서 유럽연합 또한 회원국이 될 수 있었다.[59] 이렇게 REOI로 서명한다는 것은 유럽연합의 개별회원국의 서명과 함께 유럽연합으로도 유럽연합 총 회원국 대표와 집행위원(환경담당관) 1명이 모두 다 서명당사자가 된다는 것을 의미한다. 즉 무역정책과 달리 환경정책은 아직 유럽연합이 전권을 발휘할 수 없는 분야라는 점을 감안한다면 이처럼 혼합협약(mixed agreement)을 채택한 것이 최선의 방안이다. 그 이전의 국제협약에 있어서 EC가 서명당사자가 될 수 없었다면 이는 괄목할 만한 변화로 주목할 수 있다. 더욱이 교토의정서를 통해서 유럽연합은 조인 당사국으로서뿐

---

58) 다른 지역기구는 해당 사항이 없었으며 유럽연합만이 유일하게 해당됨.
59) John Vogler and Charlotte Bretherton, op.cit., p.4.

아니라 일본, 캐나다와 러시아의 비준을 이끌어 냄으로 교토의정서
의 성패를 쥐는 주요한 국제적인 행위자로서 인식될 수 있었다.

두 번째로 행위자로서의 역할은 법인격적인 지위획득뿐 아니라,
정책을 이행하는 과정 속에서 담당한 비중을 통해서 살펴볼 수 있
다. EU는 부담공유 원칙(burden sharing)을 통해서 통합된 EU의 면
모를 보여 줬다. 2002년도 5월 31일에 당시 유럽연합의 15개 모든
회원국이 동시에 교토의정서를 채택한 것은 구체적으로 1998년 6
월에 EU가 합의한 부담공유원칙을 수락한다는 것을 의미한다. 경
제발전의 단계가 다른 15개 국가가 각 나라의 특수성을 고려하여
각기 다른 감축률을 수행하기로 결정하되, EU 전체는 8% 감축의
목표를 공표하였다.

처음부터 합의가 쉽게 이루어진 것은 아니었다.[60] 그럼에도 불구
하고 차별적인 할당량에 합의를 도출해 낼 수 있었다. 영국과 독일
은 비효율적인 생산물을 폐쇄함으로써 대폭적인 감축량에 동의했
으며, 원자력 의존도가 높다는 점을 감안해서 프랑스는 현 상태의
배출 비율을 유지할 수 있게 허락했으며 상대적으로 낙후한 나라
에는 훨씬 많은 배출량을 허락하기도 했다. 이처럼 각기 다른 회원
국이 각국이 처한 상황에 따라서 차별적인 할당량을 부여받았지만
하나의 목표를 이행할 수 있는 단일체처럼 기능하는 것을 보여 줬
다는 점에서 의의를 찾아볼 수 있을 것이다.

---

60) 이산화탄소 감소 방법에 대한 이견이 분분했다. 원자력에 의존하자는 안은 프랑스 외에서는 지지를 얻
지 못했다. 이산화탄소에 세금을 매기는 안은 영국에 의해서 거부되었다. 영국은 1993년부터 자동차
연료에 대해서 부가가치세를 매기는 것을 이미 결정한 상황이었다. Joyeeta Gupta, "L'Union
européenne, leader de la politique internationale du changement climatique", Damien Helly
and Franck Petiteville(eds.), L'Union européenne, Acteur international(Paris: L'Harmattan,
2005), pp.255~256.

〈표 2〉 1998년 결정한 부담공유약정(Burden Sharing Agreement) 분배방식

오스트리아	−13%	이태리	−6.50%
벨기에	−7.50%	룩셈부르크	−28%
덴마크	−21%	네덜란드	−6%
핀란드	0%	포르투갈	27%
프랑스	0%	스페인	15%
독일	−21%	스웨덴	4%
그리스	25%	영국	−12.50%
아일랜드	13%		
유럽연합		−8%	

출처: European Commission(Directorate-General for the Environment). *EU focus on Climate Change*, Luxemburg: Office for official publications of the European Communities, 2002, p.7.

이라크 전쟁에서의 EU 국가들의 분열 양상은 EU가 공동정책을 실행하는 것이, 즉 하나의 목소리를 낼 수 있는 국제적 행위자로서 기능하는 것이 현실적으로 얼마나 힘든 것인지 여실히 보여 준 사례였다. 반면에 부담공유체제에 합의를 도출할 수 있었던 것은 EU가 하나의 목표를 향해, 각기 다른 능력을 합해서 목표한 바를 수행할 수 있는 역량과 의지가 있음을 보여 줬다. 부담공유체제에 합의할 수 있었던 것은 환경 분야에 있어서 패권적(climate hegemon)[61] 인 유럽연합의 모습을 보여 준 예라고 할 수 있을 것이다. 몬트리올 의정서까지는 미국이 주요한 역할을 수행했다면 이와 같이 환경정책의 '리더' 자리를 구축할 수 있었던 것도, 미국이 더 이상 리더의 역할을 담당하지 못할 때라는 점에 주목할 수 있다. EU가 국제적인 행위자로서의 역할을 강화할 수 있었던 시점은 9 · 11 이후 미국이 테러와의 전쟁을 선포하면서 종종 국제법을 외면하면서 국제사회로

---

61) John Vogler and Charlotte Bretherton, *op.cit.*, p.2.

서 리더로서의 미국의 공백이 크게 느껴지는 시기와 일치한다.

V. 결론

교토의정서의 1차 이행시기(2008~2012)의 감축목표 달성 여부와 배출권거래제와 같이 EU가 주력하는 온실가스 감축 프로그램에 대한 효율성의 문제는 아직 증명되어야 하는 문제가 남아 있는 것이 사실이다. 하지만 감축목표를 달성해 내느냐의 문제보다 더 중요한 것은 EU가 교토의정서에 쏟은 노력을 통해서 연성권력으로서의 EU의 역할뿐 아니라 국제적인 행위자로서 기능할 수 있는 가능성을 실험하면서 상당한 지위 변화를 경험했다는 사실일지 모른다. 미국이 자신의 경성권력을 뒷받침할 수 있는 매력을 잃어 가고 있다면 EU는 미국의 대안적인 행위자로서의 역할을 증명해 보이면서, 연성권력으로서 그리고 규범적인 권력으로서의 자신의 모습을 강화할 수 있었다.

이렇듯 교토의정서에 대한 유럽연합의 역할은 미국이라는 '타자'의 존재를 빼놓고는 설명할 수가 없다. 앞서 보았듯이 연성권력으로서의 EU 그리고 국제적인 행위자로서의 EU가 부각될 수 있었던 것은 두 경우 모두 미국이 최근 취한 일련의 정책결정 속에서 경성권력에 더 편향되고 자국의 이익만을 더 부각시킴으로써 국제적인 리더로서의 역할에 손상이 가기 시작하면서라는 것을 고찰하였다. 다시 말하면 환경정책에 대한 EU와 미국의 대응방식 차이는 근본적인 차이에서 비롯되었다고 할 수 없다. 미국이 리더로서의 자리를 소홀히 하는 틈을 타서 미국과 그리 다르지 않으면서도 미국과의 변별력을 통해서 EU적인 방식을 부각시킬 수 있었던 것이야말로 EU의 특별한 능력, EU만의 특별한 연성권력이라고 할 수 있다.

하지만 이제 Post-Kyoto를 준비해야 하는 기간으로서, 미국의 참여 없이는 실효성 있는 기후변화 대책을 세울 수 없음이 점차 더 뚜렷해지고 있다. EU의 배출권거래제의 경험이 국제적 배출권 거래제의 확장을 이끌어 내는 데 도움을 줄 수 있지만, 미국이 협력하지 않는다면 한계가 있을 수밖에 없다. 배출권거래 시장의 원활한 운영은 잠재력을 갖은 미국사업이 동참하지 않으면 안 된다는 분석이 지배적이다. 이제 EU는 2012년 이후의 교토의정서 로드맵을 만드는 과정에 미국을 참여시킬 수 있도록 외교적인 역량을 모두 다 발휘해야 하며, 이를 통해서 진정한 연성파워의 강자로서 그리고 명실상부한 환경문제의 리더로서 자리매김할 수 있는 계기가 될 것이다.

이와 더불어 교토의정서와 함께 시작된 유럽연합의 환경정책에 대한 막중한 임무는 EU의 확장과 같은 내적인 문제와 깊은 관련을 맺고 있음을 주지해야 한다. 회원국 확장으로 인한 EU의 통일성 강화 및 제도적 장치의 강화가 뒷받침되어야 한다. 즉, EU의 통일성 확충이 이루어지지 않는다면 교토의정서로 시작된 유럽연합의 선구자적인 환경정책은 그 미래가 불투명할 수밖에 없다.

참고문헌

요오코, 노부오카. "해외의 온난화 대책 추진동향과 장래 기구를 둘러
　　싼 논의".『전기평론』(2006년 11월), pp.1～14.

송인성.『환경정책과 환경법』. 서울: 집문당, 2005.

이신화. "글로벌 환경거버넌스의 이론과 실제". 이승철 외(편).『글로벌
　　거버넌스와 한국』. 서울: 한양대학교 출판부, 2007, pp.303～344.

정회성 · 변병설.『환경정책의 이해』. 서울: 박영사, 2006.

정준금.『환경정책론』. 서울: 대영문화사, 2007.

정홍열. "유럽연합 환경정책에 대한 소고".『국제지역연구』. 제8권.
　　제2호(2004), pp.451～470.

나이, 조지프 S.『소프트 파워』. 서울: 세종연구원, 2004.

한국과학기술정보연구원(KISTI). "유럽연합(EU)의 온실가스 배출권 거
　　래제 개발 동향 한국과학기술정보연구원"(December 2005).

『주간한국』, 2007년 12월 24일.

Baumert, Kevin and Pershing, Jonathan Pershing. *Climate data: Insights
　　and Observations*. Pew Center on Global Climate Change(December
　　2004).

Bull, Hedley. "Civilian Power Europe: Contradiction in terms". *Journal
　　of Common Market Studies*. Vol.21. No.2(1982), pp.149～164.

Bulletin of the EC. *Declaration of the Dublin Council: Presidency Conclusion*.
　　June 1990.

Carson, Rachel L. *Silent Spring*. Boston: Houghton Mifflin, 1962.

Commission des Communautés européennes. "Proposition de directives du Parlament européenne et du Conseil établissant un système d'échange de quotas d'émission de gaz à effet de serre dans la Communauté et modifiant la directive 96/61/CE du Conseil", Com(2001)581final, Bruxelles(October 23, 2001).

Commission of European Communities. *Environment 2010: Our Future, Our Choice*, Com(2001) 31final, January 24, 2001, p.11.

Commission of the European Communities. "Proposal for a Council Decision concerning the approval, on behalf of the European Community, of the Kyoto Protocol to the United Nations Framework Convention on Climate Change and the joint fulfilment of Commitments thereunder". Com(2001)579final, October 23 2001.

Commission of European Communities. *Progress towards achieving the Kyoto Objectives*, Com(2007) 757final, October 27, 2007.

Council of the European Union. Brussels European Council: Presidency conclusions(June 17~18, 2004).
http://europa.eu/rapid/pressReleasesAction.docreference=DOC/04/2&format=HTML&aged=1&language=EN&guiLanguage=en(검색일 9월 16일)

Council of the European Union. *Göteberg European Council: Presidency Conclusions*(June, 15~16, 2001).
http://ue.eu.int/ueDocs/cms_Data/docs/pressdata/en/ec/00200-r1.en1.pdf(2008년 9월 20일 검색)

Council of the European Union. *Brussels European Council: Presidency Conclusions*, 7224/1/07, REV 1, May 2, 2007.

Council Decision 2002/358/EC. *Concerning the approval, on behalf of the European Community, of the Kyoto Protocol to the United Nations Framework Convention on Climate Change and the joint fulfilment of commitments thereunder.* April 25, 2002.

Duchêne, François. "Europe's role in world peace". Mayne, Richard.(ed.). *Europe Tomorrow*. Fontana/Collins: Chatham House & PE, 1972, pp.32~47.

Dudek, Dan and Golub, Alexander and Strukova, Elena. "Economics of the Kyoto Protocol for Russia". *Climate Policy*. Vol.4. No.2(2004), pp.129~142.

European Commission. "Climate Change: COP7 Marrakech". Final Report, (November 10, 2001). www.ec.europa.eu/environment/climat/pdf/marrakech_report.pdf(2008년 8월 25일 검색)

European Commission(Directorate-General for the Environment). *EU focus on Climate Change*. Luxemburg: Office for official publications of the European Communities, 2002.

European Directive 2003/87/EC. *of the European Parliament and of the Council of the 13 October 2003 establishing a scheme for greenhouse gas emission allowance trading within the Community and amending Council Directive 96/61/EC*(October 13, 2003).

European Parliament. "Report on the Proposal for a Council Decision concerning the approval, on behalf of the European Community, of the Kyoto Protocol to the United Nations Framework Convention on Climate Change and the joint fulfilment of Commitments thereunder". Final A5-0025/2002, January 24, 2002.

Gupta, Joyeeta. "L'Union européenne, leader de la politique internationale du changement climatique". Helly, Damien and Petiteville, Franck. (eds.). *L'Union européenne, Acteur international*. Paris: L'Harmattan, 2005, pp.253~266.

Henry, Laura A. and McIntosh Sundstrom, Lisa. "Russia and the Kyoto Protocol: Seeking an Alignment of Interests and Image". *Global Environmental Policy*. Vol.7. No.4(November 2007), pp.47~69.

Keohane, Robert O. and Nye, Joseph(eds.). *Transnational Relations and World Politics*. Cambridge, MA: Harvard University Press, 1973.

Manners, Ian. "Normative Power Europe: Contradiction in term". *Journal of Common Market Studies.* Vol.40, No.2(2002), pp.235~258.

Nicolaidis, Kalypso and Howse, Robert. "'This is my EUtopia⋯': Narrative as Power". *Journal of Common Market Studies.* Vol.40. No.4(November 2002), pp.767~792.

Petiteville, Franck. "L'Union européenne, acteur international global? Un agenda de recherche". *Revue internationale et stratégique.* No.47 (Automne 2002), pp.145~157.

Sbragia, Alberta M. and Damro, Chad. "The Changing role of the European Union in International environmental politics: institution building and the politics of climate change". *Environment and Planning C: Government & Politics.* Vol.17. No.1(February, 1999), pp.53~68.

Scheipers, Sibylle and Sicurelli, Daniela. "Normative Power Europe: A credible Utopia". *Journal of Common Market Studies.* Vol.45. No.2(June 2007), pp.435~457.

Smith, Michael. "The EU as an international actor". Richardson Jeremy(ed.). *European Union: Power and policy-making*, 3rd Ed. (London: Routledge, 2006), pp.287~310.

Vogler, John and Bretherton, Charlotte. "European Union as a Protagonist to the United States on the Climate Change". *International Studies Perspectives.* Vol.7. No.1(February 2006), pp.1~22.

Die Spiegel, September 26, 2007.

Le Monde, June 30, 2008.

Le Monde, July 7, 2008.

The Guardian, July 11, 2008.

The Guardian, August 4, 2008.

Newsletter of the european environmental press, Issue 42, March 19, 2003. (http://www.eep.org/newsletters/newsletter030319.htm(2008년 9월

15일 검색)

"Global warming: U.S. turns its back on Kyoto".
http://www.cnn.com/SPECIALS/2001globalwarming(2008년 8월 29
일 검색)

"The Bali Roadmap: Towards a New Global Climate Change Agreement".
http://ec.europa.eu/environment/climat/campaign/news/news09_en
.htm(2008년 9월 1일 검색)

송태수

한국노동교육원 교수

현대 유럽의 제노포비아(Xenophobia) 현상 비교연구: 영국, 프랑스, 독일의 사례 비교/유럽연구, 제23호(2006년 여름)

최진우/박영란

한양대학교 정치외교학과 교수/강남대학교 사회복지학부 조교수

유럽연합양성평등정책의 제도적 발전과정/유럽연구, 제25권 1호(2007년 봄)

김시홍

한국외국어대학교 이탈리아어과 교수

유럽사회모델과 유럽연합의 사회적 차원/유럽연구, 제25권 2호(2007년 여름)

김남국

고려대학교 정치외교학과 교수

다문화의 도전과 사회통합: 영국, 프랑스, 미국 비교연구/유럽연구, 제28권 3호(2010년 겨울)

김용찬

대구가톨릭대학교 정치외교학과 교수

외국인노동력 국제이주정책의 수렴경향과 원인에 관한 연구: 영국과 독일 사례 연구/유럽연구, 제26권 2호(2008년 여름)

김민정

서울시립대학교 국제관계학과 교수

여성이민자는 이민의 수혜자인가?: 프랑스 내의 북아프리카 출신 여성이민자의 경우/유럽연구, 제28권 2호(2010년 여름)

전현중

동서대학교 국제학부 교수
유럽의 이주인력 고용분석: 독일과 프랑스의 비교/유럽연구, 제28권 2호(2010년 여름)

오정은

IOM 이민정책연구원 부연구위원
EU집행위원회의 볼로냐 프로세스 참여: 유럽고등교육정책의 유럽화/유럽연구, 제26권 2호(2008년 여름)

이복남

수원대학교 프랑스어문학과 교수
유럽연합 다언어주의 정책의 성과와 한계: 공용어 운용을 중심으로/유럽연구, 제28권 2호(2010년 여름)

김태연/황기식

단국대학교 경상학부 교수/동아대학교 동북아국제전문대학원 교수
유럽연합 지역정책의 추진체계와 효과: 잉글랜드 목적1 지역 사례/유럽연구, 제23호(2006년 여름)

이종서

한국외국어대학교 EU센터 상임코디네이터
EU 지역정책 패러다임의 변화: 구조기금 개혁과정을 중심으로/유럽연구, 제25권 2호(2007년 여름)

이무성

명지대학교 정치외교학과 교수
신생 동유럽회원국가의 유럽화: 지역정책을 중심으로/유럽연구, 제26권 제1호(2008년 봄)

유상희/임동순

동의대학교 경제학과 교수/동의대학교 경제학과 교수
EU의 기후변화협약 대응정책 평가 및 시사점/유럽연구, 제26권 제1호(2008년 봄)

박선희

서울대학교 국제대학원 연구교수
유럽연합과 교토의정서: 교토의정서의 비준과 이행 과정 속에서 보여 준 유럽연합의 역할과 위상변화 중심으로/유럽연구, 제26권 3호(2008년 겨울)

유럽학연구총서 2

유럽의
사회통합과
사회정책

초판인쇄 | 2011년 10월 7일
초판발행 | 2011년 10월 7일

엮 은 이 | 한국유럽학회
펴 낸 이 | 채종준
펴 낸 곳 | 한국학술정보㈜
주 소 | 경기도 파주시 문발동 파주출판문화정보산업단지 513-5
전 화 | 031)908-3181(대표)
팩 스 | 031)908-3189
홈페이지 | http://ebook.kstudy.com
E-mail | 출판사업부 publish@kstudy.com
등 록 | 제일산-115호(2000. 6. 19)

ISBN   978-89-268-2705-5 94340 (Paper Book)
        978-89-268-2706-2 98340 (e-Book)
        978-89-268-2701-7 94340 (Paper Book Set)
        978-89-268-2702-4 98340 (e-Book Set)